Die Rücknahme von Erwerbs- und Übernahmeangeboten nach dem WpÜG

Schriftenreihe zum Gesellschafts- und Kapitalmarktrecht

Herausgegeben von Lutz Michalski,
Axel Jäger und Klaus-Rudolf Wagner

Band 21

PETER LANG
Frankfurt am Main · Berlin · Bern · Bruxelles · New York · Oxford · Wien

Markus Käppler

Die Rücknahme von Erwerbs- und Übernahmeangeboten nach dem WpÜG

PETER LANG
Internationaler Verlag der Wissenschaften

Bibliografische Information der Deutschen Nationalbibliothek
Die Deutsche Nationalbibliothek verzeichnet diese Publikation in der Deutschen Nationalbibliografie; detaillierte bibliografische Daten sind im Internet über <http://www.d-nb.de> abrufbar.

Zugl.: Trier, Univ., Diss., 2007

D 385
ISSN 1619-117X
ISBN 978-3-631-57598-7

www.peterlang.de

Meinen Eltern in Dankbarkeit gewidmet

Vorwort

Die vorliegende Arbeit wurde im Wintersemester 2007/2008 vom Fachbereich Rechtswissenschaft der Universität Trier als Dissertation angenommen. Gesetzgebung, Rechtsprechung und Literatur konnten bis Januar 2007 berücksichtigt werden.

Meinem verehrten Doktorvater, Herrn Professor Dr. Peter Reiff, danke ich herzlich für die wissenschaftliche Betreuung und Förderung der Arbeit. Bei Herrn Prof. Dr. Gregor Bachmann, LL.M. möchte ich mich für die freundliche und kompetente Erstellung des Zweitgutachtens bedanken.

Dank schulde ich außerdem Herrn Prof. Dr. Dr. h.c. Theodor Baums. Die umfangreiche Fachliteratur, die mir während meiner Zeit als wissenschaftlicher Mitarbeiter am Institut für Bankrecht der Goethe-Universität Frankfurt am Main (später Institute for Law and Finance) zur Verfügung stand, war ein für die Entstehung und das Gelingen der vorliegenden Arbeit unendlich wichtiger Faktor.

Bedanken möchte ich mich ferner bei Herrn Prof. Dr. Lutz Michalski, der mir die Aufnahme der Arbeit in die vorliegende Schriftenreihe ermöglicht hat.

Besonderer Dank schließlich gebührt meinen beiden lieben Eltern, die mich über die Jahre meiner Ausbildung nicht nur finanziell unterstützt, sondern auch in aller sonstigen Weise gefördert haben.

Frankfurt am Main, im Oktober 2007

Markus Käppler

Inhaltsverzeichnis

Einleitung ... **19**
I. Möglichkeiten des Bieters zum Ausstieg aus dem Angebotsverfahren ... 19
II. Gang der Untersuchung ... 19
1. Teil: Das WpÜG vor dem Hintergrund der europäischen Übernahmerichtlinie ... **21**
§ 1 Allgemeines zum WpÜG ... 21
I. Gesetzescharakter und Regelungsmaterie ... 21
II. Entstehungsgeschichte des WpÜG ... 23
§ 2 Die Schaffung einer europäischen Übernahmerichtlinie ... 25
I. Die gescheiterte Übernahmerichtlinie ... 25
II. Die neue Übernahmerichtlinie ... 26
§ 3 Anpassung des WpÜG an die Übernahmerichtlinie ... 29
2. Teil: Das öffentliche Angebot und die Angebotsankündigung ... **33**
§ 1 Das öffentliche Angebot nach dem WpÜG als Antrag im Rechtssinne ... 33
I. Bestandsaufnahme ... 33
1. Meinungsstand ... 33
a. Zivilrechtliche Theorie ... 33
b. Theorie vom eigenständigen Angebotsbegriff ... 33
2. Stellungnahme ... 34
a. Handlungen im Vorfeld eines Angebots ... 34
b. Das übernahmerechtliche Angebot als Antrag im Sinne des § 145 BGB ... 38
II. Das Teilangebot gem. § 19 WpÜG – ein Sonderfall? ... 41
1. Meinungsstand ... 41
2. Stellungnahme ... 42
a. Der notwendige Mindestinhalt des Teilangebots ... 43
b. Die Auslegung der Annahmeerklärung ... 45
III. Das Pflichtangebot gem. § 35 Abs. 2 WpÜG ... 45
IV. Zwischenergebnis ... 46
§ 2 Besondere Merkmale des öffentlichen Angebots nach dem WpÜG ... 47
I. Der Begriff des Kaufs und des Tauschs nach dem WpÜG ... 47
1. Bestandsaufnahme ... 47
a. Meinungsstand ... 47
b. Stellungnahme ... 48
2. Erwerbsmöglichkeiten durch Aktientausch ... 51
a. Herkömmlicher Aktientausch ... 51
b. Kapitalerhöhung gegen Sacheinlagen ... 52
3. Die Kapitalerhöhung gegen Sacheinlagen als Tausch im Sinne des WpÜG ... 53
a. Bestandsaufnahme ... 53
b. Reguläre Kapitalerhöhung gegen Sacheinlagen gem. §§ 182, 183 AktG ... 53

aa. Aktien als einlagefähige Gegenstände 54
bb. Der Tauschvertrag bei der Kapitalerhöhung 54
(1) Rahmenvereinbarung 54
(2) Kapitalerhöhungsbeschluss 55
(3) Zeichnungsvertrag und Einbringungsvertrag 55
(4) Zwischenergebnis 56
cc. Der Zeichnungsvertrag und seine Rechtsnatur 57
(1) Meinungsstand 57
(2) Stellungnahme 57
dd. Das Problem der rechtlichen Verbindlichkeit beim Zeichnungsvertrag 60
(1) Mögliche Bedingungen und Vorbehalte im Zeichnungsangebot 61
(a) Eintragung des Kapitalerhöhungsbeschlusses und der Durchführung 61
(b) Fassung und Aufrechterhaltung des Kapitalerhöhungsbeschlusses 62
(2) Vereinbarkeit der Bedingung im Zeichnungsangebot mit § 18 Abs. 1 WpÜG 62
(a) Anwendbarkeit des § 18 WpÜG auf gesetzliche Vorbehalte 63
(b) Ausnahmsweise Zulässigkeit subjektiver Vorbehalte, § 25 WpÜG 64
(c) Auswirkungen eines Verstoßes gegen § 25 WpÜG auf den Kapitalerhöhungsbeschluss 66
(aa) Meinungsstand 66
(bb) Stellungnahme 67
(3) Keine Bedingungsfeindlichkeit des Zeichnungsantrags 71
(4) Unbestimmter Zeichnungsumfang 71
(a) Problemstellung 71
(b) Bestandsaufnahme 72
(aa) Meinungsstand 72
(bb) Stellungnahme 72
ee. Zeichnungsvertrag und Finanzierungsverantwortung des Bieters 74
(1) Problemstellung 74
(2) Bestandsaufnahme 74
(a) Meinungsstand 74
(b) Stellungnahme 74
ff. Zwischenergebnis 76
c. Bedingte Kapitalerhöhung gegen Sacheinlagen gem. §§ 192, 194 AktG 76
aa. Geeignetheit des bedingten Kapitals für öffentliche Übernahmen 76

bb. Vor- und Nachteile des bedingten Kapitals 78
d. Genehmigtes Kapital mit Sacheinlagen gem. §§ 202, 205 AktG 79
aa. Die Bindung des Bieters an den Zeichnungsantrag 80
bb. Unsicherheit über den Zeichnungsumfang und Finanzierungsverantwortung 81
cc. Vor- und Nachteile des genehmigten Kapitals 82
(1) Ungeschriebene „Holzmüller"- Kompetenz der Hauptversammlung? 82
(2) Meinungsstand 83
(3) Stellungnahme 84
4. Zwischenergebnis 85
II. Der Begriff der Öffentlichkeit nach dem WpÜG 86
1. Meinungsstand 86
2. Kritische Analyse 87
3. Eigener Ansatz 89
III. Die Begriffe der Freiwilligkeit und der Verpflichtung nach dem WpÜG 90
IV. Der Gegenstand des Angebots 91
1. Der Wertpapierbegriff des WpÜG 91
2. Während der Angebotsfrist entstandene Wertpapiere 91
a. Meinungsstand 92
b. Stellungnahme 92
V. Das unwirksame Angebot 93
VI. Zwischenergebnis 94
§ 3. Die Angebotsankündigung gem. § 10 WpÜG als geschäftsähnliche kapitalmarktrechtliche Wissenserklärung 95
I. Problemstellung 95
II. Die Angebotsankündigung als bloßer Realakt? 96
1. Meinungsstand 96
2. Stellungnahme 97
III. Die Angebotsankündigung als Vorvertragsangebot? 100
IV. Die Angebotsankündigung als geschäftsähnliche Handlung 101
V. Die Anzeige des Kontrollerwerbs gem. § 35 Abs. 1 Satz 1 WpÜG 101
VI. Zwischenergebnis 102
§ 4 Zusammenfassung der Ergebnisse des 2. Teils 103
3. Teil: Möglichkeiten des Bieters zur Rücknahme des Angebots und der Angebotsankündigung 105
§ 1. Rücknahmemöglichkeiten beim Angebot 105
I. Bestandsaufnahme 105
1. Meinungsstand 105
2. Stellungnahme: Geltung der bürgerlich-rechtlichen Rücknahmeinstrumente 107
a. Ausschluss der Angebotsrücknahme wegen § 11 WpÜG? 107
b. Ausschluss der Angebotsrücknahme wegen § 18 WpÜG? 108

c. Unwirksamkeit der Angebotsrücknahme gem. § 134 BGB? 109
d. Ausschluss insbesondere der Anfechtung durch Sonderwertungen? 111
e. Ausschluss der Angebotsrücknahme während der Annahmefrist? . 113
f. Der „Ausstieg“ aus dem Angebotsverfahren 113
3. Zwischenergebnis 113
II. Die Rücknahmemöglichkeiten im Einzelnen 114
1. Der Widerruf gem. § 130 Abs. 1 Satz 2 BGB 114
a. Abgabe des Angebots 114
aa. Meinungsstand 114
bb. Stellungnahme 115
b. Zugang des Angebots 116
aa. Meinungsstand 116
bb. Stellungnahme 117
c. Widerruf des Angebots 119
aa. Möglichkeit des Widerrufs 119
bb. Erklärung des Widerrufs 120
cc. Rechtsfolgen des Widerrufs 121
(1) Untersagung des Angebots, Sperrfrist und Bußgeldpflicht 121
(2) Schadensersatzpflicht 122
(a) Schadensersatz gem. § 823 BGB 122
(b) Schadensersatz gem. §§ 311 Abs. 2 Nr. 3, 241 Abs. 2, 280 Abs. 1 BGB 123
(aa) Meinungsstand 123
(bb) Stellungnahme 124
(3) Vermeidung der für den Bieter negativen Konsequenzen 124
d. Zwischenergebnis 125
2. Die Anfechtung gem. §§ 119 ff. BGB 125
a. Arten der Anfechtung 125
aa. Anfechtung des Angebots nach § 119 Abs. 1 BGB 125
bb. Anfechtung des Angebots nach § 119 Abs. 2 BGB 125
(1) Meinungsstand 125
(2) Stellungnahme 126
(a) Irrtum über Eigenschaften des Unternehmens beim Unternehmenserwerb 126
(aa) Bloßer Wertpapiererwerb als Regelfall 126
(bb) Der Unternehmenserwerb als Ausnahmefall 127
(b) Irrtum über Eigenschaften des Unternehmens beim Wertpapiererwerb 128
(c) Irrtum über Eigenschaften der Wertpapiere 129
(d) Verhältnis zum Mängelgewährleistungsrecht 130
cc. Anfechtung des Angebots nach § 120 BGB 131
dd. Anfechtung des Angebots nach § 123 BGB 132
(1) Zulässigkeit der Anfechtung nach § 123 BGB 132

(a) Meinungsstand ... 132
(b) Stellungnahme ... 132
(aa) Grundsätzliche Zulässigkeit der Anfechtung gem. § 123 BGB ... 132
(bb) Unanwendbarkeit des Gleichbehandlungsgrundsatzes ... 133
(2) Täuschung des Bieters durch positives Tun oder Unterlassen ... 134
(a) Täuschung durch positives Tun ... 134
(b) Täuschung durch unterlassene Aufklärung ... 135
(aa) Aufnahme von Vertragsverhandlungen, Anbahnung eines Vertrags und ähnliche geschäftliche Kontakte ... 135
(bb) Offenbarungspflichtige Umstände ... 137
(cc) Ausschluss der Aufklärungspflicht wegen unterlassener Due Diligence? ... 138
b. Form der Anfechtung ... 139
c. Anfechtungsfrist ... 140
d. Wirkung der Anfechtung und sonstige Rechtsfolgen ... 140
aa. Nichtigkeitsfolge ... 140
bb. Untersagung des Angebots und Bußgeldpflicht? ... 141
cc. Sperrfrist analog § 26 WpÜG? ... 141
dd. Erfordernis einer „korrigierten" Angebotsunterlage? ... 142
(1) Meinungsstand ... 142
(2) Stellungnahme ... 143
ee. Schadensersatz ... 144
e. Anspruch auf Vertragsaufhebung aus *culpa in contrahendo* ... 144
f. Zwischenergebnis ... 145
3. Der Rücktritt gem. § 313 Abs. 1 iVm. Abs. 3 Satz 1 BGB ... 145
a. Bestandsaufnahme ... 145
aa. Meinungsstand ... 145
bb. Stellungnahme ... 146
b. Typische Fälle der gestörten Geschäftsgrundlage ... 146
aa. Schwere Äquivalenzstörung ... 146
(1) Insolvenz der Zielgesellschaft ... 146
(a) Meinungsstand ... 147
(b) Stellungnahme ... 147
(2) Konkurrierendes Angebot ... 148
(a) Meinungsstand ... 148
(b) Stellungnahme ... 148
(3) Veränderungen der Börsenkurse ... 149
bb. Unerwartete Entwicklungen ohne Äquivalenzstörung ... 150
(1) Strukturelle Veränderungen bei der Zielgesellschaft ... 150
(2) „Change-of-Control"-Fälle ... 151
(3) Neuentstehung von Wertpapieren während der Angebotsfrist ... 152

cc. Gemeinsamer Irrtum über die Berechnungsgrundlage 153
c. Der Rücktritt als Regelfall 154
d. Rechtsfolgen des Rücktritts 155
e. Zwischenergebnis 156
4. Der Rücktritt nach besonderem und allgemeinem Leistungsstörungsrecht 156
a. Rücktritt gem. §§ 437 Nr. 2, 323 Abs. 1 BGB 156
aa. Meinungsstand 156
bb. Stellungnahme 157
b. Rücktritt gem. § 323 Abs. 1 BGB 158
c. Rücktritt gem. §§ 326 Abs. 5, 323 BGB 158
aa. Nichterteilung einer kartellrechtlichen Genehmigung 158
bb. Untergang der geschuldeten Wertpapiere 159
d. Zwischenergebnis 160
5. Bedingungen und Vorbehalte 160
a. Der Anwendungsbereich des § 18 WpÜG 160
b. Zeitpunkt des Bedingungseintritts 161
aa. Bestandsaufnahme 161
bb. Stellungnahme 162
c. „Faktisches“ Rücktrittsrecht 163
aa. Unbestimmte Bedingungen 164
(1) MAC-Klauseln 164
(2) Abwehrmaßnahmen der Zielgesellschaft 165
bb. Bedingungen, deren Ausfall der Bieter selbst herbeiführen kann 165
(1) Nichtvornahme einer Mitwirkungshandlung 166
(2) Der Kartellvorbehalt - ein Sonderfall? 166
(a) Antragstellung vor Veröffentlichung der Angebotsunterlage 167
(aa) Meinungsstand 167
(bb) Stellungnahme 168
(b) Freistellung vom Vollzugsverbot gem. § 41 Abs. 2 GWB . 170
(c) Andere Fälle behördlicher oder gerichtlicher Entscheidungen 170
(aa) Zulassung der Tauschaktien zum Börsenhandel 170
(bb) Eröffnung des Insolvenzverfahrens über die Zielgesellschaft 170
(cc) Eintragung der Kapitalerhöhung 171
(3) Der Finanzierungsvorbehalt 172
(a) Bestandsaufnahme 172
(b) Eigener Ansatz 172
cc. Bedingungen, deren Eintritt unwahrscheinlich ist 173
(1) Problematische Fälle 173
(2) Lösungsansatz 174

(a) Hinreichende Transparenz über § 11 Abs. 2 Satz 2 Nr. 5 WpÜG? 174
(b) Sperre von § 21 Abs. 1 Satz 1 Nr. 4 WpÜG? 175
(c) Unzulässigkeit gem. § 18 Abs. 1 WpÜG 175
dd. Sonstige Umgehungstatbestände 176
d. Rechtsfolgen unzulässiger Bedingungen 177
e. Zwischenergebnis 178
6. Lösungsmöglichkeiten nach der InsO 178
a. Das Wahlrecht gem. § 103 Abs. 2 InsO 178
b. Die Anfechtung gem. §§ 129 ff. InsO 179
aa. Anfechtung gem. §§ 129, 130 InsO 179
bb. Anfechtung gem. §§ 129, 132 InsO 180
c. Das Verhältnis zu § 13 WpÜG 181
d. Zwischenergebnis 182
III. Die Entbehrlichkeit der Rücknahme 182
1. Die Nichtigkeit des Angebots 182
a. Nichtigkeitsgründe 183
aa. Nichtigkeit des Angebots gem. § 15 Abs. 3 WpÜG 183
bb. Nichtigkeit des Angebots gem. § 134 BGB 183
cc. Nichtigkeit des Angebots gem. § 125 Satz 1 BGB 185
b. Geltendmachen der Nichtigkeit des Angebots 186
c. Die Folgen der Nichtigkeit 187
aa. Übernahmerechtliche Folgen 187
bb. Pflicht zur Beseitigung der Unwirksamkeit? 187
2. Ausschluss der Gegenleistungspflicht wegen Unmöglichkeit 188
3. Zwischenergebnis 189
IV. Besonderheiten beim Pflichtangebot 189
V. Zusammenfassung der Ergebnisse von § 1 des 3. Teils 192
§ 2. Rücknahmemöglichkeiten bei der Angebotsankündigung 192
I. Die Entscheidung des Bieters zur Abgabe eines öffentlichen Angebots 192
II. Die Rücknahme der Angebotsankündigung 193
1. Bestandsaufnahme 193
a. Meinungsstand 193
b. Stellungnahme und eigener Ansatz 194
aa. Die rechtliche Behandlung von geschäftsähnlichen Handlungen 194
bb. Übertragung der Grundsätze auf die Angebotsankündigung 196
2. Die Rücknahmemöglichkeiten im Einzelnen 197
a. Der Widerruf gem. § 130 Abs. 1 Satz 2 BGB analog 197
b. Die Anfechtung entsprechend §§ 119 ff. BGB 198
aa. Anfechtung gem. §§ 119 Abs. 1, Abs. 2, 120 BGB analog 198
bb. Anfechtung gem. § 123 BGB analog 199
cc. Form der Anfechtung, Anfechtungsfrist und Rechtsfolgen 200

c. Der Rücktritt analog § 313 Abs. 1 iVm. Abs. 3 Satz 1 BGB 200
aa. Die entsprechende Anwendung von § 313 BGB auf geschäftsähnliche Handlungen 200
bb. Übertragung auf die Angebotsankündigung 201
(1) Schwere Äquivalenzstörung 202
(2) Unerwartete Entwicklungen ohne Äquivalenzstörung 202
(3) Gemeinsamer Irrtum über die Berechnungsgrundlage 203
cc. Rücktritt und Rechtsfolgen 203
d. Der Rücktritt nach Leistungsstörungsrecht 203
aa. Rücktritt analog § 323 BGB 203
bb. Rücktritt analog §§ 326 Abs. 5, 323 BGB 204
e. Bedingungen und Vorbehalte 205
aa. Zur Bedingungsfeindlichkeit geschäftsähnlicher Handlungen .. 205
(1) Bestandsaufnahme 205
(2) Kritische Würdigung 206
bb. Die Angebotsankündigung unter Bedingung und Vorbehalt..... 207
(1) Meinungsstand 207
(2) Stellungnahme 208
cc. Unzulässige Bedingungen 209
(1) Unbestimmte Bedingungen 209
(a) MAC-Klauseln und Abwehrmaßnahmen der Zielgesellschaft 209
(b) Due Diligence-Vorbehalte 210
(2) Bedingungen, deren Ausfall der Bieter selbst herbeiführen kann 210
(a) Nichtvornahme einer Mitwirkungshandlung 210
(b) Der Finanzierungsvorbehalt 212
(3) Bedingungen, deren Eintritt unwahrscheinlich ist 212
(4) Sonstige Umgehungstatbestände 213
dd. Rechtsfolgen unzulässiger Bedingungen 214
(1) Untersagung der Angebotsankündigung 214
(2) Untersagung auch des Angebots? 216
f. Lösungsmöglichkeiten in der Insolvenz des Bieters 216
aa. Das Lösungsrecht analog § 103 Abs. 2 InsO 217
bb. Die Anfechtung entsprechend §§ 129 ff. InsO 217
III. Die Entbehrlichkeit der Rücknahme 218
1. Nichtigkeit 218
a. Die „Nichtigkeit" geschäftsähnlicher Handlungen 218
aa. Der Nichtigkeitsgrund analog § 134 und § 138 BGB 218
bb. Der Nichtigkeitsgrund analog § 125 Satz 1 BGB 219
b. Die „Nichtigkeit" der Angebotsankündigung 219
aa. Bestandsaufnahme 219
(1) Meinungsstand 219
(2) Stellungnahme und eigener Ansatz 220

bb. Die Nichtigkeitsgründe im Einzelnen ... 220
(1) Nichtigkeit gem. § 134 BGB analog ... 220
(2) Nichtigkeit gem. § 125 Satz 1 BGB analog ... 221
(3) Keine Nichtigkeit entsprechend § 15 Abs. 3 WpÜG ... 223
cc. Geltendmachen der Nichtigkeit ... 224
dd. Die Folgen der Nichtigkeit ... 224
2. Unmöglichkeit ... 224
IV. Zwischenergebnis ... 225
4. Teil: Zusammenfassung der wesentlichen Ergebnisse ... 227
Literaturverzeichnis ... 231

Einleitung

I. Möglichkeiten des Bieters zum Ausstieg aus dem Angebotsverfahren

Die vorliegende Arbeit beschäftigt sich mit der Frage, ob und bejahendenfalls unter welchen Voraussetzungen ein Bieter, der die Übernahme eines anderen Unternehmens unter dem Regime des WpÜG angekündigt oder gar schon ein konkretes Übernahmeangebot abgegeben hat, sich von den durch diese Erklärungen ausgelösten Rechtsfolgen wieder befreien kann.

Die Frage, ob sich ein Bieter von einem einmal abgegebenen Angebot wieder lossagen kann, beantwortet das WpÜG in § 18 nur dahingehend, dass der Bieter das Angebot jedenfalls nicht unter eine Bedingung stellen darf, deren Eintritt er selbst herbeiführen kann. Die Frage, ob sich der Bieter von etwaigen, durch die Ankündigung des Angebots nach § 10 WpÜG ausgelösten Rechtsfolgen wieder befreien kann, lässt das Gesetz sogar gänzlich unbeantwortet.

Zu den angesprochenen Problemen findet sich bislang keine tiefergehende wissenschaftliche Auseinandersetzung, etwa in Form einer Monographie oder Dissertation. Diese Lücke zu schließen ist das Ziel dieser Arbeit. Neben der aus wissenschaftlicher Sicht notwendigen dogmatischen Analyse und Einordnung hat die Klärung der aufgeworfenen Fragestellungen aber auch eine erhebliche Relevanz für die Praxis. Viele Gespräche, die der Verfasser mit Anwälten geführt hat, deren praktische Tätigkeit in der rechtlichen Beratung großer sowie mittelständischer Unternehmen bei der Durchführung von Unternehmenskäufen und –übernahmen besteht, haben gezeigt, dass mangels eindeutiger Rechtslage und höchstrichterlicher Rechtsprechung eine erhebliche Rechtsunsicherheit existiert. Wie im Einzelnen noch zu zeigen sein wird, ist dieser Zustand nicht nur in dogmatischer Hinsicht höchst unbefriedigend, sondern birgt auch erhebliche finanzielle Risiken in sich, vor allem für den eine Übernahme planenden und durchführenden Bieter.

II. Gang der Untersuchung

Bevor eine Auseinandersetzung mit den eingangs angesprochenen Fragestellungen erfolgt, soll im 1. Teil zunächst ein Überblick über die Entstehung und die Bedeutung des WpÜG wie auch der europäischen Übernahmegesetzgebung, vor deren Hintergrund jedwede Übernahmeproblematik zu beleuchten ist, dargeboten werden. Dies ist erforderlich für die richtige Einordnung der Spezialprobleme, die den eigentlichen Kern der vorliegenden Arbeit ausmachen.

Am Beginn der Untersuchung dieser Kernfragen steht im 2. Teil die Analyse der Besonderheiten, die das Angebot (vgl. §§ 1, 2 Abs. 1, 11 WpÜG) und die Angebotsankündigung (vgl. § 10 WpÜG) kennzeichnen. Eine besondere Bedeutung kommt dabei der Bestimmung der Rechtsnatur dieser Erklärungen zu. Denn von deren Rechtsnatur hängt es ab, ob überhaupt eine Lösungsmöglichkeit bestehen kann. Ist letzteres der Fall, bestimmt wiederum die Rechtsnatur darüber, mit welchen rechtlichen Mitteln eine Rücknahme erfolgen kann.

Im weiteren Verlauf der Untersuchung wird sodann im 3. Teil geprüft, ob sich der Bieter vom Angebot und von den rechtlichen Auswirkungen, die die Angebotsankündigung mit sich bringt, wieder lösen kann. Dazu kommen beispielsweise die Anfechtung gem. §§ 119 ff. BGB und der Rücktritt wegen einer Störung der Geschäftsgrundlage in Betracht. In einem gesonderten Punkt wird auf § 18 WpÜG eingegangen, denn auch diese Vorschrift eröffnet dem Bieter Lösungsmöglichkeiten durch die Aufnahme von Bedingungen in die Angebotsunterlage.

1. Teil: Das WpÜG vor dem Hintergrund der europäischen Übernahmerichtlinie

§ 1 Allgemeines zum WpÜG

I. Gesetzescharakter und Regelungsmaterie

Das Wertpapiererwerbs- und Übernahmegesetz (WpÜG) ist eine von verschiedenen gesetzgeberischen Maßnahmen, die zur Förderung und Stärkung des Finanzplatzes Deutschland beitragen sollen.[1] Vor dem Hintergrund der voranschreitenden Globalisierung kommt Unternehmensübernahmen für den Strukturwandel in Deutschland eine stetig wachsende Bedeutung zu. Das WpÜG hat das Ziel, für Übernahmen von Unternehmen und andere öffentliche Angebote zum Erwerb von Wertpapieren rechtliche Rahmenbedingungen zu schaffen, die dieser Entwicklung angemessen Rechnung tragen, um so die internationale Wettbewerbsfähigkeit des Wirtschaftsstandortes Deutschland zu gewährleisten.

Der Erwerb von Anteilen an einer börsennotierten Aktiengesellschaft kann sich auf unterschiedliche Arten vollziehen. Zum einen besteht die Möglichkeit, Aktien über die Börse zu erwerben. Weil die im üblichen Verkehr börsentäglich umgesetzten Aktien nur einen geringen Bruchteil des gesamten Aktienbestandes ausmachen, wird man davon ausgehen können, dass der Aufbau einer größeren Beteiligung nur über einen längeren Zeitraum („schleichend") möglich ist (sog. *creeping takeover*).[2] Will der Erwerbswillige schneller zum Ziel gelangen, bietet sich der außerbörsliche Erwerb an. Zum einen können Aktienpakete über Individualvereinbarungen mit Großaktionären erworben werden. Wenn es aber keine verkaufswilligen Großaktionäre gibt, oder der Bieter über den Paketerwerb hinaus auch die im Streubesitz befindlichen Anteile erwerben möchte, dann kann er ein öffentliches Erwerbs- oder Übernahmeangebot abgeben. Dabei muss er die Vorschriften des WpÜG beachten.

Neben dem öffentlichen Angebot zum Erwerb von Wertpapieren (einfaches Erwerbsangebot) regelt das WpÜG solche Angebote eines Bieters, die auf die Kontrolle einer zu übernehmenden Gesellschaft (Zielgesellschaft) gerichtet sind. Solche sog. Übernahmeangebote[3] sollen durch das WpÜG keineswegs verhindert werden, jedoch hat der Gesetzgeber angesichts ihrer praktischen Bedeutsamkeit einen dringenden Regelungsbedarf erkannt. Dies geschah nicht zuletzt auch vor dem Hintergrund spektakulärer Übernahmen wie beispielsweise derjenigen der Mannesmann AG durch die englische Vodafone Airtouch plc. im

---

[1] Vgl. BT-Drucks. 14/7034, S. 27. Dieselbe Zielrichtung haben etwa auch das Prospektrichtlinie-Umsetzungsgesetz vom 22. Juni 2005, das Bilanzkontrollgesetz vom 15. Dezember 2004, das Bilanzrechtsreformgesetz vom 4. Dezember 2004, das Anlegerschutzverbesserungsgesetz vom 28. Oktober 2004, das Investmentmodernisierungsgesetz vom 15. Dezember 2003 und das 4. Finanzmarktförderungsgesetz vom 21. Juni 2002.

[2] Zur Möglichkeit der öffentlichen Mitteilung eines Erwerbsplans (sog. *standing in the market*) siehe unten, 2. Teil § 1 I. 1. b. und 2. a.

[3] Diese sind geregelt im 4. Abschnitt des WpÜG.

Jahre 1999, bei der sich die deutsche Politik erfolglos um eine Abwehr der Übernahme bemüht hatte.

Das WpÜG erlegt in erster Linie dem Bieter strikte Informations- und Publizitätspflichten auf, um dem Insiderhandel entgegenzuwirken und den vom Angebot jeweils betroffenen Aktionären eine wohlüberlegte Desinvestitionsentscheidung zu ermöglichen.[4] Wertpapiererwerbs- und Übernahmeangebote können beträchtliche Kursschwankungen verursachen, was häufig zu unerwünschten Marktverzerrungen und Kursverlusten für die Anleger führt. Darüber hinaus enthält das WpÜG Bestimmungen zum sog. Pflichtangebot, das ein Bieter abgeben muss, der bereits die Kontrolle über die Zielgesellschaft erlangt hat, ohne ein öffentliches Übernahmeangebot abzugeben.[5] Das Pflichtangebot soll den Aktionären, die bei einem öffentlichen Übernahmeangebot die Möglichkeit gehabt hätten, dieses zu einem Ausstieg aus der Gesellschaft zu angemessenen Konditionen zu nutzen oder aber die Übernahme zu verhindern, diese Möglichkeiten nachträglich einräumen.

Neben dem Bieter obliegen auch dem Vorstand einer Zielgesellschaft Veröffentlichungspflichten.[6] Die Ergreifung von Maßnahmen zur Abwehr einer unerwünschten, sog. „feindlichen“ Übernahme[7] wird dem Management durch das WpÜG nur in einem eingeschränkten Rahmen ermöglicht.[8]

Wertpapiererwerbs- und Übernahmeangebote unterstellt das WpÜG der Aufsicht durch die Bundesanstalt für Finanzdienstleistungsaufsicht (BaFin), der diverse Kompetenzen, insbesondere die Untersagung gesetzeswidriger Angebote, eingeräumt sind.[9] Neben dem Aufsichtsrecht enthält das WpÜG auch Gesell-

[4] Vgl. §§ 10, 11, 14 und 23 WpÜG.

[5] Siehe hierzu den 5. Abschnitt des WpÜG.

[6] Vgl. § 27 WpÜG.

[7] Ein „feindliches Übernahmeangebot“ liegt vor, wenn sich der Vorstand der Zielgesellschaft, etwa im Rahmen der Stellungnahme gem. § 27 WpÜG, gegen das Angebot ausspricht; vgl. statt aller *Mühle*, Das WpÜG (Dissertation), S. 25 f. Ob ein Übernahmeangebot „feindlich“ ist, bestimmt sich nach allgemeiner Ansicht aus der Sicht des Managements. Das ist natürlich insofern bedenklich, als sich ein Übernahmeangebot an die Aktionäre der Zielgesellschaft und nicht an deren Management richtet (sofern die Manager nicht auch selbst Anteile halten, was zwar in den USA üblich ist, in Deutschland dagegen bislang eher selten der Fall ist). Ob die Aktionäre das Angebot als „feindlich“ empfinden, stellt sich freilich erst nach Ablauf der Annahmefrist heraus – zu diesem Zeitpunkt besteht allerdings kein Erfordernis mehr, das Angebot danach zu beurteilen, ob es „freundlich“ oder „feindlich“ intendiert war. Man kann daher mit einigem Recht bezweifeln, ob der Begriff des „feindlichen Übernahmeangebots“ glücklich gewählt ist; passender wäre es wohl, von einem „unkoordinierten Übernahmeangebot“ zu sprechen. Weil der Begriff aber „common sense“ ist, soll er hier verwendet werden. Ob er auch in einigen Jahren noch auftauchen wird, oder ob er – wie viele andere martialische Begriffe (wie zB der des „corporate raider“ oder der „Heuschrecke“) – aus dem professionellen Sprachgebrauch verschwinden wird, bleibt abzuwarten.

[8] Vgl. § 33 WpÜG.

[9] Zur Zuständigkeit der BaFin siehe den 2. Abschnitt des WpÜG. Die BaFin vereinigt auf der Grundlage des „Gesetz[es] über die integrierte Finanzdienstleistungsaufsicht“ (FinDAG) vom 22. April 2002 unter ihrem Dach die drei ehemaligen Bundesaufsichtsämter für das Kreditwesen (BAKred), für das Versicherungswesen (BAV) und für den Wertpapierhandel (BAWe).

schaftsrecht, wie die angesprochenen Regelungen zum Vorstandshandeln zeigen. Den Schwerpunkt stellen aber die Bestimmungen über die kapitalmarktrechtlichen Veröffentlichungspflichten des Vorstandes der Zielgesellschaft dar, vor allem aber auch des Bieters, wobei letztere den hauptsächlichen Gegenstand der vorliegenden Arbeit ausmachen. Das WpÜG ist somit in erster Linie dem Bereich des Kapitalmarktrechts zuzuordnen.

II. Entstehungsgeschichte des WpÜG

Erste Versuche, den Wertpapiererwerb zu regulieren, wurden in Deutschland, verglichen mit anderen Rechtsordnungen, erst relativ spät unternommen. So stammt der US-amerikanische *securities exchange act* bereits aus dem Jahre 1934,[10] und der englische Londoner *city code on takeovers and mergers* wurde 1968 in Kraft gesetzt. Deutschland hingegen wurde erstmals im Jahre 1979 aktiv. Damals stellte die Börsensachverständigenkomission mit den „Leitlinien für Übernahmeangebote“ Wohlverhaltensregeln auf, die allerdings wenig praktische Relevanz und Akzeptanz fanden. Jedenfalls zur damaligen Zeit spielten Unternehmensübernahmen in Deutschland noch eine sehr geringe Rolle, ganz im Gegensatz zu den USA, die insoweit schon immer eine Vorreiterposition eingenommen haben. Dies ist auf den deutlich fortschrittlicheren US-Kapitalmarkt und eine damit einhergehende größere Risikobereitschaft der Finanzinstitute zurückzuführen. Vor allem aber existiert in den USA im Unterschied zu Deutschland eine wesentlich breitere Aktionärsstruktur, da Amerikaner mangels ausreichender staatlicher Vorsorge ihre Altersversorgung mithilfe von Investmentfonds sichern müssen. In Europa ist Großbritannien der Vorreiter für Übernahmeregelungen, was insbesondere mit seiner historischen Nähe zu den USA zusammenhängt.

Auch in der Bundesrepublik Deutschland, einer der einflussreichsten Industrienationen der Welt, hat sich die Kapitalmarktstruktur notgedrungen zwischenzeitlich erweitert, nicht zuletzt um mit den USA, Japan und innereuropäischen Konkurrenten mitzuhalten. Schließlich spielt vor allem die Stadt Frankfurt am Main als Finanzmarktplatz schon seit langem eine weltweit bedeutsame Rolle, vor allem als Standort international tätiger Finanzinstitute und der Frankfurter Wertpapierbörse. Die voranschreitende Globalisierung führte dazu, dass auch in Deutschland immer mehr Unternehmen bestrebt waren oder sich gezwungen sahen, andere Unternehmen zu erwerben oder eigene Unternehmensteile zu veräußern, um so erhoffte Synergie- und Rationalisierungseffekte, Diversifikation oder Spezialisierung auf Kernkompetenzen zu erreichen und das notwendige eigene Wachstum zu fördern. Aufgrund des durch diese Entwicklung gesteigerten Regelungsbedarfs wurde die Börsensachverständigenkommission erneut tätig und erließ am 1. Oktober 1995 den freiwilligen Übernahmekodex. Dieser Kodex orientierte sich stark an seinem britischen Vorbild, dem *city code on ta-*

[10] Im Jahre 1968 wurde der *Securities Exchange Act (SEA)* um den *Williams Act* ergänzt, der die Regelung feindlicher Übernahmeangebote (*hostile tender offers*) zum Ziel hat.

keovers and mergers, was sich alsbald als seine größte Schwäche herausstellen sollte. Wie auch der *city code* war der Deutsche Übernahmekodex ein Instrument der Selbstregulierung und im Unterschied zu einem Gesetz nur für solche Unternehmen verbindlich, die sich freiwillig dem Kodex unterwarfen. Anders als in Großbritannien, das über eine gewachsene kapitalmarktrechtliche Tradition verfügt und wo aufgrund des *common law* Systems eine gewohnt niedrige gesetzliche Regelungsdichte vorherrscht, fühlten sich in Deutschland viele Marktteilnehmer nicht an ein Regelwerk gebunden, das keinen verbindlichen Gesetzescharakter aufweist. Tatsächlich hatten von 1016 börsennotierten inländischen Unternehmen bis zum 11. April 2001 nur 755 den Kodex anerkannt.[11] Trotz der Umsetzung einer wesentlichen Änderung des Kodexes zum 1. Januar 1998 hat sich dieser vor allem wegen seiner nicht vorhandenen rechtlichen Verbindlichkeit in der Praxis nicht bewährt, obgleich er gerade deshalb ein flexibles Instrument zur praktischen Anwendung hätte darstellen sollen.

In Anbetracht dieser Umstände entschloss sich die Bundesregierung schließlich zum Tätigwerden, und berief im Frühjahr 2000 die „Expertenkommission Unternehmensübernahmen" ein, die die Eckpunkte eines Übernahmegesetzes erarbeiten sollte. Am 17. Mai 2000 legte die Expertenkommission ihre Arbeiten vor. Der Diskussionsentwurf des Bundesministeriums der Finanzen vom 29. Juni 2000 berücksichtigte die von der Expertenkommission ausgearbeiteten Eckpunkte, enthielt aber noch keine Regelungen für einfache, nicht auf die Kontrolle der Zielgesellschaft gerichtete Wertpapiererwerbsangebote. Vorgesehen waren aber bereits ausführliche Bestimmungen zu Übernahmeangeboten, wobei Vorstand und Aufsichtsrat der Zielgesellschaft eine umfassende Neutralitätspflicht im Hinblick auf Abwehrmaßnahmen auferlegt wurde. Die Erweiterung des Regelungsbereichs auf einfache Wertpapiererwerbsangebote erfolgte sodann im Referentenentwurf vom 12. März 2001, der auch erstmals Vorschriften zum Ausschluss von Minderheitsaktionären gegen Zahlung einer Barabfindung vorsah (sog. *„squeeze out"*).[12] Im Regierungsentwurf vom 11. Juli 2001 wurden Vorratsermächtigungen des Vorstands der Zielgesellschaft durch die Hauptversammlung zur Vornahme von Abwehrmaßnahmen ermöglicht, was eine Abschaffung der uneingeschränkten Neutralitätspflicht bedeutete. Noch weitreichendere Kompetenzen zur Abwehr von Übernahmeangeboten fanden sich dann in der Beschlussempfehlung des Finanzausschusses vom 14. November 2001 wieder, wonach der Vorstand der Zielgesellschaft solche Maßnahmen vornehmen darf, denen der Aufsichtsrat zugestimmt hat.[13] In der Fassung der Beschlussempfehlung wurde das WpÜG am 15. November 2001 gemeinsam mit bestimmten Änderungsvorschriften zum WpHG, KAGG, AuslInvG, VerkProspG, VerkProspVO, AktG, BRAGO und GKG vom Bundestag in Form eines Artikelgesetzes verabschiedet. Der Bundesrat hat in seiner 2. Lesung am 30. November 2001 von seinem Einspruchsrecht keinen Gebrauch gemacht. Am 22.

---

[11] *Archner*, ZfgK 18/2001, S. 999.

[12] Vgl. zum Squeeze-out die §§ 327a ff. AktG.

[13] Siehe oben, 1. Teil § 1 I, Fn. 8.

Dezember 2001 wurde das Gesetz im Bundesgesetzblatt verkündet.[14] Ebenfalls verkündet wurden vier Rechtsverordnungen zum WpÜG, und zwar die WpÜG-Beiratsverordnung, die WpÜG-Widerspruchsausschussverordnung, die WpÜG-Angebotsverordnung und die WpÜG-Gebührenverordnung.[15] Das Gesetz trat schließlich am 1. Januar 2002 in Kraft.

§ 2 Die Schaffung einer europäischen Übernahmerichtlinie

I. Die gescheiterte Übernahmerichtlinie

Auch auf europäischer Ebene gab es seit längerem Bemühungen zur Kodifizierung und Vereinheitlichung übernahmerechtlicher Vorschriften. Ein erster Versuch wurde im Jahre 1974 mit dem sog. *Pennington*-Entwurf unternommen, den der namensgebende Professor aus Birmingham im Auftrag der Kommission ausgearbeitet hatte.

Die zunächst geringe praktische Relevanz öffentlicher Unternehmensübernahmen bewog die Kommission allerdings erst im Jahre 1987 erneut dazu, einen Vorschlag für eine Übernahmerichtlinie zu entwerfen. 1989 wurde sodann ein „Vorschlag für eine dreizehnte Richtlinie auf dem Gebiet des Gesellschaftsrechts über Übernahmeangebote“ durch die Kommission vorgelegt, der im September 1990 in einen geänderten Vorschlag mündete.[16] Dieser Richtlinienvorschlag fand allerdings seitens der Mitgliedstaaten keine ausreichende Unterstützung. Vor allem Deutschland kritisierte, der Vorschlag enthalte zu detaillierte Vorschriften und belasse den Mitgliedstaaten zu wenig Umsetzungsspielraum.

Als Reaktion auf die verbreitete Kritik legte die Kommission im Februar 1996 einen Vorschlag vor, der nur noch den Charakter einer Rahmenrichtlinie aufwies und lediglich grundsätzliche Bestimmungen für eine Mindestharmonisierung des Übernahmerechts vorsah.[17] Zu diesem Vorschlag wurde im Juli 1996 eine befürwortende Stellungnahme durch den Wirtschafts- und Sozialausschuss der Europäischen Union abgegeben. Unter Berücksichtigung einiger Änderungsvorschläge seitens des Europäischen Parlaments, das im Juni 1997 den Entwurf gebilligt hatte, legte die Kommission im November desselben Jahres einen geänderten Vorschlag für eine Dreizehnte Richtlinie vor. Zu diesem Vorschlag verabschiedete der Rat der europäischen Union im Juni 2000 schließlich einen gemeinsamen Standpunkt, der aber trotz des weitgehenden Verzichts auf Detailregelungen kritisiert wurde. Im Mittelpunkt der Kritik stand neben anderen Einzelaspekten vor allem die strikte Neutralitätspflicht von Vorstand und

---

[14] Gesetz zur Regelung von öffentlichen Angeboten zum Erwerb von Wertpapieren und von Unternehmensübernahmen, BGBl. 2001 I S. 3822.

[15] BGBl. 2001 I S. 4259, 4261, 4263 und 4267.

[16] Geänderter Vorschlag einer 13. Richtlinie vom 14. September 1990 (Richtlinie betreffend Übernahmeangebote), Amtsblatt der Europäischen Union C 240/7 vom 26. September 1990.

[17] Vorschlag für eine 13. Richtlinie des Europäischen Parlaments und des Rates auf dem Gebiet des Gesellschaftsrechts über Übernahmeangebote vom 7. Februar 1996, Dok. KOM (95) 655 endg., Amtsblatt der Europäischen Union C 162/5 vom 6. Juli 1996.

Aufsichtsrat der Zielgesellschaft, die ihnen faktisch keine Möglichkeit für Abwehrmaßnahmen ließ. Aus diesen Gründen beschloss im Dezember 2000 das Europäische Parlament 15 Änderungen des gemeinsamen Standpunktes, die ihrerseits wiederum von der Kommission abgelehnt wurden.

Um ein Scheitern der Richtlinie abzuwenden, wurde ein Vermittlungsverfahren gemäß Art. 251 EGV zwischen Rat, Parlament und Kommission eingeleitet. Im April 2001 vollzog sodann auch die deutsche Bundesregierung überraschend eine politische Kehrtwende und lehnte fortan die vorgesehene strikte Neutralitätspflicht des Managements der Zielgesellschaft ab. Da das deutsche Aktienrecht nach Einführung des KonTraG 1998[18] auf protektionistische Regelungen wie beispielsweise sog. „goldene Aktien" (*golden shares*), die deren Eignern ein Vetorecht einräumen, oder Mehrfachstimmrechte (*golden votes*) ganz weitgehend verzichtet, befürchtete man Wettbewerbsnachteile gegenüber den meisten anderen Mitgliedstaaten und Drittstaaten wie den USA, deren Recht zur damaligen Zeit solche sog. „Giftpillen" (*poison pills*) durchaus vorsahen (und zum Teil noch heute vorsehen).[19] Die Bundesregierung vertrat den Standpunkt, dass so die Gefahr eines Aufkaufens deutscher Unternehmen durch ausländische Investoren bestünde, während deutschen Unternehmen eine vergleichbare Möglichkeit verwehrt bliebe, es also an einem „*global level playing field*" fehle. Als einziger Mitgliedstaat trat Deutschland daher für die Einführung von Vorratsbeschlüssen der Hauptversammlung über Abwehrmaßnahmen ein, ohne jedoch mit diesem Vorschlag auf Zustimmung zu stoßen. Vielmehr sah der mit sechs zu acht Stimmen im Vermittlungsausschuss am 6. Juni 2001 zustande gekommene Kompromiss eine Beibehaltung der Neutralitätspflicht vor. Im Gegenzug wurde lediglich die Umsetzungsfrist der Übernahmerichtlinie von vier auf fünf Jahre verlängert.[20]

Die endgültige Entscheidung des Europäischen Parlaments fiel schließlich am 4. Juli 2001, und zwar mit einem überraschenden Abstimmungsergebnis von 273 zu 273 abgegebenen Stimmen und 22 Enthaltungen, so dass die Richtlinie gemäß Art. 251 Abs. 5 EGV endgültig als nicht erlassen galt. Die seit über zwölf Jahren andauernden Bemühungen um eine Harmonisierung des europäischen Übernahmerechts waren vorerst gescheitert.

II. Die neue Übernahmerichtlinie

Viele Kenner der Materie hielten es zur damaligen Zeit für ausgeschlossen, dass nun in absehbarer Zeit Abhilfe geschafft werden könnte. Man hielt stattdessen die europäische Übernahmerechtsschöpfung für um Jahre zurückgeworfen.[21]

---

[18] Gesetz zur Kontrolle und Transparenz im Unternehmensbereich vom 27. April 1998.

[19] Dazu *Maul*, BB-Special Nr. 9 (2005), S. 2, 11.

[20] Gemeinsamer Entwurf einer Richtlinie des Europäischen Parlaments und des Rates auf dem Gebiet des Gesellschaftsrechts betreffend Übernahmeangebote, abgedruckt in ZIP 2001, S. 1120, 1123.

[21] Vgl. *Helmis*, IMA-Arbeitsbericht Nr. 04/01 (Juni 2001), S. 26 f.

Bereits im September 2001 trat jedoch eine von der Kommission eingesetzte unabhängige Expertengruppe von Gesellschaftsrechtlern unter dem Vorsitz des niederländischen Professors Jaap Winter zusammen, die Vorschläge zur Lösung der Konfliktthemen im Übernahmerecht ausarbeiten sollte. Diese sog. „High Level Group of Company Law Experts" legte im Januar 2002 ihren Bericht über das EU-weite Gesellschaftsrecht, das für Unternehmensübernahmen relevant ist, dem Ausschuss für Recht und Binnenmarkt des Europäischen Parlaments vor.[22] Basierend auf diesem Bericht präsentierte die Kommission im Oktober 2002 einen neuen Richtlinienvorschlag, der kurz darauf an den Rat und das Parlament übermittelt wurde.

Der neue Vorschlag beinhaltete die gleichen Prinzipien wie der im Jahre 2001 gescheiterte, insbesondere die Regelung, wonach die Leitungsorgane der Zielgesellschaft für Maßnahmen zur Abwehr feindlicher Übernahmeangebote in der Zeitspanne vom Bekanntwerden eines Übernahmeangebots bis zur Bekanntgabe des Ergebnisses die Zustimmung der Aktionäre benötigen, bevor sie tätig werden (Neutralitätspflicht). Erweitert wurde der Vorschlag um eine Definition des „angemessenen Preises", der im Falle eines Pflichtangebots zu zahlen ist.[23] Außerdem wurde ein Ausschlussrecht („*Squeeze-out*") eingeführt, das einem Aktionär mit sehr hoher Mehrheitsbeteiligung[24] die Möglichkeit gibt, Minderheitsaktionäre zum Verkauf ihrer Wertpapiere zu veranlassen. Als Gegengewicht dazu gab es nun auch ein Andienungsrecht für Minderheitsaktionäre („*Sell-out*"), durch das ein Mehrheitsaktionär im Anschluss an ein Übernahmeangebot verpflichtet werden kann, die Wertpapiere der Minderheitsaktionäre zu kaufen.[25] Darüber hinaus enthielt der neue Vorschlag neben höheren Transparenzanforderungen an die Offenlegung der Kapital- und Kontrollstruktur[26] eine Durchgriffsregel, mit deren Hilfe im Falle eines Übernahmeangebots strukturelle Abwehrmechanismen, namentlich Beschränkungen der Übertragung von Wertpapieren oder Stimmrechtsbeschränkungen, neutralisiert werden können.[27] Stimmrechtsbeschränkungen können etwa in Stimmrechtsgrenzen für Aktionäre bstehen, was in der Hauptversammlung dazu führen kann, dass nicht genügend Stimmen gegen die Ergreifung von Abwehrmaßnahmen zustandekommen. Die Empfehlung der Expertengruppe, dass die Durchbruchsregel auch Mehrfach-

---

[22] Vgl. „Report of the High Level Group of Company Law Experts on Issues related to Takeover Bids" (2002).

[23] Als angemessen gilt gemäß Art. 5 Abs. 4 der Richtlinie 2004/25/EG der höchste Preis, der vom Bieter oder einer mit ihm gemeinsam handelnden Person in einem von den Mitgliedstaaten festzulegenden Zeitraum von sechs bis zwölf Monaten vor dem Pflichtangebot für die gleichen Wertpapiere gezahlt worden ist.

[24] Die Mitgliedstaaten können gem. Art. 15 Abs. 2 der Richtlinie 2004/25/EG den Schwellenwert für die Ausübung des Ausschlussrechts anhand des Kapitals bestimmen (zwischen 90% und 95%) oder anhand der Anzahl der Gesellschafter, die das Angebot angenommen haben (90%).

[25] Vgl. Art. 16 der Richtlinie 2004/25/EG.

[26] Vgl. Art. 10 der Richtlinie 2004/25/EG.

[27] Vgl. Art. 11 der Richtlinie 2004/25/EG.

stimmrechte als Übernahmehindernis berücksichtigen sollte, fand im Kommissionsvorschlag allerdings keinen Niederschlag.[28] Der damalige Binnenmarktkommissar Frits Bolkestein fürchtete, dass durch eine derartige Regelung das verfassungsrechtlich garantierte Eigentumsrecht verletzt werden könnte. Auch eine Regelung der Problematik von „goldenen Aktien" („*golden shares*"), die den Mitgliedstaaten in privatisierten Unternehmen besondere Kontrollrechte gewähren, hielt die Kommission nicht für erforderlich, da es hierzu nach ihrer Meinung schon eine ausreichende einschlägige Rechtsprechung des EuGH gebe.[29] Der Vorschlag sah aber eine Revisionsklausel vor, um entsprechend den praktischen Erfahrungen mit der Richtlinie eine gegebenenfalls erforderliche Anpassung ihrer Vorschriften an die Marktentwicklung zu ermöglichen.[30]

Im März 2003 wurde der Richtlinienvorschlag im Rat diskutiert. Dabei kam zum Ausdruck, dass zwar inhaltlich ein weitgehender Konsens besteht, jedoch insbesondere hinsichtlich des Geltungsbereichs und des Gleichgewichts zwischen den Bestimmungen, die Abwehrmaßnahmen der Zielgesellschaft gegen feindliche Übernahmeangebote einerseits und die Neutralisierung solcher Maßnahmen (Durchgriff) andererseits regeln, eine Einigung noch aussteht. Die gegensätzlichen Positionen verhärteten sich in einer weiteren Diskussion im Mai 2003 sogar noch. Im selben Monat hatte der Europäische Wirtschafts- und Sozialausschuss bereits eine Stellungnahme veröffentlicht, in der er den von der Kommission vorgelegten Vorschlag vorbehaltlich einiger Anmerkungen ausdrücklich begrüßte und das Europäische Parlament sowie den Rat nachdrücklich aufforderte, den Vorschlag so schnell wie möglich anzunehmen.

Der Rat trat im November 2003 erneut zu einer Diskussion zusammen. Dabei erzielte er bei Enthaltung der spanischen Delegation einhelliges Einvernehmen über eine allgemeine Ausrichtung für einen Richtlinienentwurf, der sich auf einen vom italienischen Vorsitz vorgelegten Kompromisstext stützte. Die wichtigsten Änderungen gegenüber dem Kommissionsvorschlag waren die Einführung wahlfreier Regelungen („*Opt-out*") für die Anwendung von Bestimmungen betreffend Abwehrmaßnahmen durch die Zielgesellschaft und die Pflichten ihres Leitungs- bzw. Verwaltungsorgans sowie die Durchbruchsregeln, die nun auch Mehrfachstimmrechte antasteten. Der federführende Ausschuss für Recht und Binnenmarkt des Europäischen Parlaments nahm ebenfalls kurz darauf den Kompromissvorschlag als Entwurf einer legislativen Entschließung an. Die Kommission dagegen hatte erklärt, sie könne dem Text nicht zustimmen, und hielt zunächst an ihrem ursprünglichen Vorschlag fest. Nach der informellen Verständigung zwischen Rat und Parlament auf den Kompromissvorschlag und

---

[28] Nicht aufgegriffen wurde auch die Empfehlung der Expertengruppe, dass die von der Hauptversammlung erteilte Ermächtigung für Abwehrmaßnahmen nur dann wirksam sein sollte, wenn die Mehrheit des risikotragenden Kapitals zugestimmt hat; die Kommission hielt die Definition des „risikotragenden Kapitals" rechtlich für zu problematisch.

[29] Vgl. die Urteile Az. C-463/00 und Az. C-98/01 des EuGH.

[30] Vgl. Art. 20 der Richtlinie 2004/25/EG.

der Kritik an der Haltung der Kommission gab diese ihren Widerstand jedoch schließlich auf.

Im Dezember 2003 nahm das Europäische Parlament den mittels der zuvor erarbeiteten Formulierungen geänderten Kommissionsvorschlag in erster Lesung an. Der Vorschlag sah nun vor, dass die Mitgliedstaaten bestimmen können, dass Verteidigungsmaßnahmen der Zielgesellschaft formell von den Aktionären zu billigen sind[31] und dass Übertragungsbeschränkungen für Wertpapiere, Stimmrechtsbeschränkungen und Mehrfachstimmrechte für unwirksam erklärt werden, wenn es um die Entscheidung einer Übernahme geht[32]. Anders als von der Kommission vorgesehen, sind die Mitgliedstaaten also nicht gezwungen, diese Regelungen zu erlassen („*Opt-out*"). Sieht ein Mitgliedstaat vom Erlass ab, so muss er jedoch zumindest den auf seinem Territorium ansässigen Unternehmen die Möglichkeit einräumen, durch Hauptversammlungsbeschluss freiwillig für die Anwendung der genannten Prinzipien zu optieren („*Opt-in*"). Hat ein Unternehmen für diese Prinzipien optiert, kann der Sitzstaat es wiederum von der Anwendung dieser Regeln befreien, sofern es von einem anderen Unternehmen angegriffen wird, das nicht seinerseits diese Regeln anwendet (Grundsatz der Reziprozität).[33] Somit wurde der ursprüngliche Kommissionsvorschlag zwar insgesamt verwässert, trotzdem sah man das Ergebnis angesichts der Unterschiedlichkeit der Unternehmensverfassungen in den Mitgliedstaaten und der nunmehr seit 30 Jahren andauernden Bemühungen als den besten erreichbaren Kompromiss an.

Ende Dezember 2003 billigte der Rat die vom Parlament angenommenen Abänderungen und stimmte dem Richtlinientext zu. Dieser politischen Einigung im Rat auf einen gemeinsamen Standpunkt folgte am 30. März 2004 die formelle Annahme des Rates in erster Lesung. Die Unterzeichnung durch Parlament und Rat fand am 21. April 2004 statt, am 30. April 2004 wurde die neue Übernahmerichtlinie (Richtlinie 2004/25/EG) schließlich im Amtsblatt der Europäischen Union verkündet.[34] Gemäß Art. 22 der Richtlinie trat diese am zwanzigsten Tag nach ihrer Veröffentlichung, mithin am 20. Mai 2004, in Kraft. Die Umsetzung der Übernahmerichtlinie in das nationale Recht der Mitgliedstaaten hatte gemäß Art. 21 bis zum 20. Mai 2006, also binnen zwei Jahren nach dem Inkrafttreten der Richtlinie, zu erfolgen.

§ 3 Anpassung des WpÜG an die Übernahmerichtlinie

Auch das deutsche WpÜG musste an die Richtlinie angepasst werden, dies allerdings nur in begrenztem Umfang, zumal sich beide Regelungswerke inhalt-

[31] Vgl. Art. 9 der Richtlinie 2004/25/EG.
[32] Vgl. Art. 11 der Richtlinie 2004/25/EG.
[33] Vgl. Art. 12 der Richtlinie 2004/25/EG.
[34] Richtlinie 2004/25/EG des Europäischen Parlaments und des Rates vom 21. April 2004 betreffend Übernahmeangebote, siehe Amtsblatt der Europäischen Union L 142/12 vom 30. April 2004.

lich bereits weitgehend entsprachen. Die Anpassung geschah durch das Übernahmerichtlinie-Umsetzungsgesetz vom 8. Juli 2006,[35] das (mit Ausnahme bestimmter Regelungen)[36] am 14. Juli 2006 in Kraft getreten ist.

Die Übernahmerichtlinie und das WpÜG in seiner ursprünglichen Fassung wurden im Grundsatz bereits von denselben Prinzipien beherrscht: dem *Neutralitätsgrundsatz*, der den Leitungsorganen der Zielgesellschaft eine Neutralitätspflicht auferlegt;[37] dem *Gleichbehandlungsgrundsatz*, wonach alle Inhaber von Wertpapieren der Zielgesellschaft, die sich in gleichen Verhältnissen befinden, gleich behandelt werden müssen.[38] Außerdem müssen den Angebotsempfängern *hinreichend Zeit und ausreichende Informationen* für ihre Entscheidungsfindung zur Verfügung gestellt werden;[39] *Marktverzerrungen* durch manipulative Beeinflussung der Wertpapierkurse sind zu *verhindern*;[40] der Bieter hat vor der Ankündigung des Angebots *sicherzustellen*, dass er die zugesagten *Gegenleistungen* auch erbringen kann;[41] die Zielgesellschaft darf durch ein Übernahmeangebot *nur für einen angemessenen Zeitraum* in ihrer Geschäftstätigkeit *behindert* werden;[42] Minderheitsaktionäre sind durch das *Pflichtangebot* zu schützen.[43]

Allerdings gab es auch Änderungsbedarf, was im Folgenden in den wesentlichen Zügen umrissen werden soll.[44] So erstreckt sich der Anwendungsbereich nach der Anpassung des WpÜG an die Richtlinie nicht mehr nur auf Zielgesellschaften mit Sitz im Inland, sondern auch auf Aktiengesellschaften mit Sitz in anderen Staaten des Europäischen Wirtschaftsraums (EWR), deren stimmberechtigte Wertpapiere zumindest auch im Inland zugelassen sind (§§ 1 Abs. 3, 2 Abs. 3 WpÜG).[45] Des Weiteren sieht § 11a WpÜG nun einen sog. Europäischen Pass für Übernahmeangebote vor.[46] Danach wird die von der zuständigen Aufsichtsstelle eines anderen EWR-Staates gebilligte Angebotsunterlage über ein sog. europäisches Angebot (vgl. § 2 Abs. 1a WpÜG) zum Erwerb von Wertpapieren einer Zielgesellschaft, deren Wertpapiere auch in Deutschland zum Handel an einem organisierten Markt zugelassen sind, im Inland ohne zusätzliches Billigungsverfahren anerkannt.

Ferner musste der deutsche Gesetzgeber entscheiden, ob er das Opt-out/Opt-in gemäß Art. 12 der Übernahmerichtlinie wählt oder deren Artt. 9 und 11, d.h. das Erfordernis der Billigung von Abwehrmaßnahmen durch die Aktionäre und die Durchbruchsregeln, voll umsetzt. Gewählt hat er das Optionsmodell, wes-

---

[35] BGBl. 2006 I S. 1426.

[36] Dazu noch unten, 3. Teil § 1 II. 1. a. aa., dort Fn. 455.

[37] § 33 WpÜG und Art. 9 der Richtlinie 2004/25/EG.

[38] § 3 Abs. 1 WpÜG und Art. 3 Abs. 1 lit. a der Richtlinie 2004/25/EG.

[39] § 3 Abs. 2 WpÜG und Art. 3 Abs. 1 lit. b der Richtlinie 2004/25/EG.

[40] § 3 Abs. 5 WpÜG und Art. 3 Abs. 1 lit. d der Richtlinie 2004/25/EG.

[41] § 13 Abs. 1 Satz 1 WpÜG und Art. 3 Abs. 1 lit. e der Richtlinie 2004/25/EG.

[42] § 3 Abs. 2 Satz 2 WpÜG und Art. 3 Abs. 1 lit. f der Richtlinie 2004/25/EG.

[43] § 35 Abs. 2 WpÜG und Art. 5 der Richtlinie 2004/25/EG.

[44] Ausführlich *Seibt/Heiser*, AG 2006, S. 301 ff.; *Simon*, Der Konzern 2006, S. 12 ff.

[45] Vgl. auch Art. 4 der Richtlinie 2004/25/EG.

[46] Vgl. auch Art. 6 Abs. 2 Unterabs. 2 der Richtlinie 2004/25/EG.

halb es grundsätzlich bei der unveränderten Neutralitätspflicht nach § 33 WpÜG mit den dort genannten Ausnahmen bleibt. Zusätzlich wurde die Regelung des § 33a WpÜG eingeführt. Danach kann die Satzung eines Emittenten vorsehen, dass statt des § 33 WpÜG die Neutralitätsregelung des § 33a Abs. 2 WpÜG anzuwenden ist. Im Unterschied zu § 33 WpÜG sind dann Abwehrmaßnahmen nicht mehr auf der Grundlage von Vorratsbeschlüssen oder mittels Genehmigung des Aufsichtsrats möglich, sondern nur noch im Rahmen der in § 33a Abs. 2 WpÜG genannten Ausnahmetatbestände, insbesondere durch Ad-hoc-Beschluss der Hauptversammlung. Auch die europäische Durchbruchsregelung für Stimmrechts- und Übertragungsbeschränkungen bei Aktien der Zielgesellschaft kommt gem. § 33b WpÜG nur dann zur Anwendung, wenn es die Satzung der Zielgesellschaft ausdrücklich vorsieht. Ist das der Fall, dann entfalten Stimmrechts- und Übertragungsbeschränkungen während des Übernahmeangebots sowie in der ersten Hauptversammlung nach der Übernahme keine Wirkung. Als Ausgleich für einen mit dem Durchbruch erlittenen Rechtsverlust hat der Bieter gem. § 33b Abs. 5 WpÜG eine angemessene Entschädigung in Geld zu zahlen. Der Grundsatz der Reziprozität wurde in § 33c WpÜG umgesetzt: hat eine Zielgesellschaft für die Neutralitätsregelung des § 33a WpÜG bzw. die Durchbruchsregelung des § 33b WpÜG optiert, dann kann deren Hauptversammlung beschließen, dass diese Bestimmungen nicht gelten, sofern auch der Bieter diesen Bestimmungen nicht unterliegt.

Außerdem waren die bestehenden Squeeze-out-Vorschriften den Regelungen in der Richtlinie anzupassen und die neuen Sell-out-Bestimmungen zu übernehmen.[47] Gem. § 39a Abs. 1 WpÜG kann ein Bieter, dem Aktien der Zielgesellschaft in Höhe von mindestens 95% des stimmberechtigten Grundkapitals gehören, die Übertragung der verbleibenden stimmberechtigten Aktien gegen Gewährung einer angemessenen Abfindung verlangen. Die aktienrechtlichen Squeeze-out-Regelungen (§§ 327a ff. AktG) gelangen laut § 39a Abs. 6 WpÜG während des übernahmerechtlichen Squeeze-out-Verfahrens nicht zur Anwendung. Denjenigen Aktionären, die ein Übernahme- oder Pflichtangebot nicht angenommen haben, steht gem. § 39c WpÜG ein Andienungsrecht (Sell-out) zu. Das bedeutet, sie können das Angebot noch innerhalb von drei Monaten nach Ablauf der Annahmefrist annehmen, sofern seinerseits der Bieter zur Durchführung eines Squeeze-out berechtigt ist.

Weiterer Ergänzungsbedarf bestand insbesondere auch hinsichtlich der Bestimmungen zu abgestimmten Verhaltensweisen („*acting in concert*"), der Regelungen zur Preisbestimmung sowie der neuen Offenlegungspflichten gemäß Art. 10 der Übernahmerichtlinie. Gem. § 30 Abs. 2 WpÜG werdem dem Bieter die Stimmrechte eines Dritten aus Aktien der Zielgesellschaft zugerechnet, mit dem der Bieter sein Verhalten in Bezug auf die Zielgesellschaft abstimmt. Bei der Bemessung der Gegenleistung ist gem. § 31 Abs. 1 WpÜG auch der durchschnittliche Börsenkurs solcher Aktien der Zielgesellschaft relevant, die ge-

[47] Ausführlich hierzu *Hopt/Mülbert/Kumpan*, AG 2005, S. 115 ff.

meinsam mit dem Bieter handelnde Dritte erworben haben. Definiert wird der Begriff der „gemeinsam handelnden Personen“ in § 2 Abs. 5 WpÜG. Diese Definition wurde nun um den Begriff der „gemeinsam mit der Zielgesellschaft handelnden Personen“ ergänzt.[48]

Hinsichtlich der Mindestpreisregelung in § 31 Abs. 1 WpÜG, nach der der Bieter den Aktionären der Zielgesellschaft eine angemessene Gegenleistung anzubieten hat, ist es im Wesentlichen beim Alten geblieben. Eine Ausdehnung hat allerdings § 31 Abs. 3 WpÜG erfahren: in Zukunft ist zwingend ein Barangebot zu unterbreiten, wenn der Bieter oder mit ihm gemeinsam handelnde Personen in den sechs Monaten vor der Angebotsveröffentlichung bis zum Ablauf der Annahmefrist mindestens 5% der Aktien oder Stimmrechte an der Zielgesellschaft gegen Zahlung einer Geldleistung erworben haben.[49] Außerdem wurde der für die Bestimmung des Angebotspreises relevante Vorerwerbszeitraum von drei auf sechs Monate verlängert (§ 4 Satz 1 WpÜG-AngebotsVO).[50]

Die Umsetzung der Pflicht zur Offenlegung bestehender Verteidigungsmechanismen im Lagebericht ist durch eine Ergänzung der HGB-Rechnungslegungsvorschriften vorgenommen worden (§§ 289 Abs. 4, 315 Abs. 4 HGB). Danach sind insbesondere sämtliche Beschränkungen der Stimmrechte aus Aktien und Beschränkungen der Übertragbarkeit von Aktien mitzuteilen, die Inhaber von Aktien mit Sonderrechten namentlich zu nennen, alle gesetzlichen und satzungsmäßigen Regelungen über die Ernennung und Absetzung der Vorstandsmitglieder sowie deren Befugnisse mit Relevanz für Übernahmeverfahren zu beschreiben und schließlich alle Entschädigungsvereinbarungen mit Vortandsmitgliedern oder Arbeitnehmern („*golden parachutes*“) aufzuführen.

[48] Vgl. auch Art. 5 Abs. 1 der Richtlinie 2004/25/EG.
[49] Vgl. auch Art. 5 Abs. 5 der Richtlinie 2004/25/EG.
[50] Vgl. auch Art. 5 Abs. 4 der Richtlinie 2004/25/EG.

2. Teil: Das öffentliche Angebot und die Angebotsankündigung

§ 1 Das öffentliche Angebot nach dem WpÜG als Antrag im Rechtssinne

I. Bestandsaufnahme

Eine Antwort auf die Frage nach der Rücknehmbarkeit des öffentlichen Angebots setzt zunächst Klarheit über dessen Rechtsnatur voraus. In der Literatur hat sich diesbezüglich eine verwirrende Meinungsvielfalt herausgebildet.[51] Konsens besteht nur insoweit, als dass das Angebot im Sinne des § 2 Abs. 1 WpÜG auch den zivilrechtlichen Antrag gem. § 145 BGB umfassen soll.[52] Nicht geklärt ist hingegen, welche Reichweite der übernahmerechtliche Angebotsbegriff im Übrigen besitzt.

1. Meinungsstand

a. Zivilrechtliche Theorie

Eine verbreitete Auffassung stellt das übernahmerechtliche Angebot mit dem bürgerlich-rechtlichen Antrag im Sinne des § 145 BGB gleich.[53] Für diese Auslegung spreche vor allem der Wortlaut der Definitionsnorm des § 2 Abs. 1 WpÜG, der den Begriff „Angebot" verwendet. Nach dem allgemeinen Sprachgebrauch sei unter einem Angebot eine auf den Abschluss eines Vertrags gerichtete, also mit rechtlicher Verbindlichkeit ausgestattete Willenserklärung zu verstehen.[54]

b. Theorie vom eigenständigen Angebotsbegriff

Nach einer abweichenden Auffassung kommt dem übernahmerechtlichen Angebotsbegriff eine eigenständige Bedeutung zu, die über den Begriff des Antrags gem. § 145 BGB hinausgeht. Diese Ansicht ist offenbar bemüht, den Angebotsbegriff nach dem Schutzzweck des WpÜG zu definieren.

So soll auch eine öffentliche, an die Aktionäre der Zielgesellschaft gerichtete Aufforderung des Bieters zur Abgabe von Angeboten (*invitatio ad offerendum*) vom Angebotsbegriff des WpÜG erfasst sein.[55]

Ein Angebot nach dem WpÜG soll außerdem bereits dann anzunehmen sein, wenn der Bieter den geplanten Erwerb eines größeren Aktienpakets öffentlich

---

[51] Unbefriedigend ist dabei, dass die vielfältigen Meinungen in den seltensten Fällen argumentativ begründet werden oder aufeinander Bezug nehmen.

[52] So etwa *Thoma* in: Baums/Thoma, § 11 Rn. 6; *Versteegen* in: KölnKomm-WpÜG, § 2 Rn. 27; *Seydel* in: KölnKomm-WpÜG, § 11 Rn. 20; *Renner* in: Haarmann/Riehmer, § 11 Rn. 11; *Steinmeyer/Häger*, § 11 Rn. 5; *Geibel* in: Geibel/Süßmann, § 11 Rn. 2; *Oechsler* in: Ehricke/Ekkenga, § 11 Rn. 1; *Liebscher*, ZIP 2001, S. 853, 862.

[53] *Versteegen* in: KölnKomm-WpÜG, § 2 Rn. 27; *Hirte* in: KölnKomm-WpÜG, § 10 Rn. 20; *Pötzsch* in: Assmann/Pötzsch, § 2 Rn. 6.

[54] *Versteegen* in: KölnKomm-WpÜG, § 2 Rn. 25 und 27.

[55] So *Wackerbarth* in: MünchKomm-WpÜG, § 2 Rn. 14b.

ankündigt, selbst wenn das Paket nur von einem Großaktionär aufgrund eines individuell ausgehandelten Vertrags erworben werden soll. Eine derartige Ankündigung nämlich könne erhebliche wirtschaftliche Folgen für die Zielgesellschaft haben, das Gebot zur Gleichbehandlung der Aktionäre verletzen und zu Marktverzerrungen führen.[56] Aus den gleichen Gründen soll das öffentliche Sicherbieten, in erheblichem Umfang jederzeit Aktien über die Börse anzukaufen (sog. „*standing in the market*"), ein dem WpÜG unterliegendes Angebot darstellen.[57] In eine ähnliche Richtung geht auch die Ansicht, die in Zweifelsfällen von der Gefahrenlage auf ein (öffentliches) Angebot im Sinne des WpÜG schließen will.[58]

2. Stellungnahme

Bedeutung und Reichweite des „Angebots" im Sinne des WpÜG sind im Wege der Auslegung zu ermitteln. Diese hat mit dem Wortsinn zu beginnen, wobei vom möglichen Wortsinn alles erfasst wird, was nach dem allgemeinen oder einem feststellbaren besonderen Sprachgebrauch noch als mit dem zu untersuchenden Ausdruck gemeint verstanden werden kann.[59]

Nach dem allgemeinen Sprachgebrauch geht der Angebotsbegriff über das enge, streng juristische Verständnis hinaus, das in einem Angebot eine auf den Abschluss eines Vertrags gerichtete Willenserklärung sieht. Auch die *invitatio ad offerendum* wird vom Verkehr bisweilen als Angebot verstanden. Neben dem Sprachgebrauch sind im Rahmen der Auslegung aber auch teleologische und systematische Überlegungen anzustellen;[60] außerdem sind die Absichten des Gesetzgebers zu ergründen, wie sie sich insbesondere aus der Gesetzesbegründung ergeben.[61]

a. Handlungen im Vorfeld eines Angebots

Vom „Angebot" ist nicht nur in den § 1 und § 2 Abs. 1 WpÜG die Rede, sondern auch in der Gesetzesbegründung zu diesen Vorschriften.[62] Dort wird aber nicht – was sonst nahegelegen hätte – dargelegt, dass das Gesetz inhaltlich vom Begriff des „Antrags" im Sinne des BGB abweichen will.[63] In dieser Weise nämlich ist der Gesetzgeber beim Verkaufsprospektgesetz (VerkProspG) verfahren. Durch die Vorschriften des VerkProspG, die inzwischen großteils im Wert-

---

[56] *Steinmeyer/Häger*, § 1 Rn. 12.
[57] *Hecker* in: Baums/Thoma, § 2 Rn. 7; *Fleischer*, ZIP 2001, S. 1653, 1659; vgl. auch *von Kann* in: Hölters, Unternehmens- und Beteiligungskauf, Teil VIII Rn. 5.
[58] So *Fleischer*, ZIP 2001, S. 1653, 1658 (zu § 2 Abs. 1 RegE-WpÜG).
[59] *Larenz/Canaris*, Methodenlehre, S. 143.
[60] Vgl. *Larenz/Canaris*, Methodenlehre, S. 145 ff.
[61] Dazu *Larenz/Canaris*, Methodenlehre, S. 149 ff.
[62] Vgl. die Begründung zum Regierungsentwurf des WpÜG, BT-Drucks. 14/7034, S. 33 f.
[63] Vgl. BT-Drucks. 14/7034, S. 33.

papierprospektgesetz (WpPG) aufgegangen sind,[64] wurde die Verpflichtung des Emittenten geregelt, beim erstmaligen öffentlichen Angebot von Wertpapieren rechtzeitig einen sog. Verkaufsprospekt zu veröffentlichen. Der Zweck eines solchen Prospekts besteht darin, den potentiellen Käufern der emittierten Wertpapiere diejenigen Informationen zur Verfügung zu stellen, die sie für eine besonnene Investitionsentscheidung benötigen.[65] In der Gesetzesbegründung zum VerkProspG, dessen § 1 ebenfalls den Terminus des öffentlichen Angebots verwendete,[66] hat der Gesetzgeber ausdrücklich klargestellt, dass mit diesem Begriff keineswegs nur Angebote im Rechtssinne, sondern auch die *invitatio ad offerendum* gemeint sein soll.[67] Dies liegt daran, dass der Anleger nicht erst dann schutzbedürftig ist, wenn er ein rechtsverbindliches Angebot des Anbieters annehmen kann, sondern er bereits dann, wenn für ihn eine konkrete Möglichkeit zum Erwerb der offerierten Wertpapiere besteht, sich mittels eines Prospekts über die Wertpapiere und deren Emittenten informieren können muss.[68]

Gemäß § 17 WpÜG ist dagegen eine *invitatio ad offerendum* des Bieters an die Inhaber der Wertpapiere der Zielgesellschaft unzulässig. Nach der Gesetzesbegründung soll der Bieter nur rechtsverbindliche Angebote abgeben dürfen, zumal durch ein Angebot der Börsenkurs des Zielunternehmens erheblich beeinflusst werden kann und darüber hinaus Pflichten des Managements nach dem WpÜG ausgelöst werden, deren Erfüllung zeitliche Kapazitäten bindet.[69] Die *invitatio ad offerendum* ist somit nicht vom Angebotsbegriff dieses Gesetzes umfasst.[70]

Die Ansicht, nach der sich der übernahmerechtliche Begriff des Angebots auch auf die *invitatio ad offerendum* erstrecken soll,[71] ist daher abzulehnen. Der Anwendungsbereich des Gesetzes bezieht sich gem. § 1 WpÜG auf „Angebote". Die Existenz des § 17 WpÜG verdeutlicht, dass freilich auch die *invitatio* dem *Anwendungsbereich* des Gesetzes unterfällt. Daraus folgt jedoch nicht, dass der *Angebotsbegriff* auch solche Verhaltensweisen einschließt, die lediglich als Aufforderung an die Aktionäre der Zielgesellschaft ausgestaltet sind, ihrerseits dem

---

[64] Durch das Prospektrichtlinie-Umsetzungsgesetz vom 22. Juni 2005, mit dem die Richtlinie 2003/71/EG in nationales Recht transferiert wurde, sind die §§ 1-8e VerkProspG aufgehoben worden. Stattdessen gilt nunmehr das Wertpapierprospektgesetz (WpPG), das in erster Linie die Prospektpflichten im Anschluss an eine Wertpapieremission regelt, wobei die bisher in VerkProspG und BörsG vorgenommene, anlassbezogene Unterscheidung zwischen dem öffentlichen Angebot zur Zeichnung und dem Börsengang weitgehend eliminiert wurde. Am verkaufsprospektrechtlichen Angebotsbegriff an sich und dessen Schutzzwecken hat sich insoweit aber nichts geändert, vgl. §§ 1 Abs. 1, 2 Satz 1 Nr. 4 WpPG. Zum Ganzen *Ekkenga*, BB 2005, S. 561 ff.

[65] *Lenz/Kopp-Colomb*, Wertpapierverkaufsprospekte, S. 19 f.

[66] Siehe nunmehr § 1 Abs. 1 WpPG.

[67] BT-Drucks. 11/6340, S. 11.

[68] *Ritz* in: Assmann/Lenz, § 1 Rn. 25 f.

[69] Vgl. BT-Drucks. 14/7034, S. 47.

[70] Vgl. auch *Versteegen* in: KölnKomm-WpÜG, § 2 Rn. 29; *Schüppen* in: Haarmann/Riehmer, § 2 Rn. 6.

[71] Siehe oben, Fn. 55.

Bieter ein Angebot zu unterbreiten. In der Tat beginnt der Anwendungsbereich des WpÜG bereits im Vorfeld der eigentlichen Angebotsabgabe, nämlich mit der Verpflichtung des Bieters nach § 10 Abs. 1 Satz 1 WpÜG, die Abgabe eines derartigen Angebots anzukündigen. Ganz unabhängig davon, welche Rechtsnatur man dem Angebotsbegriff oder der Angebotsankündigung beimisst, ergibt sich aus einem systematischen Vergleich zwischen § 10 und § 11 WpÜG aber, dass es sich um voneinander verschiedene Begriffe handelt. Dass die Gesetzesbegründung zu § 17 WpÜG - etwas missverständlich - davon spricht, diese Vorschrift untersage „dem Bieter Angebote, die als invitatio ad offerendum ausgestaltet sind", bedeutet daher nach dem eben Gesagten nicht, dass auch die *invitatio* vom Angebotsbegriff umfasst ist. Die genannte Ansicht vermischt dagegen Aspekte des Anwendungsbereichs mit Fragen begrifflicher Definitionen und würde darüber hinaus zu dem problematischen Ergebnis führen, dass in ein und demselben Gesetz zwei unterschiedliche Angebotsbegriffe auftreten, die beide mit dem gleichen Terminus bezeichnet werden: das Angebot des Bieters im Sinne von § 2 Abs. 1 WpÜG und das in § 17 WpÜG angesprochene Angebot der Zielaktionäre, das aus Gründen der Logik selbst wiederum keine *invitatio* mit einschließen kann.

Es lässt sich somit feststellen, dass zwar das VerkProspG (bzw. das WpPG) ebenso wie das WpÜG den Begriff des „Angebots" gebraucht, sich diese Begriffe aber gleichwohl nicht decken. Dem Gesetzgeber ist insoweit kein Vorwurf zu machen, zumal es ihm schlichtweg nicht möglich ist, die Unterschiedlichkeit verschiedener Begriffe stets mit der Verwendung unterschiedlicher Vokabeln kenntlich zu machen. Hätte der Gesetzgeber etwa im VerkProspG statt „Angebot" den Begriff „Offerte" verwendet, wäre damit für eine Klarstellung nichts gewonnen. Der weitaus tauglichere Standort für derartige Klarstellungen ist vielmehr die Gesetzesbegründung – die hier bereits zu Rate gezogen wurde.

Auch den übrigen Auffassungen, die den Angebotsbegriff in erster Linie nach dem Schutzzweck des WpÜG zu definieren suchen,[72] ist nicht zu folgen. Der grundsätzliche Unterschied zwischen einer auf privatrechtlicher Ebene durchgeführten Transaktion und einer solchen, die dem WpÜG unterfällt, besteht darin, dass der Erwerbswillige im ersteren Falle gewissermaßen auf gleicher Augenhöhe an das zu erwerbende Unternehmen herantritt, um ein individuelles Angebot zu unterbreiten. Im anderen Falle hingegen gibt der Bieter ein *öffentliches* Angebot ab, das sich für gewöhnlich an eine Vielzahl dem Bieter meist unbekannter Aktionäre richtet. Die Notwendigkeit eines speziell geregelten Angebotsverfahrens ergibt sich aus der Sicht des Gesetzgebers also offenbar aus dem *öffentlichen Charakter* eines Angebots, weil sich Bieter und Zielgesellschaft dann nicht auf gleicher Augenhöhe gegenüberstehen, sondern der Bieter sich die Tatsache zunutze machen kann, dass ein Angebot unterbreitet wird im Sinne eines *„take it or leave it"*, über das nicht mehr im Einzelnen verhandelt werden soll. Aufgrund der Anonymität des Verfahrens und der meist großen

[72] Siehe die Nachweise in Fn. 56 f.

Zahl von angesprochenen Aktionären, die sich gegenseitig nicht kennen und untereinander austauschen können, entsteht dann wegen des für den einzelnen Wertpapierinhaber unkalkulierbaren Verhaltens der anderen Wertpapierinhaber und der befristeten Zeitspanne zur Annahme des Angebots typischerweise die Gefahr eines psychologischen Entscheidungsdrucks (sog. *prisoners' dilemma*), der zu einem Verkaufsdruck erstarken und letztlich zu einem übereilten Verkauf der gehaltenen Wertpapiere führen kann. Dass es sich beim Merkmal der Öffentlichkeit um einen zentralen Begriff des WpÜG handelt, wird auch dadurch unterstrichen, dass sich die Gesetzesbegründung zu § 2 Abs. 1 WpÜG vornehmlich hiermit befasst.[73]

Dies verleitet einige Autoren offenbar dazu, von der *Öffentlichkeit* einer Äußerung auf das Vorliegen eines *Angebots* nach dem WpÜG zu schließen. So sei ein „*standing in the market*" schon deshalb als Angebot im Sinne von § 2 Abs. 1 WpÜG zu qualifizieren, weil es sich in öffentlich zugänglichen Medien an einen größeren Personenkreis richte.[74] In der Tat soll es nach der Gesetzesbegründung für die Beurteilung der *Öffentlichkeit* eines Angebots von Bedeutung sein, ob sich dieses nur an einen begrenzten Personenkreis richtet oder an eine Vielzahl von Wertpapierinhabern. Dabei soll es sich aber nur um eines von vielen Kriterien für eine derartige Beurteilung handeln.[75]

Bevor man Überlegungen hinsichtlich der *Öffentlichkeit* eines Angebots anstellt,[76] ist auf vorgelagerter Ebene allerdings erst einmal zu prüfen, ob überhaupt ein *Angebot* vorliegt. Wird im Sinne eines „*standing in the market*" gegenüber der Allgemeinheit öffentlich – vornehmlich über die Medien – kolportiert, dass jemand dazu bereit ist, jederzeit Wertpapiere einer bestimmten Gesellschaft aufzukaufen, so liegt jedenfalls kein Angebot gem. § 145 BGB vor. Denn hierbei ist nicht nur das Vorliegen der *essentialia negotii* problematisch, es fehlt zudem an einem erkennbaren konkreten Rechtsbindungswillen. Das gleiche gilt auch für den Fall, dass jemand öffentlich ankündigt, demnächst mit einem bestimmten Großaktionär in Vertragsverhandlungen eintreten, also erst in der Zukunft ein konkretes Angebot abgeben zu wollen.[77] In beiden Fällen handelt es sich also lediglich um Willensbekundungen, nicht aber um zivilrechtliche Willenserklärungen.

Auch das WpÜG unterscheidet in § 10 Abs. 1 Satz 1 ausdrücklich zwischen der öffentlich zu erfolgenden Abgabe eines *Angebots* und der ebenfalls zu veröffentlichenden Entscheidung, ein darartiges Angebot abgeben zu wollen. Bei dieser sog. *Angebotsankündigung* handelt es sich nicht um eine Willenserklärung, sondern bloß um eine Willensbekundung.[78] Ob in der öffentlichen Willensbe-

---

[73] BT-Drucks. 14/7034, S. 33.
[74] *Fleischer*, ZIP 2001, S. 1653, 1658 f.
[75] BT-Drucks. 14/7034, S. 33.
[76] Siehe dazu ausführlich unten, 2. Teil § 2 II.
[77] Erst recht liegt kein Angebot vor, wenn jemand öffentlich bekannt gibt, bereits ein entsprechendes Angebot abgegeben zu haben.
[78] Dazu eingehend unten, 2. Teil § 3 IV.

kundung, demnächst mit einem bestimmten Großaktionär in Vertragsverhandlungen eintreten zu wollen, überhaupt eine Angebotsankündigung im Sinne des § 10 Abs. 1 Satz 1 WpÜG zu sehen sein kann, hängt davon ab, ob der angestrebte Erwerb von Wertpapieren eines Großaktionärs aufgrund individueller Vertragsverhandlungen überhaupt auf ein *öffentliches* Angebot abzielt, was man freilich bezweifeln mag.[79] Würde man diese Ankündigung jedenfalls bereits als Angebot im Sinne des WpÜG verstehen, dann hätte dies zur Folge, dass gem. § 10 Abs. 1 Satz 1 WpÜG die *Ankündigung anzukündigen* wäre – ein offensichtlich unsinniges Ergebnis. Auch in einem „*standing in the market*" kann möglicherweise im Einzelfall eine Angebotsankündigung zu sehen sein, wenn eine solche Willensbekundung nicht selbst hierfür viel zu unkonkret ist. Denn eine Ankündigung, jederzeit Aktien übernehmen zu wollen, muss nicht notwendigerweise bedeuten, dass bereits eine konkrete Entscheidung zur Angebotsabgabe gefallen ist. Eine derartige Ankündigung lässt eher vermuten, dass der „Bieter" auf Angebote seitens der Aktionäre hofft, was, wenn dies aus seiner Erklärung deutlich genug hervorgeht, sogar eine gem. § 17 WpÜG unzulässige *invitatio ad offerendum* darstellen kann. Bei den hier untersuchten Willensbekundungen handelt es sich also – wenn überhaupt – um Angebotsankündigungen, keinesfalls aber um übernahmerechtlich relevante Angebote.

Ebenfalls abzulehnen ist daher die Ansicht, die in Zweifelsfällen von der Gefahrenlage auf ein öffentliches Angebot im Sinne des WpÜG schließen will.[80] Wie soeben dargestellt, ist es nicht gangbar, von der *Öffentlichkeit* einer Äußerung auf das Vorliegen eines *Angebots* zu schließen. Der Begriff des Angebots ist für eine derart weite Auslegung schlicht nicht geeignet. Wie noch zu zeigen sein wird, ist – zum Schutze der Aktionäre der Zielgesellschaft – der Öffentlichkeitsbegriff einer weiten Auslegung dagegen durchaus zugänglich.[81]

Somit lässt sich feststellen, dass Handlungen, die sich lediglich im Vorfeld eines bürgerlich-rechtlichen Antrags abspielen, ebensowenig ein Angebot im Sinne des WpÜG darstellen wie jede beliebige andere Handlung, die in irgendeiner Art potentiell geeignet ist, die Interessen der Aktionäre der Zielgesellschaft, die Handlungsfähigkeit der Organe der Zielgesellschaft oder die Stabilität des Kapitalmarktes zu beeinträchtigen. Dies lässt darauf schließen, dass mit dem WpÜG-Angebot ausschließlich ein bürgerlich-rechtliches Angebot gemeint ist und dieser Begriff nicht über jenen hinausgeht.

b. Das übernahmerechtliche Angebot als Antrag im Sinne des § 145 BGB

Der Begriff des „Angebots" hat für das WpÜG eine zentrale Bedeutung: denn schon der Anwendungsbereich dieses Gesetzes wird in § 1 nach dem Angebotsbegriff bestimmt. Anzuwenden ist das WpÜG danach auf Angebote zum Erwerb von durch eine Zielgesellschaft ausgegebenen und zum Handel an einem organi-

---

[79] Dazu eingehend unten, 2. Teil § 2 II.
[80] Siehe oben, Fn. 58.
[81] Siehe unten, 2. Teil § 2 II. 3.

sierten Markt zugelassenen Wertpapieren. Konsequenterweise ist die erste Legaldefinition in § 2 Abs. 1 WpÜG die des Angebots: Angebote im Sinne des WpÜG sind freiwillige oder aufgrund einer Verpflichtung nach diesem Gesetz erfolgende öffentliche Kauf- oder Tauschangebote.

Kauf- und Tauschangebote sind aus dem allgemeinen Zivilrecht bekannt, so dass die Vermutung naheliegt, es handele sich beim WpÜG-Angebot um eine Willenserklärung im Sinne der §§ 145 ff. BGB.[82] Allerdings spricht das BGB in den §§ 145 ff. anders als das WpÜG nicht von einem „Angebot", sondern verwendet stattdessen den Begriff des „Antrags".[83] Diese unterschiedliche Terminologie, so wird befürchtet, werde „das juristische Handwerk in Zukunft ein wenig erschweren".[84]

Zwar taucht auch im BGB das „Angebot" auf, nämlich in den §§ 294 ff., hat dort aber eine gänzlich andere Bedeutung als der „Antrag": gemeint mit dem „tatsächlichen Angebot" in § 294 BGB ist der Beginn der Leistung, was denknotwendig einen bereits abgeschlossenen Vertrag voraussetzt. Es handelt sich somit um einen Realakt und nicht um eine Willenserklärung.[85] Auch das „wörtliche Angebot" in § 295 BGB meint kein Vertragsangebot im Sinne einer Willenserklärung, sondern stellt eine ausnahmsweise zulässige Alternative zum „tatsächlichen Angebot" dar und ist insoweit als geschäftsähnliche Handlung zu qualifizieren.[86]

Hieraus aber lässt sich keinesfalls ableiten, dass mit dem Begriff des „Angebots" im WpÜG keine Willenserklärung im bürgerlich-rechtlichen Sinne gemeint ist. Wie bereits festgestellt, hat derselbe Begriff „Angebot" in zwei kapitalmarktrechtlichen Gesetzen – dem WpÜG und dem VerkProspG – unterschiedliche Bedeutungen.[87] Innerhalb des BGB taucht dieses Phänomen an verschiedenen Stellen auf: beispielsweise ist mit „Sache" in § 90 BGB nur ein „körperlicher Gegenstand" gemeint, der Ausdruck „Sache" in § 119 Abs. 2 BGB hingegen ist im Sinne von „Geschäftsgegenstand" zu verstehen, womit auch Forderungen erfasst werden.[88]

Ebenso können umgekehrt unterschiedliche Ausdrücke durchaus eine identische Bedeutung haben. Dafür, dass im Gesetz bestimmte Begrifflichkeiten nicht immer konsequent durchgehalten werden, gibt es vielerlei Beispiele: so ist etwa in § 929 S. 1 BGB von der „dinglichen Einigung" die Rede, obgleich das BGB sonst für jede Art von zweiseitigen Rechtsgeschäften grundsätzlich den Begriff „Vertrag" verwendet.[89]

---

[82] Zur rechtlichen Einordnung des Kauf- bzw. Tauschbegriffs im Sinne des WpÜG eingehend unten, 2. Teil § 2 I.
[83] Vgl. dazu auch *Versteegen* in: KölnKomm-WpÜG, § 2 Rn. 10.
[84] So ausdrücklich *Versteegen* in: KölnKomm-WpÜG, § 2 Rn. 10.
[85] *Palandt/Heinrichs*, § 294 Rn. 2.
[86] *Palandt/Heinrichs*, § 295 Rn. 1.
[87] Siehe oben, 2. Teil § 1 I. 2. a.
[88] *Larenz/Canaris*, Methodenlehre, S. 142.
[89] Bei der dinglichen Einigung handelt es sich um einen abstrakten dinglichen Vertrag, vgl. *Palandt/Bassenge*, § 929 Rn. 2; siehe auch *Oestmann* in: HistKomm-BGB, §§ 145-156 Rn. 6.

Man kann demnach nicht ohne weiteres schlussfolgern, ein „Angebot" im Sinne des WpÜG stimme nicht mit dem unterschiedlichen Begriff des „Antrags" im Sinne des BGB überein. Mit dem heute etwas „hölzern"[90] wirkenden Ausdruck des „Antrags" lehnt sich das BGB, wie schon in den Motiven,[91] an die Terminologie des Allgemeinen Landrechts für die preußischen Staaten (ALR) von 1794 an, wo in den Vertragsschlussvorschriften ebenfalls vom „Antragenden" die Rede war.[92] Das BGB, mit dem eine Rechtsvereinheitlichung geschaffen werden sollte, musste dieses Ziel auch in terminologischer Hinsicht erreichen – war doch vor seinem Inkrafttreten im Jahre 1900 in der Lehre auch von der „Offerte" oder dem „Anerbieten"[93] die Rede. Erreicht wurde letzteres Ansinnen nicht: so wird in der einschlägigen Kommentarliteratur zu den §§ 145 ff. BGB auch heute nicht nur der Begriff des „Antrags" verwendet, auch die „Offerte" taucht noch immer auf.[94] Weitgehend durchgesetzt aber hat sich eine ganz andere Vokabel: das „Angebot".[95]

Dieser Ausdruck entspricht im Übrigen auch der Terminologie der Übernahmerichtlinie[96] und der gängigen Übersetzung des englischen Pendants zum „Antrag", dem *„offer"* [97] – womit keineswegs gesagt sein soll, dass sich die *termini* „Angebot" im Sinne des WpÜG und *„offer"* im Sinne des *takeover code* vollständig decken.[98] Die Globalisierung jedenfalls macht auch vor dem Recht und den rechtlichen Begriffen nicht Halt, was eine Folge der sich stetig intensivierenden internationalen Handelsbeziehungen ist und sich auch in der voranschreitenden Europäisierung des Rechts deutlich zeigt. Vor dem Hintergrund dieser Entwicklung muss gerade auch das WpÜG gesehen werden, dessen Entstehung auf einer internationalen Notwendigkeit beruht und dessen Vorbilder angloamerikanischer Provenienz sind.

Weil es nach der hier vertretenen Auffassung ausgeschlossen ist, dass vom Angebotsbegriff des WpÜG auch die *invitatio ad offerendum* oder andere, angebotsähnliche Willensbekundungen erfasst werden, stellt das Angebot gem. § 2 Abs. 1 WpÜG somit einen bürgerlich-rechtlichen Antrag dar.

---

90 So *Oestmann* in: HistKomm-BGB, §§ 145-156 Rn. 6.

91 Abgedruckt bei *Mugdan*, Band 1, S. 441.

92 I 5 §§ 91, 102 ALR.

93 *Thöl*, Das Handelsrecht, S. 241.

94 Vgl. etwa *Kramer* in: MünchKomm-BGB, § 145 Rn. 1.

95 Vgl. *Bork* in: Staudinger, Vor §§ 145-156 Rn. 37; *Oestmann* in: HistKomm-BGB, §§ 145-156 Rn. 6; *Brox*, BGB AT, Rn. 168.

96 Art. 2 Abs. 1 lit. a der Richtlinie 2004/25/EG.

97 Vgl. *Dietl/Lorenz*, Wörterbuch für Recht, Wirtschaft und Politik, Teil 1, S. 557.

98 Dazu eingehend *Versteegen* in: KölnKomm-WpÜG, § 2 Rn. 20. Davon abgesehen geht auch das *„offer"* im Sinne des *takeover code* über den herkömmlichen *„offer"*-Begriff nach dem englischen Vertragsrecht hinaus, vgl. den Abschnitt *„Definitions"* C 8 (Offer) des *takeover code*. Der amerikanische *SEA* spricht in *Section* 14 d., wo es ausschließlich um Übernahme-Angebote geht, vom *„tender offer"*, im übrigen ebenfalls vom *„offer"* (vgl. *Section* 13 d. 6. A.).

II. Das Teilangebot gem. § 19 WpÜG – ein Sonderfall?

Wenn man davon ausgeht, dass das Angebot im Sinne des WpÜG ein Antrag gem. § 145 BGB ist, so sollte man annehmen können, dass diese Feststellung dann auf alle Formen des Angebots nach dem WpÜG zutreffen muss, also auch auf das Teilangebot. Teilangebote erfahren durch § 19 WpÜG allerdings eine besondere Behandlung. Im Falle einer Überzeichnung wird der Bieter nach dieser Vorschrift zu einer grundsätzlich verhältnismäßigen Berücksichtigung der Annahmeerklärungen verpflichtet.

1. Meinungsstand

Von einer Ansicht in der Literatur wird die Meinung vertreten, es handele sich beim Teilangebot nach § 19 WpÜG um ein einseitiges Rechtsgeschäft eigener Art und somit nicht um einen auf den Abschluss eines Vertrags gerichteten Antrag im Sinne des § 145 BGB.[99] Nach dieser Ansicht führt die lediglich verhältnismäßige Berücksichtigung der Annahmeerklärungen bei einer Überzeichnung dazu, dass sich Angebot und Annahme nicht decken und daher nach den Regeln des allgemeinen Zivilrechts wirksame Verträge nicht zustande kämen. Daher ist diese Ansicht gezwungen, sich mit einer außergewöhnlichen Konstruktion zu behelfen: durch die Angebotserklärung des Bieters soll eine Art Vorvertrag zustande kommen, vergleichbar mit der Auslobung nach BGB, durch den sich der Bieter verpflichtet, eingehende Anträge der Aktionäre der Zielgesellschaft grundsätzlich nach Maßgabe des Gleichbehandlungsgrundsatzes anzunehmen.[100] Weil auch die Vertreter dieser Ansicht davon ausgehen, dass das Angebot im Sinne des WpÜG jedenfalls grundsätzlich ein bürgerlich-rechtlicher Antrag ist,[101] wird diese Auffassung im Folgenden als *Ausnahmetheorie* bezeichnet.

Daneben wird aber in der Literatur auch die Auffassung vertreten, dass ein Teilangebot stets vom Bieter ausgeht und von den Aktionären der Zielgesellschaft nur noch angenommen zu werden braucht. Allerdings werden zwei unterschiedliche Erklärungsmodelle für diese im Grundsatz zutreffende Ansicht angeboten.

Der eine Ansatz[102] (im Folgenden als *Fiktionstheorie* bezeichnet) geht davon aus, dass die Verträge über den Erwerb der Wertpapiere zwischen dem Bieter und den Zielaktionären unter der gesetzlich angeordneten Bedingung zustande kommen, dass keine Überzeichnung eintritt. Sollte eine Überzeichnung dennoch eintreten, so finde eine gesetzlich fingierte Novation statt, die den Verträgen doch noch zur Wirksamkeit verhilft. Weil mangels inhaltlich korrespondierender

---

[99] *Oechsler*, ZIP 2003, S. 1330, 1335.

[100] *Oechsler*, ZIP 2003, S. 1330, 1335.

[101] *Oechsler* in: Ehricke/Ekkenga, § 11 Rn. 1.

[102] *Hasselbach* in: KölnKomm-WpÜG, § 19 Rn. 14 und zum praktisch inhaltsgleichen § 20 öÜbG *Huber/Löber*, § 20 Rn. 5; wohl auch *Thaeter* in: Thaeter/Brandi, Teil 2, Rn. 260 und *Steinmeyer/Häger*, § 19 Rn. 7 (diese Autoren sprechen von einer „Anpassung kraft Gesetzes" bzw. „Legalnovation", erwähnen jedoch nicht das Erfordernis einer fingierten Bedingung).

Willenserklärungen die Verträge eigentlich unwirksam wären, handelt es sich um eine sog. *abstrakte* Novation.[103] Ein weiterer Ansatz[104] (im Folgenden als *Auslegungstheorie* bezeichnet) hingegen meint, zu einem entsprechenden Ergebnis bereits durch die objektive Auslegung am Empfängerhorizont der Zielaktionäre gelangen zu können.

2. Stellungnahme

Die Ausnahmetheorie[105] muss sich den Vorwurf gefallen lassen, dass nach ihrer Konzeption der Gesetzgeber in ein und demselben Gesetz zwei unterschiedliche Angebotsbegriffe verwendet hat, was eher fernliegend erscheint. In der Tat führt sie nicht zu befriedigenden Ergebnissen. Denn weil der Bieter die Anträge der Zielaktionäre, zu deren Annahme er sich nach dieser Ansicht durch einen Vorvertrag verpflichtet haben soll, aufgrund der Überzeichnung nur eingeschränkt annehmen könnte, kämen wegen § 150 Abs. 2 BGB überhaupt keine wirksamen Verträge zustande. Zudem ergibt sich aus § 311 Abs. 1 BGB, dass zur Begründung eines Schuldverhältnisses grundsätzlich ein Vertrag erforderlich ist. Einseitige Rechtsgeschäfte hingegen sind grundsätzlich nicht bindend.[106] Von diesem Prinzip gibt es zwar gesetzliche Ausnahmen, wie das Beispiel der Auslobung gem. § 657 BGB belegt. Eine derartige Ausnahme stellt § 19 WpÜG aber gerade nicht dar, denn wie dem eindeutigen Wortlaut dieser Vorschrift zu entnehmen ist, ist dort, wie auch sonst im WpÜG, von einem Angebot des Bieters sowie von Annahmeerklärungen der Zielaktionäre die Rede, und nicht umgekehrt. Die Konstruktion der Ausnahmetheorie, wonach sich der Bieter durch eine „Art Vorvertrag" zur Annahme von Angeboten seitens der Aktionäre verpflichtet, führt letztlich dazu, dass der Bieter die Befugnis erhält, öffentlich zur Abgabe von Angeboten aufzufordern. Dies ist gem. § 17 WpÜG aber aus gutem Grunde unzulässig. Die Formulierung in § 19 WpÜG, der Bieter habe „sich verpflichtet", bezieht sich folglich nicht auf ein einseitiges Rechtsgeschäft, sondern auf einen Vertrag, der durch ein Angebot des Bieters und Annahmeerklärungen seitens der Zielaktionäre zustande gekommen ist.

Auch die Fiktionstheorie[107] hält einer näheren Betrachtung nicht stand, da es am Bedürfnis nach einer gesetzlichen Novation fehlt. Ausreichend und schlüssiger wäre eine Konstruktion, nach der die Annahmeerklärungen der Zielaktionäre unter der gesetzlich fingierten Bedingung erfolgen, dass der Bieter im Falle einer Überzeichnung eine Zuteilung im Sinne von § 19 WpÜG vornimmt. Durch diese Konstruktion würde vermieden, dass neben einer gesetzlich angeordneten Bedingung zusätzlich noch eine gesetzlich fingierte Novation stattfindet.

---

[103] Dazu *Palandt/Heinrichs*, § 311 Rn. 9.

[104] *Geibel* in: Geibel/Süßmann, § 19 Rn. 5; *Thoma* in: Baums/Thoma, § 19 Rn. 13.

[105] Siehe die Nachweise in Fn. 99 bis 101.

[106] Vgl. *Thode* in: MünchKomm-BGB (4. Aufl.), § 305 (a.F.), Rn. 2.

[107] Siehe die Nachweise in Fn. 102.

Eine Bedingung macht die Wirksamkeit eines Rechtsgeschäfts vom Eintritt eines zukünftigen und ungewissen Ereignisses abhängig.[108] Dass der Bieter gem. § 19 WpÜG zur Zuteilung verpflichtet ist, bedeutet nicht, dass er dieser Verpflichtung auch nachkommt. Somit wäre die für das Vorliegen einer Bedingung erforderliche Ungewissheit gegeben. Auch § 150 Abs. 2 BGB, wonach die Annahme eines Antrags unter Einschränkungen nicht möglich ist, steht einer gesetzlich angeordneten Bedinung nicht entgegen, denn diese Regelung gilt nach Sinn und Zweck nur für vom Adressaten selbst vorgenommene Einschränkungen und nicht für gesetzlich angeordnete.[109] Regelungszweck des § 150 Abs. 2 BGB ist, dass Verträge – wie sich ja auch schon aus dem Begriff des „Sich-Vertragens" ergibt – grundsätzlich nur dann zustande kommen sollen, wenn sich die Willenserklärungen erkennbar decken.[110] Von dieser Grundregel macht § 19 WpÜG aber gerade eine Ausnahme, denn obwohl sich bei einer Überzeichnung die Willenserklärungen erkennbar *nicht* decken, sollen die entsprechenden Verträge wirksam sein. Dass dadurch die Privatautonomie der Parteien eingeschränkt wird, ist dem WpÜG ohnehin immanent.

Auch in dieser „korrigierten" Form ist die *Fiktionstheorie* aber in praktisch allen denkbaren Fällen überflüssig und daher falsch. Vorzugswürdig ist grundsätzlich die *Auslegungstheorie*,[111] die auf den objektiven Erklärungsinhalt der jeweiligen Annahmeerklärung abstellt und somit die Privatautonomie weniger einschränkt als die übrigen Theorien. Die auf ein Teilangebot ergehende Annahmeerklärung ist danach so auszulegen, dass der Erklärende für den Fall, dass keine vollständige Zuteilung erfolgt, auch mit einer geringeren Zuteilung einverstanden ist, es sei denn, er gibt bei Abgabe seiner Erklärung zu erkennen, dass er für diesen Fall zur Abgabe seiner Wertpapiere nicht bereit ist.[112] In ihrer Begründung ist allerdings auch die Auslegungstheorie stellenweise fehlerhaft.

a. Der notwendige Mindestinhalt des Teilangebots

Begründet wird die Auslegungstheorie damit, dass der Bieter bei einem Teilangebot gem. § 2 Nr. 6 WpÜG-AngebotsVO verpflichtet ist, in der Angebotsunterlage Angaben über die Zuteilung zu machen. Weil die in der Angebotsunterlage enthaltenen Angaben zur Zuteilung zum *notwendigen Mindestinhalt* eines Teilangebots gehören – so argumentiert die Auslegungstheorie[113] - nimmt der verkaufswillige Wertpapierinhaber die darin zur Zuteilung gemachten Angaben zwangsläufig zur Kenntnis. Seine Annahmeerklärung ist daher grundsätzlich so

---

[108] *Brox*, BGB AT, Rn. 430.

[109] So offenbar auch *Nicklisch*, BB 1973, S. 53, 58 (dort zu modifizierten und daher von § 150 Abs. 2 BGB abweichenden Zuschlägen gemäß der BaupreisVO 1973; speziell für die BaupreisVO lehnt Nicklisch eine solche Auslegung allerdings ab, da sie der „Liberalisierungstendenz" der BaupreisVO widerspreche).

[110] Vgl. *Kramer* in: MünchKomm-BGB, § 150 Rn. 4.

[111] Siehe die Nachweise in Fn. 104.

[112] *Geibel* in: Geibel/Süßmann, § 19 Rn. 5.

[113] *Thoma* in: Baums/Thoma, § 19 Rn. 13.

zu verstehen, dass er auch mit einer geringeren Zuteilung einverstanden ist, falls diese erforderlich wird.

Die These, die Angaben zur Zuteilung gehörten zum Mindestinhalt eines Angebots, ist allerdings falsch. Zwar rechnen die gem. § 2 WpÜG-AngebotsVO zu machenden Angaben zu den sog. „ergänzenden Angaben" im Sinne des § 11 Abs. 2 Satz 3 WpÜG und müssen in der Angebotsunterlage zwingend enthalten sein. Das bedeutet aber nicht, dass diese Angaben zum Mindestinhalt des Angebots gehören. Denn das Gesetz unterscheidet in den §§ 1, 2, 11 und 12 WpÜG ausdrücklich zwischen dem *Angebot* und der *Angebotsunterlage*. Die Begriffe des Angebots und der Angebotsunterlage sind nicht vollkommen deckungsgleich: ersteres ist zwar in letzterer enthalten, über das *Angebot* und dessen *notwendigen Inhalt* hinaus enthält die Angebotsunterlage aber noch die *ergänzenden Angaben*. Diese Angaben muss die Angebotsunterlage deshalb beinhalten, weil die Wertpapierinhaber der Zielgesellschaft ihre Desinvestitionsentscheidung nur auf einer hinreichenden Informationsgrundlage treffen können. Insofern stellt die Angebotsunterlage eine Art „umgekehrten Verkaufsprospekt" dar:[114] der prinzipielle Unterschied zwischen dem Angebot nach dem WpÜG und dem Angebot nach dem VerkProspG (bzw. WpPG) liegt lediglich darin, dass ersteres auf den Erwerb, letzteres dagegen auf die Veräußerung von Wertpapieren gerichtet ist. Werden vom Bieter Wertpapiere als Gegenleistung angeboten, ist sogar eine noch größere Nähe zum echten Verkaufsprospekt gegeben.[115] Auch in § 12 VerkProspG wird zwischen der Angebotsankündigung, dem Angebot selbst sowie dem Verkaufsprospekt unterschieden. Der Verkaufsprospekt enthält wie die Angebotsunterlage nach dem WpÜG zum einen Angaben über die einzelnen Angebotsbedingungen, aber auch darüber hinausgehende Angaben, beispielsweise solche zur Geschäftstätigkeit des Emittenten.[116] Das öffentliche Angebot selbst beginnt gem. § 9 Abs. 1 VerkProspG frühestens einen Tag nach der Veröffentlichung des Prospekts. Prospekt und öffentliches Angebot sind also nicht identisch.

Auch der Wortlaut des § 11 Abs. 2 Satz 1 WpÜG spricht dafür, dass die ergänzenden Angaben nicht zum Mindestinhalt eines Angebots zählen können, denn hier wird klar zwischen den *ergänzenden Angaben* und dem *Inhalt* des Angebots unterschieden. In der Gesetzesbegründung zu § 11 Abs. 2 WpÜG heißt es zwar, in der Vorschrift seien die Angaben bestimmt, „die den Inhalt des Angebots ausmachen".[117] Andererseits steht dort zu § 11 Abs. 1 WpÜG geschrieben, in der Angebotsunterlage sei über den „*Inhalt* des Angebots *und* über die mit dem Angebot verfolgten *Ziele* zu informieren".[118] Informationen über die ver-

[114] *Thaeter* in: Thaeter/Brandi, Teil 2, Rn 144; *Thoma* in: Baums/Thoma, § 11 Rn. 2.
[115] Siehe auch die Regelung in § 4 Abs. 1 Nr. 9 VerkProspG a.F.: ein Verkaufsprospekt muß nicht veröffentlicht werden, wenn Wertpapiere als Gegenleistung im Rahmen eines Angebots nach dem WpÜG angeboten werden.
[116] Vgl. §§ 3 ff. VerkProspVO (aufgehoben).
[117] BT-Drucks. 14/7034, S. 41.
[118] BT-Drucks. 14/7034, S. 41.

folgten Ziele gehören gem. § 11 Abs. 2 Satz 3 Nr. 2 WpÜG aber zu den ergänzenden Angaben und nicht zum Inhalt des Angebots. Wie man der Vorschrift des 11 Abs. 2 Satz 2 WpÜG entnehmen kann, handelt es sich bei den Angaben zum Inhalt des Angebots insbesondere um Angaben zu den Vertragsparteien, zur Leistung und zur Gegenleistung, mithin um *essentialia negotii*.[119] Es handelt sich also um diejenigen notwendigen Angaben zum Inhalt, die jeder Antrag im Sinne des § 145 BGB für seine ausreichende Bestimmtheit benötigt. Die ergänzenden Angaben in der Angebotsunterlage über die Zuteilung gehören also nicht zum notwendigen Mindestinhalt eines Teilangebots.

b. Die Auslegung der Annahmeerklärung

Trotz der aufgezeigten Fehler in der Begründung ist der Auslegungstheorie im Ergebnis zu folgen. Gem. § 11 Abs. 4 Nr. 2 iVm. § 2 Nr. 6 WpÜG-AngebotsVO hat die Angebotsunterlage „Angaben über die Zuteilung nach § 19 WpÜG" zu enthalten. Ein Angebot muss stets in der nach § 11 WpÜG vorgeschriebenen Form der Angebotsunterlage ergehen, anderenfalls untersagt die BaFin das Angebot gem. § 15 Abs. 1 Nr. 1 WpÜG. Es ist demnach praktisch kaum denkbar, dass eine Angebotsunterlage veröffentlicht wird, die keine Angaben über die Zuteilung enthält. Deshalb ist grundsätzlich davon auszugehen, dass die Aktionäre der Zielgesellschaft in Kenntnis der veröffentlichten Angebotsunterlage zum Zeitpunkt der Abgabe ihrer Annahmeerklärung über die bei einer Überzeichnung erforderliche Zuteilung informiert sind. Weil im Falle einer Überzeichnung anhand der entsprechenden Angaben vom Empfängerhorizont aus Leistung und Gegenleistung zumindest bestimmbar sind, wird auch dem Bestimmtheitsgrundsatz genügt.[120] Dass sich diese Informationen nach der hier vertretenen Auffassung nicht aus dem Angebot selbst ergeben, sondern aus den ergänzenden Angaben in der Angebotsunterlage, ist letztlich unerheblich, denn dem Empfängerhorizont wird nicht nur der Angebotsinhalt zugerechnet, sondern auch das Wissen über außerhalb des Angebots selbst liegende, begleitende Umstände (sog. Umstandswissen).[121] Auch das Teilangebot ist damit jedenfalls ein Antrag im Sinne des § 145 BGB.

III. Das Pflichtangebot gem. § 35 Abs. 2 WpÜG

Hat der Bieter auf andere Weise als durch ein Übernahmeangebot die Kontrolle über die Zielgesellschaft erlangt, dann ist er gem. § 35 Abs. 2 Satz 1 WpÜG verpflichtet, ein öffentliches Angebot zum Erwerb aller übrigen Aktien der Zielgesellschaft abzugeben (sog. Pflichtangebot). „Kontrolle" meint auch in diesem Zusammenhang das Halten von mindestens 30% der Stimmrechte an der Zielgesellschaft, § 29 Abs. 2 WpÜG. Eine derartige Kontrollerlangung kann beispielsweise durch den (sukzessiven) Erwerb entsprechender Wertpapiere über

---

[119] Ebenso *Mühle*, Das WpÜG (Dissertation), S. 221.
[120] Dazu *Kramer* in: MünchKomm-BGB, § 145 Rn. 4.
[121] *Mayer-Maly/Busche* in: MünchKomm-BGB, § 133 Rn. 8 ff.

die Börse erfolgen. Sinn und Zweck der Regelungen über das Pflichtangebot ist es, den Minderheitsaktionären wie im Falle eines freiwilligen Übernahmeangebots die Möglichkeit zu geben, ihre Beteiligungen an der Zielgesellschaft zu einem angemessenen Preis zu veräußern.[122]

Auch das Pflichtangebot stellt einen Antrag im Sinne des § 145 BGB dar. Zwar basiert die zivilrechtliche Definition der Willenserklärung auf dem Grundsatz der Privatautonomie. Danach hat eine Willenserklärung den Zweck, eine privatrechtliche Rechtsfolge herbeizuführen, die in erster Linie deshalb eintritt, weil der Erklärende die Rechtsfolge herbeiführen *will*.[123] Beim Pflichtangebot ist das anders: hier wird die Privatautonomie des Erklärenden eingeschränkt, indem er zur Angebotsabgabe gesetzlich verpflichtet wird. Solche Ausnahmen vom Grundsatz der Privatautonomie kennt aber auch das allgemeine Zivilrecht. Es ist allgemein anerkannt, dass sich die Freiheit zum Abschluss von Verträgen zu einer Abschlusspflicht (Kontrahierungszwang) verdichten kann, insbesondere aus Gründen der Gleichbehandlung. Das ist beispielsweise der Fall bei marktbeherrschenden Unternehmen im Sinne des Kartellrechts, die andere Unternehmen ungerechtfertigt unterschiedlich behandeln.[124]

Auch § 35 Abs. 2 WpÜG ist Ausdruck des Gleichbehandlungsgrundsatzes, und zwar in Bezug auf die Aktionäre der Zielgesellschaft: den verbliebenen Aktionären soll die Möglichkeit gegeben werden, wie die anderen Aktionäre zuvor aus der Gesellschaft auszusteigen und ihre Anteile zu angemessenen Konditionen zu veräußern. Allerdings: einen zivilrechtlich einklagbaren Kontrahierungszwang wird man aus § 35 WpÜG nicht ableiten können.[125] Dagegen spricht schon der Wortlaut der Vorschrift, der gerade nicht auf die Aktionäre als Berechtigte eines auf Geld gerichteten Anspruchs abstellt. Die Regelung des § 35 WpÜG ist vielmehr als aufsichtsrechtliche Verpflichtung ausgestaltet, deren Erfüllung die BaFin gem. § 4 Abs. 2 WpÜG nur im öffentlichen Interesse überwacht. Jedenfalls aber gilt auch für das Pflichtangebot: die Angebotspflicht und die damit einhergehende Beschneidung der Privatautonomie ändert nichts an der Rechtsnatur des Pflichtangebots als zivilrechtliche Willenserklärung im Sinne des § 145 BGB.[126]

IV. Zwischenergebnis

Die Gesetzesauslegung führt zu dem Schluss, dass das übernahmerechtliche Angebot, einschließlich des Teilangebots gem. § 19 WpÜG und des Pflichtangebots im Sinne von § 35 Abs. 2 WpÜG, ein Antrag im Sinne des § 145 BGB ist. Dafür sprechen der Wortlaut, die Gesetzesbegründung und der systematische

[122] Vgl. BT-Drucks. 14/7034, S. 30 (linke Spalte).
[123] Vgl. *Larenz/Wolf*, § 22 Rn. 3.
[124] *Larenz/Wolf*, § 34 Rn. 36 f.
[125] *Hommelhoff/Witt* in: FrankKomm-WpÜG, § 35 Rn. 5 f.; *Krause/Pötzsch* in: Assmann/Pötzsch, § 35 Rn. 191; *Baums/Hecker* in: Baums/Thoma, § 35 Rn. 296; *Simon*, NZG 2005, S. 541 f.
[126] Vgl. auch *Hommelhoff/Witt* in: FrankKomm-WpÜG, § 35 Rn. 5.

Zusammenhang einzelner WpÜG-Normen. Die Ankündigung eines potentiellen Bieters, Aktien über die Börse ankaufen zu wollen oder die Ankündigung, demnächst mit einem bestimmten Aktionär in Verhandlungen über den Erwerb eines Aktienpakets eintreten zu wollen, stellen ebensowenig ein Angebot im Sinne des WpÜG dar wie die bloße *invitatio ad offerendum*.

§ 2 Besondere Merkmale des öffentlichen Angebots nach dem WpÜG

Wie der bisherige Gang der Untersuchung zeigt, handelt es sich beim Angebot nach § 2 Abs. 1 WpÜG um einen Antrag im Rechtssinne. Das übernahmerechtliche Angebot weist allerdings einige Besonderheiten auf. Um den spezifischen Anforderungen an ein kapitalmarktbezogenes Angebotsverfahren zum Erwerb von Wertpapieren einer Zielgesellschaft Rechnung zu tragen, wird der Angebotsbegriff durch bestimmte Merkmale eingegrenzt. So werden vom WpÜG gem. § 2 Abs. 1 nur *öffentliche* Angebote erfasst, die *freiwillig oder aufgrund einer Verpflichtung nach diesem Gesetz* erfolgen und auf den Abschluss von *Kauf- oder Tauschverträgen* gerichtet sind. Weil diesen Besonderheiten bei der eventuellen Rücknahme eines Angebots Rechnung getragen werden muss, ist eine genaue Definition der einzelnen Merkmale erforderlich. Dies ist auch deswegen sinnvoll, weil Angebote, die die genannten Kriterien nicht erfüllen, von vornherein nicht in den Anwendungsbereich des WpÜG fallen, so dass sich in diesen Fällen die Frage nach einer Rücknehmbarkeit solcher Angebote erübrigt.

I. Der Begriff des Kaufs und des Tauschs nach dem WpÜG

1. Bestandsaufnahme

a. Meinungsstand

Unklar ist, ob die Kauf- oder Tauschverträge, auf deren Abschluss laut § 2 Abs. 1 WpÜG das öffentliche Angebot gerichtet sein soll, solche im Sinne des BGB darstellen.

In der Literatur finden sich zu dieser Problematik keine eindeutigen Stellungnahmen. Einige Autoren scheinen (stillschweigend) davon auszugehen, dass es sich um bürgerlich-rechtliche Kauf- oder Tauschverträge handelt. Nach einer Ansicht, die sich mit der Thematik zumindest ansatzweise auseinandersetzt, sollen die Begriffe des Kaufs und des Tauschs aber offenbar nicht im technischen Sinne des BGB zu verstehen sein.[127] Um wirksamen Umgehungsschutz zu gewährleisten, müssten auch Fälle erfasst sein, in denen der Bieter eine Gegenleistung dafür gewährt, dass ihm die Ausübung der Stimmrechte an den Wertpapieren ermöglicht wird – etwa durch die Bestellung eines Nießbrauchs an der Aktie oder Treuhandabsprachen.[128] Es läge dann kein BGB-Kauf oder –Tausch vor,

---

[127] *Wackerbarth* in: MünchKomm-WpÜG, § 2 Rn. 20; *Versteegen* in: KölnKomm-WpÜG, § 2 Rn. 44.
[128] *Wackerbarth* in: MünchKomm-WpÜG, § 2 Rn. 20.

weil zur Erfüllung keine echte Übereignung oder Abtretung stattfände. Nach einer weiteren Ansicht sollen mit „Tausch" sogar solche Angebote gemeint sein, die überhaupt keine Gegenleistung von Seiten des Bieters vorsehen.[129] Diese Auffassung argumentiert mit § 11 Abs. 2 Satz 3 Nr. 2 WpÜG, wonach die Angebotsunterlage unter anderem auch Angaben über die Absichten des Bieters im Hinblick auf die künftigen Beschäftigungsbedingungen der Arbeitnehmer enthalten muss. Daraus gehe hervor, dass die Wertpapierinhaber der Zielgesellschaft ihre Entscheidung über die Annahme des Angebots nicht nur von einer angebotenen Gegenleistung abhängig machen können, sondern auch von bestimmten Absichten des Bieters.

b. Stellungnahme

Die Regelung in § 11 Abs. 2 WpÜG soll den Aktionären durch Informationspflichten des Bieters bezüglich seiner wichtigsten Eigenschaften und Absichten eine wohlüberlegte Entscheidung über die Annahme des Angebots ermöglichen.[130] Dass jeder einzelne dort aufgeführte Punkt für sich alleine genommen schon ausschlaggebend für eine derartige Entscheidung sein soll, ist jedoch nicht nur fernliegend, sondern ergibt sich auch weder aus dem Gesetz noch der Gesetzesbegründung. Zutreffen mag dies auf besonders wichtige Informationen, beispielsweise solche über die Gegenleistung.[131] Derartige Informationen zum Inhalt des Angebots zählen zu den in § 11 Abs. 2 Satz 2 WpÜG aufgeführten *essentialia negotii*. Diese hat der Gesetzgeber in § 11 Abs. 2 Satz 3 WpÜG erkennbar von den *ergänzenden Angaben* unterschieden, die lediglich der Information der Angebotsadressaten dienen sollen und nicht zum notwendigen Angebotsinhalt zählen.[132] Informationen hinsichtlich ergänzender Angaben, etwa über Beschäftigungsbedingungen, können zwar ebenfalls die Entscheidung der Wertpapierinhaber beeinflussen und müssen daher in der Angebotsunterlage enthalten sein – entscheidungserheblich sind sie aber nur im Zusammenspiel mit weiteren Angaben. Gerade dann, wenn der Bieter keine Gegenleistung verspricht, wird kaum eine Gefahrenlage entstehen: insbesondere bleibt der Gleichbehandlungsgrundsatz unberührt. Zumal ein Angebot ohne Gegenleistung wenig verlockend ist, wird auch ein „Veräußerungsdruck" nicht entstehen.

Ein auf die vorübergehende Einräumung von Stimmrechten gerichtetes Angebot ist dagegen schon viel eher geeignet, eine Gefährdung und Ungleichbehandlung der Aktionäre der Zielgesellschaft herbeizuführen. Dies zu verhindern ist, wie bereits festgestellt, die Zielsetzung des WpÜG. Andererseits ergibt sich aus dem Wortlaut des Gesetzes eindeutig, dass der Gesetzgeber den *Erwerb von Wertpapieren* regeln wollte. Unter Berücksichtigung dieser gesetzgeberischen Absicht und des möglichen Wortsinns als äußere Auslegungsgrenze[133] folgt klar,

[129] *Versteegen* in: KölnKomm-WpÜG, § 2 Rn. 44.
[130] Dies ergibt sich aus § 11 Abs. 1 Satz 2 WpÜG.
[131] Vgl. auch BT-Drucks. 14/7034, S. 41.
[132] Siehe zu dieser Unterscheidung bereits oben, 2. Teil § 1 II. 2. a.
[133] Dazu *Larenz/Canaris*, Methodenlehre, S. 143.

dass mit „Wertpapiererwerb" keinesfalls etwa auch der Fall gemeint sein kann, dass jemandem vorübergehend die Ausübung eines Stimmrechts eingeräumt wird. Ebenso verhält es sich mit dem Begriff des „Tauschs": dieser Begriff verlöre seinen Sinn, wendete man ihn auf Geschäfte an, bei denen keine Gegenstände oder sonstigen Leistungen „getauscht" werden, sondern eine Leistung erbracht wird ohne die Gewähr einer Gegenleistung.

Somit könnte man allenfalls eine analoge Anwendung des WpÜG in Betracht ziehen. Hierfür fehlt es aber an der erforderlichen planwidrigen Unvollständigkeit des Gesetzes.[134] Zwar ging es dem Gesetzgeber in erster Linie um den Schutz der Aktionäre der Zielgesellschaft, wie sich aus § 3 WpÜG ergibt, allerdings nicht um jeden Preis. Vielmehr ist das WpÜG das Resultat eines gesetzgeberischen Abwägungsprozesses, in dem auch die Interessen des Bieters Berücksichtigung fanden und finden mussten. Wie bereits dargestellt, hat sich der Gesetzgeber bewusst dafür entschieden, den Erwerb von Wertpapieren einer Zielgesellschaft durch einen Bieter zu regeln.[135] Für eine den Anwendungsbereich des WpÜG darüber hinaus erweiternde Analogie ist daher kein Raum. Abgesehen davon ist zu berücksichtigen, dass Handlungen des Bieters gem. § 60 WpÜG Ordnungswidrigkeiten darstellen können und entsprechende Sanktionen in Form empfindlicher Geldbußen nach sich ziehen können, so dass eine Erweiterung des Anwendungsbereichs durch eine Analogie im Hinblick auf Art. 103 Abs. 2 GG erheblichen Bedenken begegnet.[136] So verständlich es auch erscheint, den Angebotsbegriff nach dem Schutzbereich des WpÜG zu definieren, so stößt man doch an die aufgezeigten Grenzen.[137]

Der Wortlaut des § 2 Abs. 1 WpÜG jedenfalls legt eher die Auslegung nahe, dass Kauf- und Tauschangebote gemeint sind, die sich unter die entsprechenden BGB-Normen subsumieren lassen. Auch der Gesetzesbegründung lässt sich nichts Gegenteiliges entnehmen. Für das Kaufvertragsangebot des Bieters leuchtet dies auch ein: wird dieses angenommen, so kommt dadurch unzweifelhaft ein Kaufvertrag im Sinne des BGB zustande. Bei Inhaberaktien, die vor allem wegen ihrer höheren Verkehrsfähigkeit bei Aktiengesellschaften den Regelfall ausmachen,[138] handelt es sich um Inhaberpapiere, so dass die Erfüllung des Kaufvertrags durch sachenrechtliche Übereignung der Aktien nach den §§ 929 ff. BGB zu erfolgen hat.[139] Namensaktien hingegen sind auf den Eigentümer

---

[134] Zu diesem Erfordernis *Larenz/Canaris*, Methodenlehre, S. 194.

[135] Dafür, dass auch „Umgehungsgeschäfte" geregelt werden sollten, ergeben sich auch aus der Gesetzesbegründung keinerlei Anhaltspunkte.

[136] Das Analogieverbot gilt auch für das Ordnungswidrigkeitenrecht, vgl. BVerfGE 87, 399, 411; *Pieroth/Schlink*, Grundrechte, Rn. 1085.

[137] Gänzlich abzulehnen ist daher auch die Auffassung, die in Zweifelsfällen von der Gefahrenlage auf ein (Kauf-/Tausch-)Angebot im Sinne des WpÜG schließen will. So aber *Fleischer*, ZIP 2001, S. 1653, 1658 (zu § 2 Abs. 1 RegE-WpÜG); siehe dazu bereits oben, 2. Teil § 1 I. 1. b.

[138] *Brändel* in: GroßKomm-AktG, § 10 Rn. 14; *Garcia Mateos*, Das neue Recht der Namensaktie (Dissertation), S. 61.

[139] *Heider* in: MünchKomm-AktG, § 10 Rn. 36; *Palandt/Putzo*, § 453 Rn. 11.

ausgestellte geborene Orderpapiere, gem. § 68 Abs. 1 Satz 1 AktG werden diese in der Regel durch Indossament übertragen.[140] Auch hier erfolgt die Übereigung der Urkunde grundsätzlich nach den §§ 929 ff. BGB.[141] Da Wertpapiere ein Recht verbriefen, handelt es sich beim Aktienkauf in erster Linie um einen Rechtskauf im Sinne von § 453 BGB.[142] Zumal aber zur Ausübung des Rechts der Besitz des Papiers – einer beweglichen Sache – erforderlich ist, liegt nach herrschender Ansicht zugleich ein Sachkauf gem. § 433 BGB vor,[143] durch den die Aktionäre der Zielgesellschaft zur Übereignung ihrer Wertpapiere an die Bietergesellschaft verpflichtet werden. Zwar kommt es nach dem Wortlaut von § 2 Abs. 2 WpÜG nicht darauf an, ob die Wertpapiere, die der Bieter erwerben will, verbrieft sind. Allerdings liegt schon begrifflich kein Wertpapier vor, wenn dafür keine Urkunde ausgestellt ist.[144] Mit der Wertpapierdefinition in § 2 Abs. 2 WpÜG kann daher nur gemeint sein, dass es nicht darauf ankommt, ob eine Verbriefung durch Einzel- oder Sammelurkunde vorliegt.[145] Die einzelnen Anteile der Aktionäre können in einer Sammelurkunde als Globalaktie zusammengefasst sein, an der Globalaktie entsteht dann Miteigentum nach Bruchteilen.[146] Die Übertragung der Miteigentumsanteile an der Globalaktie richtet sich nach den §§ 929 ff. BGB,[147] so dass auch in diesem Falle Kaufverträge über Sachen und nicht (nur) über Rechte zustande kommen.

Hat sich der Bieter vertraglich nicht zu einer Geldleistung verpflichtet, sondern zur Leistung sonstiger Gegenstände, so kann darin ein Tauschvertrag gem. § 480 BGB zu sehen sein. Der Tauschbegriff im Sinne des BGB ist sehr weit und erfasst jeden Umsatz eines individuellen Werts gegen einen anderen individuellen Wert.[148] Vom Wortlaut her gedeckt ist beispielsweise auch die Erbringung von Dienstleistungen,[149] was allerdings von geringer praktischer Relevanz sein dürfte. Als Tauschgegenstand werden von der Bietergesellschaft in der Re-

---

[140] *Bayer* in: MünchKomm-AktG, § 68 Rn. 2. Namensaktien können allerdings auch im Wege der Abtretung gem. §§ 413, 398 BGB übertragen werden (vgl. „auch" in § 68 Abs. 1 Satz 1 AktG), das Eigentum an der Aktienurkunde folgt dann analog § 952 BGB dem Mitgliedschaftsrecht. Diese Form der Übertragung ist jedoch in der Praxis, weil durch den Ausschluss eines gutgläubigen Erwerbs die Verkehrsfähigkeit beeinträchtigt ist, seltener anzutreffen; dazu *Bayer* in: MünchKomm-AktG, § 68 Rn. 30 ff. und *Garcia Mateos*, Das neue Recht der Namensaktie (Dissertation), S. 60 f.

[141] *Brändel* in: GroßKomm-AktG, § 10 Rn. 31; *Bayer* in: MünchKomm-AktG, § 68 Rn. 3; *Garcia Mateos*, Das neue Recht der Namensaktie (Dissertation), S. 62.

[142] *H. P. Westermann* in: MünchKomm-BGB, § 433 Rn. 14 und § 453 Rn. 5; *Palandt/Putzo*, § 453 Rn. 10.

[143] *Palandt/Putzo*, § 453 Rn. 10; *Garcia Mateos*, Das neue Recht der Namensaktie (Dissertation), S. 62.

[144] *Schüppen* in: FrankKomm-WpÜG, § 2 Rn. 21.

[145] Vgl. *Assmann* in: Assmann/Pötzsch, § 2 Rn. 76; *Baums/Hecker* in: Baums/Thoma, § 2 Rn. 74.

[146] *Brändel* in: GroßKomm-AktG, § 10 Rn. 38; *Heider* in: MünchKomm-AktG, § 10 Rn. 40.

[147] *Zätzsch/Maul* in: Handbuch der AG, § 4 Rn. 117 f.

[148] *H. P. Westermann* in: MünchKomm-BGB, § 480 Rn. 1; *Palandt/Putzo*, § 480 Rn. 1.

[149] Vgl. *Versteegen* in: KölnKomm-WpÜG, § 2 Rn. 43.

gel eigene Aktien angeboten,[150] wobei es sich im Falle eines Übernahmeangebots um liquide, zum Handel an einem organisierten Markt zugelassene Aktien handeln muss, § 31 Abs. 2 WpÜG.[151] Die große Bedeutung des Aktientauschs in der Übernahmepraxis rührt vor allem daher, dass hierdurch Transaktionen in hohen Größenordnungen durchgeführt und eine übermäßige finanzielle Belastung des übernehmenden Unternehmens vermieden werden kann (Vorteil der Liquiditätsschonung).[152]

2. Erwerbsmöglichkeiten durch Aktientausch

a. Herkömmlicher Aktientausch

Will ein Unternehmen eigene Aktien als Tauschmittel, also als „Akquisitionswährung" einsetzen, so stellt sich häufig das Problem, dass hierfür nicht genügend Aktien vorhanden sind. Denn über die Aktien, die sich im Eigentum der Anleger befinden, kann das Unternehmen nicht verfügen. Als mögliche Lösung bietet es sich dann an, Aktien im Rahmen eines Rückkaufprogramms gem. § 71 Abs. 1 Nr. 8 AktG zu beschaffen.[153] Auf diese Weise hat sich besipielsweise die Übernahme der Dresdner Bank AG durch die Allianz AG im Jahre 2001 vollzogen.[154]

Der Tausch gegen eigene Aktien, die zuvor mittels eines Rückkaufprogramms erworben wurden, hat allerdings einige erhebliche Nachteile: zum einen fällt der Vorteil der Liquiditätsschonung weg.[155] Zum anderen können wegen § 71 Abs. 2 AktG zurückerworbene Aktien lediglich bis zur Höhe von 10% des Grundkapitals als Akquisitionswährung eingesetzt werden.[156] Wahrscheinlich ist dies der Grund dafür, dass bei der Übernahme Allianz / Dresdner Bank den Aktionären ein kombiniertes Tausch- und Barangebot unterbreitet wurde – eine durchaus übliche Praxis. Außerdem findet nach einer nicht unbeachtlichen Ansicht das WpÜG auch auf öffentliche Angebote zum Erwerb eigener Aktien Anwendung.[157] Erfolgt der Rückerwerb nicht anonym über die Börse (sog. *open*

---

[150] *Dietz*, Aktien als Akquisitionswährung (Dissertation), S. 17. Im Wege eines solchen Aktientauschs vollzog sich auch die Übernahme der Mannesmann AG durch die Vodafone plc.

[151] Da der Bieter nicht notwendigerweise eine AG sein muss (vgl. § 2 Abs. 4 WpÜG), kommen auch sonstige Gesellschaftsanteile als Tauschobjekte in Betracht. Der Aktientausch dürfte aber den für die Praxis mit Abstand relevantesten Fall darstellen.

[152] Vgl. auch Empfehlungen der Ausschüsse zum WpÜG-Entwurf, BR-Drucks. 574/1/01 vom 17.09.2001.

[153] Dazu *Dietz*, Aktien als Akquisitionswährung (Dissertation), S. 17 f. und S. 46.

[154] Zu dieser Zeit galt noch der freiwillige Übernahmekodex.

[155] *Dietz*, Aktien als Akquisitionswährung (Dissertation), S. 18.

[156] Allerdings sieht die Richtlinie zur Änderung der Kapitalrichtlinie (Zweite Gesellschaftsrechtliche Richtlinie, 77/91/EWG) vom 6. September 2006 (2006/68/EG) ein Mitgliedstaatenwahlrecht zur Abschaffung der 10%-Grenze vor, vgl. die Neufassung in Art. 19 Abs. 1 c) i). Die Änderungsrichtlinie ist am 15. Oktober 2006 in Kraft getreten.

[157] So etwa *Diekmann/Merkner*, ZIP 2004, S. 836 ff.; dagegen *Hecker* in: Baums/Thoma, § 1 Rn. 93 ff.: das WpÜG gehe ersichtlich von der Verschiedenheit zwischen Bieter und Zielgesellschaft aus.

market repurchase), sondern gibt die Gesellschaft ein öffentliches Erwerbsangebot an die eigenen Aktionäre ab,[158] käme demnach als weiterer Nachteil noch hinzu, dass vom Bieter *zwei* übernahmerechtliche Angebotsverfahren durchzuführen wären: dasjenige zum Rückerwerb der eigenen Aktien – dann wäre der Bieter selbst Zielgesellschaft - und das Angebotsverfahren zum Erwerb der Wertpapiere der eigentlichen, vom Bieter verschiedenen Zielgesellschaft. Auch die BaFin vertrat bislang die Ansicht, das WpÜG finde auf den Rückerwerb eigener Aktien Anwendung. Daher hat sich die Praxis herausgebildet, bei der BaFin eine Angebotsunterlage einzureichen. Inzwischen ist die BaFin von ihrem Standpunkt allerdings wieder abgerückt.[159]

b. Kapitalerhöhung gegen Sacheinlagen

Eine günstigere Möglichkeit zur Beschaffung der Akquisitionswährung ist grundsätzlich die Ausgabe neuer Aktien im Wege einer Kapitalerhöhung, denn hierbei treten die oben genannten Nachteile, die sich bei einem Rückkaufprogramm ergeben, nicht auf. Insbesondere muss die Gesellschaft bei einer Kapitalerhöhung kein Kapital für einen Rückerwerb von Aktien aufbringen. Ein Aktientausch erfolgt daher für gewöhnlich im Wege einer Kapitalerhöhung gegen Sacheinlagen gem. §§ 182, 183 AktG.[160] Ein Beispiel aus der Praxis hierfür ist etwa die Übernahme der Beta Systems Software AG durch die Delta Beteiligungen AG im Jahre 2006.

Einen Nachteil bei der regulären Kapitalerhöhung gegen Sacheinlagen stellt lediglich das praktische Erfordernis dar, das Bezugsrecht der Altaktionäre gem. § 186 Abs. 3 AktG auszuschließen. Nach herrschender Meinung bedarf es hierfür nämlich einer sachlichen Rechtfertigung, weil der Ausschluss des Bezugsrechts einen Eingriff in die Rechtsstellung des Aktionärs darstellt, die auch durch Art. 14 Abs. 1 GG verfassungsrechtlich geschützt ist.[161] Die Gegner dieser Auffassung machen demgegenüber geltend, das Erfordernis einer sachlichen Rechtfertigung lade zu missbräuchlichen Anfechtungsklagen ein und verkenne zudem das sich verändernde Leitbild vom Aktionär als Eigentümer hin zum Finanzanleger.[162] Angesichts des klaren Wortlauts von § 186 Abs. 4 Satz 2 AktG, wonach der Vorstand der Hauptversammlung einen schriftlichen Bericht über

---

158 Zu den verschiedenen Möglichkeiten des Aktienrückerwerbs vgl. *Oechsler* in: MünchKomm-AktG, § 71 Rn. 14 ff.

159 Vgl. die Bekanntmachung der BaFin vom 9. August 2006, abrufbar unter http://www.bafin.de/bekanntmachungen/060809.htm.

160 *Versteegen* in: KölnKomm-WpÜG, § 2 Rn. 38; *Marsch-Barner* in: Baums/Thoma, § 13 Rn. 37.

161 *Peifer* in: MünchKomm-AktG, § 186 Rn. 71; *Lutter* in: KölnKomm-AktG, § 186 Rn. 59 f.; BGHZ 71, 40, 43; 83, 319, 321; 136, 133, 139. Umstritten ist, ob das Erfordernis einer sachlichen Rechtfertigung aus der gesellschaftlichen Treuepflicht oder aus dem Eingriff in die Mitgliedschaft abzuleiten ist; dazu *Bayer* in: MünchKomm-AktG, § 203 Rn. 62.

162 So etwa *Röhricht*, ZGR 1999, S. 445, 471 ff.; siehe auch *Mülbert*, Aktiengesellschaft, S. 330 ff.

den Grund für den Bezugsrechtsausschluss vorzulegen hat, ist diese Ansicht aber nicht überzeugend.[163]

Eine positive sachliche Rechtfertigung ist jedenfalls dann gegeben, wenn der Bezugsrechtsausschluss im Interesse der Bieter-AG liegt, zur Erreichung des im Gesellschaftsinteresses liegenden Zweck geeignet sowie erforderlich ist und die für die AG erzielbaren Vorteile in einem angemessenen Verhältnis zu den Nachteilen der betroffenen Aktionäre stehen.[164] Eine derartige Prüfung hat notwendig einzelfallbezogen zu erfolgen, jedoch kann die Übernahme eines Unternehmens gegen Aktien, soweit dies eine vernünftige unternehmerische Entscheidung darstellt, den vorstehend angeführten Anforderungen durchaus genügen.

3. Die Kapitalerhöhung gegen Sacheinlagen als Tausch im Sinne des WpÜG

a. Bestandsaufnahme

Die Kapitalerhöhung gegen Sacheinlagen ist ein relativ kompliziertes rechtliches Konstrukt, dessen rechtliche Einordnung im Einzelnen umstritten ist. Noch gänzlich ungeklärt ist, ob sich die Kapitalerhöhung gegen Sacheinlagen unter den Tauschbegriff im Sinne des WpÜG subsumieren lässt. In der Literatur wird diese Problematik nur von wenigen Autoren aufgegriffen.[165] Diesen Stimmen zufolge muss der Tauschbegriff im Sinne des WpÜG auch die Kapitalerhöhung gegen Sacheinlagen umfassen, weil dieser Form des Aktientauschs aufgrund ihrer Vorteile gegenüber dem Aktientausch mit vorgeschaltetem Rückkaufprogramm in der Übernahmepraxis eine besonders große Bedeutung zukomme.[166]

Auf die Bedeutung der Kapitalerhöhung gegen Sacheinlagen bei öffentlichen Unternehmensübernahmen und die Nachteile von Aktienrückkäufen wurde hier bereits eingegangen. Es ist allerdings mehr als zweifelhaft, ob das Argument der „praktischen Bedeutung“ für sich alleine genommen schon eine ausreichende Begründung für die Einbeziehung derartiger Transaktionen in den Tauschbegriff des WpÜG darstellt. Unklar ist insbesondere, ob eine solche Einbeziehung überhaupt mit den jeweils einschlägigen Bestimmungen des WpÜG in Einklang steht. Im Folgenden sollen die angesprochenen Probleme vertieft und möglichen Lösungen zugeführt werden.

b. Reguläre Kapitalerhöhung gegen Sacheinlagen gem. §§ 182, 183 AktG

Bei der regulären Kapitalerhöhung gegen Sacheinlagen bekommen die Einleger (die sog. Inferenten) junge Aktien an der die Kapitalerhöhung durchführenden

---

[163] Vgl. *Hüffer*, AktG, § 186 Rn. 25.
[164] Vgl. *Peifer* in: MünchKomm-AktG, § 186 Rn. 72; *Hüffer*, AktG, § 186 Rn. 25.
[165] *Versteegen* in: KölnKomm-WpÜG, § 2 Rn. 37-42; *Vogel* in: Haarmann/Riehmer, § 13 Rn. 45 f.; *Marsch-Barner* in: Baums/Thoma, § 13 Rn. 37; *Pötzsch* in: Assmann/Pötzsch, § 2 Rn. 23.
[166] *Versteegen* in: KölnKomm-WpÜG, § 2 Rn. 42; *Vogel* in: Haarmann/Riehmer, § 13 Rn. 46; *Marsch-Barner* in: Baums/Thoma, § 13 Rn. 37; *Pötzsch* in: Assmann/Pötzsch, § 2 Rn. 23.

Gesellschaft. Auf den Fall eines Wertpapiererwerbs nach dem WpÜG übertragen bedeutet dies, dass die Aktionäre der Zielgesellschaft ihre eigenen Aktien – entweder selbst oder vertreten durch einen Treuhänder – als Sacheinlagen in die Bietergesellschaft einbringen und dafür als „Gegenleistung" junge Aktien der Bietergesellschaft erhalten.

aa. Aktien als einlagefähige Gegenstände

Sacheinlage ist gem. § 27 Abs. 1 Satz 1 AktG jede Einlage, die nicht durch Einzahlung des Ausgabebetrags zu erbringen ist. Da das Grundkapital der Aktiengesellschaft neben anderen auch die Funktion hat, die Gesellschaftsgläubiger zu sichern, kommen als Sacheinlagen allerdings nur Vermögensgegenstände in Betracht, die in gleicher Weise wie Geld in der Lage sind, den Gläubigern als Sicherheit zur Verfügung zu stehen. Hierzu muss deren wirtschaftlicher Wert objektiv feststellbar sein und es muss sich um einen übertragbaren, verkehrsfähigen Gegenstand handeln.[167] Aktien kommen mithin als einlagefähige Gegenstände in Frage.[168]

bb. Der Tauschvertrag bei der Kapitalerhöhung

Es stellt sich die Frage, worin bei der Kapitalerhöhung gegen Sacheinlagen der Tauschvertrag zu sehen ist, auf dessen Abschluss das öffentliche (Tausch-) Angebot des Bieters gerichtet ist. Bei der Kapitalerhöhung spielen in der Praxis eine Reihe von Rechtsgeschäften eine Rolle, in denen man den (Aktien-) Tauschvertrag im Sinne des WpÜG erblicken könnte.

(1) Rahmenvereinbarung

So wird vor dem Kapitalerhöhungsbeschluss häufig eine schuldrechtliche Vereinbarung getroffen, in der die wichtigsten Rahmenbedingungen zwischen der Gesellschaft und dem Sacheinleger festgelegt werden, damit der Hauptversammlungsbeschluss auf einer sicheren Grundlage zustande kommt.[169] Eine solche Rahmenvereinbarung ist nach einhelliger Ansicht aber nicht zwingend erforderlich,[170] da im Gesetz nicht vorgesehen, so dass diese kaum den übernahmerechtlich relevanten Aktientauschvertrag darstellen kann. Dagegen spricht außerdem, dass bloße „Rahmendaten" – selbst wenn man diesen Ausdruck enger fasst – nicht die für einen Vertrag über den Tausch von Aktien erforderliche Bestimmtheit oder zumindest Bestimmbarkeit gewährleisten können.

---

[167] *Lutter* in: KölnKomm-AktG, § 183 Rn. 9 und 11; *Peifer* in: MünchKomm-AktG, § 183 Rn. 9 ff.

[168] *Lutter* in: KölnKomm-AktG, § 183 Rn. 33; *Dietz*, Aktien als Akquisitionswährung (Dissertation), S. 18.

[169] *Peifer* in: MünchKomm-AktG, § 183 Rn. 45; *Wiedemann* in: GroßKomm-AktG, § 183 Rn. 71.

[170] *Wiedemann* in: GroßKomm-AktG, § 183 Rn. 71.

(2) Kapitalerhöhungsbeschluss

Die Kapitalerhöhung gegen Sacheinlagen selbst vollzieht sich zunächst durch einen Kapitalerhöhungsbeschluss der Hauptversammlung gem. §§ 182 Abs. 1, 183 Abs. 1 AktG, der gem. § 184 AktG zum Handelsregister anzumelden ist.

Ebenso wie rechtsgeschäftliche Verträge enthalten Gesellschafterbeschlüsse Willenserklärungen mehrerer Personen. Weil durch Beschlüsse Rechtsfolgen nach dem Willen der Mehrheit herbeigeführt werden, sind sie verbandsintern als Rechtsgeschäfte anzusehen.[171]

Von den Verträgen unterscheiden sich Beschlüsse allerdings insoweit, als sie nach ihrem Inhalt auf gleichlautenden Erklärungen beruhen. Gesellschafterbeschlüsse zeichnen sich dadurch aus, dass sie der innerorganisatorischen Willensbildung der Mitglieder von juristsichen Personen dienen.[172] Nach außen hin, d.h. im Verhältnis zu Dritten entfalten Beschlüsse daher keine rechtsgeschäftliche Wirkung. Der Kapitalerhöhungsbeschluss stellt insoweit eine bloße Willensbekundung, also eine Absichtserklärung der AG dar,[173] und kann daher nicht als Angebot auf den Abschluss von Tauschverträgen angesehen werden.

(3) Zeichnungsvertrag und Einbringungsvertrag

An die Fassung des Gesellschafterbeschlusses schließt sich die Durchführung der beschlossenen Kapitalerhöhung an. Diese beginnt mit der Entgegennahme von Zeichnungserklärungen seitens der Inferenten gem. § 185 AktG, bei denen es sich nach heute herrschender Meinung[174] um Angebote im Sinne der §§ 145 ff. BGB handelt, die die Gesellschaft in Höhe der Zuteilung annimmt. Die dadurch zustande kommenden Verträge werden als Zeichnungsverträge bezeichnet.

Zusätzlich zum Zeichnungsvertrag wird jedoch in der Literatur eine schuldrechtliche Vereinbarung über die Sacheinlage für erforderlich gehalten, die mal als „Sacheinlagevereinbarung“, häufiger aber als „Einbringungsvertrag“ bezeichnet wird.[175] Der sog. Einbringungsvertrag ist nicht mit einem dinglichen Vollzugsvertrag zu verwechseln. In der Regel dürfte es sich um einen schuldrechtlichen Vertrag im Sinne von § 311 Abs. 1 oder § 311b Abs. 1 BGB handeln, der aber nach herrschender Ansicht auch ein korporatives Element aufweist und somit keinen gegenseitigen Vertrag im Sinne der §§ 320 ff. BGB darstellt.[176] Ebenso wie im Zeichnungsvertrag verpflichtet sich der potentielle Einleger gegenüber der AG, einen bestimmten Gegenstand als Einlage einzubringen und dafür neue Aktien zu zeichnen.[177] Eigenständige Bedeutung kommt dem

---

[171] Vgl. *Larenz/Wolf*, § 23 Rn. 19; *Hüffer* in: MünchKomm-AktG, § 241 Rn. 8.
[172] *Larenz/Wolf*, § 23 Rn. 17.
[173] Vgl. *Peifer* in: MünchKomm-AktG, § 182 Rn. 29; *Lutter*, FS Schilling, S. 209.
[174] *Lutter* in: KölnKomm-AktG, § 185 Rn. 7; *Peifer* in: MünchKomm-AktG, § 185 Rn. 7.
[175] *Wiedemann* in: GroßKomm-AktG, § 183 Rn. 73; *Hüffer*, AktG, § 183 Rn. 6; *Kley*, RNotZ 2003, S. 17 f.
[176] *Wiedemann* in: GroßKomm-AktG, § 183 Rn. 73.
[177] *Hüffer*, AktG, § 183 Rn. 6.

Einbringungsvertrag aber dadurch zu, dass in ihm der Inhalt und die Durchführung der Sacheinlage im Einzelnen bestimmt werden. Eine solche Konkretisierung der Einlageleistung wird von den Parteien vor allem dann für wichtig gehalten, wenn es um die Einbringung von Grundstücken, Unternehmensteilen oder sonstigen Sachgesamtheiten geht, da im Zusammenhang mit derartigen Geschäften häufig komplizierte Fragen auftreten, vor allem in Bezug auf Mitwirkungshandlungen, Genehmigungen und Haftungsfragen.[178]

Gleichwohl eignet sich der Einbringungsvertrag nicht für die Qualifizierung als „Tauschvertrag" im Sinne des WpÜG, denn für den Abschluss eines Einbringungsvertrags gibt es kein rechtliches Erfordernis. Die Literaturmeinung, die einen Einbringungsvertrag stets für erforderlich hält, macht geltend, dass in § 188 Abs. 3 Nr. 2 AktG von den „Verträge[n], die den Festsetzungen nach § 183 AktG zugrunde liegen" die Rede ist.[179] Aus der Tatsache, dass eine Norm, die lediglich das Registerverfahren betrifft, den Einbringungsvertrag erwähnt, kann aber nicht auf dessen Erforderlichkeit geschlossen werden.[180] Wenn man mit der herrschenden Auffassung davon ausgeht, dass der Gegenstand der Sacheinlage im Sinne des § 183 Abs. 1 AktG bereits dann ausreichend festgesetzt ist, wenn er *bestimmbar* ist,[181] so kann eine separate Einlagevereinbarung nicht erforderlich sein. Selbstredend können die Parteien dies im Einzelfall für notwendig halten und daher – fakultativ im Rahmen ihrer Privatautonomie – eine Einlagevereinbarung treffen. Es ist allerdings höchst fraglich, ob dann, wenn einzelne Aktionäre der Zielgesellschaft Aktien als Einlageleistung erbringen wollen, derartige Komplexitäten auftreten, die aus Sicht der Parteien einen Einbringungsvertrag nötig erscheinen lassen. Denn die Aktionäre wollen ihre Aktien lediglich als Wertpapiere einbringen und nicht als Unternehmensteile, für die sie eine Gewährleistung übernehmen müssten.[182]

Nach ganz herrschender Meinung spricht außerdem nichts dagegen, wenn Zeichnungsvertrag und Einbringungsvertrag zusammenfallen.[183]

(4) Zwischenergebnis

Als Zwischenergebnis ist daher festzuhalten: im Anwendungsbereich des WpÜG ist, wenn es im Rahmen einer Kapitalerhöhung gegen Sacheinlagen um „Tauschverträge" geht, auf den Zeichnungsvertrag abzustellen. Zwar ist es die Regel, dass der Antrag auf Abschluss des Zeichnungsvertrags durch den Zeichner abgegeben wird. Gem. § 11 Abs. 1 WpÜG hingegen ist das Angebot zwingend durch den Bieter, also die kapitalerhöhende AG abzugeben und nicht durch

---

[178] *Wiedemann* in: GroßKomm-AktG, § 183 Rn. 73; *Kley*, RNotZ 2003, S. 17, 18 f.
[179] *Peifer* in: MünchKomm-AktG, § 183 Rn. 45.
[180] Vgl. auch *Kley*, RNotZ 2003, S. 17, 20 f.
[181] *Schröer* in: Semler/Volhard, Arbeitshandbuch für die Hauptversammlung, II H 3; *Mulert* in: Happ, Aktienrecht, 2.04 Rn. 19.
[182] Dazu auch unten, 3. Teil § 1 II. 4. a.
[183] *Wiedemann* in: GroßKomm-AktG, § 183 Rn. 70; *Hüffer*, AktG, § 183 Rn. 6; *Kley*, RNotZ 2003, S. 17, 21, 30.

die zeichnenden Aktionäre der Zielgesellschaft. Dagegen ist aber in aktienrechtlicher Hinsicht nichts einzuwenden. Auch die kapitalerhöhende Gesellschaft kann einen Zeichnungsantrag an den Zeichner richten.[184] In § 185 AktG ist lediglich die Rede von der Zeichnungserklärung, es wird aber keine Anordnung dahingehend getroffen, dass diese Erklärung nur durch den Zeichner abzugeben wäre. Vielmehr kann, wie bei jedem anderen Vertrag auch, der Antrag grundsätzlich durch jede der beiden vertragsschließenden Parteien gestellt werden.

cc. Der Zeichnungsvertrag und seine Rechtsnatur

(1) Meinungsstand

Weil die Erhöhung des Grundkapitals zwingend den in § 23 Abs. 3 AktG vorgesehenen Satzungsinhalt verändert, stellt die Kapitalerhöhung stets auch eine materielle Satzungsänderung dar.[185] Aus diesem Grunde ist der Zeichnungsvertrag nach allgemeiner Meinung ein *korporationsrechtlicher* Vertrag, gerichtet auf die Aufnahme der Zeichner in die AG.[186]

Deshalb soll es sich beim Zeichnungsvertrag nach ganz herrschender Meinung nicht um einen synallagmatischen, sondern um einen unvollkommen zweiseitig verpflichtenden Vertrag handeln.[187] Bislang war dies praktisch unumstritten.

Dagegen erheben sich seit neuerem Stimmen, die im Aktientausch gleichwohl einen Tauschvertrag im Sinne des besonderen BGB-Schuldrechts erblicken. Bedenken hiergegen seien unbegründet, zumal diese lediglich auf der Art und Weise der Erfüllung beruhten und daher nicht geeignet seien, über die Rechtsnatur des Vertrags zu entscheiden.[188] Diese Auffassung ist offenbar von dem Verständnis getragen, dass sich unter den Begriff des Tauschvertrags nach dem WpÜG nur Verträge im Sinne des § 480 BGB fassen lassen.

(2) Stellungnahme

Der Zeichnungsvertrag begründet weder eine Pflicht der Aktiengesellschaft, die Kapitalerhöhung durchzuführen, noch eine Verschaffungspflicht hinsichtlich der Mitgliedschaftsrechte, solange die Kapitalerhöhung noch nicht durchgeführt

---

[184] Vgl. auch *Peifer* in: MünchKomm-AktG, § 185 Rn. 7 sowie *Lutter* in: KölnKomm-AktG, § 185 Rn. 11.

[185] *Peifer* in: MünchKomm-AktG, § 182 Rn. 6 und 14. Weil durch die materielle Satzungsänderung der Satzungstext unrichtig wird, ist er nach allgemeiner Meinung förmlich anzupassen, was wiederum einen eigenen Beschluss nach § 179 Abs. 1 AktG erfordert. Dieser kann aber auch im Zusammenhang mit dem Kapitalerhöhungsbeschluss getroffen werden; vgl. *Peifer* in: MünchKomm-AktG, § 188 Rn. 40.

[186] *Lutter* in: KölnKomm-AktG, § 185 Rn. 5; *Peifer* in: MünchKomm-AktG, § 185 Rn. 32; *Lutter*, FS Schilling, S. 217; BGH NJW 1999, 1252 f.

[187] *Wiedemann* in: GroßKomm-AktG, § 185 Rn. 30; *Peifer* in: MünchKomm-AktG, § 185 Rn. 32; *Hüffer*, AktG, § 185 Rn. 4; *Dietz*, Aktien als Akquisitionswährung (Dissertation), S. 41; anderer Ansicht *Schleyer*, AG 1957, S. 145.

[188] Vgl. *Hecker* in: Baums/Thoma, § 2 Rn. 6.

ist.[189] Vielmehr behält die AG die aus ihrer Satzungsautonomie resultierende Freiheit, den Kapitalerhöhungsbeschluss zurückzunehmen, bis die abschließende Eintragung der vollzogenen Durchführung im Handelsregister gem. § 188 AktG erfolgt ist.[190] Erst durch letzteren Schritt wird die Wirksamkeit der Kapitalerhöhung und der materiellen Satzungsänderung herbeigeführt, § 189 AktG. Die Einräumung der Mitgliedschaft erfolgt also kraft Gesetzes,[191] nicht durch die Leistung eines der Disposition der AG unterliegenden Gegenstandes und mithin *nicht* aufgrund einer synallagmatischen Gegenleistung der AG.

In einer Art „Gegenseitigkeitsverhältnis" stehend könnte man allenfalls die Aussicht des Zeichners darauf ansehen, dass es zur Durchführung der Kapitalerhöhung kommen wird. Für die Bejahung eines echten Synallagmas reicht dies aber nicht aus. Denn der Einleger verspricht seine Leistung nicht für eine bloße „Hoffnung" auf eine Gegenleistung, und auch nicht deshalb, weil er davon ausgehen kann, dass sich sein Vertragspartner redlich verhalten und die ihm obliegenden Nebenpflichten beachten wird.

Die Pflichten der Aktiengesellschaft erschöpfen sich zunächst einmal darin, die Interessen des Zeichners bei der Durchführung der Kapitalerhöhung zu schützen.[192] Der Zeichner seinerseits wird durch den Vertrag zwar zur Einbringung der Sachleistungen verpflichtet, die der Kapitalerhöhungsbeschluss vorsieht, jedoch werden seine Interessen dadurch gewahrt, dass ihm ggf. Schadensersatzansprüche auf Ersatz des Vertrauensschadens gem. § 280 Abs. 1 BGB zustehen und seine vertragliche Bindung ohnehin zu dem nach § 185 Abs. 1 Satz 3 Nr. 4 AktG bestimmten Zeitpunkt endet.[193]

Darüber hinaus gibt es noch einen weiteren Grund, der gegen die Qualifizierung als synallagmatischen Vertrag spricht: da der Vorgang der Kapitalerhöhung

---

[189] *Lutter*, FS Schilling, S. 212. Zwar begründet der Kapitalerhöhungsbeschluss die Pflicht des Vorstandes, mit der Durchführung der Kapitalerhöhung zu beginnen und Zeichnungserklärungen entgegenzunehmen; vgl. *Peifer* in: MünchKomm-AktG, § 184 Rn. 32. Ebenso wie die Verpflichtung von Vorstand und Aufsichtsratsvorsitzendem zur Anmeldung der Durchführung gem. § 188 Abs. 1 AktG besteht diese Pflicht aber lediglich gegenüber der AG; vgl. *Peifer* in: MünchKomm-AktG, § 188 Rn. 24.

[190] *Hefermehl/Bungeroth* in: Geßler/Hefermehl, § 185 Rn. 49; *Peifer* in: MünchKomm-AktG, § 185 Rn. 34. In der Praxis wird meist von der Möglichkeit des § 188 Abs. 4 AktG Gebrauch gemacht und beide Anmeldungen – sprich die Anmeldung des Kapitalerhöhungsbeschlusses und diejenige zur Durchführung – erfolgen gleichzeitig. Dies ist aber nur möglich, wenn im Zeitpunkt des Erhöhungsbeschlusses bereits Sicherheit über den Umfang der Zeichnung und die Personen der Zeichner herrscht, etwa weil sich eine Emissionsbank schon vor dem Erhöhungsbeschluss zur kompletten Zeichnung der neuen Aktien verpflichtet hat; vgl. *Wiedemann* in: GroßKomm-AktG, § 188 Rn. 44 ff. Hiervon ist in WpÜG-Konstellationen aber gerade nicht auszugehen.

[191] *Lutter*, FS Schilling, S. 217.

[192] *Peifer* in: MünchKomm-AktG, § 185 Rn. 35.

[193] *Hefermehl/Bungeroth* in: Geßler/Hefermehl, § 185 Rn. 50; *Lutter*, FS Schilling, S. 229. Zur Rechtsnatur des festzusetzenden Zeitpunktes vgl. *Peifer* in: MünchKomm-AktG, § 185 Rn. 25 (Verknüpfung von Zeitbestimmung mit Rechtsbedingung) einerseits und *Wiedemann* in: GroßKomm-AktG, § 185 Rn. 22 (auflösende Bedingung) andererseits.

auf die Entstehung neuer oder die Erweiterung bestehender Mitgliedschaftsrechte und damit auf eine Satzungsänderung gerichtet ist,[194] kann man ihn praktisch als Teil-Neugründung bezeichnen.[195] Die Neugründung einer AG vollzieht sich gem. § 2 AktG durch Feststellung des Gesellschaftsvertrags, also der Satzung. Die Feststellung wird als Errichtungsvertrag bezeichnet, durch den sich die Gründer verpflichten, die Aktien gegen Einlagen zu übernehmen und sich ferner in schuldrechtlicher Form über den Inhalt der Satzung einigen.[196] Rechtsfolge der Aktienübernahme ist die Entstehung von Mitgliedschaftsrechten und -pflichten, insbesondere der Einlagepflicht.[197]

Ebenso verhält es sich mit dem Zeichnungsvertrag, der zwischen der bereits entstandenen Aktiengesellschaft und dem Einleger vereinbart wird. Darin besteht auch zugleich der große Unterschied zum „herkömmlichen" Erwerb einer Aktie auf der Grundlage eines synallagmatischen Kaufvertrags. Denn in diesem Falle geht es nicht um die Neuentstehung oder Erweiterung einer Mitgliedschaft, sprich die Begründung verbandsrechtlicher Rechte und Pflichten, vielmehr werden bereits bestehende weitergereicht, es wird lediglich ein alter gegen einen neuen Gesellschafter ausgetauscht durch Weitergabe des Anteilsscheins.[198] Im Errichtungsvertrag hingegen[199] – und selbiges gilt auch für den Zeichnungsvertrag – werden die gesellschaftsrechtlichen Verhältnisse der Mitglieder untereinander beziehungsweise zur Gesellschaft geregelt. Der Vertrag ist demnach auf einen körperschaftlichen Organisationsakt gerichtet, die Vertragsparteien verpflichten sich im gemeinsamen verbandsorientierten Interesse und in der gleichen Rolle als *Mit*gesellschafter. Dies aber widerspricht dem synallagmatischen Prinzip eines *gegen*seitigen Vertrags, bei dem sich die Vertragsschließenden mit konträren Interessen in opponierenden Rollen gegenüberstehen.[200] Beim Zeichnungsvertrag zeigt sich dies insbesondere auch an der Unanwendbarkeit des § 320 BGB: die Leistungen sind nicht Zug-um-Zug zu gewähren, da es erst nach Einzahlung der Mindesteinlage gem. § 36a Abs. 2 iVm. § 188 Abs. 2 Satz 1 AktG zur Durchführung der Eintragung der Kapitalerhöhung kommen kann. Die neuen Aktien ihrerseits dürfen nach § 191 AktG nicht vor diesem Zeitpunkt ausgegeben werden.[201] Somit bleibt festzuhalten, dass es sich beim Zeichnungsvertrag in der Tat nicht um einen Tauschvertrag nach § 480 BGB handeln kann.

---

[194] *Wiedemann* in: GroßKomm-AktG, § 185 Rn. 29; *Lutter*, FS Schilling, S. 215.
[195] Vgl. auch *Schleyer*, AG 1957, 145.
[196] *Heider* in: MünchKomm-AktG, § 2 Rn. 35.
[197] *Heider* in: MünchKomm-AktG, § 2 Rn. 45 ff.
[198] Dazu *Kübler*, Gesellschaftsrecht, § 15 II 2 a.
[199] Vgl. *Heider* in: MünchKomm-AktG, § 2 Rn. 31.
[200] *Wiedemann*, Gesellschaftsrecht, § 3 II 1 a und b bb.
[201] *Lutter* in: KölnKomm-AktG, § 185 Rn. 21.

dd. Das Problem der rechtlichen Verbindlichkeit beim Zeichnungsvertrag

An die vorstehenden Überlegungen schließt sich die Frage an, ob sich der Zeichnungsvertrag trotz seiner Qualifizierung als spezifisch gesellschaftsrechtliches Rechtsgeschäft unter den Tauschbegriff des WpÜG fassen lässt.

Vom Wortlaut her wäre eine derartige Auslegung unproblematisch gedeckt. In § 2 Abs. 1 WpÜG verwendet das Gesetz die Formulierung „Tauschangebote zum Erwerb von Wertpapieren". Auch die Kapitalerhöhung gegen Sacheinlagen ist, wenn auch in einem weiteren Sinne als ein Tausch gem. § 480 BGB, auf den Austausch von „Gegenständen" gerichtet.

Sinn und Zweck des WpÜG bestehen hauptsächlich darin, die Aktionäre der Zielgesellschaft vor übereilten Desinvestitionsentscheidungen auf der Grundlage unzureichender Informationen zu bewahren, die Zielgesellschaft vor einer Behinderung ihrer Geschäftstätigkeit durch den Bieter zu schützen und Marktverzerrungen zu vermeiden.[202] Die genannten Gefahren gehen von einem Erwerbs- bzw. Übernahmeangebot aber unabhängig davon aus, ob als Gegenleistung bereits vorhandene Aktien der Bietergesellschaft angeboten werden, oder ob diese Aktien erst im Rahmen einer Kapitalerhöhung entstehen. Neben dem Wortlaut sprechen also auch Sinn und Zweck des Gesetzes dafür, dass Zeichnungsverträge vom Tauschbegriff umfasst werden. Mit hoher Wahrscheinlichkeit hat der Gesetzgeber derartige Transaktionen, die in der Praxis durchweg (wenn auch untechnisch) als „Aktientausch" bezeichnet werden, in den Tausch-Begriff des WpÜG einbeziehen wollen, hat aber nicht ausreichend bedacht oder zumindest eine Klarstellung unterschlagen, dass es sich dabei nicht um einen Tausch im technischen Sinne des BGB handelt.

Allerdings verpflichtet der Zeichnungsvertrag bis zu dem Zeitpunkt, zu dem die Durchführung der Kapitalerhöhung ins Handelsregister eingetragen wird, nur *eine* Vertragspartei zur Erbringung einer Leistung, nämlich den Einleger, während die Bietergesellschaft aufgrund ihrer Satzungsautonomie lediglich Schutzpflichten trifft.[203] Dies würde bedeuten, dass der Bieter über einen erheblichen Zeitraum hinweg nicht an sein Zeichnungsangebot bzw. an bereits abgeschlossene Zeichnungsverträge gebunden wäre. Im Hinblick auf das WpÜG erscheint dies problematisch: so könnte das aus § 3 Abs. 1 WpÜG folgende Gebot zur Gleichbehandlung der Aktionäre der Zielgesellschaft berührt werden, wenn etwa der Bieter ein Erwerbsangebot abgibt, das – was wegen § 21 Abs. 1 Nr. 2 WpÜG prinzipiell ebenso wie für das bürgerliche Recht für zulässig erachtet wird[204] – den Aktionären die Wahl lässt, ob sie es als Kauf- oder Tauschangebot annehmen. Denn mit einem Teil der Aktionäre kämen verbindliche Kaufverträge zustande, während mit dem übrigen Teil „Tauschverträge" zustande kämen, von denen sich der Bieter jederzeit wieder lösen könnte, ohne dass sich viele Aktionäre als juristische Laien über diese Rechtsfolge im Klaren wären. Auch dem

[202] Siehe bereits oben, 1. Teil § 3.
[203] Siehe oben, 2. Teil § 2 I. 3. b. cc. (2).
[204] *Marsch-Barner* in: Baums/Thoma, § 13 Rn. 19.

Marktverzerrungsverbot aus § 3 Abs. 5 WpÜG wäre nicht gedient, wenn der Bieter unverbindliche Erwerbs- oder gar Übernahmeverträge abschließen könnte. Vielmehr lassen Sinn und Zweck des WpÜG und die gesamte Systematik dieses Gesetzes erkennen, dass der Bieter grundsätzlich an sein Angebot gebunden sein soll.[205] Die einzige im WpÜG enthaltene Vorschrift, die dem Bieter eine Lösungsmöglichkeit vom Angebot eröffnet, ist § 18 Abs. 1. Danach kann der Bieter sein Angebot von einer Bedingung abhängig machen, deren Eintritt er nicht ausschließlich selbst herbeiführen kann.

(1) Mögliche Bedingungen und Vorbehalte im Zeichnungsangebot

In der Literatur wird vertreten, dass der Bieter sein Angebot grundsätzlich unter die Bedingung stellen kann, dass eine bestimmte Kapitalmaßnahme vorgenommen wird.[206] Bei einer Kapitalerhöhung sei mit der Bedingung auf die Eintragung der Durchführung in das Handelsregister abzustellen.[207] Ob damit bei einer Kapitalerhöhung gegen Sacheinlagen der Widerspruch zwischen dem Grundsatz, dass der Bieter an sein Angebot gebunden sein muss, und dem Grundsatz, dass die Bietergesellschaft an Zeichnungsangebote bis zur Eintragung der Durchführung nicht gebunden sein darf, gelöst werden kann, ist allerdings fraglich.

(a) Eintragung des Kapitalerhöhungsbeschlusses und der Durchführung

Wenn die Durchführung der Sachkapitalerhöhung nicht gem. §§ 188, 189 AktG in das Handelsregister eingetragen wird, hat der Bieter kein Interesse mehr daran, an sein Angebot gebunden zu sein. Er kann daher sein Angebot unter eine aufschiebende Bedingung stellen, dass die entsprechende Eintragung erfolgt. Hierbei handelt es sich nicht um eine nach § 18 Abs. 1 WpÜG unzulässige subjektive Bedingung.[208] Gem. § 188 Abs. 1 AktG sind der Vorstand und der Aufsichtsratsvorsitzende der kapitalerhöhenden Aktiengesellschaft zwar verpflichtet, die Durchführung der Kapitalerhöhung zur Eintragung in das Handelsregister anzumelden. Der Bieter hat es aber nicht ausschließlich selbst in der Hand, ob diese Eintragung erfolgt. Denn die Eintragung selbst wird durch einen Dritten, nämlich das Registergericht, vorgenommen. Anders ist es, wenn der Bieter das Tätigwerden des Dritten insoweit vollständig kontrollieren kann, als beispielsweise der Dritte rechtlich verpflichtet ist, die fragliche Entscheidung zu treffen, wenn nur der Bieter zuvor einen entsprechenden Antrag stellt oder eine

---

[205] Siehe auch BT-Drucks. 14/7034, S. 47 (Zu § 17 WpÜG-RegE).

[206] *Hasselbach* in: KölnKomm-WpÜG, § 18 Rn. 59; *Riehmer* in: Haarmann/Riehmer, § 18 Rn. 15.

[207] *Hasselbach* in: KölnKomm-WpÜG, § 18 Rn. 59; *Riehmer* in: Haarmann/Riehmer, § 18 Rn. 15.

[208] Vgl. *Riehmer* in: Haarmann/Riehmer, § 18 Rn. 15, *Thoma/Stöcker* in: Baums/Thoma, § 18 Rn. 102; *Hasselbach* in: KölnKomm-WpÜG, § 18 Rn. 59. Die Bedingung ist auch nicht unter dem Aspekt unzulässig, dass der Bieter den Bedingungseintritt ausschließlich selbst verhindern kann; dazu ausführlich unten, 3. Teil § 1 II. 5. c. bb.

andere, allein von ihm abhängige Handlung vornimmt.[209] Dann hat der Bieter die Herbeiführung des Bedingungseintritts bzw. –ausfalls ausschließlich selbst in der Hand. So ist es hier aber nicht, weil das Registergericht, ebenso wie etwa eine Kartellbehörde,[210] einen Ermessensspielraum in Bezug auf die Vornahme oder Nichtvornahme der Eintragung hat.[211] Dies ergibt sich aus § 183 Abs. 3 Satz 3 AktG, wonach das Gericht die Eintragung ablehnen *kann*, wenn der Wert der Sacheinlage nicht unwesentlich hinter dem geringsten Ausgabebetrag der dafür zu gewährenden Aktien zurückbleibt.

Außerdem hat der Bieter die Möglichkeit, sein Angebot von der Bedingung abhängig zu machen, dass der Beschluss über die Sachkapitalerhöhung gem. § 184 AktG in das Handelsregister eingetragen wird.

Mit der Formulierung derartiger Bedingungen wird allerdings nicht der problematische Zustand beseitigt, dass sich der Bieter bis zur Eintragung der vollzogenen Durchführung im Handelsregister von seinem Angebot bzw. von den Zeichnungsverträgen lösen kann. Denn bis zu diesem Zeitpunkt ist das Angebot für den Bieter, wie bereits dargestellt, ohnehin unverbindlich.

(b) Fassung und Aufrechterhaltung des Kapitalerhöhungsbeschlusses

Der scheinbare Konflikt der WpÜG-Normen mit einem Angebot, von dem sich der Bieter bis zur Eintragung der Durchführung des Erhöhungsbeschlusses jederzeit wieder lossagen kann, lässt sich gem. § 18 WpÜG mittels einer Bedingung lösen, die die Wirksamkeit des Zeichnungsangebots davon abhängig macht, dass die Hauptversammlung den Kapitalerhöhungsbeschluss fasst *und aufrechterhält*, ihn also bis zur Eintragung der Durchführung nicht wieder zurücknimmt. Dadurch wird die Satzungsautonomie der Bietergesellschaft respektiert, die es gebietet, dass Hauptversammlungsbeschlüsse bis zum Zeitpunkt ihrer endgültigen Wirksamkeit wieder zurückgenommen werden können. Auch wird den Vorschriften des WpÜG entsprochen, die gem. § 18 ausnahmsweise eine Lösung vom Angebot gestatten.

(2) Vereinbarkeit der Bedingung im Zeichnungsangebot mit § 18 Abs. 1 WpÜG

Gem. § 18 Abs. 1 WpÜG sind nur solche Bedingungen zulässig, deren Eintritt der Bieter nicht ausschließlich selbst herbeiführen kann. Das Angebot von einer Potestativbedingung abhängig zu machen, stellt demnach einen Verstoß gegen §

---

[209] Vgl. *Hasselbach* in: KölnKomm-WpÜG, § 18 Rn. 17; anderer Ansicht offenbar *Thoma/Stöcker* in: Baums/Thoma, § 18 Rn. 43: insoweit bedürfe es keines Bedingungsverbots, da die dann gegebenen Schadensersatzanprüche zum Schutz der Zielgesellschaft und ihrer Aktionäre ausreichen würden.

[210] Die Gesetzesbegründung erklärt „Bedingungen, die die Wirksamkeit des Angebots von noch ausstehenden kartellrechtlichen oder sonstigen behördlichen Entscheidungen abhängig machen", ausdrücklich für zulässig, vgl. BT-Drucks. 14/7034, S. 47 (Zu § 18 Absatz 1 WpÜG-RegE).

[211] Vgl. *Peifer* in: MünchKomm-AktG, § 183 Rn. 69 und § 184 Rn. 21.

18 Abs. 1 WpÜG dar. Insoweit ist fraglich, ob die Bedingung, dass die Hauptversammlung den Erhöhungsbeschluss fasst und aufrechterhält, überhaupt zulässig ist. Außerdem ist zu klären, ob es sich dabei überhaupt um eine Bedingung im Rechtssinne oder nicht eher um einen gesetzlich angeordneten Vorbehalt handelt.

(a) Anwendbarkeit des § 18 WpÜG auf gesetzliche Vorbehalte

Der Umstand, dass sich der Bieter bis zur Eintragung der Durchführung der Kapitalerhöhung jederzeit von einem Zeichnungsangebot lösen kann, beruht auf dem Grundsatz der Satzungsautonomie der AG.[212] Dieser Grundsatz ergibt sich aus dem Gesetz selbst, und zwar aus dem Geiste der aktienrechtlichen Vorschriften.[213] Wenn die Wirksamkeit des Angebots davon abhängig gemacht wird, dass die Hauptversammlung den Kapitalerhöhungsbeschluss fasst und aufrechterhält, dann handelt es sich dabei strenggenommen also nicht um eine echte Bedingung, sondern um einen gesetzlichen Vorbehalt.[214] Es wird hier nicht eine Bedingung vom Bieter privatautonom gestellt, vielmehr wird durch das Gesetz selbst ein Vorbehalt angeordnet.

Ob gem. § 18 WpÜG nicht nur Bedingungen, sondern auch Vorbehalte ausnahmsweise zulässig sind, ist ungeklärt. Allerdings ist § 18 Abs. 2 WpÜG, wonach ein Angebot nicht unter dem Vorbehalt des Widerrufs oder Rücktritts abgegeben werden darf, nach richtiger Ansicht teleologisch zu reduzieren. Danach ist das Verbot auf solche Rücktritts- und Widerrufsvorbehalte zu beschränken, bei denen der Bieter den Eintritt des Vorbehalts ausschließlich selbst herbeiführen kann, weil ansonsten § 18 Abs. 2 WpÜG unsinnigerweise über Abs. 1 hinausginge.[215] Das hiergegen vorgebrachte Argument, eine solche Auslegung widerspräche der ratio legis, weil dann der Bieter nach Eintritt des Rücktrittsgrundes ein Ermessen hinsichtlich der Ausübung habe,[216] verfängt nicht. Einzig entscheidend ist, dass der Bieter keinen Einfluss auf den Eintritt des ihn zum Rücktritt berechtigenden Umstands hat. Dass er dann, wenn es zum Eintritt dieses Umstands gekommen ist, selbst entscheiden kann, ob er sich auf den Rücktrittsgrund beruft oder nicht, ist irrelevant. Denn schließlich nimmt das WpÜG auch in Bezug auf den Eintritt oder Ausfall zulässiger Bedingungen eine Ungewissheit der Angebotsadressaten in kauf. § 18 Abs. 2 WpÜG beruht offenbar auf ei-

---

[212] Siehe oben, 2. Teil § 2 I. 3. b. cc. (2).

[213] Vgl. *Lutter*, FS Schilling, S. 228 („Strukturprinzip des Korporationsrechts"). Die Satzungsautonomie erfährt ihrerseits eine Einschränkung durch den aus § 23 Abs. 5 AktG resultierenden Grundsatz der Satzungsstrenge; dazu *Hüffer*, AktG, § 23 Rn. 34 ff.

[214] Vgl. *Wiedemann* in: GroßKomm-AktG, § 185 Rn. 35; auch *Hasselbach* in: KölnKomm-WpÜG spricht bisweilen von „Vorbehalt" (vgl. § 18 Rn. 59), ohne aber die entsprechenden Schlüsse daraus zu ziehen. Zumeist spricht auch er von „Bedingung" (vgl. § 18 Rn. 53 f.).

[215] So *Stöcker* in: Baums/Thoma, § 18 Rn 143; kritisch gegenüber der Regelung in § 18 Abs. 2 WpÜG auch *Geibel* in: Geibel/Süßmann, § 18 Rn. 4.

[216] So aber *Berger/Filgut*, WM 2005, S. 253, 260; vgl. auch *Wackerbarth* in: MünchKomm-WpÜG, § 18 Rn. 54.

nem redaktionellen Versehen des Gesetzgebers. Weil Sinn und Zweck des § 18 Abs. 2 WpÜG lediglich darin bestehen, Umgehungen von Abs. 1 zu verhindern,[217] ist diese Vorschrift über Bedingungen hinaus auch auf Widerrufs- bzw. Rücktrittsvorbehalte anwendbar.

Denkt man diesen Gedanken konsequent zu Ende, dann muss § 18 WpÜG darüber hinaus für *alle* Arten von Vorbehalten gelten, die eine Umgehung der Vorschrift ermöglichen können. Der Begriff der „Bedingung" in § 18 Abs. 1 WpÜG ist also in einem weiten Sinne zu verstehen. In der Literatur ist es zwar einhellige Meinung, dass sich der Anwendungsbereich des § 18 WpÜG ausschließlich auf solche Bedingungen (bzw. Vorbehalte) erstreckt, die vom Bieter privatautonom im Angebot gestellt werden.[218] Bei näherer Betrachtung lassen sich jedoch keine überzeugenden Argumente finden, die diese Auffassung stützen. Die Vorschrift des § 18 WpÜG bezieht sich nach ihrem Wortlaut und nach Sinn und Zweck auf *alle* Arten von Bedingungen und Vorbehalten, die es dem Bieter ermöglichen, sich durch ein eigenes maßgebliches Mitwirken vom Angebot zu lösen, und mithin auch auf gesetzlich angeordnete Vorbehalte. Dem Wortlaut des § 18 WpÜG ist keineswegs zu entnehmen, dass es zwingend der Bieter selbst sein muss, der sein Angebot von einer Bedingung abhängig macht.[219] Außerdem führt der Bieter, wenn er sein Angebot als Tauschangebot ausgestaltet, die Aufnahme des Vorbehalts in das Angebot zumindest *mittelbar* selbst herbei. Der Bieter soll, vor allem zum Schutze der Angebotsadressaten, grundsätzlich an seinen Antrag gebunden sein.[220] Auch Sinn und Zweck des § 18 WpÜG erfordern es also, gesetzlich angeordnete Vorbehalte dem Anwendungsbereich der Norm zu unterstellen.

Dass der Vorbehalt gesetzlich angeordnet wird, ändert allerdings nichts an der Tatsache, dass es sich dabei - ebenso wie bei einer privatautonom gestellten Bedingung - um einen Bestandteil des Angebots handelt. Der Vorbehalt ist daher gem. § 11 Abs. 2 Satz 2 Nr. 5 WpÜG vom Bieter in die Angebotsunterlage aufzunehmen. Dies ist zum Schutz der Angebotsadressaten zwingend erforderlich, denn die Tatsache, dass das Angebot unter Vorbehalt steht, ist für sie nicht ohne weiteres ersichtlich.

(b) Ausnahmsweise Zulässigkeit subjektiver Vorbehalte, § 25 WpÜG

Ein Vorbehalt, durch den das Angebot von der Fassung und Aufrechterhaltung des Kapitalerhöhungsbeschlusses abhängig gemacht wird, stellt eine nach § 18 Abs. 1 WpÜG eigentlich verbotene *subjektive* (Potestativ-)„Bedingung" dar,

---

[217] Vgl. BT-Drucks. 14/7034, S. 48 (Zu § 18 Abs. 2 WpÜG-RegE).

[218] *Stöcker* in: Baums/Thoma, § 18 Rn. 1; *Krause* in: Assmann/Pötzsch, § 18 Rn. 1; *Geibel* in: Geibel/Süßmann, § 18 Rn. 1; *Wackerbarth* in: MünchKomm-WpÜG, § 18 Rn. 1; *Holzborn* in: Zschocke/Schuster, C Rn. 110; *Riehmer* in: Harrmann/Riehmer, § 18 Rn. 12 f.; *Steinmeyer/Häger*, § 18 Rn. 1.

[219] § 18 Abs. 1 WpÜG spricht ganz allgemein davon, dass das Angebot „nicht von Bedingungen abhängig gemacht werden [...]" darf.

[220] BT-Drucks. 14/7034, S. 47 (Zu § 18 Abs. 1 WpÜG-RegE).

weil die Befähigung zur Herbeiführung des Eintritts oder Ausfalls ausschließlich aus der Bietersphäre herrührt.

Aus § 25 WpÜG ergibt sich jedoch, dass der Gesetzgeber für die Fälle, in denen der Bieter sein Angebot unter der Bedingung eines Beschlusses der Hauptversammlung abgibt, eine Ausnahme zulässt. Diese Vorschrift ist in engem Zusammenhang mit § 10 Abs. 1 Satz 2 zu sehen,[221] wonach der Bieter seine Entscheidung zur Angebotsabgabe bereits schon dann zu veröffentlichen hat, wenn ein eigentlich erforderlicher Beschluss der Hauptversammlung hierüber noch aussteht. Der Gesetzgeber hat dabei offenbar vor allem an jene Fälle gedacht, in denen die Hauptversammlung wegen einer tiefgreifenden Vorstandsmaßnahme ausnahmsweise eine sog. „Holzmüller"-Kompetenz innehat, sie also der Entscheidung des Vorstands zur Abgabe eines Übernahmeangebots zustimmen muss.[222] Der Wortlaut der §§ 10 Abs. 1 Satz 2 und 25 WpÜG spricht allerdings nicht von einer *Zustimmung* der Hauptversammlung, sondern – allgemeiner – von einem *Beschluss* der Gesellschafterversammlung. Erfasst werden somit auch alle Fälle, in denen im Rahmen einer *Kapitalerhöhung* ein Beschluss der Hauptversammlung erforderlich wird.

Der Sinn und Zweck der gem. § 10 Abs. 1 Satz 2 iVm. Satz 1 WpÜG vorgeschriebenen Veröffentlichungspflicht des Bieters besteht darin, Marktverzerrungen möglichst entgegenzuwirken. Diese könnten sonst dadurch eintreten, dass bereits vor der offiziellen Angebotsankündigung gem. § 10 Abs. 1 Satz 1 WpÜG durch die Einberufung der Hauptversammlung und der damit notwendigerweise einhergehenden Bekanntgabe der Tagesordnung die Übernahmeabsicht des Bieters bekannt würde.[223] Dadurch entsteht aber zugleich auch ein Erfordernis für den Bieter, eine entsprechende subjektive Bedingung in seine Angebotsunterlage aufzunehmen. Um den dadurch erfolgenden Eingriff in die Interessen der Zielgesellschaft und ihrer Aktionäre zumindest abzumildern, wird der Bieter gem. § 25 WpÜG dazu verpflichtet, den Beschluss seiner Hauptversammlung bis spätestens zum fünften Werktag vor Ablauf der Annahmefrist herbeizuführen.

Wenn der Vorstand allerdings beabsichtigt, die Übernahme mittels einer Kapitalerhöhung zu finanzieren, so ist nicht nur das Beschlussergebnis hierüber ungewiss – ungewiss ist auch, ob die Hauptversammlung den (positiven) Beschluss aufrechterhält oder aber von ihrer aus der Satzungsautonomie resultierenden Kompetenz Gebrauch macht, den Beschluss, aus welchen Gründen auch immer, wieder aufzuheben. Der Bieter muss sein Angebot daher unter der Bedingung abgeben, dass die Hauptversammlung einen positiven Beschluss fasst *und diesen auch aufrechterhält*,[224] ihn also anschließend nicht wieder zurücknimmt, damit die angestrebte Kapitalerhöhung durchgeführt werden kann. Der

[221] Vgl. BT-Drucks. 14/7034, S. 51 (Zu § 25 WpÜG-RegE).
[222] Vgl. *Thaeter* in: Thaeter/Brandi, Teil 2, Rn. 188. Zur „Holzmüller"-Problematik siehe noch unten, 2. Teil § 2 I. 3. d. cc.
[223] BT-Drucks. 14/7034, S. 39 (Zu § 10 Absatz 1 WpÜG-RegE).
[224] Siehe oben, 2. Teil § 2 I 3. b. dd. (1) (b).

Wortlaut des § 25 WpÜG ist mit der vorgeschlagenen Auslegung vereinbar, denn auch die Rücknahme eines Beschlusses erfolgt ihrerseits durch „Beschluss".

Grundsätzlich ist also gem. § 25 WpÜG eine subjektive Bedingung – genauer: ein subjektiver Vorbehalt, der die Gültigkeit des Antrags von einer Entscheidung der Hauptversammlung abhängig macht, als Ausnahme von § 18 WpÜG zulässig.

(c) Auswirkungen eines Verstoßes gegen § 25 WpÜG auf den Kapitalerhöhungsbeschluss

Gem. § 25 WpÜG ist der Bieter verpflichtet, den Beschluss der Hauptversammlung über die Kapitalerhöhung spätestens bis zum fünften Werktag vor Ablauf der Annahmefrist „herbeizuführen". Umstritten ist, welche Folge ein Verstoß gegen diese Verpflichtung mit sich bringt.

(aa) Meinungsstand

Nach einer Literaturmeinung hat § 25 WpÜG einen höchst problematischen Wortlaut, da der Vorstand des Bieters grundsätzlich weder rechtlich noch tatsächlich in der Lage sei, die Gesellschafterversammlung zu einer Beschlussfassung mit bestimmtem Ergebnis zu zwingen.[225] Bei § 25 WpÜG handele es sich daher um eine „Bemühensvorschrift", die entgegen ihrem Wortlaut so auszulegen sei, dass sie den Bieter lediglich dazu verpflichte, alle zur Beschlussfassung erforderlichen Maßnahmen in die Wege zu leiten und im Rahmen des Möglichen und Zulässigen auf die Hauptversammlung einzuwirken.[226] Daher seien grundsätzlich auch noch solche Beschlüsse wirksam, die außerhalb des nach § 25 WpÜG vorgeschriebenen Fristenrahmens gefasst würden, und selbst ein Scheitern des Angebots sei keine zwingende Konsequenz.[227] Auch dass der Bieter gem. § 21 Abs. 1 Satz 1 Nr. 4 WpÜG sogar noch bis zu einem Werktag vor Ablauf der Annahmefrist auf Bedingungen verzichten kann, spreche für diese Sichtweise.[228] Nach dieser Ansicht hat ein Verstoß gegen die Vorschrift des § 25 WpÜG somit nicht automatisch ein Scheitern des Angebots zur Konsequenz, sondern kann allenfalls zur Begründung von Schadensersatzansprüchen und zur Ergreifung bestimmter Maßnahmen durch die BaFin führen.

Nach anderer Ansicht dagegen soll ein Verstoß gegen die aus § 25 WpÜG resultierende Verpflichtung zu einem Scheitern des Angebots führen, weil die An-

---

[225] Dies ist sicherlich auch ein Grund dafür, dass es dem Gesetzgeber nicht schwer fiel, gem. § 25 WpÜG eine Ausnahme für eine subjektive Bedingung zuzulassen: zwar fällt die Kompetenz zur Herbeiführung eines Beschlusses in den Wirkungsbereich des Bieters, das für den Bieter handelnde Organ – der Vorstand – kann diese Wirkung aber „nicht ausschließlich selbst herbeiführen" (vgl. § 18 Abs. 1 WpÜG).

[226] *Hasselbach* in: KölnKomm-WpÜG, § 25 Rn. 4 und 7.

[227] *Hasselbach* in: KölnKomm-WpÜG, § 25 Rn. 13; offenbar auch *Schröder* in: Haarmann/Riehmer, § 25 Rn. 9.

[228] *Hasselbach* in: KölnKomm-WpÜG, § 25 Rn. 13 f.

gebotsempfänger rechtzeitig Klarheit über das Beschlussergebnis haben müssten.[229]

(bb) Stellungnahme

Die erstgenannte Auffassung ist abzulehnen. Gem. § 21 Abs. 1 Satz 1 Nrn. 1-3 WpÜG sind nur solche Änderungen eines Angebots zulässig, die den Aktionären der Zielgesellschaft zum Vorteil gereichen. Es widerspräche daher ihrem Sinn und Zweck, zöge man gerade diese Norm für eine Auslegung heran, die die Interessen dieser Aktionäre beeinträchtigt. Dadurch würde man das gesetzgeberische Ziel unterlaufen. Vor allem aber beruht es auf einem Fehlverständnis des § 25 WpÜG, wenn man davon ausgeht, dass der Bieter nach § 25 WpÜG verpflichtet werden soll, die *Zustimmung* der Hauptversammlung, d.h. einen positiven Beschluss herbeizuführen. Dass der Vorstand dies nicht in der Hand hat, ist in der Tat richtig und würde demnach zu einer teleologischen Reduktion der Vorschrift zwingen. Eine derartige Auslegung ist aber weder wortlautkonform, noch ist sie – insbesondere im Hinblick auf eine Umgehungsgefahr - mit Sinn und Zweck der Norm vereinbar.[230] § 25 WpÜG spricht lediglich davon, dass der Bieter einen *Beschluss* herbeizuführen hat, nicht etwa ein bestimmtes *Beschlussergebnis*.

Das bedeutet zunächst einmal, dass der Vorstand als Organ des Bieters die Gesellschafterversammlung so rechtzeitig einzuberufen hat, dass die Beschlussfassung fristgerecht erfolgen kann.[231] Dies hat der Vorstand sehr wohl in der Hand. Zwar kann er selbst nichts ausrichten, wenn sich die einberufene Hauptversammlung sodann weigert, überhaupt einen Beschluss zu fassen. Dies ist aber auch nicht erforderlich, denn im Falle eines treuwidrigen Verhaltens gilt entsprechend § 162 Abs. 1 BGB die Bedingung als eingetreten.[232] Im Außenverhältnis gegenüber den Aktionären der Zielgesellschaft obliegt die Herbeiführungspflicht nämlich nicht – wie fälschlicherweise angenommen wird[233] - dem *Vorstand* des Bieters, sondern dem Bieter selbst, wie sich aus dem insoweit eindeutigen Wortlaut des § 25 WpÜG ergibt.[234] Insbesondere kann die Hauptver-

---

[229] So *U. H. Schneider* in: Assmann/Pötzsch, § 25 Rn. 10.

[230] Kritisch auch *U. H. Schneider* in: Assmann/Pötzsch, § 25 Rn. 5.

[231] *U. H. Schneider* in: Assmann/Pötzsch, § 25 Rn. 9; *Steinmeyer/Häger*, § 25 Rn. 3.

[232] Verhält sich die Hauptversammlung in einer Weise, die Treu und Glauben zuwiderläuft, entfällt ihre Schutzwürdigkeit. Anders als bei einer herkömmlichen Rechtsbedingung (im Sinne einer auf der Rechtsordnung beruhenden Wirksamkeitsvoraussetzung) kommt dann eine analoge Anwendung von § 162 BGB in Betracht. Vgl. allgemein *Palandt/Heinrichs*, Vor § 158 Rn. 5.

[233] So *Steinmeyer/Häger*, § 25 Rn. 3. Konsequenterweise findet nach dieser Meinung § 162 Abs. 1 BGB nur dann Anwendung, wenn der Vorstand die Einberufung der Hauptversammlung treuwidrig unterlässt.

[234] Die meisten Vorschriften des WpÜG befassen sich mit Pflichten des „Bieters" gegenüber der „Zielgesellschaft" oder den „Inhabern von Wertpapieren der Zielgesellschaft", und dies ist dann auch stets eindeutig so formuliert. Das gilt ebenso für diejenigen Vorschriften, in denen es ausnahmsweise um Pflichten eines „Vorstands" geht, was dann die Verwendung der ent-

sammlung die Beschlussfassung nicht mit dem Argument verweigern, dass hierdurch ihre Satzungsautonomie beschnitten werde – diese wäre nur dann betroffen, wenn eine Verpflichtung hinsichtlich eines bestimmten Beschlussergebnisses bestünde, nicht dagegen, wenn es lediglich um die Beschlussfassung als solche geht.

Daraus folgt zugleich, dass es dem Bieter nicht gestattet ist, den Beschluss erst *nach* dem Verstreichen des mittels § 25 WpÜG festgelegten Zeitpunktes herbeizuführen. Diese Auslegung von § 25 WpÜG ist erforderlich, um dem Sinn und Zweck dieser Vorschrift gerecht zu werden. Durch die Verpflichtung des Bieters sollen die Zielgesellschaft und deren Aktionäre vor Angeboten des Bieters geschützt werden, die der Bieter nicht ernstlich durchzuführen beabsichtigt. Spätestens bis zum fünften Werktag vor Ablauf der Annahmefrist soll daher für die Aktionäre der Zielgesellschaft Klarheit über Eintritt oder Ausfall der Bedingung herrschen.[235] § 25 WpÜG ist somit nicht lediglich eine Ge-, sondern eine Verbotsnorm.[236] Die Konsequenz eines Verstoßes gegen dieses Verbot besteht in der *Nichtigkeit des nicht rechtzeitig gefassten Beschlusses* und dem *Scheitern des Angebots*.[237]

Unklar ist allerdings, woraus sich diese Rechtsfolgen ergeben. Abstellen könnte man auf § 134 BGB, wonach ein Rechtsgeschäft nichtig ist, das gegen eine Verbotsnorm verstößt.[238] Ob eine Norm ein bestimmtes Rechtsgeschäft verbietet, ist nicht alleine ihrer Diktion und Disponibilität zu entnehmen.[239] Wichtiger für eine Einordnung als Verbotsgesetz im Sinne des § 134 BGB sind Sinn und Zweck der jeweiligen Norm.[240] Allerdings bedeutet auch hier der mögliche Wortsinn die Grenze der Auslegung. Wie soeben dargestellt, führt eine teleologische Auslegung des § 25 WpÜG zu dem Ergebnis, dass es dem Bieter verboten ist, ab einem bestimmten Zeitpunkt Beschlüsse seiner Hauptversammlung herbeizuführen. Insoweit knüpft § 25 WpÜG an den Beschluss der Hauptversammlung, nicht aber an das Angebot des Bieters an. § 25 WpÜG lässt sich daher nicht entnehmen, dass es sich um ein Verbotsgesetz handelt, das eine Nichtigkeit des Angebots selbst unmittelbar zur Folge hat.[241]

Anzuknüpfen ist daher an die Nichtigkeit des Hauptversammlungsbeschlusses. Diese ergibt sich allerdings nicht alleine aus dem in § 25 WpÜG angeordne-

---

sprechenden Vokabel verdeutlicht (vgl. etwa §§ 27, 33 WpÜG, wo es freilich um den Vorstand der Zielgesellschaft geht). Ebenso (aber ohne Begründung) *U. H. Schneider* in: Assmann/Pötzsch, § 25 Rn. 9.

235 BT-Drucks. 14/7034, S. 51 (Zu § 25 WpÜG-RegE).

236 Anderer Ansicht *Schröder* in: Haarmann/Riehmer, § 25 Rn. 9: lediglich Gebotsnorm.

237 Für letztere Folge auch *U. H. Schneider* in: Assmann/Pötzsch, § 25 Rn. 10.

238 Vgl. zu dieser Überlegung auch *Schröder* in: Haarmann/Riehmer, § 25 Rn. 9.

239 *Mayer-Maly/Armbrüster* in: MünchKomm-BGB, § 134 Rn. 42 ff.

240 *Mayer-Maly/Armbrüster* in: MünchKomm-BGB, § 134 Rn. 41.

241 Insoweit fehlt es an einer Klarstellung wie in § 15 Abs. 3 Satz 2 WpÜG; vgl. auch BT-Drucks. 14/7034, S. 46 (Zu § 15 Absatz 3 WpÜG-RegE), wo ausdrücklich auf § 134 BGB hingewiesen wird.

ten Verbot.[242] Ob ein Beschluss nichtig ist, beantwortet sich ausschließlich nach § 241 AktG, der insoweit abschließend ist und § 134 BGB überlagert.[243] Einschlägig ist § 241 Nr. 3 AktG, denn bei § 25 WpÜG handelt es sich um eine Vorschrift, die überwiegend im öffentlichen Interesse gegeben ist. Der Begriff des öffentlichen Interesses im Sinne des § 241 Nr. 3 AktG bildet nach herrschender Meinung die Hauptvariante dieser Vorschrift, wohingegen die Verletzung gläubigerschützender Normen lediglich einen Beispielsfall hierfür darstellt.[244] Bei der Bestimmung dieses Begriffs ist daher von einem weiten Verständnis auszugehen:[245] wenn gläubigerschützende Vorschriften zugleich solche im Sinne eines öffentlichen Interesses darstellen, dann muss dies auch für die Vorschrift des § 25 WpÜG gelten, die den Schutz der Aktionäre der Zielgesellschaft bezweckt. Wäre ein entsprechender Beschluss lediglich anfechtbar, wäre dem Schutz dieser Aktionäre nicht gedient. Nur die Nichtigkeit eines zu spät gefassten Beschlusses gewährleistet, dass für die Aktionäre der Zielgesellschaft Klarheit über Eintritt oder Ausfall der Bedingung herrscht, denn ein nichtiger Beschluss führt stets zum Ausfall der Bedingung.[246] Daneben dient § 25 WpÜG auch dem Interesse der Allgemeinheit an einem funktionsfähigen Kapitalmarkt frei von Marktverzerrungen. Es handelt sich somit um eine Vorschrift, die ausschließlich im öffentlichen Interesse gegeben ist.[247]

Weil mithin jeder zeitlich *nach* dem in § 25 WpÜG bestimmten Endzeitpunkt gefasste Beschluss nichtig wäre, kommt es, wenn bis dato kein (zustimmender) Beschluss herbeigeführt wurde, zum endgültigen Ausfall der Bedingung, was das Scheitern des Angebots zur Folge hat.[248] Umgekehrt gilt: wenn die Hauptversammlung den Kapitalerhöhungsbeschluss fristgerecht gefasst hat, so ist ein erneuter, den Kapitalerhöhungsbeschluss zurücknehmender Beschluss *nach* dem

---

242 Dies gilt auch im Rahmen des § 134 BGB, vgl. *Mayer-Maly/Armbrüster* in: MünchKomm-BGB, § 134 Rn. 86.

243 *Hüffer* in: MünchKomm-AktG, § 241 Rn. 8.

244 *K. Schmidt* in: GroßKomm-AktG, § 241 Rn. 54; *Hüffer* in: Geßler/Hefermehl, § 241 Rn. 39 und 45.

245 *K. Schmidt* in: GroßKomm-AktG, § 241 Rn. 59; *Hüffer* in: Geßler/Hefermehl, § 241 Rn. 46.

246 Nach *K. Schmidt* in: GroßKomm-AktG, § 241 Rn. 59 kommt es für die Frage, ob eine Vorschrift „im öffentlichen Interesse gegeben" ist, gerade darauf an, dass „diese Interessen [...] die Nicht-Anerkennung des Beschlussergebnisses zwingend gebieten".

247 Nicht erforderlich ist, dass zugleich eine Unvereinbarkeit mit dem Wesen der Aktiengesellschaft festzustellen ist, da diese Variante des § 241 Nr. 3 AktG lediglich eine Ergänzung zur Hauptvariante der im öffentlichen Interesse gegebenen Vorschriften darstellt. Dazu *K. Schmidt* in: GroßKomm-AktG, § 241 Rn. 54 und *Hüffer* in: Geßler/Hefermehl, § 241 Rn. 41.

248 Dies führt allerdings nicht zu einer Verpflichtung der BaFin gem. § 15 Abs. 1 Nr. 2 WpÜG, das Angebot zu untersagen. Eine derartige Pflicht hat die BaFin nur dann, wenn Angaben in der Angebotsunterlage offensichtlich gegen Vorschriften des WpÜG verstoßen. Hier geht es aber nicht um fehlerhafte *Angaben* in der Angebotsunterlage, sondern um ein fehlerhaftes *Verhalten* des Bieters. Sollten im Einzelfall bestimmte Maßnahmen erforderlich werden, so kann die BaFin nach der allgemeinen Befugnisnorm des § 4 Abs. 1 Satz 3 WpÜG im Rahmen ihrer Missstandsaufsicht vorgehen.

in § 25 WpÜG bestimmten Endzeitpunkt stets unwirksam, so dass das Angebot von nun an endgültigen Bestand hat.

Zwar führt dieses Ergebnis zu einer Beschränkung der Satzungsautonomie der Hauptversammlung, die unter normalen Umständen ihren Beschluss, das Kapital zu erhöhen, noch bis zur Eintragung der Durchführung in das Handelsregister wieder rückgängig machen kann. Hierbei ist allerdings zu berücksichtigen, dass § 25 WpÜG das Resultat einer Interessenabwägung darstellt: das Normengefüge der §§ 10 Abs. 1 Satz 2, 18 und 25 WpÜG ist geradezu ein Musterbeispiel für die gesetzgeberische Bewältigung von Interessenkonflikten, die in Übernahmesituationen üblicherweise auftreten. Die aus § 10 Abs. 1 Satz 2 WpÜG resultierende Verpflichtung des Bieters, seine Absicht auch bereits ohne das Vorliegen eines eigentlich erforderlichen Hauptversammlungsbeschlusses bekanntzugeben, dient dem Schutz des Kapitalmarktes als Institution, um dem Insiderhandel und Marktverzerrungen vorzubeugen. Dahinter müssen die Interessen der Zielgesellschaft und ihrer Aktionäre zurücktreten.[249] Die Interessen des Bieters und seiner Aktionäre hingegen erfahren einen recht großzügigen Schutz dadurch, dass das Angebot ausnahmsweise von einer entsprechenden und gem. § 18 WpÜG eigentlich unzulässigen Bedingung abhängig gemacht werden darf. Der einzige den Interessen der Zielgesellschaft und ihrer Aktionäre zugedachte Schutz besteht darin, dass spätestens bis zum fünften Werktag vor Ablauf der Angebotsfrist Gewissheit über den Eintritt oder den Ausfall der Bedingung herrschen muss. Wollte man diesen eher bescheidenen Schutz nun auch noch mit dem Argument unterlaufen, dass hierdurch die Satzungsautonomie der Gesellschafterversammlung des Bieters beschnitten werde, so bliebe vom Schutze nichts mehr übrig.

Somit lässt sich sagen, dass die Zeichnungsverträge nach Verstreichen des in § 25 WpÜG vorgesehenen Schlusstermins qua gesetzlicher Anordnung durch das WpÜG dergestalt modifiziert werden, dass auch für den Bieter eine Art Hauptleistungspflicht entsteht: die von ihm geschuldeten Schutzpflichten zugunsten der Zeichner bei der Kapitalerhöhung verdichten sich dahingehend, dass der Bieter zur Durchführung des Kapitalerhöhungsbeschlusses verpflichtet wird. Im Ergebnis entsteht so eine Art gesetzliches Bezugsrecht der Aktionäre der Zielgesellschaft. Allerdings ist dies kein Bezugsrecht im technischen Sinne, wie es § 187 Abs. 1 AktG vorsieht, da hierzu eine auf der Privatautonomie beruhende vertragliche Vereinbarung erforderlich wäre. Das Verbot aus § 187 Abs. 1 AktG, wonach Bezugsrechte „nur unter Vorbehalt des Bezugsrechts der [Alt-] Aktonäre zugesichert werden" können, steht dem hiesigen Befund - auch dem Rechtsgedanken nach - nicht entgegen, denn § 187 AktG schützt nur ein Bezugsrecht, das bereits besteht.[250] Wie bereits dargestellt, besteht bei der Kapitalerhöhung gegen Sacheinlagen aber ein praktisches Bedürfnis zum Ausschluss des Bezugsrechts der Altaktionäre.[251]

---

[249] *Hasselbach* in: KölnKomm-WpÜG, § 18 Rn. 53.

[250] *Peifer* in: MünchKomm-AktG, § 187 Rn. 9; *Lutter* in: KölnKomm-AktG, § 187 Rn. 9.

[251] Siehe oben, 2. Teil § 2 I. 2. b.

(3) Keine Bedingungsfeindlichkeit des Zeichnungsantrags

Erklärungen auf dem Gebiete des Gesellschaftsrechts wird von der herrschenden Lehre eine grundsätzliche Bedingungsfeindlichkeit attestiert.[252] So wird etwa die bedingte Zeichnung von Aktien bei einer Kapitalerhöhung für unzulässig erachtet.[253] Dies wird – im Grundsatz zutreffend – damit begründet, dass sich an nach außen wirkende Erklärungen im Gesellschaftsrecht ein besonderer Vertrauensschutz des Rechtsverkehrs knüpft, Bedingungen jedoch nicht ins Handelsregister eingetragen werden können.[254]

Dem Vertrauensschutz ist aber dann in ausreichender Weise genügt, wenn sich die Bedingung durch Eintritt oder Ausfall bis zur Eintragung erledigt hat.[255] Das ist, wie soeben gezeigt, bei der Kapitalerhöhung gegen Sacheinlagen stets der Fall. Bei der Aufnahme einer entsprechenden Bedingung in das Zeichnungsangebot ergeben sich daher keine Bedenken im Hinblick auf den Vertrauensschutz.

(4) Unbestimmter Zeichnungsumfang

(a) Problemstellung

Grundsätzlich kann bei einer Kapitalerhöhung die Situation eintreten, dass mehr junge Aktien gezeichnet werden, als von der Gesellschaft ausgegeben werden (sog. Überzeichnung). Für die Gesellschaft besteht daher ein Bedürfnis, sich einer vertraglichen Bindung zu entziehen.[256] In WpÜG-Sachverhalten gilt dies jedoch nicht: denn weil die Zeichnungsanträge hier stets vom Bieter selbst ausgehen, kann es zu einer Überzeichnung gar nicht kommen – allenfalls im Falle von Teilangeboten, wofür § 19 WpÜG jedoch eine ausdrückliche Zuteilungsregel enthält.[257]

Allerdings besteht bei jeder Kapitalerhöhung eine gewisse Unsicherheit über den Zeichnungsumfang, da ja meist noch nicht feststeht, wie viele Aktionäre der Zielgesellschaft den Zeichnungsantrag annehmen werden. Es besteht folglich eine Ungewissheit über die genaue Zahl der benötigten jungen Aktien. Im Hinblick auf die Regelung des § 23 Abs. 3 Nr. 3 AktG, wonach die Satzung die Höhe des Grundkapitals zu bestimmen hat, muss der Kapitalerhöhungsbeschluss aber auf einen bestimmten Betrag lauten, und auch der Zeichnungsschein hat entsprechende Angaben zu enthalten, da er sonst gem. § 185 Abs. 2 AktG nich-

---

[252] Vgl. *Lutter/Leinekugel*, ZIP 1998, S. 805, 809; *H. P. Westermann* in: MünchKomm-BGB, § 158 Rn. 33.

[253] *H. P. Westermann* in: MünchKomm-BGB, § 158 Rn. 33; *Bork* in: Staudinger, Vor §§ 158-163 Rn. 36.

[254] *Lutter/Leinekugel*, ZIP 1998, S. 805, 809; *H. P. Westermann* in: MünchKomm-BGB, § 158 Rn. 33.

[255] *H. P. Westermann* in: MünchKomm-BGB, § 158 Rn. 33; *Wolf* in: Soergel, § 158 Rn. 48; KG JW 1935, S. 1796.

[256] Vgl. *Lutter* in: KölnKomm-AktG, § 185 Rn. 7 und 26.

[257] Bei Übernahmeangeboten sind Teilangebote freilich verboten, § 32 WpÜG.

tig wäre.[258] Das Problem hierbei ist, dass die Durchführung der Kapitalerhöhung nur dann in das Handelsregister eingetragen wird, wenn sich das Zeichnungsergebnis mit dem im Kapitalerhöhungsbeschluss festgelegten Betrag deckt oder in die dort festgelegte Bandbreite fällt.[259]

(b) Bestandsaufnahme

(aa) Meinungsstand

Dieses Problem, so wird vorgeschlagen, ließe sich dadurch lösen, dass im Erhöhungsbeschluss ein Mindest- und/oder Höchstbetrag der Kapitalerhöhung festgelegt wird, wobei es sich um eine auflösende Bedingung handele.[260] Ferner sei eine bestimmte Frist zur Zeichnung und Durchführung festzulegen, die eng zu begrenzen sei, damit nicht die Grenze zum genehmigten Kapital verwischt werde.[261]

(bb) Stellungnahme

Dem ist im Grundsatz zuzustimmen. Das Erfordernis einer engen Fristbemessung dürfte angesichts der gem. § 16 Abs. 1 Satz 1 WpÜG zulässigen Maximalfrist von zehn Wochen ohnehin keine Schwierigkeiten bereiten. Jedoch ist bei Übernahmeangeboten zu berücksichtigen, dass sich diese gem. § 32 WpÜG auf alle Aktien der Zielgesellschaft beziehen müssen, so dass hier nur die Festlegung eines *Mindestbetrags* in Betracht kommt.

Ferner ist zu beachten, dass § 158 Abs. 2 BGB nach seinem Wortlaut nur auf Rechtsgeschäfte anwendbar ist. Weil es sich beim Kapitalerhöhungsbeschluss verbandsintern um ein Rechtsgeschäft in diesem Sinne handelt,[262] ergeben sich insoweit keine Probleme.

Es wird allerdings die Ansicht vertreten, dass auflösend bedingte Gesellschafterbeschlüsse stets unzulässig seien, weil diese mit der in einer Aktiengesellschaft gebotenen Rechtssicherheit unvereinbar wären.[263] Diese Auffassung mag in bestimmten Fällen gerechtfertigt sein,[264] jedenfalls in Bezug auf bedingte Kapitalerhöhungsbeschlüsse ist ihr aber nicht zu folgen. Im Allgemeinen sind Erklärungen dann bedingungsfeindlich, wenn sie wegen ihrer Wirkung gegenüber einer Vielzahl von Personen keine Unsicherheiten durch die Abhängigkeit von künftigen Ereignissen vertragen.[265] Anders gewendet wäre ein Kapitalerhö-

---

[258] *Wiedemann* in: GroßKomm-AktG, § 182 Rn. 55; *Lutter* in: KölnKomm-AktG, § 182 Rn. 17.

[259] *Vogel* in: Haarmann/Riehmer, § 13 Rn. 48; *Hüffer*, AktG, § 182 Rn. 12; RGZ 55, 65, 67 f.

[260] *Vogel* in: Haarmann/Riehmer, § 13 Rn. 52; zu dieser Möglichkeit auch *Lutter*, FS Schilling, S. 213 f.

[261] *Wiedemann* in: GroßKomm-AktG, § 182 Rn. 56; *Lutter* in: KölnKomm-AktG, § 182 Rn. 17; *Lutter*, FS Schilling, S. 214.

[262] Dazu bereits oben, 2. Teil § 2 I. 3. b. bb. (2).

[263] So etwa *Lutter/Leinekugel*, ZIP 1998, S. 805, 809.

[264] Vgl. die Nachweise bei *Lutter/Leinekugel*, ZIP 1998, S. 805, 809.

[265] *H. P. Westermann* in: MünchKomm-BGB, § 158 Rn. 27.

hungsbeschluss dann nicht bedingungsfeindlich, wenn die Bedingung so bestimmt ist, dass der Empfänger der Erklärung nicht in eine ungewisse Lage versetzt wird.[266] Der eigentliche Erklärungsempfänger eines Beschlusses ist das Organ, innerhalb dessen die Willensbildung stattfindet,[267] bei Kapitalerhöhungsbeschlüssen also die Gesellschafterversammlung. Diese kann sich aber nicht selbst in eine ihr unzumutbare, ungewisse Lage versetzen. Beim Kapitalerhöhungsbeschluss besteht freilich die Besonderheit, dass er gem. § 184 AktG zur Eintragung ins Handelsregister anzumelden ist. Im Ergebnis „richtet" sich der Beschluss also nicht nur an das Organ selbst, sondern darüber hinaus an einen außerhalb der Gesellschaft stehenden Adressatenkreis, auch wenn es sich dabei eher um einen Reflex als ein gewolltes „Gerichtetsein" handelt. Insbesondere bei öffentlichen Erwerbs- und Übernahmeangeboten besteht der Adressatenkreis dabei in der Regel aus einer Vielzahl von Personen. Diese Personen werden durch eine Bedingung im Kapitalerhöhungsbeschluss aber nicht in eine ihnen unzumutbare unsichere Lage versetzt, denn weder durch den Kapitalerhöhungsbeschluss noch durch dessen Eintragung ins Handelsregister tritt bereits eine Änderung der Rechtslage ein.[268] Somit spricht nichts dagegen, die Wirksamkeit des Beschlusses von der Bedingung abhängig zu machen, dass bei der Zeichnung ein bestimmter Mindestbetrag nicht unterschritten wird.

Eine derartige Bedingung, die sich auf den Kapitalerhöhungsbeschluss bezieht, muss der Bieter nicht in die Angebotsunterlage aufnehmen. Denn eine entsprechende Pflicht besteht gem. § 11 Abs. 2 Nr. 5 WpÜG nur für solche Bedingungen, „von denen die Wirksamkeit des Angebots abhängt".[269] Wenn der im Hauptversammlungsbeschluss festgelegte Mindestbetrag unterschritten wird und dadurch die auflösende Bedingung eintritt, wird die Kapitalerhöhung zwar nicht gem. § 188 AktG in das Handelsregister eingetragen, so dass deren Durchführung scheitert. Durch die bereits angenommenen Angebote sind aber wirksame Zeichnungsverträge zustande gekommen. Weil der Bieter mangels Durchführung der Kapitalerhöhung die Verträge nicht erfüllen kann, und sich Schadensersatzansprüchen ausgesetzt sieht, hat er jedoch ein eigenes Interesse daran, neben dem Hauptversammlungsbeschluss auch das Angebot selbst von der Bedingung abhängig zu machen, dass eine bestimmte Mindestquote erreicht wird. Diese Bedingung ist dann gem. § 11 Abs. 2 Nr. 5 WpÜG in die zu veröffentlichende Angebotsunterlage aufzunehmen. Das Informationsbedürfnis der Anleger in Bezug auf den Kapitalerhöhungsbeschluss wird dadurch ausreichend befriedigt, dass der Beschluss gem. § 184 Abs. 1 AktG zur Eintragung ins Handelsregister anzumelden ist.

---

[266] Vgl. allgemein *H. P. Westermann* in: MünchKomm-BGB, § 158 Rn. 30.
[267] *Larenz/Wolf*, § 23 Rn. 20.
[268] Siehe oben, 2. Teil § 2 I. 3. b. cc. (2).
[269] Im Hinblick auf das Analogieverbot – gem. § 60 Abs. 1 Nr. 1a WpÜG ist die Veröffentlichung einer unvollständigen Angebotsunterlage bußgeldbewehrt – kommt eine entsprechende Anwendung von § 11 Abs. 2 Nr. 5 WpÜG nicht in Betracht.

ee. Zeichnungsvertrag und Finanzierungsverantwortung des Bieters

(1) Problemstellung

Ein besonderes Augenmerk verlangt § 13 Abs. 1 Satz 1 WpÜG, wonach der Bieter bereits vor Angebotsabgabe die notwendigen Maßnahmen treffen muss, damit ihm im Fälligkeitszeitpunkt die notwendigen Mittel für die Gegenleistung zur Verfügung stehen (sog. Prinzip der Finanzierungsverantwortung des Bieters).[270] Dies könnte bedeuten, dass der Bieter im Falle des Aktientauschs, der im Rahmen einer Kapitalerhöhung gegen Sacheinlagen erfolgt, seiner Finanzierungsverantwortung nur dadurch gerecht werden kann, dass er bereits vor der Abgabe des Angebots die Kapitalerhöhung durchführt. Das kann natürlich nicht sein, denn zur Durchführung der Kapitalerhöhung gehört das Zustandekommen des Zeichnungsvertrags, was denknotwendig erst *nach* der Abgabe eines darauf gerichteten Antrags geschehen kann.

(2) Bestandsaufnahme

(a) Meinungsstand

In der Literatur wird vertreten, dass es ausreiche, wenn der Bieter einen wirksamen Kapitalerhöhungsbeschluss herbeiführt und diesen gem. § 184 AktG in das Handelsregister eintragen lässt.[271] Nach dieser Auffassung ist die Finanzierung nur dann nicht genügend sichergestellt, wenn Lösungsmöglichkeiten bestehen, die an keine besonderen Voraussetzungen gebunden sind.[272]

(b) Stellungnahme

Diese Ansicht verdient im Grundsatz Zustimmung. Als „besondere Voraussetzung", die für eine Rücknahme des Kapitalerhöhungsbeschlusses zu erfüllen ist, kann man insoweit das – hinsichtlich seiner Höhe umstrittene[273] – Mehrheitserfordernis gelten lassen.

Die Anmeldung des Kapitalerhöhungsbeschlusses zur Eintragung in das Handelsregister gem. § 184 AktG ist allerdings kein Erfordernis für die Wirksamkeit dieses Beschlusses, sondern dient lediglich dem Zweck, dem Registerrichter eine erste Prüfung des Kapitalerhöhungsbeschlusses zu ermöglichen, damit dieser etwaige Mängel der Anmeldung gegenüber der AG frühzeitig rügen kann und die Mängel bis zur Anmeldung der Durchführung beseitigt werden können.[274] Aus dem Gesetzeswortlaut des § 13 Abs. 1 Satz 1 WpÜG ergibt sich aber, dass die Finanzierung „sicher" sein muss. Dadurch, dass die Gesellschafter den Kapitalerhöhungsbeschluss bis zur Eintragung seiner Durchführung (vgl. §§

---

[270] Dazu eingehend *Marsch-Barner* in: Baums/Thoma, § 13 Rn. 10 ff.

[271] *Vogel* in: Haarmann/Riehmer, § 13 Rn. 75; *Marsch-Barner* in: Baums/Thoma, § 13 Rn. 38; *Süßmann* in: Geibel/Süßmann, § 13 Rn. 5; *Steinmeyer/Häger*, § 13 Rn. 4.

[272] *Steinmeyer/Häger*, § 13 Rn. 4.

[273] Zum Streitstand siehe *Peifer* in: MünchKomm-AktG, § 182 Rn. 30.

[274] *Peifer* in: MünchKomm-AktG, § 184 Rn. 1 und 34.

188, 189 AktG) jederzeit wieder rückgängig machen können, könnte die „Sicherstellung" daher in Frage gestellt werden. Jedoch kann vom Bieter niemals eine absolute Sicherheit verlangt werden, da eine solche nur dann bestünde, wenn die Gegenleistung bereits bei der Veröffentlichung des Angebots zur Verfügung steht. Von einer hinreichenden Absicherung kann vielmehr bereits dann gesprochen werden, wenn aufgrund der vorbereitenden Maßnahmen davon auszugehen ist, dass die Gegenleistung bei normalem Geschehensablauf rechtzeitig und vollständig erbracht werden kann.[275]

Dies bedeutet beispielsweise, dass der Kapitalgeber rechtlich verbindlich die Bereitstellung der erforderlichen Mittel zugesagt haben muss.[276] Im Falle einer Kapitalerhöhung gilt daher: erst durch die Abgabe des Zeichnungsantrags durch die AG, der von den Aktionären der Zielgesellschaft nur noch angenommen zu werden braucht, wird eine hinreichende Sicherheit dafür gewährleistet, dass die Kapitalerhöhung durchgeführt wird. Denn mit der Annahme des Antrags kommt der Zeichnungsvertrag zustande, der die AG (wenn auch unter Vorbehalt) zur Durchführung der Kapitalerhöhung verpflichtet.[277] Deren Gesellschafter sind nun aufgrund ihrer gesellschaftsrechtlichen Treuepflichten angehalten, die Erfüllung der vertraglichen Pflichten der AG nicht treuwidrig aus unsachgemäßen Gründen zu vereiteln. Um die Finanzierung ausreichend sicherzustellen, ist somit dreierlei erforderlich: es muss ein Kapitalerhöhungsbeschluss gefasst werden, dieser muss ins Handelsregister eingetragen werden und der Bieter muss das Zeichnungsangebot bzw. die Zeichngsangebote abgeben. Nicht erforderlich ist die Anmeldung und Eintragung der Durchführung der Kapitalerhöhung gem. § 188 AktG. Durch die Anmeldeverpflichtung von Vorstand und Aufsichtsratsvorsitzendem gem. § 188 Abs. 1 AktG wird ausreichender Schutz gewährt.

Der Bieter hat demzufolge im Zeitpunkt der Angebotsabgabe die notwendigen Maßnahmen zur Sicherstellung der Finanzierung getroffen. Nach dem exakten Wortlaut des § 13 Abs. 1 Satz 1 WpÜG ist es dagegen erforderlich, dass solche Maßnahmen bereits *vor* der Veröffentlichung der Angebotsunterlage ergriffen werden. Es ist daher eine extensive Auslegung des Normtextes geboten: dieser muss so verstanden werden, dass die notwendigen Maßnahmen *vor oder zeitgleich mit* der Veröffentlichung der Angebotsunterlage zu treffen sind. Die in § 13 WpÜG angeordnete Finanzierungsverantwortung des Bieters dient dem Schutz der Aktionäre der Zielgesellschaft, und dieser Schutz ist in gleicher Weise auch dann gewährleistet, wenn erst im Zeitpunkt der Angebotsabgabe und nicht bereits davor die Finanzierung sichergestellt ist.

---

[275] So *Marsch-Barner* in: Baums/Thoma, § 13 Rn. 11.

[276] Vgl. *Steinmeyer/Häger*, § 13 Rn. 4.

[277] Auch ein (aufschiebend oder auflösend) bedingtes Rechtsgeschäft ist tatbestandlich bereits vollendet und voll gültig, lediglich seine Rechtswirkungen sind bis zum Eintritt oder Ausfall der Bedingung noch in der Schwebe; vgl. *Palandt/Heinrichs*, Vor § 158 Rn. 8.

ff. Zwischenergebnis

Die Kapitalerhöhung gegen Sacheinlagen lässt sich als (Aktien-)Tausch im Sinne des WpÜG qualifizieren. Entscheidende Bedeutung kommt hierbei dem Zeichnungsvertrag zu. Dieser ist zwar nicht als synallagmatischer Vertrag anzusehen, denn es fehlt am *„do, ut des"* – die Leistungspflicht des Bieters entsteht nach der hier entwickelten Ansicht ja kraft Gesetzes. Dennoch hat man es mit einem Vertrag zu tun, der zum Austausch von Leistungen verpflichtet. Ähnlich wie bei einem Tauschvertrag im Sinne von § 480 BGB wird der Bieter (wenn auch zunächst unter Vorbehalt) dazu verpflichtet, einen Tauschgegenstand herzugeben, nämlich junge Aktien, was die Fassung und Durchführung eines Kapitalerhöhungsbeschlusses erforderlich macht. Der Aktionär der Zielgesellschaft wird verpflichtet, seine Aktien als Einlage zu leisten und, wie bei § 433 Abs. 2 BGB, die „Sache abzunehmen" – sprich die jungen Aktien zu zeichnen. Eine Abnahmepflicht trifft umgekehrt auch den Bieter, der zur Mithilfe bei der Erbringung der Einlage durch den Zeichner verpflichtet ist. Der Zeichnungsvertrag kann folglich als „Tauschvertrag" bezeichnet werden.

Das Problem der rechtlichen Unverbindlichkeit des (Zeichnungs-)Angebots lässt sich durch die hier entwickelte Ansicht lösen, wonach das Angebot aufgrund der Satzungsautonomie der Bietergesellschaft unter einer Bedingung steht, die die Wirksamkeit des Angebots von der Fassung und Aufrechterhaltung des Kapitalerhöhungsbeschlusses abhängig macht. Eine derartige Potestativbedingung ist entgegen § 18 Abs. 1 WpÜG gem. § 25 WpÜG ausnahmsweise zulässig.

Um seiner Finanzierungsverantwortung aus § 13 Abs. 1 Satz 1 WpÜG gerecht zu werden, ist es ausreichend, wenn der Bieter die Eintragung des Kapitalerhöhungsbeschlusses ins Handelsregister gem. § 184 AktG herbeiführt und das Zeichnungsangebot (bzw. die Zeichnungsangebote) abgibt.

c. Bedingte Kapitalerhöhung gegen Sacheinlagen gem. §§ 192, 194 AktG

Neben der regulären Kapitalerhöhung gegen Sacheinlagen kennt das AktG weitere Formen einer Kapitalerhöhung, die sich grundsätzlich für einen Aktientausch im Sinne des § 2 Abs. 1 WpÜG eignen. So sieht das Gesetz in den §§ 192, 194 AktG die Möglichkeit einer bedingten Kapitalerhöhung gegen Sacheinlagen unter den dort genannten Voraussetzungen vor.

aa. Geeignetheit des bedingten Kapitals für öffentliche Übernahmen

Eine Besonderheit beim bedingten Kapital besteht darin, dass die Kapitalerhöhung nur zweckgebunden erfolgen kann, wobei im Falle von Angeboten nach dem WpÜG als Zweck die „Vorbereitung des Zusammenschlusses mehrerer Unternehmen" im Sinne des § 192 Abs. 2 Nr. 2 AktG in Betracht kommt. Da der Begriff des Zusammenschlusses in diesem Zusammenhang weit verstanden wird, ist jede Verbindung zwischen Unternehmen erfasst, zu deren Herstellung Aktien erforderlich sind, und zwar unabhängig davon, ob die rechtliche Selbständigkeit der Unternehmen erhalten bleibt oder nicht.[278] Es genügt somit, wenn eigene Aktien der Bietergesellschaft als Gegenleistung für den Erwerb von Anteilen an einer Zielgesellschaft bereitzustellen sind.

Wie bei der regulären Kapitalerhöhung erfolgt nach §§ 192, 193 AktG zunächst ein Kapitalerhöhungsbeschluss durch die Hauptversammlung, der auf eine Satzungsänderung gerichtet ist.[279] Auch hier ist der Erhöhungsbetrag im Beschluss festzulegen. Weil aber noch nicht feststeht, wie viele der Zielaktionäre das Angebot annehmen werden, ist im Zeitpunkt der Beschlussfassung der Umfang der tatsächlichen Durchführung noch völlig offen, so dass nur ein Mindest- bzw. Höchstbetrag festgelegt wird.[280] Wiederum ist bei der Festlegung dieses Betrags zu beachten, dass im Falle eines Übernahmeangebots gem. § 32 WpÜG Teilangebote nicht zulässig sind. Einfache Erwerbsangebote, die nicht auf die Kontrolle der Zielgesellschaft im Sinne des § 29 Abs. 2 WpÜG gerichtet sind, dürften wegen der Zweckgebundenheit einer bedingten Kapitalerhöhung gem. § 192 Abs. 2 AktG ohnehin keine Rolle spielen, da für die dort abschließend angeführten Zwecke ungeeignet.

Der Kapitalerhöhungsbeschluss enthält die Anweisung an den Vorstand des Bieters als zu dessen Vertretung berufenes Organ zur Einräumung der Bezugsrechte an die Zielaktionäre, wobei die Anweisung vorsehen kann, dass die Bezugsrechte nur aufschiebend oder auflösend bedingt gewährt werden.[281] Eine derartige Bedingung müsste dann allerdings, wie im Falle eines bedingt formulierten Angebots auf Abschluss eines Zeichnungsvertrags bei der regulären Kapitalerhöhung, den Anforderungen von § 11 Abs. 2 Satz 1 Nr. 5 und § 18 Abs. 1 WpÜG genügen.

Gem. § 195 Abs. 1 AktG ist der Kapitalerhöhungsbeschluss zur Eintragung in das Handelsregister anzumelden. Bereits mit der daraufhin erfolgenden Eintragung ist der Kapitalerhöhungsbeschluss wirksam, die nach Ausgabe der Bezugsaktien vorgesehene Registereintragung nach § 201 AktG hat dagegen lediglich deklaratorische Bedeutung.[282] Das Bezugsrecht selbst entsteht allerdings nach heute ganz herrschender Meinung nicht bereits aufgrund des Hauptversammlungsbeschlusses kraft Gesetzes mit dessen Eintragung, sondern wird grundsätzlich durch einen Vorvertrag zwischen dem Bieter und dem Berechtigten begründet, der einseitig den Bieter zum Abschluss eines Zeichnungsvertrags verpflichtet.[283]

Wiederum ist es der Zeichnungsvertrag, der den Tauschvertrag im Sinne des § 2 Abs. 1 WpÜG darstellt. Der Einbringungsvertrag scheidet aus den bereits

---

278 *Fuchs* in: MünchKomm-AktG, § 192 Rn. 60; *Vogel* in: Haarmann/Riehmer, § 13 Rn. 55.
279 *Fuchs* in: MünchKomm-AktG, § 192 Rn. 20.
280 Vgl. *Fuchs* in: MünchKomm-AktG, § 192 Rn. 23.
281 *Fuchs* in: MünchKomm-AktG, § 192 Rn. 26.
282 *Fuchs* in: MünchKomm-AktG, § 200 Rn. 1; *Hüffer*, AktG, § 200 Rn. 1.
283 Vgl. *Fuchs* in: MünchKomm-AktG, § 197 Rn. 18; *Lutter* in: KölnKomm-AktG, § 197 Rn. 5; *Frey* in: GroßKomm-AktG, § 197 Rn. 37; *Hüffer*, AktG, § 197 Rn. 5. Dies ergibt sich aus dem Wortlaut des § 192 Abs. 1 AktG („einräumt") sowie aus einem Vergleich zu § 187 AktG (ebenfalls vertraglich eingeräumtes Bezugsrecht) und § 186 AktG (gesetzliches Bezugsrecht).

erwähnten Gründen aus.[284] Mit den „Verträge[n], die den Festsetzungen [...] zugrunde liegen" im Sinne des § 195 Abs. 2 Nr. 1 AktG können demnach allenfalls die Vorverträge gemeint sein, die die Bezugsrechte einräumen.[285] Ein Angebot des Bieters an die Zielgesellschaft auf Abschluss eines solchen Vorvertrags kann jedoch nicht bereits als Angebot im Sinne des WpÜG gewertet werden. Das WpÜG kennt einen Vorvertrag, der dem Angebotsverfahren vorausgeht ebensowenig wie ein Angebotsverfahren, das auf den Abschluss eines Vorvertrags gerichtet ist. Das WpÜG weist einen sehr eindeutigen Weg, wie das Angebotsverfahren durchzuführen ist. Nachdem die Veröffentlichung der Entscheidung des Bieters zur Abgabe eines Angebots erfolgt ist, hat der Bieter binnen vier Wochen die Angebotsunterlage zu veröffentlichen, §§ 10 Abs. 1, 14 Abs. 1, Abs. 2 WpÜG. Bei einer bedingten Kapitalerhöhung gegen Sacheinlagen ist daher wie folgt zu verfahren: die Bezugsbedingungen sind so auszugestalten, dass in ihnen bereits ein Angebot der AG auf Abschluss eines Zeichnungsvertrags liegt, das der Berechtigte sodann durch seine Bezugserklärung gem. § 198 AktG annimmt.[286] Bei Angebot und Annahme handelt es sich auch hier um Willenserklärungen im Sinne der §§ 145 ff. BGB. Weil der Kapitalerhöhungsbeschluss bereits gem. § 195 AktG zur Eintragung angemeldet ist und seiner Durchführung grundsätzlich nichts mehr im Wege steht, führt der Zeichnungsvertrag hier, anders als bei der regulären Kapitalerhöhung, zu einem vorbehaltlosen Anspruch auf Aktienausgabe.[287] Da außerdem gem. § 192 Abs. 4 AktG durch spätere Hauptversammlungsbeschlüsse, auch durch solche mit satzungsändernder Mehrheit, das bedingte Kapital weder aufgehoben noch herabgesetzt werden kann,[288] gibt es auch im Hinblick auf § 13 Abs. 1 WpÜG keine Komplikationen, weil die Finanzierung des Angebots bereits im Vorfeld der Veröffentlichung der Angebotsunterlage sichergestellt werden kann.

Die grundsätzlich nach § 199 Abs. 1 AktG bestehende Vorleistungspflicht des Berechtigten widerspricht den in § 3 WpÜG festgelegten Grundsätzen nicht, insbesondere wird der Gleichbehandlungsgrundsatz gewahrt. Abgesehen davon besteht die Möglichkeit, im Zeichnungsvertrag eine Erfüllung Zug-um-Zug zu vereinbaren.[289]

bb. Vor- und Nachteile des bedingten Kapitals

Der Vorteil der bedingten Kapitalerhöhung besteht darin, dass das Gesetz kein Bezugsrecht für die Altaktionäre vorsieht, so dass ein Bezugsrechtsausschluss nicht erforderlich wird. Von der herrschenden Ansicht in der Literatur wird

---

[284] Siehe oben, 2. Teil § 2 I. 3. b. bb. (2).

[285] Ähnlich *Fuchs* in: MünchKomm-AktG, § 195 Rn. 13 f.

[286] Zu dieser Möglichkeit allgemein *Fuchs* in: MünchKomm-AktG, § 198 Rn. 4 und 24 sowie *Hüffer*, AktG, § 198 Rn. 2.

[287] Vgl. *Fuchs* in: MünchKomm-AktG, § 198 Rn. 5 und 27; *Lutter* in: KölnKomm-AktG, § 198 Rn. 9.

[288] *Lutter* in: KölnKomm-AktG, § 192 Rn. 33; *Hüffer*, AktG, § 192 Rn. 17.

[289] *Fuchs* in: MünchKomm-AktG, § 199 Rn. 11; *Lutter* in: KölnKomm-AktG, § 199 Rn. 12.

gleichwohl, jedenfalls für den Fall des Zusammenschlusses im Sinne von § 192 Abs. 2 Nr. 2 AktG, eine sachliche Rechtfertigung für erforderlich gehalten, weil der Umfang des Aktionärsschutzes nicht von der technischen Frage abhängen könne, welche Art der Kapitalerhöhung vorgenommen werde.[290]

Ein Nachteil der bedingten Kapitalerhöhung ergibt sich aus § 192 Abs. 3 AktG, wonach der Nennbetrag des bedingten Kapitals die Hälfte des Grundkapitals nicht übersteigen darf. Negativ wirkt sich ferner aus, dass gem. § 193 Abs. 2 Nr. 2 AktG der Kreis der Bezugsberechtigten und somit auch die Zielgesellschaft konkret zu benennen ist, so dass die bedingte Kapitalerhöhung für feindliche Übernahmeangebote untauglich ist.[291] Dies stellt allerdings keine allzu große Einschränkung dar, wie die zahlreichen freundlichen Übernahmeangebote aus der Vergangenheit beweisen.[292] Das in der Literatur vorgebrachte Argument, die Vorschrift des § 193 Abs. 2 Nr. 2 AktG könne zu Konflikten mit der Pflicht des Bieters aus § 10 WpÜG zur unverzüglichen Veröffentlichung der Übernahmeabsicht führen,[293] ist zurückzuweisen. Zwar ist gem. § 124 Abs. 1 Satz 1 AktG die Tagesordnung der Gesellschafterversammlung durch öffentliche Bekanntmachung publik zu machen. Dadurch wird die Absicht des Bieters zur Schaffung eines bedingten Kapitals zwecks der Übernahme einer Zielgesellschaft bereits im Vorfeld der Hauptversammlung bekannt. Dies begründet aber nicht die Gefahr des Entstehens von Marktverzerrungen. Denn gem. § 10 Abs. 1 Satz 2 WpÜG ist die Entscheidung des Vorstands zur Abgabe eines Übernahmeangebots bereits *vor* einem eigentlich erforderlichen Hauptversammlungsbeschluss zu veröffentlichen.

d. Genehmigtes Kapital mit Sacheinlagen gem. §§ 202, 205 AktG

Das genehmigte Kapital wird entweder bereits in der Gründungssatzung der Aktiengesellschaft oder im Wege einer Satzungsänderung durch Hauptversammlungsbeschluss mit der in § 202 Abs. 2 Satz 2 AktG vorgesehenen ¾-Mehrheit geschaffen, wodurch der Vorstand für höchstens fünf Jahre zur regulären Kapitalerhöhung nach den §§ 182 ff. AktG ermächtigt wird und im jeweiligen Umfang der Ermächtigung mit Zustimmung des Aufsichtsrats die neuen Aktien ausgeben kann, § 202 Abs. 3 Satz 2 AktG. Soll die Ausgabe gegen Sacheinlagen erfolgen, so muss die Ermächtigung dies ausdrücklich vorsehen, § 205 Abs. 1 AktG. Der Beschluss der Hauptversammlung ist gem. § 181 Abs. 1 AktG anzumelden. Wirksam wird das genehmigte Kapital dann mit der Eintragung in das Handelsregister gem. § 181 Abs. 3 AktG. Wie bei der regulären Kapitalerhöhung sind die neuen Aktien von den Inferenten zu zeichnen, §§ 203 Abs. 1 Satz 1 iVm. 185 AktG. Vom Bieter geht der Zeichnungsantrag im Sinne der §§ 145

---

[290] *Fuchs* in: MünchKomm-AktG, § 192 Rn. 32 und 34; *Frey* in: GroßKomm-AktG, § 192 Rn. 121 und 123; anderer Ansicht offenbar *Lutter* in: KölnKomm-AktG, § 192 Rn. 27.
[291] *Fuchs* in: MünchKomm-AktG, § 192 Rn. 60; *Vogel* in: Haarmann/Riehmer, § 13 Rn. 57.
[292] Beispiel: die freundliche Übernahme der deutschen HVB Group durch die italienische UniCredito.
[293] So etwa *Fuchs* in: MünchKomm-AktG, § 192 Rn. 60 aE.

ff. BGB aus, der von den potentiellen Sacheinlegern angenommen wird. Die Kapitalerhöhung selbst wird allerdings auch beim genehmigten Kapital erst wirksam mit der Anmeldung gem. §§ 203 Abs. 1, Abs. 3 Satz 4, 188 Abs. 2 Satz 1, 37 Abs. 1 AktG durch Vorstand und Aufsichtsratsvorsitzenden und der nachfolgenden Eintragung in das Handelsregister, §§ 203 Abs. 1, 189 AktG.[294] Deshalb ist es der Hauptversammlung möglich, den Ermächtigungsbeschluss bis zu diesem Zeitpunkt aufzuheben, wobei nach herrschender Meinung stets die Voraussetzungen des § 202 Abs. 2-4 AktG zu beachten sind, also eine ¾-Mehrheit des vertretenen Grundkapitals und die Einhaltung des § 182 Abs. 2 AktG erforderlich ist.[295] Aus diesem Grunde kommen die Zeichnungsverträge wie im Falle der regulären Kapitalerhöhung nur unter Vorbehalt zustande, sofern sie vor der Eintragung des genehmigten Kapitals ins Handelsregister abgeschlossen wurden.

aa. Die Bindung des Bieters an den Zeichnungsantrag

Nach allgemeiner Meinung in der Literatur kann nicht nur die Hauptversammlung ihren Beschluss, sondern auch der Vorstand seine Entscheidung zur Ausnutzung des genehmigten Kapitals bis zur Eintragung der Durchführung jederzeit zurücknehmen.[296] Insoweit beruft man sich auf einen Gegenschluss zur Vorschrift des § 185 Abs. 1 Satz 3 Nr. 4 iVm. § 203 Abs. 1 AktG, wonach die Bindung des Zeichners an seine Erklärung zu einem bestimmten festen Zeitpunkt enden soll.[297] Demnach verlöre diese Vorschrift ihren Sinn und wäre überflüssig, wenn der Vorstand nicht zur Rücknahme seiner Entscheidung befugt wäre.

Vor dem Hintergrund, dass ein öffentliches Angebot grundsätzlich verbindlich sein muss, ist dies problematisch. Die Wirksamkeit des Angebots davon abhängig zu machen, dass der Vorstand seine Entscheidung nicht zurücknimmt, ist nicht möglich, denn dies verstieße gegen § 18 WpÜG. Hier kann auch § 25 WpÜG nicht herangezogen werden, denn diese Vorschrift stellt ausschließlich auf den Beschluss der Hauptversammlung ab, nicht auf eine Entscheidung des Vorstandes.

Das WpÜG sieht für einen solchen Fall keine Möglichkeit des Bieters vor, ein unverbindliches Angebot abzugeben. Dies entspricht der gesetzgeberischen Intention, jenseits der durch § 18 WpÜG eröffneten Möglichkeiten unverbindliche Angebote zum Schutz der Aktionäre der Zielgesellschaft grundsätzlich zu unterbinden. Weil das WpÜG dies so vorsieht und weil dessen Schutzfunktionen anderenfalls ausgehebelt würden, ist man somit gezwungen, der gesetzgeberischen Wertung und dem Charakter des WpÜG als Spezialmaterie gegenüber dem AktG zu entnehmen, dass in Sachverhalten, die dem WpÜG unterfallen, der Vorstand seine Entscheidung zur Ausnutzung des genehmigten Kapitals *nicht*

---

[294] *Bayer* in: MünchKomm-AktG, § 202 Rn. 10; *Lutter* in: KölnKomm-AktG, § 203 Rn. 55.
[295] Zum Streitstand *Bayer* in: MünchKomm-AktG, § 202 Rn. 47 f.
[296] *Lutter* in: KölnKomm-AktG, § 204 Rn. 19; *Bayer* in: MünchKomm-AktG, § 202 Rn. 90; *Hirte* in: GroßKomm-AktG, § 202 Rn. 166.
[297] *Lutter* in: KölnKomm-AktG, § 204 Rn. 19; *Hirte* in: GroßKomm-AktG, § 202 Rn. 166.

zurücknehmen kann. Einen Eingriff in die Satzungsautonomie stellt dies nicht dar. Die Beschlussfassung des Vorstands im Rahmen des genehmigten Kapitals hat nicht die Qualität einer Satzungsänderung, da die Satzung bereits mit der Schaffung des genehmigten Kapitals durch die Hauptversammlung geändert wurde.[298] Die Vorschrift des § 185 Abs. 1 Satz 3 Nr. 4 AktG verliert keineswegs ihren Sinn, wenn der Vorstand seine Entscheidung zur Ausnutzung des genehmigten Kapitals nicht zurücknehmen kann. Zum einen sind die Sacheinleger nicht nur schutzbedürftig im Hinblick auf eine Entscheidungsrücknahme durch den Vorstand, sondern auch hinsichtlich einer Beschlussrücknahme durch die Hauptversammlung. Zum anderen dient § 185 Abs. 1 Satz 3 Nr. 4 AktG nicht ausschließlich dem Zweck, den Zeichner vor den Konsequenzen einer Beschlussrücknahme zu schützen, sondern dient ganz allgemein dem Zweck, den Zeichner vor einer zeitlich unbegrenzten Bindung an seine Erklärung zu bewahren.[299]

bb. Unsicherheit über den Zeichnungsumfang und Finanzierungsverantwortung

Die Unsicherheit über den Zeichnungsumfang, also darüber, wie viele Aktionäre der Zielgesellschaft den Zeichnungsantrag annehmen werden, lässt sich wie bei der regulären Kapitalerhöhung dadurch lösen, dass im Hauptversammlungsbeschluss ein Mindest- bzw. Höchstbetrag der Kapitalerhöhung als Bedingung festgelegt wird oder der Vorstand ermächtigt wird, selbst über einen entsprechenden Mindest- oder Höchstbetrag zu befinden.[300]

Was die Finanzierung der Transaktion anbelangt, so führt wie bei der regulären Kapitalerhöhung die Tatsache, dass für eine Rücknahme des Hauptversammlungsbeschlusses eine qualifizierte Mehrheit erforderlich ist, alleine noch nicht zu einer ausreichenden Sicherstellung im Sinne des § 13 Abs. 1 Satz 1 WpÜG. Die konstitutiv wirkende[301] Eintragung des genehmigten Kapitals gem. § 181 Abs. 3 AktG führt zwar bereits zur Satzungsänderung und dient im Unterschied zur Eintragung gem. § 184 AktG nicht lediglich dem Zweck, dem Registerrichter eine erste Prüfung zu ermöglichen. Die eingetragene Satzungsänderung hat beim genehmigten Kapital aber lediglich zur Folge, dass die umfassende Zuständigkeit der Hauptversammlung zur Kapitalerhöhung in den Grenzen der erteilten Ermächtigung auf die Verwaltung delegiert wird – eine Verpflichtung des Vorstands zur Ausnutzung des genehmigten Kapitals wird damit aber nicht begründet.[302] Der Weg, auf dem eine Umkehr nicht mehr ausschließlich im Belieben der Aktionäre der Bietergesellschaft steht, wird vielmehr auch beim geneh-

[298] *Bayer* in: MünchKomm-AktG, § 202 Rn. 89.
[299] Vgl. *Peifer* in: MünchKomm-AktG, § 185 Rn. 24.
[300] Zur entsprechenden Problematik bei der regulären Kapitalerhöhung siehe oben, 2. Teil § 2 I. 3. b. dd. (4).
[301] *Hüffer*, AktG, § 181 Rn. 24.
[302] *Bayer* in: MünchKomm-AktG, § 202 Rn. 34; *Hüffer*, AktG, § 202 Rn. 6.

migten Kapital erst mit der Abgabe der Zeichnungsanträge durch den Bieter beschritten.[303]

cc. Vor- und Nachteile des genehmigten Kapitals

Die hauptsächlichen Nachteile liegen beim genehmigten Kapital in der Beschränkung des Umfangs gem. § 202 Abs. 3 Satz 1 AktG sowie im praktischen Erfordernis eines Bezugsrechtsausschlusses. Das Bezugsrecht kann gem. § 203 Abs. 1 Satz 1 iVm. § 186 Abs. 3 AktG bereits direkt in der Ermächtigung ausgeschlossen werden, jedoch ermöglicht § 203 Abs. 2 AktG auch eine Ermächtigung des Vorstands zum Ausschluss. Angesichts dessen sind viele mit dem Bezugsrechtsausschluss einhergehende Fragen beim genehmigten Kapital noch heftiger umstritten als bei der herkömmlichen Kapitalerhöhung. Insbesondere wird diskutiert, ob wegen des größeren formellen Spielraums der Verwaltung beim genehmigten Kapital strengere materielle Schranken existieren müssen als bei der regulären Kapitalerhöhung.[304] Jedenfalls sieht auch hier die (noch) herrschende Meinung das Erfordernis einer sachlichen Rechtfertigung.[305]

Andererseits besteht im Unterschied zur Situation beim bedingten Kapital nicht so sehr die Gefahr des Publikwerdens der Übernahmeabsicht. In der „Siemens/Nold"-Entscheidung hat der BGH entschieden, dass der Hauptversammlungsbeschluss keine konkreten Angaben über die Zwecke des genehmigten Kapitals zu enthalten braucht.[306] Demzufolge genügt der Hinweis auf die abstrakte Möglichkeit, Beteiligungen gegen Überlassung von Aktien erwerben zu können. Auch der vom Vorstand gem. §§ 203 Abs. 2 Satz 2, 186 Abs. 4 AktG anzufertigende Bericht darf sich auf abstrakte Angaben beschränken.[307]

(1) Ungeschriebene „Holzmüller"- Kompetenz der Hauptversammlung?

Der große Vorteil gegenüber den anderen Formen der Kapitalerhöhung besteht beim genehmigten Kapital vor allem in der hohen Flexibilität und Zeitersparnis, die dadurch erreicht wird, dass nicht jedesmal ein Hauptversammlungsbeschluss für eine entsprechende Maßnahme herbeigeführt werden muss. Dieser Vorteil würde freilich jedenfalls teilweise wieder zunichte gemacht, wenn man in Anlehnung an die sog. „Holzmüller"-Rechtsprechung des BGH in bestimmten Konstellationen eine ungeschriebene Kompetenz der Hauptversammlung für gegeben hielte. In seinem vielbeachteten Urteil „Holzmüller"[308] hat der BGH den Grundsatz aufgestellt, dass Geschäftsführungsmaßnahmen dann der Zu-

---

[303] Zur entsprechenden Problematik bei der regulären Kapitalerhöhung siehe oben, 2. Teil § 2 I. 3. b. ee.
[304] Diese Problematik ausführlich behandelnd *Bayer* in: MünchKomm-AktG, § 203 Rn. 39 ff.
[305] Vgl. insbes. *Bayer* in: MünchKomm-AktG, § 203 Rn. 62 f und 132; *Lutter* in: KölnKomm-AktG, § 203 Rn. 11 und § 204 Rn. 8.
[306] BGHZ 136, 133, 136 ff.
[307] Diese Rechtsprechung hat der BGH im sog. Mangusta/Commerzbank-Urteil bestätigt, vgl. BGH NZG 2006, S. 18 ff.
[308] BGHZ 83, 122.

stimmung durch die Hauptversammlung bedürfen, wenn sie tief in das Mitgliedschaftsrecht der Aktionäre eingreifen, was der BGH jedenfalls dann für gegeben hielt, wenn der wertvollste Betriebsteil des Unternehmens auf eine selbständige Tochtergesellschaft ausgegliedert werden soll. Der BGH leitete dies ursprünglich aus der Vorschrift des § 119 Abs. 2 AktG her, wobei sich seiner Ansicht nach das Recht des Vorstands, die Hauptversammlung über Geschäftsführungsfragen entscheiden zu lassen, ausnahmsweise zu einer Pflicht zur Beteiligung der Aktionäre verdichte.[309] In den beiden sog. „Gelatine"-Urteilen, in denen er die von ihm aufgestellten „Holzmüller"-Grundsätze konkretisiert hat, sieht der BGH seine Rechtsprechung inzwischen aber als Ergebnis offener Rechtsfortbildung an.[310] Außerdem hat der BGH den im Schrifttum bislang vorherrschenden Auffassungen, die den „Holzmüller"-Schwellenwert überwiegend mit 10% bis 50% angaben,[311] eine klare Absage erteilt. Nach Ansicht des BGH ist der Schwellenwert regelmäßig erst dann überschritten, wenn der Bereich, auf den sich die Maßnahme erstreckt, in seiner Bedeutung für die Gesellschaft die Ausmaße der Ausgliederung im „Holzmüller"-Fall erreicht.[312] Dort ging es um rund 80% der Aktiva.

Insoweit stellt sich nun die Frage, ob und falls ja, ab Erreichen welchen „Schwellenwerts" die „Holzmüller"-Grundsätze auch bei der Ausnutzung eines genehmigten Kapitals zum Erwerb eines Unternehmens oder einer Beteiligung daran zur Anwendung kommen sollen. Diese Frage ist im Schrifttum noch weitgehend ungeklärt.

(2) Meinungsstand

Das „Holzmüller"-Urteil hat zunächst die Zustimmung einer Literaturmeinung erfahren, die darin den ersten Schritt auf dem Weg zu einer generellen Konzernbildungskontrolle sieht.[313] Das Erfordernis einer Konzernbildungskontrolle wird mit dem Mediatisierungseffekt begründet, der im Falle einer Unternehmensausgliederung durch die Kompetenzverlagerung von der Hauptversammlung der Obergesellschaft auf deren Vorstand eintritt. Nach dieser Ansicht wäre für den Erwerb einer wesentlichen Beteiligung kein Hauptversammlungsbeschluss erforderlich, da hier nicht bereits vorhandene unternehmerische Aktivitäten dem Einflussbereich der Hauptversammlung entzogen, sondern im Gegenteil neue hinzugewonnen werden, so dass der befürchtete Mediatisierungseffekt gerade ausbleibt.[314] Diesem sog. „konzernspezifischen Ansatz" hat der BGH aber in-

---

[309] BGHZ 83, 122, 131.

[310] BGH WM 2004, 1085, 1088 und 1090, 1094.

[311] Vgl. *Habersack* in: Emmerich/Habersack, Konzernrecht, Vor § 311 Rn. 19.

[312] Vgl. BGH WM 2004, 1085, 1089.

[313] So etwa *Habersack* in: Emmerich/Habersack, Konzernrecht, Vor § 311 Rn. 13; *Geßler*, FS Stimpel, S. 771, 786.

[314] Vgl. *Renner*, NZG 2002, S. 1091 f.; anderer Ansicht offenbar *Stöcker* in: Baums/Thoma, § 10 Rn. 35.

zwischen eine klare Absage erteilt.[315] Zur Klärung der Frage, ob ein Unternehmenserwerb die „Holzmüller"-Kompetenz der Hauptversammlung auslösen kann, ist dieser Ansatz auch vollkommen ungeeignet, da durch eine Übernahme nicht unbedingt eine Konzernstruktur entstehen muss.

Der BGH[316] stellt, und dem folgt mit zum Teil unterschiedlicher Nuancierung auch ein großer Teil der Literatur,[317] nicht auf den Aspekt einer allgemeinen Konzerneingangskontrolle ab, sondern vielmehr darauf, ob eine vom Vorstand in Aussicht genommene Geschäftsführungsmaßnahme Veränderungen nach sich zieht, die denjenigen zumindest nahekommen, welche allein durch eine Satzungsänderung herbeigeführt werden können. Je nachdem, von welcher Warte aus man die Problematik betrachtet, wird also auf Aspekte der Wesentlichkeit der Maßnahme oder auf deren Eingriffswirkung in die Rechte der Aktionäre abgehoben. Innerhalb dieser Ansicht ist allerdings umstritten, ob auch im Falle des Unternehmens- oder Beteiligungserwerbs eine Kompetenz der Hauptversammlung gegeben sein kann, wenn die „Holzmüller"-Schwelle überschritten wird.

Die eine Einschaltung der Hauptversammlung befürwortende Ansicht begründet ihren Standpunkt damit, dass der Einsatz des genehmigten Kapitals zur Akquisition grundsätzlich mit dem Ausschluss des Bezugsrechts der Aktionäre verbunden sei.[318]

Die Gegenansicht beruft sich hingegen darauf, dass ein Eingriff in die Rechte der Aktionäre gerade nicht vorliege, zumal ein Beteiligungserwerb einen im Wirtschaftsleben nicht außergewöhnlichen Vorgang darstelle und somit keine „Einmal-Entscheidung" von der Qualität einer Satzungsänderung. Eine erworbene Unternehmensbeteiligung, so wird argumentiert, ließe sich schließlich auch wieder veräußern.[319]

(3) Stellungnahme

Zu folgen ist der letztgenannten Ansicht. Bei einer Akquisition, soweit diese vom satzungsmäßigen Unternehmensgegenstand gedeckt ist, findet lediglich eine andere Allokation von Betriebsvermögen statt, so wie es der BGH auch in den „Gelatine"-Urteilen angenommen hat.[320] Zwar ist es formal richtig, dass durch den Bezugsrechtsausschluss eine Verwässerungsgefahr für die Aktionäre besteht. Auf diese Gefahr haben sich die Aktionäre allerdings auch bewußt eingelassen, als sie den Vorstand gem. §§ 202 Abs. 2 Satz 2, 205 Abs. 1 AktG mit ¾-Mehrheit zur Kapitalerhöhung gegen Sacheinlagen ausdrücklich ermächtigt haben. Dies und die damit verbundene Möglichkeit, gem. § 205 Abs. 2 Satz 1

---

[315] BGH WM 2004, 1085, 1087.

[316] BGH WM 2004, 1085.

[317] Vgl. *Mülbert* in: GroßKomm-AktG, § 119 Rn. 29 ff.; *Bayer* in: MünchKomm-AktG, § 202 Rn. 56 f.; *Lutter/Leinekugel*, ZIP 1998, S. 225, 230.

[318] So *Bayer* in: MünchKomm-AktG, § 202 Rn. 57; vgl. auch *Lutter/Leinekugel*, ZIP 1998, S. 805 f.

[319] *Renner*, NZG 2002, S. 1091, 1093.

[320] BGH WM 2004, 1091 f.

AktG den Umfang der Ermächtigung genau festzulegen und zu begrenzen, ist für den Schutz der Aktionäre erforderlich, aber auch ausreichend. Zusätzlicher Schutz wird durch die Zustimmungserfordernisse des Aufsichtsrats nach §§ 202 Abs. 3 Satz 2, 204 Abs. 1 Satz 2, 205 Abs. 2 Satz 2 AktG erreicht. Eines darüber hinausgehenden Beschlusses nach „Holzmüller"-Art bedarf es hingegen nicht. Eine Entscheidungskompetenz der Hauptversammlung nach den „Holzmüller"-Grundsätzen wird somit allenfalls in Ausnahmefällen bestehen, was beispielsweise dann anzunehmen sein kann, wenn der Vorstand über die absolute 50%-Grenze nach § 202 Abs. 3 Satz 1 AktG hinaus weitere erhebliche Mittel - etwa Barmittel - mobilisiert, um die angestrebte Transaktion durchzuführen, etwa im Rahmen eines gemischten Kauf-Tausch-Angebots.[321] Auch der BGH spricht in den „Gelatine"-Urteilen von „besonderen Fallgestaltungen",[322] und bezieht sich damit offenbar auf extreme Ausnahmefälle.

Das genehmigte Kapital stellt demnach für Akquisitionsvorhaben eine durchaus attraktive Form der Kapitalerhöhung dar.[323]

4. Zwischenergebnis

Als Zwischenergebnis ist festzuhalten, dass sich der in § 2 Abs. 1 WpÜG genannte Begriff „Tausch" inhaltlich nicht mit dem entsprechenden Begriff im BGB deckt. Die Ansicht, nach der vom übernahmerechtlichen Tauschbegriff sogar Verträge erfasst seien, die als Gegenleistung lediglich die Ermöglichung der Stimmrechtsausübung beinhalten oder gar keine Gegenleistung, ist jedoch als mit Wortlaut und *telos* des Gesetzes unvereinbar abzulehnen. Vom Tauschbegriff umfasst ist aber der Erwerb von Anteilen einer Zielgesellschaft bzw. die Übernahme einer solchen mittels eines Aktientauschs, der im Wege einer Kapitalerhöhung gegen Sacheinlagen erfolgt. Dabei kann die Kapitalerhöhung auch auf der Grundlage eines bedingten oder genehmigten Kapitals durchgeführt werden.[324] Eine so durchgeführte Transaktion ist möglich, ohne dass dabei Vorschriften des WpÜG verletzt werden. Bei den jeweiligen Zeichnungsverträgen handelt es sich um Tauschverträge im Sinne des WpÜG, wegen ihres spezifisch gesellschaftsrechtlichen Charakters aber nicht um Tauschverträge im Sinne von § 480 BGB. Der Tauschbegriff des WpÜG geht somit über den des BGB hinaus. Gleichwohl handelt es sich bei den jeweiligen Angeboten des Bieters auf den Abschluss solcher Verträge stets um Willenserklärungen nach den §§ 145 ff. BGB.

---

[321] Zur Zulässigkeit eines gemischten Kauf-Tausch-Angebots *Thaeter* in: Thaeter/Brandi, Teil 2, Rn. 228.

[322] BGH WM 2004, 1085, 1087.

[323] Anderer Ansicht offenbar *Bayer* in: MünchKomm-AktG, § 205 Rn. 3; *Hirte* in: Groß-Komm-AktG, § 205 Rn. 4.

[324] Als Tauschobjekte kann der Bieter auch Aktien einer dritten Gesellschaft, etwa eines Tochterunternehmens, anbieten. In Ausnahmefällen kann sich auch hier nach den Grundsätzen der „Holzmüller"-Rechtsprechung bei der Veräußerung eines wesentlichen Geschäftsbereichs ein Zustimmungserfordernis der Hauptversammlung ergeben.

II. Der Begriff der Öffentlichkeit nach dem WpÜG

Erfasst wird vom WpÜG gem. § 2 Abs. 1 nur das *öffentliche* Angebot. Es soll sich daher nach herrschender Lehre um ein Angebot *ad incertas personas* handeln, bestehend aus einem Bündel einzelner Anträge des Bieters, gerichtet auf den Abschluss individueller Kauf- oder Tauschverträge mit den Aktionären der Zielgesellschaft.[325] Ein eindeutiger Definitionsversuch des Begriffs der Öffentlichkeit gestaltet sich allerdings enorm schwierig und wird kontrovers diskutiert, denn der Gesetzgeber selbst hat sich dazu entschieden, „angesichts der Vielgestaltigkeit der möglichen Sachverhalte" und zur Vermeidung der „Gefahr von Umgehungsmöglichkeiten" auf eine Definition zu verzichten.[326]

1. Meinungsstand

In der Literatur wird diese Entscheidung des Gesetzgebers wegen der daraus resultierenden Rechtsunsicherheit überwiegend als unbefriedigend empfunden.[327] Auf der anderen Seite gibt es aber auch Stimmen, die keine Kritik üben und diesen Zustand offenbar als unvermeidlich akzeptieren.[328] Vereinzelt wird sogar ausdrücklich begrüßt, dass der Gesetzgeber „die Konkretisierung des Begriffs der künftigen Verwaltungspraxis und Rechtsprechung [...] überlassen" habe.[329] Gleichwohl fehlt es nicht an Definitionsversuchen. Einigkeit besteht dabei insoweit, dass Sinn und Zweck des Gesetzes bei der Auslegung des Begriffsmerkmals „Öffentlichkeit" eine besonders bedeutsame Rolle spielen sollen.[330]

Ein funktionaler Ansatz stellt ausschließlich auf die Schutzzwecke des WpÜG ab, insbesondere auf die in § 3 WpÜG enthaltenen allgemeinen Prinzipien.[331] Dieser Ansatz neigt dazu, immer dann vom Vorliegen eines öffentlichen Angebots auszugehen, wenn die Schutzzwecke des WpÜG berührt werden. Weil hierfür eine sehr weite Auslegung des Öffentlichkeitsbegriffs erforderlich ist, lässt sich diese Auffassung schwer eingrenzen. Ihre Anhänger sind daher versucht, durch die Erstellung von Fallgruppen der Lage Herr zu werden.[332] Es wird auch vorgeschlagen, in einem ersten Schritt einen weiten Begriff des öffentlichen Angebots zugrundezulegen, dann aber in einem zweiten Schritt einen er-

---

[325] *Thoma* in: Baums/Thoma, § 11 Rn. 6; *Steinmeyer/Häger*, § 11 Rn. 6; *Oechsler*, ZIP 2003, 1330; *Fleischer*, ZIP 2001, S. 1653, 1659; *Assmann/Bozenhardt*, ZGR Sonderheft 9, 1990, S. 1, 83.

[326] BT-Drucks. 14/7034, S. 33.

[327] *Versteegen* in: KölnKomm-WpÜG, § 2 Rn. 47; *Hecker* in: Baums/Thoma, § 2 Rn. 21; *Baum*, AG 2003, S. 144, 151; *Fleischer*, ZIP 2001, S. 1653.

[328] *Steinmeyer/Häger*, § 1 Rn. 7; *Angerer* in: Geibel/Süßmann, § 1 Rn. 13.

[329] *Schüppen* in: Haarmann/Riehmer, § 2 Rn. 9.

[330] *Versteegen* in: KölnKomm-WpÜG, § 2 Rn. 51; *Hecker* in: Baums/Thoma, § 2 Rn. 33; *Steinmeyer/Häger*, § 1 Rn. 7.

[331] *Hecker* in: Baums/Thoma, § 2 Rn. 33; *Steinmeyer/Häger*, § 1 Rn. 7; *Angerer* in: Geibel/Süßmann, § 1 Rn. 20; *Fleischer*, ZIP 2001, S. 1653, 1658.

[332] Vgl. etwa *Hecker* in: Baums/Thoma, § 2 Rn. 34 ff; *Steinmeyer/Häger*, § 1 Rn. 8 ff.

gänzenden Katalog von Ausnahmen zu entwickeln (sog. *safe harbors*).[333] Jedenfalls bei einfachen Erwerbsangeboten seien professionelle bzw. qualifizierte Anleger wie beispielsweise institutionelle Investoren nicht schutzbedürftig, so dass an diese gerichtete Angebote nicht als öffentlich im Sinne des WpÜG zu qualifizieren seien.[334]

Nach einem anderen Ansatz, der sich um eine größere Trennschärfe bemüht, soll es auf die Art der Kommunikation ankommen (kommunikationsspezifischer Ansatz). Ein Angebot ist danach öffentlich, wenn es einzelnen Wertpapierinhabern anders als individuell kommuniziert worden ist.[335]

Von einer dritten Ansicht wird vertreten, dass eine subjektive Betrachtungsweise ausschlaggebend und der Wille des Bieters entscheidend sei (subjektive Theorie). Dabei sei regelmäßig von einem Willen zur Abgabe eines öffentlichen Angebots auszugehen, denn ein Bieter wolle entweder bewusst die Öffentlichkeit herstellen oder aber die Öffentlichkeit nur deswegen bewusst meiden, um das Regime des WpÜG zu umgehen.[336]

2. Kritische Analyse

Der subjektive Ansatz ist abzulehnen. Zwar ist es richtig, dass ein potentieller Bieter die ihn belastenden Vorschriften des WpÜG, wenn möglich, vermeiden möchte. Ein entsprechender Umgehungswille des Bieters müsste allerdings anhand von Indizien ermittelt werden, was unpraktikabel erscheint. Der subjektive Ansatz leidet außerdem an dem Makel, dass er den Begriff der Öffentlichkeit nicht definiert, sondern ihn voraussetzt, indem er ihn der subjektiven Einschätzung des Bieters anheim stellt. Der Gesetzeswortlaut selbst äußert sich nicht dazu, dass der Öffentlichkeitsbegriff nach subjektiven Merkmalen aus der Sicht des Bieters zu bestimmen wäre. Dies lässt den Schluss zu, dass es wie sonst auch auf eine an objektiven Kriterien orientierte Definition ankommt. Nur auf diese Weise wird man dem Sinn und Zweck des Gesetzes gerecht. Denn gerade der öffentliche Charakter eines Angebots birgt die Gefahr einer Verletzung der in § 3 WpÜG niedergelegten Grundsätze in sich. Es kann daher nur auf das objektive Vorliegen eines öffentlichen Angebots ankommen, nicht hingegen auf die subjektive Einschätzung des Bieters.

Vorzugswürdig ist folglich ein an Sinn und Zweck des WpÜG orientierter, objektiver Öffentlichkeitsbegriff. Dabei gelangt man sowohl unter Zugrundelegung des kommunikationsspezifischen wie auch des funktionalen Ansatzes in den weitaus meisten Fällen zu befriedigenden Ergebnissen. So handelt es sich nach beiden Ansätzen um ein öffentliches Angebot, wenn dieses vom Bieter einseitig formuliert ist und sich an eine Vielzahl von Wertpapierinhabern richtet. Denn in diesem Falle findet keine individuelle Kommunikation statt und es

---

[333] So *Baum*, AG 2003, S. 144, 155.
[334] *Baum*, AG 2003, S. 144, 157 ff.
[335] *Versteegen* in: KölnKomm-WpÜG, § 2 Rn. 56; ähnlich *Schüppen* in: Haarmann/Riehmer, § 2 Rn. 9.
[336] *Wackerbarth* in: MünchKomm-WpÜG, § 2 Rn. 17.

kommt typischerweise zu einer Gefährdung der in § 3 WpÜG niedergelegten Grundsätze, weil sich die vielen angesprochenen Aktionäre untereinander nicht abstimmen können. Bei dem genannten Beispiel handelt es sich aber gewissermaßen um den Fall eines öffentlichen Angebots *par excellence*. Dass im Ergebnis gleichwohl beide Ansätze, jedenfalls in ihrer bestehenden Form, nicht überzeugen können, wird erst dann deutlich, wenn man sie auf „Extremfälle" anwendet.

So soll nach dem kommunikationsspezifischen Ansatz ein Angebot nicht als öffentlich zu qualifizieren sein, wenn positiv eine persönliche Beziehung des Bieters zu sämtlichen Angebotsadressaten besteht und sich die Ansprache auf diese beschränkt.[337] Dies kann aber nicht richtig sein, denn selbst wenn die einzelnen Aktionäre individuell angesprochen werden, geraten diese unter einen Entscheidungsdruck, wenn sie wissen, dass auch mit anderen (wenigen) Aktionären individuell verhandelt wird. Etwas anderes kann nur dann gelten, wenn von solchen Verhandlungen (auch gerüchteweise) nichts bekannt ist oder wenn den einzelnen angesprochenen Aktionären eine konkrete Möglichkeit eingeräumt wird, miteinander in Kontakt zu treten (etwa dadurch, dass der Bieter eine Bekanntgabe der jeweiligen Namen und Anschriften veranlasst). Der kommunikationsspezifische Ansatz ist folglich zu eng.

Auch der funktionale Ansatz ist nicht konsequent. Völlig zu Recht geht dieser Ansatz auch dann vom Vorliegen eines öffentlichen Angebots aus, wenn der Bieter einer gewissen Anzahl ausgewählter Wertpapierinhaber ein gleich lautendes Angebot macht, aus dem hervorgeht, dass er dieses Angebot auch weiteren Aktionären unterbreitet hat bzw. noch unterbreiten wird. Denn durch ein derartiges Angebot werde ein Verkaufsdruck erzeugt.[338] Dies gelte selbst dann, wenn sich der Bieter im Einzelfall auf Verhandlungen einlässt.[339]

Richtig an dieser Auffassung ist, dass die Erzeugung eines Veräußerungsdrucks durch die spezifisch vom Bieter kontrollierten Begleitumstände des Angebots, namentlich die Ungewissheit des einzelnen Wertpapierinhabers hinsichtlich des Annahmeverhaltens der übrigen Aktionäre, für den Begriff der Öffentlichkeit konstituierend ist.[340] Unerheblich ist hingegen die Anzahl der Angebotsadressaten. Selbst wenn nur ein einziger Wertpapierinhaber angesprochen wird, kann dieser unter einen Verkaufsdruck geraten, wenn er vom Bieter darüber im Unklaren gelassen wird, ob das Angebot noch weiteren Aktionären unterbreitet wird.[341] Erst recht muss dies gelten, wenn die Ansprache weiterer Aktionäre

---

[337] *Versteegen* in: KölnKomm-WpÜG, § 2 Rn. 62; *Schüppen* in: Haarmann/Riehmer, § 2 Rn. 12.

[338] *Hecker* in: Baums/Thoma, § 2 Rn. 44; vgl. auch *Baum*, AG 2003, S. 144, 157.

[339] *Hecker* in: Baums/Thoma, § 2 Rn. 45.

[340] Anderer Ansicht *Versteegen* in: KölnKomm-WpÜG, § 2 Rn. 55 a.E.

[341] Auch *Baum* scheint der Ansicht zu sein, dass die Anzahl der Angebotsadressaten keine Rolle spielt. Seiner Meinung nach müssen aber mindestens „zwei oder drei" Adressaten vorhanden sein; vgl. *Baum*, AG 2003, S. 144, 157.

dem Adressaten vom Bieter vorgespiegelt wird. Auch in diesen Fällen liegt ein öffentliches Angebot vor.

3. Eigener Ansatz

Keine der vertretenen Ansichten vermag vollends zu überzeugen. Der gesetzgeberischen Zurückhaltung bei der Definition des Öffentlichkeitskriteriums lässt sich entnehmen, dass dieser Begriff zur Gewährleistung eines effektiven Schutzes der Wertpapierinhaber der Zielgesellschaft möglichst weit auszulegen ist. Der Versuch, diesem allgemeinen Begriff durch die Formulierung von Fallgruppen eine stärkere Konturierung zu verschaffen, ist verständlich, aber nur bedingt tauglich. Der Rechtsunsicherheit wird damit nicht abgeholfen. Verständlich ist auch der Ansatz, Ausnahmetatbestände in Form von *safe harbors* zu erschaffen. Auch dies ist aber nur dann sinnvoll, wenn der Rechtsanwender die Ausnahmetatbestände kennt und sich darauf verlassen kann, dass diese verbindlich sind. Ob es dafür einer gesetzlichen Regelung bedarf, sei dahingestellt. Solange es aber nicht wenigstens eine Bekanntmachung der BaFin zu etwaigen *safe harbors* gibt, wird der Rechtsanwender kein Risiko eingehen und lieber doch vorsichtshalber ein öffentliches Angebot abgeben, auch wenn nur institutionelle Anleger angesprochen werden. Abgesehen davon ist es höchst fraglich, ob es tatsächlich gangbar ist, institutionelle Investoren vom Schutz des WpÜG auszunehmen, denn auch diese können durch die anonyme Ansprache mittels eines öffentlichen Angebots einem Entscheidungsdruck ausgesetzt werden. Im Hinblick auf die Tatsache, dass institutionelle Investoren häufig Gelder von Kleinanlegern verwalten, ist dies zumindest bedenklich. Letztlich liefert die Definition bestimmter *safe harbors* allenfalls Hilfestellung für eine negative Abgrenzung, aber keine Definition des Öffentlichkeitsbegriffs selbst.

Anders als der Angebotsbegriff, bei dem die Auslegung schnell an ihre Grenzen stößt,[342] ist das Merkmal der Öffentlichkeit einer weiten Auslegung durchaus zugänglich. Offenbar ist ein weites Verständnis vom Gesetzgeber auch intendiert gewesen. Wenn eine hinreichende Eingrenzung des Begriffes gelingt, ist diese Entscheidung durchaus hinnehmbar. Entscheidend für das Vorliegen von Öffentlichkeit ist die Erzeugung von Veräußerungsdruck durch die Herstellung von *Anonymität*. Die Formel Öffentlichkeit = Anonymität stellt diejenige Definition des Öffentlichkeitskriteriums dar, die dem Sinn und Zweck des Gesetzes am ehesten gerecht wird und auch von dessen Wortlaut noch gedeckt ist.

Anonymität kann einmal dadurch entstehen, dass der Angebotsadressat keine realistische und zumutbare Möglichkeit erhält, sich mit den übrigen angesprochenen Aktionären in Verbindung zu setzen oder zumindest glaubt, über eine derartige Möglichkeit nicht zu verfügen, obwohl er dies für die eigene Person als relevant erachtet. In diesen Fällen entsteht der Veräußerungsdruck also durch die Anonymität eines (vermeintlich) größeren Adressatenkreises.

---

[342] Siehe oben, 2. Teil § 1 I. 2.

Anonymität kann aber auch durch die *Form* der Ansprache entstehen, indem der Bieter dem Angebotsadressaten ein einseitig formuliertes Angebot unterbreitet, über das er erkennbar nicht individuell verhandeln will. Selbst wenn der angesprochene Aktionär sich mit den übrigen Angebotsadressaten austauschen kann oder er weiß, dass außer ihm niemand sonst angesprochen wird, kann hierdurch leicht ein Verkaufsdruck erzeugt werden, etwa durch die Setzung einer rigiden und knappen Annahmefrist. Dies aber soll, wie sich aus § 3 Abs. 2 WpÜG ergibt, durch das Gesetz gerade verhindert werden. Darum ist auch ein solches Angebot als öffentlich anzusehen und unterfällt dem Anwendungsbereich des WpÜG.

Nach dem hier entwickelten Öffentlichkeitsbegriff ist ein Angebot öffentlich, wenn ein Veräußerungsdruck erzeugt wird

a. durch einen (vermeintlich) anonymen Adressatenkreis, indem
aa. eine unüberschaubare Vielzahl von Aktionären angesprochen wird, oder
bb. eine überschaubare Zahl von Aktionären (mindestens zwei Personen) angesprochen wird, die sich aber (vermeintlich) untereinander nicht austauschen können, oder
cc. nur ein einziger Aktionär angesprochen wird, der für möglich hält und es für möglich halten darf, dass außer ihm selbst noch weitere Aktionäre vom Bieter angesprochen werden; und / oder
b. durch die anonyme Form der Ansprache eines oder mehrerer Aktionäre, indem der Bieter sein Angebot einseitig formuliert und zu erkennen gibt, keine individuellen Verhandlungen führen zu wollen. Der Setzung rigider Annahmefristen durch den Bieter kommt hierbei eine Indizfunktion zu.

III. Die Begriffe der Freiwilligkeit und der Verpflichtung nach dem WpÜG

In den Anwendungsbereich des WpÜG fallen laut § 2 Abs. 1 nur solche öffentliche Erwerbs- oder Übernahmeangebote, die „freiwillig" oder „auf Grund einer Verpflichtung nach diesem Gesetz" erfolgen.

Freiwillig ist ein Angebot dann, wenn es auf der Grundlage einer privatautonomen Entscheidung abgegeben wird, also nicht in Befolgung einer gesetzlichen Verpflichtung. Daher ist ein Angebot selbst dann freiwillig, wenn sich der Bieter zur Abgabe vertraglich verpflichtet hat, denn den Vertrag hat er freiwillig im Rahmen der Privatautonomie abgeschlossen.[343] Hierfür spricht auch die Regierungsbegründung, nach der ein Angebot dann freiwillig ist, wenn es „auf freiwilliger Basis" erfolgt.[344]

Ein Angebot „auf Grund einer Verpflichtung nach diesem Gesetz" meint ein solches Angebot, zu dessen Abgabe das WpÜG verpflichtet, mithin das im 5.

[343] *Pötzsch* in: Assmann/Pötzsch, § 2 Rn. 11; *Schüppen* in: Haarmann/Riehmer, § 2 Rn. 16.
[344] BT-Drucks. 14/7034, S. 34.

Abschnitt (§§ 35 ff.) geregelte Pflichtangebot.[345] Insoweit ist nicht nur der Wortlaut des Gesetzes eindeutig, sondern auch dessen Begründung, wenn es dort heißt: „Ergibt sich eine Verpflichtung zur Abgabe eines Angebots aus anderen Gesetzen […], liegt kein Angebot im Sinne des § 2 Abs. 1 vor".[346]

IV. Der Gegenstand des Angebots

Gem. §§ 1, 2 Abs. 1 WpÜG muss das öffentliche Angebot des Bieters den Erwerb von Wertpapieren betreffen, die von einer Zielgesellschaft ausgegeben wurden und zum Handel an einem organisierten Markt zugelassen sind.[347] Mit „organisierter Markt" ist laut § 2 Abs. 7 WpÜG der amtliche Handel oder geregelte Markt an einer Börse im Inland gemeint, außerdem der geregelte Markt in einem Mitgliedstaat des europäischen Wirtschaftsraums im Sinne von Art. 4 Abs. 1 Nr. 14 der Richtlinie über Märkte für Finanzinstrumente (MiFiD)[348].

1. Der Wertpapierbegriff des WpÜG

Der Begriff „Wertpapiere" wird in § 2 Abs. 2 WpÜG definiert. Danach sind Wertpapiere Aktien, mit diesen vergleichbare Wertpapiere, Wertpapiere vertretende Zertifikate sowie andere Wertpapiere, die den Erwerb der vorgenannten Wertpapiere zum Gegenstand haben. Den Aktien vergleichbare Wertpapiere sind beispielsweise Zwischenscheine, die in vorläufiger Weise die Mitgliedschaft des Wertpapierinhabers verbriefen.[349] Mit Zertifikaten, die Aktien vertreten, sind insbesondere die sog. *American Depositary Receipts* (ADRs) gemeint, die für deutsche Aktien ausgegeben werden, um sie an den US-amerikanischen Börsen handelbar zu machen.[350] Wertpapiere betreffend den Erwerb von Aktien sind vor allem Wandel- und Optionsanleihen, die zum Bezug von Aktien im Umtausch gegen die Anleiheforderung oder gegen Zahlung des Optionspreises berechtigen.[351] Eine Besonderheit gilt für Übernahme- und Pflichtangebote, denn diese beziehen sich ausschließlich auf Aktien und nicht auf andere Wertpapiere, vgl. § 32 WpÜG.[352]

2. Während der Angebotsfrist entstandene Wertpapiere

Umstritten ist, ob sich das Angebot des Bieters automatisch auch auf solche Wertpapiere erstreckt, die erst nach der Veröffentlichung des Angebots während der vier- bis zehnwöchigen Angebotsfrist gem. § 16 Abs. 1 WpÜG entstanden

---

[345] *Hecker* in: Baums/Thoma, § 2 Rn. 12 f.; *Versteegen* in: KölnKomm-WpÜG, § 2 Rn. 70; *Pötzsch* in: Assmann/Pötzsch, § 2 Rn. 12; *Schüppen* in: Haarmann/Riehmer, § 2 Rn. 17.

[346] BT-Drucks. 14/7034, S. 34.

[347] Zu der Frage, ob sich das Pflichtangebot (§ 35 Abs. 2 WpÜG) auch auf nichtbörsennotierte Aktien zu erstrecken hat, ausführlich *Seibt/Heiser*, AG 2006, S. 301, 302 f.

[348] Richtlinie 2004/39/EG vom 21. April 2004.

[349] *Assmann* in: Assmann/Pötzsch, § 2 Rn. 78; *Versteegen* in: KölnKomm-WpÜG, § 2 Rn. 86.

[350] *Assmann* in: Assmann/Pötzsch, § 2 Rn. 79; *Versteegen* in: KölnKomm-WpÜG, § 2 Rn. 88.

[351] *Assmann* in: Assmann/Pötzsch, § 2 Rn. 80; *Versteegen* in: KölnKomm-WpÜG, § 2 Rn. 92.

[352] *Versteegen* in: KölnKomm-WpÜG, § 2 Rn. 77; *Thun* in: Geibel/Süßmann, § 32 Rn. 10.

sind.[353] Die Entstehung neuer Wertpapiere kann insbesondere durch eine Kapitalerhöhung oder eine Ausübung von Wandlungs- bzw. Optionsrechten erfolgen.

a. Meinungsstand

Nach wohl herrschender Meinung in der Literatur erstreckt sich das Angebot grundsätzlich auch auf solche Wertpapiere, die erst während der Angebotsfrist entstehen.[354] Dafür spreche der Grundsatz zur Gleichbehandlung der Aktionäre und speziell bei Übernahmeangeboten auch das Verbot von Teilangeboten gem. § 32 WpÜG.[355]

Die Gegenansicht beruft sich auf den Wortlaut des § 1 WpÜG, wonach sich das Angebot nur auf solche Wertpapiere erstrecke, die bereits „ausgegeben *wurden*".[356] Außerdem könne die Erstreckung des Angebots auf weitere, erst nach Veröffentlichung der Angebotsunterlage entstandene Wertpapiere für den Bieter eine unzumutbare Härte bedeuten. Dem könne der Bieter bei einfachen Erwerbsangeboten und Übernahmeangeboten zwar mit der Formulierung entsprechender Bedingungen entgegenwirken. Bei Pflichtangeboten sei dies aber ausgeschlossen, da Pflichtangebote gem. §§ 39, 18 Abs. 1 WpÜG nicht unter eine Bedingung gestellt werden dürfen.[357]

Eine dritte Ansicht vertritt einen vermittelnden Lösungsansatz.[358] Danach beziehen sich einfache Erwerbsangebote und Übernahmeangebote auch auf Wertpapiere, die erst während der Angebotsfrist entstehen. Für Pflichtangebote hingegen gelte dies aber nicht, insoweit sei § 32 WpÜG (Unzulässigkeit von Teilangeboten)[359] teleologisch zu reduzieren. Wer in Kenntnis eines beabsichtigten oder bereits vollzogenen Kontrollwechsels gleichwohl neue Aktien der Zielgesellschaft erwerbe, bedürfe des mit dem Pflichtangebot intendierten Minderheitenschutzes nicht.[360]

b. Stellungnahme

Die besseren Argumente streiten für die herrschende Meinung. Dem Gesetz lassen sich keine Anhaltspunkte dafür entnehmen, warum Wertpapierinhaber, die

---

[353] Auf Wertpapiere, die erst während der erweiterten Annahmefrist nach § 16 Abs. 2 Satz 1 WpÜG zur Entstehung kommen, erstreckt sich das Angebot des Bieters unstreitig nicht. Dies folgt bereits aus dem Wortlaut dieser Vorschrift. Vgl. *Diekmann* in: Baums/Thoma, § 32 Rn. 8; *Hasselbach* in: KölnKomm-WpÜG, § 32 Rn. 6.

[354] *Pötzsch* in: Assmann/Pötzsch, § 1 Rn. 24; *Diekmann* in: Baums/Thoma, § 32 Rn. 7; *Hasselbach* in: KölnKomm-WpÜG, § 32 Rn. 5; *Vogel* in: FrankKomm-WpÜG, § 32 Rn. 16; *Thun* in: Geibel/Süßmann, § 32 Rn. 11 und 14; *Ekkenga* in: Ehricke/Ekkenga, § 32 Rn. 15.

[355] *Pötzsch* in: Assmann/Pötzsch, § 1 Rn. 24; *Vogel* in: FrankKomm-WpÜG, § 32 Rn. 16.

[356] *Versteegen* in: KölnKomm-WpÜG, § 1 Rn. 30; *Baums/Hecker* in: Baums/Thoma, § 1 Rn. 47.

[357] *Versteegen* in: KölnKomm-WpÜG, § 1 Rn. 30; vgl. auch *Geibel* in: Geibel/Süßmann, § 18 Rn. 28.

[358] *Geibel* in: Geibel/Süßmann, § 18 Rn. 30.

[359] Gem. § 39 WpÜG gilt § 32 WpÜG auch für Pflichtangebote.

[360] *Geibel* in: Geibel/Süßmann, § 18 Rn. 30.

ihre Wertpapiere erst nach der Veröffentlichung der Angebotsunterlage erlangt haben, schlechter gestellt sein sollen als andere Wertpapierinhaber. Vielmehr ist es der Bieter, der das Risiko eingeht, dass auch während der Laufzeit des Angebots noch weitere Wertpapiere hinzukommen, auf die sich sein Angebot erstreckt. Der Wortlaut des § 1 WpÜG steht dem keineswegs entgegen, er stützt die herrschende Meinung sogar. Denn ein öffentliches Angebot kann bis zum Ablauf der jeweiligen Annahmefrist angenommen werden. Auch Wertpapiere, die erst nach der Veröffentlichung der Angebotsunterlage entstanden sind, sind Wertpapiere, die im Sinne von § 1 WpÜG „ausgegeben *wurden*".[361]

Das Argument der Gegenansicht, wonach die hier befürwortete Lösung für den Bieter jedenfalls in Einzelfällen eine unangemessene Härte bedeuten kann, ist allerdings nicht gänzlich von der Hand zu weisen. Von den Vertretern der herrschenden Meinung wird dies offenbar übersehen. Die vermittelnde Lösung, die insoweit auf eine teleologische Reduktion der Vorschriften über das Teil- und Pflichtangebot abheben will, geht aber zu weit. Unangemessene Härten im Einzelfall lassen sich am besten durch Mittel beheben, die auf derartige Einzelfälle zugeschnitten sind. Dafür bietet sich eine Lösung über die Störung der Geschäftsgrundlage (§ 313 BGB) an, wie noch ausführlich zu zeigen sein wird.[362]

V. Das unwirksame Angebot

Keinen Hinweis enthält § 2 WpÜG dahin, dass auch unwirksame Angebote in den Anwendungsbereich des Gesetzes fallen. In der Literatur findet sich aber eine Ansicht, nach der genau dies der Fall sein soll. Dass das WpÜG auch unwirksame Angebote erfasse, ergebe sich aus der Vorschrift des § 15 Abs. 3 WpÜG, die den Fall eines rechtlich defekten und gleichwohl dem Gesetz unterworfenen Angebots bildet.[363] Diese Ansicht verdient Zustimmung. § 15 Abs. 3 Satz 2 WpÜG ordnet die Nichtigkeit des entsprechenden Kauf- bzw. Tauschvertrags über die Wertpapiere an, wenn das Angebot von der BaFin untersagt wurde. Eine solche Nichtigkeitsfolge macht nur Sinn, wenn bereits das Angebot selbst unwirksam ist. Dass § 15 Abs. 3 Satz 2 WpÜG insoweit von „Rechtsgeschäft" und nicht von „Willenserklärung" spricht, ist darauf zurückzuführen, dass sich der Gesetzgeber offenbar am Wortlaut des § 134 BGB orientiert hat.[364] § 15 Abs. 3 Satz 1 WpÜG trifft sodann in der Tat eine spezielle Regelung für ein solcherart nichtiges Angebot: ein derartiges Angebot darf nicht veröffentlicht werden.

Aus § 15 Abs. 1 Nr. 2 WpÜG ergibt sich allerdings, dass die BaFin nur ein eingeschränktes materielles Prüfungsrecht hat. Nach dieser Vorschrift hat die BaFin ein Angebot nämlich nur dann zu untersagen, wenn ein Verstoß gegen

---

[361] Vgl. auch *Pötzsch* in: Assmann/Pötzsch, § 1 Rn. 24.

[362] Siehe unten, 3. Teil § 1 II. 3. b. bb. (3).

[363] *Versteegen* in: KölnKomm-WpÜG, § 2 Rn. 31.

[364] Vgl. auch BT-Drucks. 14/7034, S. 46 (Zu § 15 Absatz 3 WpÜG-RegE) mit dem ausdrücklichen Hinweis auf § 134 BGB.

Normen des WpÜG *offensichtlich* ist.[365] Ein Angebot kann aber auch unwirksam sein, ohne dass es von der BaFin gem. §§ 15 Abs. 1 Nr. 2, Abs. 3 WpÜG untersagt wurde, etwa dann, wenn das Angebot gegen eine Verbotsnorm des WpÜG verstößt, der Gestzesverstoß für die BaFin aber nicht offensichtlich war, oder wenn das Angebot gegen Verbotsnormen außerhalb des WpÜG verstößt.[366] Auch ein solches Angebot muss aber in den Anwendungsbereich des WpÜG fallen.

Wie bereits dargestellt, beginnt der Anwendungsbereich des WpÜG bereits im Vorfeld der Abgabe eines Angebots mit der Angebotsankündigung. Folgt auf diese Ankündigung dann ein unwirksames Angebot, so kann dies die gleichen negativen Konsequenzen für die Zielgesellschaft und deren Aktionäre haben wie ein wirksames Angebot. Ein solches Angebot kann die Zielgesellschaft in ihrer Tätigkeit behindern und zu für die Wertpapierinhaber negativen Kursschwankungen und Marktverzerrungen führen. Darüber hinaus haben die Wertpapierinhaber ein entsprechendes Informationsbedürfnis, da sie sonst nicht in der Lage wären, zu prüfen, ob es sich um ein wirksames oder unwirksames Angebot handelt. Auch die BaFin selbst hätte keine Möglichkeit, das Angebot gem. den in § 15 WpÜG genannten Kriterien zu überprüfen, wenn für den Bieter im Falle eines unwirksamen Angebots keine Verpflichtung gem. § 14 WpÜG bestünde, die Angebotsunterlage zu übermitteln. Daraus folgt, dass jedes unwirksame Angebot dem Anwendungsberich des WpÜG unterfällt. Dass der Bieter dann wie sonst auch mit allen Kosten für die Erstellung der Angebotsunterlage, deren Veröffentlichung, die Finanzierungsbestätigung und dem damit verbundenen Zeitaufwand belastet wird, steht dem nicht entgegen, denn die Unwirksamkeit des Angebots fällt in seinen eigenen Risikobereich.

VI. Zwischenergebnis

Das Angebot im Sinne des WpÜG stellt einen bürgerlich-rechtlichen Antrag dar. Gegenüber dem Antrag im Sinne des allgemeinen Zivilrechts weist das übernahmerechtliche Angebot allerdings einige Besonderheiten auf. Das Angebot des Bieters ist auf Kauf- oder Tauschverträge gerichtet, die den Erwerb von Wertpapieren einer Zielgesellschaft zum Gegenstand haben. Im Falle eines Barangebots kommen zwischen dem Bieter und den Aktionären regelmäßig Kaufverträge zustande, die sich nach den §§ 433, 453 BGB richten. Verwendet der Bieter nicht Geld, sondern andere Sachleistungen – vorzugsweise eigene Aktien – als Tauschgegenstand, können mit den Aktionären der Zielgesellschaft außerdem Tauschverträge im Sinne des § 480 zustande kommen. Für den speziellen Fall des Aktientauschs, der sich im Wege einer Kapitalerhöhung gegen Sacheinlagen vollzieht, gilt dies jedoch nicht. Zwar kommen auch in diesem Falle

[365] Vgl. auch BT-Drucks. 14/7034, S. 44 (Zu § 14 Absatz 1 WpÜG-RegE), wonach die BaFin die Funktion einer Evidenzzentrale innehat und lediglich eine eingeschränkte Überprüfung der Angebotsunterlage vornimmt.

[366] Zu den Nichtigkeitsgründen ausführlich unten, 3. Teil § 1 III. 1. a.

Tauschverträge zustande. Bei diesen Verträgen handelt es sich allerdings um spezifisch korporationsrechtliche Rechtsgeschäfte, nicht um Tauschverträge des allgemeinen Zivilrechts.

Eine weitere Besonderheit ist, dass das Angebot öffentlich sein muss, damit es dem Anwendungsbereich des WpÜG unterfällt. Bei der Bestimmung des Öffentlichkeitskriteriums ist ein objektiver Maßstab anzulegen, der sich am Gesetzeszweck zu orientieren hat. Dieser Zweck besteht vor allem im Schutz des direkt betroffenen Adressatenkreises in Gestalt der vom Angebot angesprochenen Aktionäre, die durch die anonymisierte Gestaltung des Angebotsverfahrens leicht einem Veräußerungsdruck ausgesetzt sein können.

Der Anwendungsbereich des WpÜG erstreckt sich außerdem nur auf freiwillige Angebote sowie auf Pflichtangebote im Sinne des § 35 WpÜG. Angebote, zu deren Abgabe andere gesetzliche Vorschriften verpflichten, werden hingegen nicht erfasst. Das Angebot muss den Erwerb von Wertpapieren zum Gegenstand haben. Weil die BaFin nur eine Evidenzkontrolle bei der Prüfung der Angebotsunterlage ausübt, fallen zudem auch unwirksame Angebote in den Anwendungsbereich des Gesetzes.

§ 3. Die Angebotsankündigung gem. § 10 WpÜG als geschäftsähnliche kapitalmarktrechtliche Wissenserklärung

I. Problemstellung

Bevor der Bieter zur Abgabe eines Angebots schreitet, hat er gem. § 10 Abs. 1 Satz 1 WpÜG seine Entscheidung zur Angebotsabgabe zu veröffentlichen.[367] Was die Rechtsnatur einer solchen Angebotsankündigung anbetrifft, so liegt vieles im Unklaren. Eindeutige Stellungnahmen in der Literatur lassen sich diesbezüglich nicht finden. Synonyme Begriffe wie „Vorankündigung“[368], „Absichtserklärung“[369] oder „Bekanntgabe der Entscheidung“[370] helfen nicht weiter.

Einigkeit besteht in der Literatur aber zumindest insoweit, als dass es sich bei der Angebotsankündigung nicht bereits um das Angebot selbst handeln soll.[371] Aus der Gesetzesbegründung ergibt sich, dass die Angebotsankündigung die *essentialia negotii* eines Angebots wie insbesondere Art und Höhe der Gegen-

---

[367] Siehe auch Art. 6 Abs. 1 der Richtlinie 2004/25/EG. Bereits die gescheiterte 13. Richtlinie betreffend Übernahmeangebote enthielt in Art. 7 eine entsprechende Regelung.

[368] *Oechsler* in: Ehricke/Ekkenga, § 10 Rn. 2.

[369] *Thoma* in: Baums/Thoma, § 10 Rn. 12; ähnlich *Thaeter* in: Thaeter/Brandi, Teil 2, Rn. 70 („Äußerung einer Absicht“). Auch in § 24 Abs. 1 Nrn. 3 und 11 KWG ist von einer Absichtserklärung in Bezug auf einen Erwerb bzw. eine Übernahme die Rede. Dabei handelt es sich aber nicht um eine Erklärung zivilrechtlicher Art wie nach § 10 Abs. 1 Satz 1 WpÜG, da sie in Erfüllung einer Anzeigepflicht gegenüber einer Behörde zu erfolgen hat. Sie wird daher auch als „Absichtsmeldung“ bezeichnet; vgl. *Braun* in: Boos, KWG § 24 Rn. 20.

[370] *Riehmer* in: Haarmann/Riehmer, § 10 Rn. 1.

[371] *Thoma* in: Baums/Thoma, § 10 Rn. 12; *Hirte* in: KölnKomm-WpÜG, § 10 Rn. 23; *Geibel* in: Geibel/Süßmann, § 10 Rn. 6; *Oechsler* in: Ehricke/Ekkenga, § 10 Rn. 11.

leistung noch nicht zu enthalten braucht.[372] Auch das Gesetz unterscheidet in den §§ 1, 2, 10 und 11 WpÜG eindeutig zwischen dem Angebot und dessen bloßer Ankündigung. In der Tat stellt die Angebotsankündigung somit nicht selbst bereits das Angebot dar oder ist ein Bestandteil dessen.

Damit verbleiben drei Möglichkeiten: die Angebotsankündigung könnte zur Entstehung einer Art Vorvertrag führen, durch den sich der Bieter verpflichtet, später ein verbindliches Angebot zum Erwerb oder zur Übernahme der Wertpapiere der Zielgesellschaft abzugeben. Die Angebotsankündigung könnte aber auch als geschäftsähnliche Handlung oder lediglich als Realakt zu qualifizieren sein.

II. Die Angebotsankündigung als bloßer Realakt?

1. Meinungsstand

Von der überwiegenden Ansicht in der Literatur wird vertreten, dass der Bieter, nachdem er seine Entscheidung zur Abgabe eines Angebots gem. § 10 Abs. 1 Satz 1 WpÜG angekündigt hat, verpflichtet ist, ein solches auch tatsächlich abzugeben.[373] Insoweit ist die Rede von einem „Automatismus des Angebotsverfahrens", der einsetze, sobald die Angebotsankündigung erfolgt sei.[374] Dies ergebe sich aus dem Wortlaut des § 14 Abs. 1 Satz 1 WpÜG, wonach der Bieter „die Angebotsunterlage innerhalb von vier Wochen nach der Veröffentlichung der Entscheidung zur Abgabe eines Angebots der Bundesanstalt zu übermitteln" hat. Gem. § 60 Abs. 1 Nr. 2a WpÜG sei diese Pflicht sogar bußgeldbewehrt.[375] Diese Auffassung teilt offenbar auch die BaFin. Auf der Homepage der BaFin ist unter der Rubrik „Allgemeine Informationen zur Aufsicht über Wertpapiererwerbsangebote, Übernahmeangebote und Pflichtangebote nach dem WpÜG"[376] zu lesen: „Das Verfahren beginnt mit der Entscheidung des Bieters, ein Übernahmeangebot abzugeben. [...] Innerhalb von vier Wochen nach der Veröffentlichung der Entscheidung zur Abgabe eines Übernahmeangebots muss der Bieter nun eine Angebotsunterlage erstellen und der BaFin übermitteln. [...] Der Bieter ist nach § 14 Abs. 2 WpÜG verpflichtet, nach Gestattung durch die Bundesanstalt die Angebotsunterlage unverzüglich im Internet zu veröffentlichen."

Von der Gegenmeinung wird der Wortlaut des § 14 Abs. 1 Satz 1 WpÜG jedoch anders interpretiert. Nach dieser Ansicht ergebe sich aus § 14 WpÜG keine Pflicht zur *Erstellung* einer Angebotsunterlage, weil in dieser Vorschrift ledig-

---

[372] BT-Drucks. 14/7034, S. 39 (Zu § 10 Absatz 1 WpÜG-RegE).

[373] *Thoma* in: Baums/Thoma, § 10 Rn. 14; *Seydel* in: KölnKomm-WpÜG, § 14 Rn. 1; *Geibel* in: Geibel/Süßmann, § 10 Rn. 2 und 128; *Riehmer* in: Haarmann/Riehmer, § 10 Rn. 2; *Thaeter* in: Thaeter/Brandi, Teil 2, Rn. 65; *Hopt*, ZHR 166 (2002), S. 383, 402; *Ekkenga/Hofschroer*, DStR 2002, S. 724, 727; *Liebscher*, ZIP 2001, S. 853, 861.

[374] *Thoma* in: Baums/Thoma, § 10 Rn. 14; *Thaeter* in: Thaeter/Brandi, Teil 2, Rn. 65.

[375] *Geibel* in: Geibel/Süßmann, § 10 Rn. 128; *Thoma* in: Baums/Thoma, § 10 Rn. 61; *Seydel* in: KölnKomm-WpÜG, § 14 Rn. 75.

[376] Abrufbar unter http://www.bafin.de/anbieter/allgemein.htm.

lich von einer *Übermittlung* der Unterlage die Rede sei.[377] Danach wird der Bieter lediglich für den Fall, dass eine Angebotsunterlage bereits existiert, dazu verpflichtet, der BaFin diese ordnungsgemäß zu übermitteln. Weil der Bieter nach § 10 Abs. 1 WpÜG das Angebot lediglich ankündige und demzufolge noch keinen Rechtsbindungswillen habe, könne zu diesem Zeitpunkt noch keine Verpflichtung in Bezug auf das Angebot entstehen.[378] Der Bieter kann sich demzufolge jederzeit aus dem Angebotsverfahren zurückziehen, solange er noch keine Angebotsunterlage veröffentlicht hat.[379] § 60 Abs. 1 Nr. 2a WpÜG, wonach der Bieter ordnungswidrig handelt, wenn er nach der Vorankündigung keine Angebotsunterlage übermittelt, sei teleologisch zu reduzieren.[380] Jedenfalls soll das Verschulden im Sinne des Bußgeldtatbestands bereits dann entfallen, wenn kaufmännisch nachvollziehbare Gründe den Bieter von der Unterbreitung des Angebots abrücken ließen.[381] Eine Rücknahme der Entscheidung zur Abgabe eines Angebots müsse der Bieter allerdings zum Schutz des Kapitalmarktes analog § 10 Abs. 1 Satz 1 WpÜG[382] bzw. gem. § 15 WpHG[383] veröffentlichen. Die Konsequenz dieser Ansicht in Bezug auf die Rechtsnatur der Angebotsankündigung wäre, dass es sich bei dieser lediglich um einen Realakt handelt.

2. Stellungnahme

Eine Auslegung der relevanten WpÜG-Vorschriften muss sich in erster Linie an Sinn und Zweck des Gesetzes orientieren. Gerade das Normengefüge der §§ 10, 11 und 14 WpÜG stellt ein wichtiges Instrument zur Verwirklichung des Marktverzerrungsverbots aus § 3 Abs. 5 WpÜG dar. Dies folgt aus der Gesetzesbegründung[384] und dem Wortlaut von § 10 Abs. 1 Satz 3 WpÜG, wonach die BaFin dem Bieter abweichend von § 10 Abs. 1 Satz 2 WpÜG ausnahmsweise gestatten kann, eine Angebotsankündigung erst nach dem erforderlichen Beschluss der Gesellschafterversammlung vorzunehmen, wenn sichergestellt wird, dass hierdurch keine Marktverzerrungen eintreten.

Bereits die bloße Ankündigung eines Angebots zum Erwerb und besonders zur Übernahme der Wertpapiere einer Zielgesellschaft hat häufig erhebliche Kursschwankungen zur Folge.[385] Darüber hinaus wird schon jetzt eine auf der Angebotsankündigung fußende Aktivität der Organe der Zielgesellschaft ausgelöst.[386] Diese Problematik hat auch der Gesetzgeber erkannt und in § 3 Abs. 4

---

[377] *Hirte* in: KölnKomm-WpÜG, § 10 Rn. 19; *Assmann* in: Assmann/Pötzsch, § 10 Rn. 51 aE; *Oechsler* in: Ehricke/Ekkenga, § 10 Rn. 11; *von Nussbaum*, Aktiengesellschaft als Zielgesellschaft (Dissertation), S. 114 f.
[378] *Hirte* in: KölnKomm-WpÜG, § 10 Rn. 20.
[379] *Assmann* in: Assmann/Pötzsch, § 10 Rn. 51 aE.
[380] *Assmann* in: Assmann/Pötzsch, § 10 Rn. 52.
[381] *Oechsler* in: Ehricke/Ekkenga, § 10 Rn. 11.
[382] So *Hirte* in: KölnKomm-WpÜG, § 10 Rn. 21.
[383] So *Oechsler* in: Ehricke/Ekkenga, § 10 Rn. 12.
[384] BT-Drucks. 14/7034, S. 39 (Zu § 10 Absatz 1 WpÜG-RegE).
[385] Vgl. auch *Steinmeyer/Häger*, § 1 Rn. 12; *Stöcker*, NZG 2003, S. 993, 994 f.
[386] Vgl. BT-Drucks. 14/7034, S. 45 f. (Zu § 15 Absatz 1 WpÜG-RegE).

Satz 2 WpÜG den Grundsatz aufgestellt, dass die Zielgesellschaft durch das Angebotsverfahren nicht über einen angemessenen Zeitraum hinaus in ihrer Geschäftstätigkeit behindert werden darf. Könnte sich der Bieter ohne weiteres sanktionslos aus dem Angebotsverfahren, das bereits mit der Angebotsankündigung eingeleitet wird, zurückziehen, so würde dies missbräuchlichen Ankündigungen von Angeboten Tür und Tor öffnen. Wird eine Angebotsankündigung mit dem Wissen vorgenommen, anschließend keine Angebotsunterlage erstellen zu wollen, kommt zwar eine Haftung des Bieters gem. § 826 BGB in Betracht.[387] Dies ist aber zum Schutz des Marktes und der Interessen von Zielgesellschaft und deren Aktionären bei weitem nicht ausreichend. Die Durchsetzung eines Schadensersatzanspruchs hinge vom Nachweis eines entsprechenden Vorsatzes sowie einem Kausalitätsnachweis ab. Vor allem der Nachweis der Kausalität ist häufig schwer zu führen, auch wenn der BGH inzwischen anerkennt, dass ein sog. „Kursdifferenzschaden" auf der Grundlage eines Sachverständigengutachtens grundsätzlich ermittelbar ist.[388] Kaum nachweisbar ist hingegen ein Schaden, der der Gesellschaft und den Aktionären durch die Behinderung der Unternehmenstätigkeit entsteht. Gänzlich ungeeignet sind Ansprüche aus § 826 BGB zum Schutze des Kapitalmarktes als Institution. Vor dieser Misere wollte der Gesetzgeber des WpÜG die betroffenen Interessenträger gerade bewahren.

Dieses Problem erkennen offenbar auch die Vertreter der Mindermeinung, wonach der Bieter durch eine Angebotsankündigung grundsätzlich nicht zur Abgabe eines verbindlichen Angebots verpflichtet wird. Eine Rücknahme der Angebotsankündigung soll jedenfalls die Sperrfrist entsprechend §§ 15 Abs. 2, 26 Abs. 1 Satz 1 WpÜG auslösen.[389] Auch eine Bußgeldpflicht des Bieters gem. § 60 Abs. 1 Nr. 2a WpÜG wird in Erwägung gezogen.[390] Mit derartigen Überlegungen offenbart diese Auffassung jedoch ihre eigene Schwäche. Denn eine analoge Anwendung von § 15 Abs. 2 WpÜG ist nicht erforderlich, wenn man der Ansicht folgt, dass der Bieter dazu verpflichtet ist, eine Angebotsunterlage zu veröffentlichen. Dieser Fall wird bereits von § 15 Abs. 1 Nrn. 3 und 4 WpÜG erfasst, wonach die BaFin das Angebot untersagt, wenn der Bieter eine Übermittlung bzw. Veröffentlichung der Angebotsunterlage unterlässt. Insoweit fehlt es also an einer planwidrigen Regelungslücke. Außerdem wäre die entsprechende Anwendung von § 15 Abs. 2 WpÜG nicht konsequent, denn Sinn und Zweck dieser Vorschrift ist die Sanktionierung inhaltlicher Verstöße gegen Normen des WpÜG.[391] Wenn man aber der Ansicht ist, dass das Gesetz dem Bieter nicht vorschreibt, ein Angebot abzugeben, dann kann man ein dementsprechendes Verhalten auch nicht mit einer Sanktion belegen. Die Heranziehung von § 15

[387] *Hirte* in: KölnKomm-WpÜG, § 10 Rn. 46.

[388] Vgl. BGH BB 2005, S. 1644, 1647 f. („EM.TV"). Dazu auch *Möllers*, BB 2005, S. 1637 ff.

[389] *Hirte* in: KölnKomm-WpÜG, § 10 Rn. 20.

[390] *Oechsler* in: Ehricke/Ekkenga, § 10 Rn. 11.

[391] BT-Drucks. 14/7034, S. 45 f. (Zu § 15 Absatz 1 und Absatz 2 WpÜG-RegE).

Abs. 2 WpÜG hätte darüber hinaus den Nachteil, dass danach ein Einschreiten der BaFin in deren Ermessen stünde. Auch die Anwendung von § 60 Abs. 1 Nr. 2a WpÜG ist inkonsequent, wenn man eine Pflicht des Bieters zur Übermittlung und Veröffentlichung einer Angebotsunterlage ablehnt. Zum einen liefe auch dies auf eine bloße Analogie hinaus, was dem auch für das Ordnungswidrigkeitenrecht geltenden Analogieverbot zuwiderliefe. Zum anderen ist wiederum nicht begreiflich, warum ein Verhalten unter Bußgelddrohung stehen soll, zu dessen Befolgung keine Verpflichtung besteht.

Richtig ist, dass der Gesetzeswortlaut des § 14 Abs. 1 WpÜG leider nicht eindeutig ist. In der Tat ist hier nicht von einer Pflicht die Rede, eine Angebotsunterlage zu *erstellen*, sondern lediglich von der Pflicht, eine Angebotsunterlage zu *übermitteln*. Soll eine Unterlage übermittelt werden, so setzt dies aber selbstverständlich deren Erstellung voraus. Auch der Wortlaut des § 11 Abs. 1 Satz 1 WpÜG scheint zwar auf den ersten Blick nicht klar genug formuliert. Danach hat der Bieter „eine Unterlage über das Angebot zu erstellen und zu veröffentlichen". Diesen Wortlaut könnte man zunächst auch so interpretieren, dass der Bieter nach der Ankündigung eines Angebots nicht verpflichtet ist, ein Angebot abzugeben, sondern ihn lediglich die Pflicht trifft, im Falle der Abgabe eines *Angebots* auch eine *Unterlage* darüber zu erstellen und zu veröffentlichen. Dass diese Auslegung unzutreffend ist, ergibt sich freilich aus der Gesetzesbegründung zu § 11 WpÜG, wonach der Bieter „nach Veröffentlichung seiner Entscheidung zur Abgabe eines Angebots [...] eine Angebotsunterlage zu erstellen und zu veröffentlichen" hat.[392] Noch deutlicher ist die Gesetzesbegründung zu § 15 Abs. 1 Nrn. 3 und 4 WpÜG, wonach die BaFin das Angebot zu untersagen hat, wenn der Bieter der BaFin keine Angebotsunterlage übermittelt bzw. die Veröffentlichung der Angebotsunterlage unterlässt. Durch diese Regelungen soll der Bieter nicht nur angehalten werden, seinen Verpflichtungen zur Information zügig und umfassend nachzukommen, sondern darüber hinaus verhindert werden, dass der Bieter sanktionslos durch seine Veröffentlichung nach § 10 WpÜG die Kapazitäten des Managements der Zielgesellschaft bindet, im weiteren Verlauf aber kein Angebot abgibt.[393]

Dies lässt sich nur so verstehen, dass auf die Angebotsankündigung hin eine Angebotsabgabe – und zwar in Form einer Angebotsunterlage – erfolgen *muss*. Diese Pflicht besteht auch dann, wenn kaufmännisch nachvollziehbare Gründe dafür sprechen würden, kein öffentliches Angebot abzugeben. Handelt es sich beim Bieter beispielsweise um eine Aktiengesellschaft, dann hat der Vorstand, wenn er die Entscheidung zur Abgabe eines Angebots trifft, die Sorgfalt eines ordentlichen und gewissenhaften Geschäftsleiters anzuwenden, wobei ihm ein gewisser Ermessensspielraum zur Verfügung steht, § 93 Abs. 1 AktG. In jedem Falle handelt der Vorstand innerhalb der Ermessensgrenzen, wenn er eine kaufmännisch nachvollziehbare Entscheidung trifft. Ist die Entscheidung aber einmal gefallen, dann setzt der bereits angesprochene Automatismus des Angebotsver-

---

[392] BT-Drucks. 14/7034, S. 41 (Zu § 11 Absatz 1 WpÜG-RegE).

[393] So ausdrücklich BT-Drucks. 14/7034, S. 45 f. (Zu § 15 Absatz 1 WpÜG-RegE).

fahrens ein, der durch die Veröffentlichung der Entscheidung zur Angebotsabgabe eingeleitet wird.[394] Um einen bloßen Realakt jedenfalls kann es sich bei der Angebotsankündigung angesichts der durch sie herbeigeführten Rechtsfolgen nicht handeln.

III. Die Angebotsankündigung als Vorvertragsangebot?

Bei der bloßen Vorankündigung eines späteren Angebots verfügt der Bieter noch nicht über einen Rechtsbindungswillen. Es ist demnach ausgeschlossen, dass durch eine stillschweigende „Annahme" der Angebotsankündigung seitens der Zielgesellschaftsaktionäre ein Vorvertrag zustande kommt, durch den für den Bieter bereits eine vertragliche Pflicht zur Angebotsabgabe begründet wird. Insoweit ist die Angebotsankündigung vergleichbar mit dem sog. Letter of Intent, der häufig im Vorfeld von Vertragsabschlüssen zur Akquisition von Unternehmen oder von Unternehmensteilen im Rahmen von M&A-Transaktionen zwischen den Beteiligten abgeschlossen wird. Zweck eines Letter of Intent ist es, den Stand der bereits geführten Vertragsverhandlungen festzuhalten und die wechselseitige Absicht zu bekunden, vorbehaltlich der Einigung über noch zu verhandelnde Punkte sowie des Eintritts sonstiger Ereignisse, wie beispielsweise der Durchführung einer erfolgreichen Due Diligence Prüfung, einen entsprechenden Vertrag abzuschließen.[395] Auch der Letter of Intent stellt daher in der Regel noch keinen Vorvertrag dar, der die Parteien zum späteren Abschluss des Unternehmenskaufvertrags verpflichtet.[396] Schon aus der Bezeichnung „Letter of Intent" - was soviel bedeutet wie „Absichtserklärung"[397] - ergibt sich, dass die Parteien sich noch nicht vertraglich binden wollen. Ebenso sind Begriffe wie „Entscheidung zur Abgabe eines Angebots" oder ähnliche Begriffe gemessen am Empfängerhorizont der Zielgesellschaftsaktionäre nicht im Sinne einer vom Bieter gewollten verbindlichen Zusage zu verstehen. Außerdem träte an die Stelle der Selbstgestaltung eine Fremdbestimmung, wenn aufgrund eines Vorvertrags die eine Partei verpflichtet würde, das Angebot der anderen Partei auf Abschluss des Hauptvertrags anzunehmen, obwohl sich dessen Inhalt noch nicht aus dem Vorvertrag ergibt.[398] Zwar ist es in WpÜG-Fällen genau umgekehrt: hier werden nicht die Aktionäre verpflichtet, ein Angebot anzunehmen, sondern es wird der Bieter verpflichtet, ein solches abzugeben. Es handelt sich aber um vergleichbare Fälle, denn auch die Angebotsankündigung enthält, wie ein Letter of Intent, noch nicht den konkreten Inhalt des späteren Angebots.[399] Durch die Ankündigung des Angebots kann somit kein Vorvertrag zustande kommen.

---

[394] Eine andere Frage ist es, ob sich der Bieter von den durch die Angebotsankündigung ausgelösten Rechtsfolgen oder dem eigentlichen Angebot durch Widerruf, Anfechtung etc. wieder befreien kann. Dazu ausführlich unten, 3. Teil §§ 1 und 2.

[395] *Kösters*, NZG 1999, S. 623.

[396] *Lutter*, Der Letter of Intent, S. 28 f.; *Kramer* in: MünchKomm-BGB, Vor § 145 Rn. 41.

[397] Vgl. *Kramer* in: MünchKomm-BGB, Vor § 145 Rn. 41; *Larenz/Wolf*, § 23 Rn. 109.

[398] Vgl. *Lutter*, Der Letter of Intent, S. 28.

[399] Vgl. BT-Drucks. 14/7034, S. 39 (Zu § 10 Absatz 1 WpÜG-RegE).

IV. Die Angebotsankündigung als geschäftsähnliche Handlung

Rechtspflichten können sich nicht nur aus einem (Vor-)Vertrag, sondern auch aus dem Gesetz ergeben. Ein Rechtsbindungswille ist dann nicht erforderlich.

Nach der hier vertretenen Auffassung ist der Bieter verpflichtet, nach der Angebotsankündigung eine Angebotsunterlage zu veröffentlichen. Diese Auffassung ist unproblematisch vom Wortlaut der §§ 10, 11 und 14 WpÜG gedeckt und wird auch von Sinn und Zweck dieser Vorschriften sowie der Gesetzesbegründung gefordert.[400] Ein Pflichtverstoß des Bieters hat Konsequenzen: gem. §§ 26 Abs. 1 Satz 1, 15 Abs. 1 Nrn. 3 bzw. 4 WpÜG tritt eine einjährige Sperrfrist für Angebote dieses Bieters ein. Handelt der Bieter vorsätzlich oder leichtfertig, hat dies die Verhängung eines Bußgeldes gem. § 60 Abs. 1 Nrn. 1a bzw. 2a WpÜG zur Folge.

Bei der Angebotsankündigung gem. § 10 WpÜG handelt es sich also um eine Mitteilung, durch die bestimmte bußgeldbewehrte Pflichten begründet werden. Mitteilungen mit Kundgabezweck, die willentlich getätigt werden, bei denen die vom Gesetz vorgesehene Rechtsfolge aber, anders als bei Rechtsgeschäften, unabhängig von einem darauf gerichteten Willen des Erklärenden eintritt, werden als geschäftsähnliche Handlungen bezeichnet.[401] Die vom Willen des Bieters unabhängige Rechtsfolge der Angebotsankündigung im Sinne von § 10 WpÜG ist die Eröffnung des Angebotsverfahrens, aus dem der Bieter sich von nun an nicht mehr ohne Inkaufnahme der angesprochenen Konsequenzen zurückziehen kann. Die Angebotsankündigung stellt also eine geschäftsähnliche Handlung dar. Wie die Ad-hoc-Mitteilung gem. § 15 WpHG ist sie außerdem eine Kapitalmarktinformation und somit Wissenserklärung.[402] Denn der Bieter gibt mit ihr sein Wissen darüber bekannt, dass die Entscheidung zur Abgabe eines Angebots getroffen worden ist. Bei der Angebotsankündigung gem. § 10 WpÜG handelt es sich folglich um eine *geschäftsähnliche kapitalmarktrechtliche Wissenserklärung*.[403]

V. Die Anzeige des Kontrollerwerbs gem. § 35 Abs. 1 Satz 1 WpÜG

Hat jemand auf andere Weise als durch ein Übernahmeangebot die Kontrolle über eine Zielgesellschaft erlangt, so ist der Kontrollerwerb gem. § 35 Abs. 1 Satz 1 WpÜG unverzüglich, spätestens aber binnen sieben Kalendertagen öffentlich anzuzeigen. Innerhalb von vier Wochen nach der Veröffentlichung der Kontrollerlangung ist ein Pflichtangebot zu veröffentlichen, § 35 Abs. 2 WpÜG.

---

[400] Siehe oben, 2. Teil § 3 II. 2.

[401] *Larenz/Wolf*, § 22 Rn. 14. Auch beim Letter of Intent entsteht die Vertrauenshaftung nach culpa in contrahendo ohne einen darauf gerichteten Rechtsfolgewillen, vgl. *Kramer* in: MünchKomm-BGB, Vor § 145 Rn. 41. Daher handelt es sich auch hierbei um eine geschäftsähnliche Handlung, so *Larenz/Wolf*, § 23 Rn. 110.

[402] § 10 WpÜG ist nach dessen Abs. 6 im Verhältnis zu § 15 WpHG lex specialis, vgl. auch BT-Drucks. 14/7034, S. 39 (Zu § 10 Absatz 1 WpÜG-RegE).

[403] Zur Rechtsnatur von sog. Wissenserklärungen (auch als Wissensmitteilungen bezeichnet) ausführlich *Kramer* in: MünchKomm-BGB, Vor § 116 Rn. 34.

Die Modalitäten beim Pflichtangebot ähneln dem Prozedere, das für das herkömmliche Erwerbs- oder Übernahmeangebot vorgesehen ist. Statt der öffentlichen Angebotsankündigung gem. § 10 Abs. 1 WpÜG erfolgt im Vorfeld des Pflichtangebots eine öffentliche Mitteilung über den Kontrollerwerb. Hinsichtlich der Modalitäten der Veröffentlichung und des Verhältnisses zur Ad-hoc-Publizität im Sinne des WpHG verweist § 35 Abs. 1 WpÜG sogar ausdrücklich auf die Vorgaben des § 10 Abs. 2 bis Abs. 6 WpÜG.

An diese Feststellung schließt sich die Frage an, ob auch die Kontrollanzeige wie die Angebotsankündigung als geschäftsähnliche Handlung zu qualifizieren ist. Dies ist zu verneinen. Zwar knüpft die Verpflichtung zur Abgabe und Veröffentlichung eines Pflichtangebots rechtstechnisch an die Veröffentlichung der Kontrollerlangung nach § 35 Abs. 1 Satz 1 WpÜG an. Der eigentliche Grund und Auslöser für das Pflichtangebot ist aber der tatsächliche Kontrollerwerb und nicht die bloße Mitteilung desselben.[404] Die Verpflichtung zur Offenlegung von Kontrollsituationen hat lediglich den Zweck, die Organe und Aktionäre der Zielgesellschaft sowie die Kapitalmarktteilnehmer über erfolgte Kontrollerwerbe zu unterrichten.[405] Die Verpflichtung zur Abgabe des Angebots gem. § 35 Abs. 2 WpÜG besteht dagegen unabhängig von der Veröffentlichung der Kontrollanzeige.[406] Der Automatismus des Verfahrens wird also nicht, wie es beim herkömmlichen (Übernahme-)Angebot der Fall ist, durch die Angebotsankündigung gem. § 10 Abs. 1 WpÜG respektive die Kontrollanzeige gem. § 35 Abs. 1 WpÜG in Gang gesetzt, sondern bereits durch den tatsächlichen Kontrollerwerb. In Bezug auf das Pflichtangebot löst die Kontrollanzeige keinerlei Rechtsfolgen aus. Sie stellt folglich keine geschäftsähnliche Handlung, sondern lediglich einen Realakt dar.

VI. Zwischenergebnis

Hat ein Bieter die Abgabe eines Angebots gem. § 10 Abs. 1 Satz 1 WpÜG angekündigt, so hat er gem. § 14 Abs. 1 Satz 1 WpÜG binnen vier Wochen eine Angebotsunterlage an die BaFin zu übermitteln und nach Gestattung durch die BaFin zu veröffentlichen, § 14 Abs. 2 Satz 1 WpÜG. Verstößt der Bieter gegen diese Pflichten, tritt gem. §§ 26 Abs. 1 Satz 1, 15 Abs. 1 Nrn. 3, 4 WpÜG eine einjährige Sperrfrist in Kraft, binnen der der Bieter kein erneutes Angebot abgeben darf. Darüber hinaus handelt der Bieter gem. § 60 Abs. 1 Nrn. 1a, 2a WpÜG ordnungswidrig und kann mit einem Bußgeld bis 500.000 € bzw. bis 1 Mio. € belegt werden. Voraussetzung hierfür ist allerdings, dass der Bieter zumindest leichtfertig gehandelt hat. Weil durch die Ankündigung des Angebots bereits konkrete Pflichten für den Bieter entstehen, handelt es sich dabei nicht um einen bloßen Realakt. Ebensowenig kann durch die Ankündigung des Angebots bereits ein Vorvertrag zustande kommen, der den Bieter zur Angebotsabgabe ver-

[404] Vgl. auch *Krause/Pötzsch* in: Assmann/Pötzsch, § 35 Rn. 3.
[405] Vgl. *von Bülow* in: KölnKomm-WpÜG, § 35 Rn. 3.
[406] *Krause/Pötzsch* in: Assmann/Pötzsch, § 35 Rn. 188 aE.

pflichtet. Denn diese Pflicht ergibt sich bereits aus dem Gesetz selbst. Aus diesem Grunde handelt es sich bei der Angebotsankündigung um eine geschäftsähnliche Handlung. Die Kontrollanzeige gem. § 35 Abs. 1 Satz 1 WpÜG ist dagegen lediglich als Realakt zu qualifizieren.

§ 4 Zusammenfassung der Ergebnisse des 2. Teils

Als Ergebnis des 2. Teils der vorliegenden Arbeit steht die rechtliche Einordnung des öffentlichen Angebots sowie der Ankündigung des Angebots im Sinne des WpÜG fest. Beim Angebot eines Bieters zum Erwerb von Wertpapieren einer Zielgesellschaft gem. §§ 1 und 2 Abs. 1 WpÜG handelt es sich dem Grunde nach um einen Antrag im Sinne des § 145 BGB. Besonderheiten bestehen darin, dass der Antrag auf den Abschluss von Kauf- oder Tauschverträgen gerichtet sein muss. In Betracht kommt dabei auch der Abschluss von Verträgen, die auf einen Aktientausch gerichtet sind, der sich nach den Vorschriften über die Kapitalerhöhung gegen Sacheinlagen vollzieht (§§ 182 ff. AktG). Bei derartigen Verträgen handelt es sich allerdings nicht um bürgerlich-rechtliche Tauschverträge, sondern um spezifisch kapitalgesellschaftsrechtliche Rechtsgeschäfte. Darüber hinaus muss das Angebot eines Bieters an die Öffentlichkeit gerichtet sein und freiwillig oder aufgrund einer Verpflichtung nach dem WpÜG erfolgen, um in den Anwendungsbereich dieses Gesetzs zu fallen. Auch bei der Angebotsankündigung gem. § 10 Abs. 1 Satz 1 WpÜG handelt es sich nicht um ein rechtliches Nullum, sondern um eine geschäftsähnliche Handlung.

3. Teil: Möglichkeiten des Bieters zur Rücknahme des Angebots und der Angebotsankündigung

§ 1. Rücknahmemöglichkeiten beim Angebot

Hat der Bieter seine Entscheidung zur Abgabe eines Angebots veröffentlicht, muss er gem. §§ 11 Abs. 1 Satz 1, 14 Abs. 2 Satz 1 WpÜG eine Angebotsunterlage erstellen und veröffentlichen. Bei diesem Angebot handelt es sich um einen Antrag im Sinne des bürgerlichen Rechts, an den der Bieter grundsätzlich gebunden ist.[407] Das BGB stellt einem Antragenden aber rechtliche Möglichkeiten zur Verfügung, sich unter bestimmten Voraussetzungen von seinem Antrag wieder zu lösen. So kann der Antragende seine Erklärung vor deren Zugang wirksam widerrufen. Nach Zugang kann er sie im Falle des Irrtums, der Täuschung oder der Drohung anfechten. Ausnahmsweise steht ihm sogar ein Rücktrittsrecht zu, wenn die Geschäftsgrundlage gestört ist. Darüber hinaus besteht die Möglichkeit, die Wirksamkeit eines Angebots gem. § 158 BGB von einer Bedingung abhängig zu machen.

Das WpÜG selbst enthält keine klare Aussage darüber, ob die allgemeinen zivilrechtlichen Regelungen über die Rücknahme auch für öffentliche Angebote gelten. Lediglich in Bezug auf Bedingungen enthält das Gesetz in § 18 Abs. 1 WpÜG eine Regelung, nach der das Angebot unter bestimmten Voraussetzungen von einer Bedingung abhängig gemacht werden kann. Ob dem Bieter darüber hinaus weitere Lösungsmöglichkeiten im Angebotsverfahren eröffnet sind, ist allerdings höchst zweifelhaft und umstritten, weil das WpÜG und die Gesetzesbegründung hierzu schweigen.

I. Bestandsaufnahme

1. Meinungsstand

Jedenfalls im Grundsatz besteht im Schrifttum Einigkeit darüber, dass der Bieter das Angebot unter eine Bedingung stellen kann, auch wenn in Bezug auf bestimmte Einzelfragen noch Klärungsbedarf exisitiert.[408] Im Übrigen aber gehen die Auffassungen darüber stark auseinander, was die Frage der Rücknehmbarkeit von öffentlichen Angeboten anbetrifft.

So wird vertreten, dass für den Bieter – abgesehen vom bedingten Angebot - keinerlei Rückzugsmöglichkeit aus dem Angebotsverfahren bestehe (streng übernahmerechtliche Lösung).[409] Begründet wird dies mit dem Regelungszweck der §§ 17, 18, 21 und 25 WpÜG. Aus diesen Vorschriften lasse sich entnehmen, dass der Gesetzgeber dem Bieter zum Schutze der Anleger nur solche Möglich-

---

[407] Siehe oben, 2. Teil § 1.

[408] Dazu ausführlich unten, 3. Teil § 1 II. 5.

[409] *Hasselbach* in: KölnKomm-WpÜG, § 18 Rn. 75. Offenbar auch *Wackerbarth* in: MünchKomm-WpÜG, § 18 Rn. 55; *Renner* in: Haarmann/Riehmer, § 11 Rn. 11, *Steinmeyer/Häger*, § 11 Rn. 5 und *Liebscher*, ZIP 2001, S. 853, 862 („unwiderrufliches Angebot“).

keiten zur Lösung vom Angebot zugestehen wollte, die in der Angebotsunterlage ausdrücklich enthalten sind.[410] Daraus, dass das WpÜG lediglich in den §§ 18 und 21 Lösungs- und Änderungsmöglichkeiten hinsichtlich des Angebots vorsehe, lasse sich der Schluss ziehen, dass der Gesetzgeber andere Rücknahmemöglichkeiten ausschließen wollte. Auch das Verbot der *invitatio ad offerendum* aus § 17 WpÜG spreche dafür, dass der Bieter stets an sein Angebot gebunden bleiben müsse.[411] Störungen der Geschäftsgrundlage könnten demnach nur in Form einer Bedingung gem. § 18 WpÜG in der Angebotsunterlage geregelt werden.[412] Eine Anfechtung oder ein Rücktritt seien stets ausgeschlossen. Denn eine Rückabwicklung sei den Anlegern, die dann möglicherweise in eine durch den Erwerber umgestaltete Gesellschaft zurückkehren müssten, unzumutbar.[413]

Von einer vermittelnden Ansicht wird eine Rücknahmemöglichkeit zwar dem Grundsatz nach abgelehnt, dem Bieter aber ausnahmsweise ein Rücktrittsrecht bei einer Störung der Geschäftsgrundlage gem. § 313 Abs. 1 iVm. Abs. 3 Satz 1 BGB zugebilligt.[414] § 313 Abs. 1 BGB sei eine Ausprägung des fundamentalen Rechtsprinzips aus Treu und Glauben, wonach jede rechtsgeschäftliche Bindung nur solange gilt, wie ihre Geschäftsgrundlage erhalten bleibt.[415] Auch § 18 Abs. 2 WpÜG stehe dem nicht entgegen, weil diese Vorschrift nur vertraglich vereinbarte, nicht dagegen gesetzliche Rücktrittsrechte ausschließe.[416]

Schließlich vertritt eine dritte Meinung (zivilrechtliche Lösung), dass neben dem Rücktritt wegen Störung der Geschäftsgrundlage[417] grundsätzlich auch der Widerruf gem. § 130 Abs. 1 Satz 2 BGB[418] und in bestimmten Fällen die Anfechtung nach den §§ 119 ff. BGB[419] zur Angebotsrücknahme in Betracht kämen. Als Antrag im Sinne der §§ 145 ff. BGB unterliege ein Angebot nach dem WpÜG den allgemeinen Vorschriften des BGB, soweit das WpÜG keine abweichenden Regelungen treffe. Dies sei hinsichtlich der Vorschriften der §§ 119 ff. BGB eben nicht der Fall.[420] Den schutzwürdigen Interessen der Angebotsadressaten sei im Falle der Anfechtung nach § 119 BGB durch den Schadensersatzanspruch aus § 122 BGB Rechnung getragen.[421] Zudem werde der Bieter durch die Anfechtung keinesfalls von der Pflicht zur Angebotsabgabe befreit, vielmehr

---

410 *Hasselbach* in: KölnKomm-WpÜG, § 18 Rn. 75.

411 So auch *Hopt*, ZHR 166 (2002), S. 383, 405 (dort auch Fn. 106).

412 Vgl. auch *Riehmer* in: Haarmann/Riehmer, § 18 Rn. 15i.

413 *Wackerbarth* in: MünchKomm-WpÜG, § 18 Rn. 55.

414 *Geibel* in: Geibel/Süßmann, § 18 Rn. 47; *Oechsler* in: Ehricke/Ekkenga, § 11 Rn. 53; *Thaeter* in: Thaeter/Brandi, Teil 2, Rn. 212; *Hopt*, ZHR 166 (2002), S. 383, 405 (dort auch Fn. 106).

415 *Oechsler* in: Ehricke/Ekkenga, § 11 Rn. 53.

416 *Thaeter* in: Thaeter/Brandi, Teil 2, Rn. 214.

417 *Seydel* in: KölnKomm-WpÜG, § 11 Rn. 21.

418 *Thoma* in: Baums/Thoma, § 11 Rn. 12.

419 *Thoma* in: Baums/Thoma, § 11 Rn. 13 ff.; *Seydel* in: KölnKomm-WpÜG, § 11 Rn. 24; *Renner* in: FrankKomm-WpÜG, § 11 Rn. 21; zweifelnd *Oechsler*, NZG 2001, S. 817, 822.

420 *Thoma* in: Baums/Thoma, § 11 Rn. 14; *Seydel* in: KölnKomm-WpÜG, § 11 Rn. 24.

421 *Thoma* in: Baums/Thoma, § 11 Rn. 15; *Seydel* in: KölnKomm-WpÜG, § 11 Rn. 24.

habe er der BaFin nach erfolgter Anfechtung unverzüglich eine korrigierte Angebotsunterlage zu übermitteln und nach Gestattung zu veröffentlichen.[422]

2. Stellungnahme: Geltung der bürgerlich-rechtlichen Rücknahmeinstrumente

Auch wenn im Einzelfall diejenigen Besonderheiten in Rechnung zu stellen sind, die sich aus dem speziellen Charakter eines Erwerbs- bzw. Übernahmeangebots ergeben, so gelten hier grundsätzlich die Vorschriften des BGB über Willenserklärungen. Dem Bieter ist es demnach möglich, sein öffentliches Angebot gem. § 130 Abs. 1 Satz 2 BGB zu widerrufen und es nach den §§ 119 ff. BGB anzufechten. Außerdem kann der Bieter bei Vorliegen der Voraussetzungen des § 313 BGB vom Angebot bzw. dem jeweiligen Vertrag zurücktreten.

a. Ausschluss der Angebotsrücknahme wegen § 11 WpÜG?

Zunächst einmal ist der Annahme entgegenzutreten, dass Lösungsmöglichkeiten des Bieters stets ausdrücklich in der Angebotsunterlage enthalten sein müssten. Aus § 11 WpÜG ergibt sich, dass die Angebotsunterlage sämtliche Bestandteile des *Angebots* enthalten muss. § 158 BGB gewährt den vertragsschließenden Parteien die grundsätzliche Möglichkeit, Bedingungen in ihr Rechtsgeschäft aufzunehmen.[423] Dies wird dem Bieter in eingeschränkter Form auch durch § 18 Abs. 1 WpÜG ermöglicht, so dass er eine Bedingung als Bestandteil seines Angebots gem. § 11 Abs. 2 Satz 1 Nr. 5 WpÜG in die Angebotsunterlage aufzunehmen hat. Im Unterschied zu einer Bedingung im Sinne der §§ 158 BGB, 18 Abs. 2 WpÜG handelt es sich aber weder bei der Anfechtung, beim gesetzlichen Widerruf vor Zugang der Willenserklärung noch beim gesetzlichen Rücktrittsrecht aufgrund einer Störung der Geschäftsgrundlage um Angebotsbestandteile, so dass es in diesen Fällen auch nicht einer Aufnahme in die Angebotsunterlage bedarf. Sinn und Zweck der Pflicht zur Erstellung der Angebotsunterlage ist es, die Angebotsempfänger über den genauen Inhalt des Angebots zu informieren, damit diesen eine hinreichende Entscheidungsgrundlage zur Verfügung steht.[424] Daher müssen die Aktionäre über Bedingungen informiert werden, die der Bieter in den Angebotsinhalt aufgenommen hat. Denn dass ein Angebot so ausgestaltet wird, dass es von einer Bedingung abhängt, ist keineswegs selbstverständlich, sondern ist der privatautonomen Entscheidung anheimgestellt.[425] Dass eine zivilrechtliche Willenserklärung, die auf Irrtümern, Täuschung oder gar Drohung beruht, anfechtbar ist, ist hingegen eine Selbstverständlichkeit, die sich aus den bürgerlich-rechtlichen Vorschriften ergibt. Das gleiche gilt für die gesetzlichen Rechte zum Widerruf und zum Rücktritt. Die zumindest laienhafte Kennt-

---

[422] Dazu ausführlich unten, 3. Teil § 1 II. 2. d. dd.
[423] Vgl. *H. P. Westermann* in: MünchKomm-BGB, § 158 Rn. 8; *Dörner* in: HandKomm-BGB, Vor §§ 158-163 Rn. 1.
[424] BT-Drucks. 14/7034, S. 41 (Zu § 11 Absatz 1 WpÜG-RegE).
[425] *H. P. Westermann* in: MünchKomm-BGB, § 158 Rn. 1.

nis des BGB darf und muss insoweit allgemein vorausgesetzt werden, so dass diesbezüglich kein Schutzbedürfnis der Aktionäre existiert.

b. Ausschluss der Angebotsrücknahme wegen § 18 WpÜG?

Die Existenz des § 18 WpÜG erlaubt keineswegs den zwingenden Schluss, dass der Gesetzgeber andere Möglichkeiten der Rücknahme ausschließen wollte. Im Gegenteil: diese Vorschrift hat vielmehr den Zweck, darzutun, welche Rücknahmeformen *nicht* zulässig sind: dies sind gem. § 18 Abs. 1 WpÜG Potestativbedingungen und gem. Abs. 2 vertraglich vereinbarte Rücktritts- oder Widerrufsvorbehalte.[426] Alle anderen Rücknahmemöglichkeiten, namentlich andere Bedingungen als Potestativbedingungen sowie die Anfechtung und der gesetzliche Widerruf bzw. Rücktritt, sind demnach möglich, da sie eben *nicht* ausdrücklich durch § 18 WpÜG oder andere Vorschriften untersagt werden.

Nach der Gesetzesbegründung zu § 17 WpÜG sollen Übernahmeangebote vermieden werden, an die der Bieter *nicht gebunden* ist.[427] Dieses Ziel wird dadurch erreicht, dass dem Bieter nach dieser Vorschrift ein *unverbindliches* Angebot – also eine *invitatio ad offerendum* – untersagt wird. Der Bieter kann demnach nur solche Anträge unterbreiten, die im Sinne von § 145 BGB *verbindlich* sind. Ein ähnlicher Zweck wird mit § 18 WpÜG verfolgt: weil der Bieter grundsätzlich an sein Angebot gebunden sein soll, müssen Angebote unterbunden werden, deren Bindung er *ohne weiteres* lösen kann.[428] Angebote, von denen sich ein Bieter ohne weiteres lösen kann sind solche, die mit Potestativbedingungen ausgestattet sind, weshalb das Gesetz ihm solche untersagt. *Nicht ohne weiteres* lösen kann sich der Bieter dagegen mittels Widerrufs, Rücktritts oder Anfechtung.

Ein Widerruf ist gem. § 130 Abs. 1 Satz 2 BGB ohnehin nur vor (oder zeitgleich mit) Zugang möglich. Der Widerruf kann wirksam ausgeübt werden, weil die Adressaten vor dem Zugang noch keine Kenntnis über die Willenserklärung bzw. deren genauen Inhalt erlangt haben und sich diesbezüglich noch kein schutzwürdiges Vertrauen gebildet haben kann.

Auch eine Anfechtung steht nicht im Gutdünken des Bieters. Im Unterschied zur Potestativbedingung, deren Eintritt der Bieter selbst aufgrund eines freien Willensentschlusses herbeiführen kann,[429] ist die Entstehung eines Irrtums vom Willen des Bieters unabhängig. Das gleiche gilt selbstverständlich für die Fälle der Täuschung oder Drohung. Zwar kommt es bei der Anfechtung auf ein Verschulden des Anfechtenden nicht an.[430] Ein „Irrtum", dem der Erklärende absichtlich oder wissentlich unterliegt, oder dessen Erkenntnis er sich bewusst ver-

---

[426] Zur teleologischen Reduktion von § 18 Abs. 2 WpÜG siehe oben, 2. Teil § 2 I. 3. b. dd. (2) (a).

[427] BT-Drucks. 14/7034, S. 47 (Zu § 17 WpÜG-RegE).

[428] So ausdrücklich die Gesetzesbegründung, die insoweit auf die Begründung zu § 17 verweist; vgl. BT-Drucks. 14/7034, S. 47 (Zu § 18 Absatz 1 WpÜG-RegE).

[429] Vgl. *Larenz/Wolf*, § 50 Rn. 13.

[430] *Kramer* in: MünchKomm-BGB, § 119 Rn. 2.

schließt,[431] ist aber schon *per definitionem* kein Irrtum im Sinne des Anfechtungsrechts, denn ein Irrtum ist die *unbewusste* Unkenntnis vom wirklichen Sachverhalt.[432] Relevant sind folglich nur solche Irrtümer, die höchstens auf Fahrlässigkeit beruhen, so dass die Gefahr einer missbräuchlichen Anfechtung, ganz im Sinne der dem WpÜG zugrunde liegenden Schutzgedanken, nicht möglich ist. Grundsätzlich kann der Bieter sein Angebot daher auch anfechten. Wie noch zu zeigen sein wird, löst die Anfechtung keine spezielle Pflicht des Bieters aus, eine „modifizierte Angebotsunterlage“ zu erstellen.[433]

Ein Rücktritt nach § 313 Abs. 1 iVm. Abs. 3 Satz 1 BGB ist ebenfalls grundsätzlich möglich. Hierbei wird ein Missbrauch dadurch ausgeschlossen, dass eine Zumutbarkeitsprüfung in Form einer Interessenabwägung zu erfolgen hat,[434] in deren Rahmen Sinn und Zweck des WpÜG hinreichend Berücksichtigung finden können.

Das Argument, nach dem eine Rückabwicklung der Verträge den (ehemaligen) Wertpapierinhabern nicht zumutbar sei, kann entkräftet werden. Es ist zwar richtig, dass die Anfechtungs- bzw. Rücktrittsgegner unter Umständen in eine Aktiengesellschaft zurückkehren, dic durch den Stimmrechtseinfluss des Wertpapiererwerbers in der Zwischenzeit erheblich umgestaltet worden ist. Mit diesem Risiko müssen - und können – die Anleger allerdings leben. Man könnte zwar theoretisch auch an die Möglichkeit denken, dem Bieter die Anfechtung oder den Rücktritt nur bis zu dem Zeitpunkt zu gestatten, zu dem die Verträge abgewickelt werden oder zu dem der Bieter erstmals in einer Hauptversammlung seinen Einfluss ausübt. Eine solche Differenzierung entspräche aber weder dem Erfordernis ausreichender Rechtssicherheit, noch ist sie zur Wahrung der Anlegerinteressen erforderlich. Denn im Falle der Anfechtung werden diese in ihrem Vertrauen auf die Gültigkeit der Verträge durch § 122 BGB hinreichend geschützt. Der Rücktritt wegen Störung der Geschäftsgrundlage unterliegt einer relativ kurzen Verjährungsfrist von 3 Jahren (§ 195 BGB) und eröffnet den Anlegern Herausgabe- und Wertersatzansprüche nach den §§ 346 ff. BGB.

c. Unwirksamkeit der Angebotsrücknahme gem. § 134 BGB?

Will man das komplizierte Verhältnis der bürgerlich-rechtlichen Vorschriften zu den kapitalmarktrechtlichen Regelungen im WpÜG verstehen, so ist es notwendig, sich die Zweckrichtungen dieser Regelungen zu vergegenwärtigen. Dem BGB liegt das Prinzip der Privatautonomie zugrunde. Eine Willenserklärung kann vom Erklärenden grundsätzlich nach Belieben ausgestaltet werden, sofern dadurch nicht ausnahmsweise gegen ein gesetzliches Verbot oder die guten Sitten verstoßen wird. Ist eine Erklärung einmal nach Außen gedrungen, so ist der

---

431 Vgl. *Kramer* in: MünchKomm-BGB, § 119 Rn. 141.
432 *Kropholler*, BGB, § 119 Rn. 5.
433 Dazu ausführlich unten, 3. Teil § 1 II. 2. d. dd.
434 *Schulze* in: HandKomm-BGB, § 313 Rn. 16; *Roth* in: MünchKomm-BGB, § 313 Rn. 66 ff.

Erklärende grundsätzlich daran gebunden, allerdings stellt ihm das BGB eine ganze Reihe von Rücknahmemöglichkeiten zur Seite.

Die Privatautonomie wird durch verschiedene Vorschriften des WpÜG zum Schutze der Zielgesellschaft, ihrer Aktionäre und des Marktes zum Teil eingeschränkt, beispielsweise durch das Verbot von Potestativbedingungen gem. § 18 Abs. 1 WpÜG. Ein Verstoß gegen dieses Verbot führt, wie noch zu zeigen sein wird, zur Nichtigkeit des Angebots gem. § 134 BGB.[435] Außerdem wird durch das WpÜG ein bestimmter Verfahrensablauf vorgeschrieben. Der Bieter ist gem. § 14 Abs. 1 Satz 1 WpÜG verpflichtet, binnen vier Wochen nach der Ankündigung des Angebots eine Angebotsunterlage an die BaFin zu übermitteln, die er gem. § 14 Abs. 2 Satz 1 WpÜG nach der Gestattung durch die BaFin unverzüglich zu veröffentlichen hat. In § 15 WpÜG werden der BaFin bestimmte Kompetenzen zur Überwachung dieses Verfahrens eingeräumt. Nach § 15 Abs. 1 Nrn. 1-4 WpÜG hat die BaFin das Angebot zu untersagen, wenn (1) die Angebotsunterlage nicht die durch § 11 WpÜG vorgeschriebenen Angaben enthält, (2) die in der Angebotsunterlage enthaltenen Angaben offensichtlich gegen Vorschriften des WpÜG, beispielsweise § 18 Abs. 1, verstoßen, (3) der Bieter trotz Ankündigung gem. § 10 Abs. 1 WpÜG der BaFin keine Angebotsunterlage übermittelt (§ 14 Abs. 1 WpÜG) oder (4) die Angebotsunterlage nicht veröffentlicht (§ 14 Abs. 2 WpÜG). Widerruft der Bieter sein Angebot, bevor dieses veröffentlicht worden ist, dann kann er damit gegen die übernahmerechtliche Pflicht verstoßen, ein Angebot zu veröffentlichen. Die BaFin hat in diesem Falle das Angebot gem. § 15 Abs. 1 Nr. 4 WpÜG zu untersagen. Als weitere Konsequenz tritt gem. § 26 WpÜG eine einjährige Sperrfrist ein, binnen der ein erneutes Angebot unzulässig ist. Außerdem ist der Bieter bußgeldpflichtig, § 60 Abs. 1 Nr. 1a WpÜG. Diese Konsequenzen treten aber nicht zwingend ein. Wie noch zu zeigen sein wird, kann der Widerruf ein probates Mittel darstellen, die Veröffentlichung einer fehlerhaften Angebotsunterlage zu verhindern.[436] Mit anderen Worten: zwar kann der Widerruf auf der kapitalmarktrechtlichen Seite negative Konsequenzen für den Bieter haben, er ist aber zivilrechtlich wirksam. Das WpÜG enthält keine Norm, aus der sich ein zur Nichtigkeit der Widerrufserklärung führendes Verbot ableiten ließe.[437] Das gilt auch für die übrigen zivilrechtlichen Rücknahmemöglichkeiten, beispielsweise die Anfechtung. Zivilrechtlich ist eine Anfechtung, sofern deren Voraussetzungen vorliegen, zulässig und wirksam. Im Unterschied zum Widerruf kann die Anfechtung auch keinen Verstoß gegen ein übernahmerechtliches Gebot darstellen. § 15 WpÜG ermächtigt die BaFin nicht zum Vorgehen gegen eine Anfechtung des Angebots, und § 60 WpÜG enthält keinen entsprechenden Bußgeldtatbestand.

---

[435] Siehe unten, 3. Teil § 1 III. 1. a. bb.

[436] Dazu sogleich, 3. Teil § 1 II. 1. c. cc.

[437] Verbotsnormen sind im WpÜG deutlich gekennzeichnet, vgl. zB § 18 Abs. 1 („darf...nicht"), Abs. 2 („...ist unzulässig"), § 26 Abs. 1 Satz 1 („ist...unzulässig") und § 32 („ist...unzulässig").

d. Ausschluss insbesondere der Anfechtung durch Sonderwertungen?

In einigen Bereichen erfordern besondere Wertungen einen Ausschluss der Anfechtung oder jedenfalls ihrer ex-tunc-Wirkung.[438] Bei fehlerhaft gegründeten Personengesellschaften, ebenso bei fehlerhaften Beitrittserklärungen, findet bei der Irrtumsanfechtung nur eine ex-nunc-wirkende Auflösung statt. Handelt es sich um eine Kapitalgesellschaft, ist eine Anfechtung nach Registrierung der Gesellschaft sogar gänzlich ausgeschlossen, und zwar selbst bei arglistiger Täuschung.[439]

Der Grund für den Ausschluss bzw. die Modifizierung der Anfechtung wurde früher häufig damit begründet, dass sich eine an die Öffentlichkeit gerichtete Erklärung nicht mit einer Anfechtung vertrage.[440] Dieser Begründungsansatz wird heute jedoch überwiegend als unzureichend und unzutreffend abgelehnt.[441] Wie das Beispiel der Auslobung (§ 658 BGB) zeigt, steht das Merkmal der „Öffentlichkeit" einer Erklärung dem Widerruf oder der Anfechtung keineswegs entgegen.[442] Es ist auch nicht einsehbar, warum sich beispielsweise an eine in einer Zeitung annoncierte Erklärung ein stärkerer Vertrauensschutz knüpfen sollte als an eine gegenüber einer Einzelperson geäußerte Erklärung. Bemüht man das spezielle Beispiel der fehlerhaften Kapitalgesellschaft, so ist zuzugeben, dass sich an die Registereintragung ein besonderer Vertrauensschutz knüpft (Rechtsschein der Registereintragung). Der Hauptgrund für den Ausschluss der Anfechtung liegt aber auch hier in einem anderen Umstand begründet, nämlich im Grundsatz der Kapitalaufbringung und -erhaltung. Wäre die Gründung der Kapitalgesellschaft oder eine Beitrittserklärung anfechtbar, so könnte der Gesellschaft allzu leicht die Kapitalgrundlage entzogen und damit der Gläubigerschutz ausgehebelt werden.[443]

Beim Angebot nach dem WpÜG wird die Angebotsunterlage durch Bekanntgabe im Internet und im elektronischen Bundesanzeiger (nach früherer Rechtslage durch Abdruck in einem überregionalen Börsenpflichtblatt) veröffentlicht, § 14 Abs. 3 WpÜG. Dadurch entsteht gewiss kein mit der Registerpublizität vergleichbarer Vertrauensschutz. Auch für die Angebotsunterlage gilt, dass die darin verkörperte Erklärung allein aufgrund der Tatsache, dass diese an die Öffentlichkeit gerichtet ist, im Hinblick auf ihre Anfechtbarkeit nicht anders als jede andere Willenserklärung zu behandeln ist.

Sollten tatsächlich besondere Gründe existieren, die eine Anfechtung des öffentlichen (Übernahme-)Angebots ausschließen, so können diese jedenfalls nicht im öffentlichen Charakter des Angebots liegen, sondern müssen darüber hinausgehen. Der Grund, warum der Gesetzgeber die *invitatio ad offerendum* sowie

---

[438] Siehe dazu *Kramer* in: MünchKomm-BGB, § 119 Rn. 19 ff.

[439] *Kramer* in: MünchKomm-BGB, § 119 Rn. 21; *Kraft* in: KölnKomm-AktG, § 23 Rn. 110 ff.

[440] Vgl. etwa *Würdinger*, Aktienrecht, § 17 B IV 3a.

[441] Vgl. *Canaris*, Vertrauenshaftung, S. 155 f.

[442] Dazu noch ausführlich unten, 3. Teil § 1 II. 2. b.

[443] Vgl. *Kraft* in: KölnKomm-AktG, § 23 Rn. 111.

Potestativbedingungen in der Angebotsunterlage für unzulässig erklärt hat, liegt darin, dass der Bieter grundsätzlich an das Angebot gebunden sein soll. Weil das Angebot für die Zielgesellschaft bestimmte Folgen auslöst, insbesondere in Bezug auf den Börsenkurs und die Aktivität des Managements (Abwehrmaßnahmen; Pflicht zur Stellungnahme gem. § 27 WpÜG), soll sich der Bieter nicht ohne weiteres aus dem Angebotsverfahren zurückziehen können.[444] Wie bereits weiter oben dargestellt, handelt es sich bei der Anfechtung aber gerade nicht um ein Instrument, mit dessen Hilfe sich der Bieter ohne weiteres von seinem Angebot lösen kann.[445] Auch die Tatsache, dass das WpÜG alle Arten von Bedingungen außer Potestativbedingungen ausdrücklich für zulässig erklärt, spricht dafür, dass eine Rücknehmbarkeit des Angebots möglich sein soll, sofern die Rücknahme nicht im Belieben des Bieters steht. Bei der Beitrittserklärung zu einer Kapitalgesellschaft hingegen ist ab dem Zeitpunkt der Registereintragung nicht nur die Anfechtung ausgeschlossen, sondern auch jede Form der Bedingung.[446]

Tatsächlich entsteht die mit der Angebotsabgabe verbundene Erwartungshaltung des Managements der Zielgesellschaft, der Aktionäre und nicht zuletzt des Marktes bereits mit der Ankündigung des Angebots gem. § 10 WpÜG. Bereits jetzt treten regelmäßig die Auswirkungen auf den Börsenkurs der Zielgesellschaft zu Tage, bereits jetzt wird sich das Management der Zielgesellschaft mit der Ergreifung von Abwehrmaßnahmen befassen, und bereits jetzt geraten die Aktionäre in die Situation, sich mit der Frage zu beschäftigen, wie sie mit dem bevorstehenden Angebot umgehen werden. Gibt der Bieter kein Angebot ab, dann untersagt die BaFin das Angebot gem. § 15 Abs. 1 Nr. 4 WpÜG, mit der Folge, dass der Bieter für die Dauer eines Jahres „gesperrt" ist (§ 26 WpÜG) und ein Bußgeld zahlen muss (§ 60 Abs. 1 Nr. 1a WpÜG). Dadurch soll auf den Bieter ein psychologischer Druck ausgeübt werden, ein Angebot abzugeben. Tatsächlich kann damit die Nichtabgabe aber nicht verhindert werden, insbesondere löst die Nichtabgabe keine Abgabefiktion aus. Davon geht auch die Gesetzesbegründung aus, wonach sich der Bieter nicht „*sanktionslos*" soll zurückziehen können.[447] Wenn aber selbst die unbegründete, willkürliche Nichtabgabe möglich ist, warum soll dann eine begründete, an die jeweiligen Voraussetzungen (vorliegen eines Irrtums bzw. Täuschung etc.) gebundene Anfechtung nicht möglich sein?

Nur in dem speziellen Fall, dass die Übernahme der Zielgesellschaft im Wege eines Aktientauschs durch Kapitalerhöhung gegen Sacheinlagen erfolgt,[448] ist die Anfechtung ausgeschlossen, sobald die Kapitalerhöhung gem. § 188 AktG ins Handelsregister eingetragen ist. Dies hat allerdings keine übernahmerechtlichen, sondern aktienrechtliche Gründe. Erhöht die Bietergesellschaft ihr Kapital,

[444] BT-Drucks. 14/7034, S. 47 (Zu § 17 und § 18 Absatz 1 WpÜG-RegE).
[445] Siehe oben, 3. Teil § 1 I. 2. b.
[446] Dazu bereits oben, 2. Teil § 2 I. 3. b. (3).
[447] Vgl. BT-Drucks. 14/7034, S. 45 (Zu § 15 Absatz 1 WpÜG-RegE).
[448] Siehe dazu oben, 2. Teil § 2 I. 3.

und bringen die Aktionäre der Zielgesellschaft ihre Wertpapiere als Sacheinlage ein, dann stellt dies einen Beitritt zu einer Kapitalgesellschaft dar. Wie bereits weiter oben erwähnt, ist eine Beitrittserklärung nach ihrer Registrierung von keinem der Beteiligten mehr anfechtbar (Registerpublizität, Gläubigerschutz durch Kapitalaufbringung). Bevor die Eintragung des erhöhten Kapitals in das Handelsregister erfolgt, kann der Bieter den Zeichnungsantrag jedoch anfechten.

e. Ausschluss der Angebotsrücknahme während der Annahmefrist?

Auch eine Sperre der Rücknahmemöglichkeiten lediglich für die Zeit der Annahmefrist wird durch die Vorschriften des WpÜG nicht errichtet. Dies wäre auch nicht sinnvoll, denn je später eine Rücknahme des Angebots erfolgt, desto schädlicher können im Einzelfall die Auswirkungen sein.

f. Der „Ausstieg“ aus dem Angebotsverfahren

Das öffentliche Angebotsverfahren beginnt mit der Ankündigung des Angebots gem. § 10 Abs. 1 WpÜG, setzt sich mit der Angebotsabgabe fort und endet mit Ablauf der Annahmefrist, die gem. § 16 Abs. 1 WpÜG grundsätzlich vier bis maximal zehn Wochen beträgt. Bei einem Übernahmeangebot schließt sich daran gem. § 16 Abs. 2 Satz 1 WpÜG nochmals eine Annahmefrist von weiteren zwei Wochen an, damit auch diejenigen Aktionäre, die das Angebot bislang nicht angenommen haben, diese Annahme nun nachholen können (sog. „Zaunkönigregelung“). Nach Ablauf der jeweiligen Annahmefrist ist der Bieter gem. § 23 Abs. 1 Satz 1 WpÜG verpflichtet, die Anzahl der ihm nun zustehenden Stimmrechte gem. § 14 Abs. 3 Satz 1 öffentlich bekannt zu geben und der BaFin mitzuteilen.

Hat der Bieter trotz seiner übernahmerechtlichen Verpflichtung kein Angebot abgegeben, oder hat er das Angebot rechtzeitig widerrufen, so dass es nicht zur Veröffentlichung gekommen ist, dann ist das Angebotsverfahren beendet. Das gleiche gilt, wenn der Bieter das Angebot nach dessen Veröffentlichung wirksam anficht oder von einem Rücktrittsrecht Gebrauch macht. Es gibt zu diesem Zeitpunkt auch kein Bedürfnis mehr zur öffentlichen Information gem. § 23 Abs. 1 WpÜG hinsichtlich der dem Bieter zustehenden Anzahl an Wertpapieren der Zielgesellschaft.[449]

3. Zwischenergebnis

Begreift man mit der hier entwickelten Auffassung das öffentliche Angebot als rechtsgeschäftliche Willenserklärung, so ist es konsequent, den Widerruf, die Anfechtung sowie den Rücktritt wegen Störung der Geschäftsgrundlage jedenfalls dem Grundsatz nach zuzulassen. Wie noch zu zeigen sein wird, gilt das im Prinzip auch für die sonstigen Rücknahmemöglichkeiten, die das Zivilrecht be-

---

[449] Etwas anderes gilt, wenn der Bieter das Angebot nur einzelnen Angebotsadressaten gegenüber anficht, also die Anfechtung nur einzelne Anträge aus dem das Angebot ausmachenden „Angebotsbündel“ betrifft. Dazu unten, 3. Teil § 1 II. 2. a. bb. (2) (a) (bb) und dd. (1).

reithält, wie beispielsweise für den Rücktritt bei Leistungsstörungen[450] oder die Lösungsrechte im Falle einer Insolvenz des Bieters[451].

§ 18 WpÜG steht dem nicht entgegen, denn mit dieser Norm wird lediglich geregelt, welche Arten von Bedingungen der Bieter in die Angebotsunterlage aufnehmen kann. Eine generelle Aussage über die (Nicht-)Rücknehmbarkeit des Angebots lässt sich aus dieser Vorschrift nicht ableiten.[452]

Wie eine Rücknahme des Angebots im einzelnen funktioniert, und welche Konsequenzen zivilrechtlicher und kapitalmarktrechtlicher Natur daraus resultieren, wird im Folgenden noch genauer zu untersuchen sein.

II. Die Rücknahmemöglichkeiten im Einzelnen

1. Der Widerruf gem. § 130 Abs. 1 Satz 2 BGB

Ein Angebot kann nur dann widerrufen werden, wenn die Zeitpunkte der Abgabe der Erklärung und ihres Zugangs auseinanderfallen, denn nur innerhalb dieses zeitlichen Rahmens ist ein Widerruf gem. § 130 Abs. 1 Satz 2 BGB überhaupt möglich.

a. Abgabe des Angebots

aa. Meinungsstand

Aus der grundsätzlichen Möglichkeit eines Widerrufs vor Zugang ist umgekehrt zu schlussfolgern, dass eine Willenserklärung dann abgegeben ist, wenn der Erklärende das nach den Umständen zu Erwartende getan hat, um seinen rechtsgeschäftlichen Willen in einer solchen Weise zu äußern, d.h. so auf den Weg zum Empfänger zu bringen, dass an der Endgültigkeit dieses Willens kein Zweifel mehr sein kann.[453] Aus dieser allgemeinen Definition wird für das WpÜG abgeleitet, dass ein Angebot dann abgegeben sei, wenn die Angebotsunterlage gem. § 14 Abs. 3 WpÜG veröffentlicht ist.[454] Erfolge die Veröffentlichung aber nicht zeitgleich in den verschiedenen gesetzlich durch § 14 Abs. 3 WpÜG vorgeschriebenen Medien (Internet und Börsenpflichtblatt bzw. elektronischer Bundesanzeiger),[455] so liege die Abgabe bereits mit Veröffentlichung in nur einem

---

[450] Siehe unten, 3. Teil § 1 II. 4.

[451] Siehe unten, 3. Teil § 1 II. 6.

[452] Lediglich beim Pflichtangebot stellt sich die Lage anders dar, denn hier liefe eine Rücknahmemöglichkeit grundsätzlich dem Zweck der obligatorischen Angebotsabgabe zuwider. Dazu ausführlich unten, 3. Teil § 1 IV.

[453] *Larenz/Wolf*, § 26 Rn. 2.

[454] *Thoma* in: Baums/Thoma, § 11 Rn. 8; *Seydel* in: KölnKomm-WpÜG, § 11 Rn. 20 und § 14 Rn. 61.

[455] Durch das Übernahmerichtlinie-Umsetzungsgesetz vom 8. Juli 2006 wurde § 14 Abs. 3 Satz 1 Nr. 2 WpÜG dahingehend geändert, dass die Angebotsunterlage im elektronischen Bundesanzeiger (dem zukünftigen Quellmedium für Unternehmensnachrichten) zu veröffentlichen ist, statt in einem überregionalen Börsenpflichtblatt; diese Änderung trat gem. Art. 8 des Umsetzungsgesetzes zum 1.1.2007 in Kraft.

dieser Medien vor, da der Bieter bereits damit seinen rechtsgeschäftlichen Willen nach außen erkennbar geäußert habe.[456]

bb. Stellungnahme

Die Besonderheit beim Angebot nach dem WpÜG ist, dass dieses ein an die *Öffentlichkeit* gerichtetes Angebot darstellt. Zwar ist die Adressatengruppe des Angebots eingrenzbar, zumal dieses sich nur an solche Empfänger richtet, die Wertpapiere der Zielgesellschaft halten. Dass es sich dabei auch aus Sicht des Gesetzgebers um eine nicht ohne weiteres überschaubare Gruppe handelt, folgt aber bereits daraus, dass das Gesetz dem Bieter in § 11 Abs. 1 Satz 1 WpÜG die Veröffentlichung seines Angebots vorschreibt.[457] Eine Veröffentlichung ist stets erforderlich, selbst dann, wenn es nur einen einzigen (Groß-)Aktionär gibt, der allein alle Aktien hält. Denn immerhin ist es diesem jederzeit möglich, auch nach Angebotsabgabe durch den Bieter seine Papiere an diverse Erwerber weiterzuveräußern, so dass sich die Zahl der vom Angebot Betroffenen schlagartig wieder erhöht. Auch vor dem Hintergrund der Veröffentlichungspflicht nach § 10 Abs. 1 WpÜG vor Angebotsabgabe wird deutlich, dass durch Erklärungen des Bieters grundsätzlich die Öffentlichkeit angesprochen wird. Diese Vorschrift ist lex specialis zur Ad-hoc-Publizitätsregelung nach § 15 Abs. 1 WpHG.[458] Ebenso wie die Angebotsankündigung gem. § 10 Abs. 1 WpÜG oder die Ad-hoc-Mitteilung nach § 15 Abs. 1 WpHG[459] richtet sich auch das Angebot des Bieters an die sog. Bereichsöffentlichkeit.

Eine für die Öffentlichkeit bestimmte Erklärung ist abgegeben, wenn der Erklärende alles getan hat, um sie der Öffentlichkeit zugänglich zu machen.[460] Im Falle einer Erklärung an die Öffentlichkeit in Form eines Zeitungsinserates ist die Erklärung abgegeben, wenn sie der Zeitung übergeben oder an sie abgesendet worden ist, und nicht erst dann, wenn die Zeitung erschienen ist.[461] Es ist daher falsch, für die Abgabe eines Erwerbs- oder Übernahmeangebots auf den Zeitpunkt der Veröffentlichung abzustellen. Abgabe liegt vielmehr bereits dann vor, wenn der Bieter die Angebotsunterlage an die Publizitätsmedien absendet, d.h. nach bis zum 31. Dezember 2006 geltender Rechtslage an den Zeitungsverlag eines Börsenpflichtblattes (FAZ, Börsen-Zeitung etc.) und an den Provider einer entsprechenden Publizitäts-Site im Internet.[462] Seit dem 1. Januar 2007 ist

---

[456] *Thoma* in: Baums/Thoma, § 11 Rn. 8.

[457] Vgl. auch BT-Drucks. 14/7034, S. 41 (Zu § 11 Absatz 1 WpÜG-RegE), wonach es Ziel der Veröffentlichung sei, die vom Angebot Betroffenen und die Öffentlichkeit zu informieren.

[458] Siehe oben, 2. Teil § 3 IV., dort Fn. 402.

[459] Zum Begriff der Bereichsöffentlichkeit bei der Ad-hoc-Publizität nach § 15 WpHG siehe *Kümpel/Assmann* in: Assmann/U. H. Schneider, § 15 Rn. 52.

[460] *Larenz/Wolf*, § 26 Rn. 6.

[461] *Larenz/Wolf*, § 26 Rn. 8; *Enneccerus/Nipperdey*, § 159 II.

[462] Wählt der Bieter als Online-Medium die eigene Website, werden die Zeitpunkte des Absendens und der Veröffentlichung allerdings in der Regel zusammenfallen. Zu dieser Möglichkeit vgl. BT-Drucks. 14/7034, S. 45 (Zu § 14 Absatz 3 WpÜG-RegE).

die Angebotsunterlage allerdings nicht mehr in einem Börsenpflichtblatt, sondern im elektronischen Bundesanzeiger zu veröffentlichen.[463] An der Beurteilung der Abgabe ändert sich dadurch aber nichts. Abgegeben ist die Angebotserklärung, sobald die Angebotsunterlage an die Provider des elektronischen Bundesanzeigers und der Internet-Site abgeschickt worden ist.

Unrichtig ist auch, von einer Abgabe des Angebots schon dann auszugehen, wenn die Angebotsunterlage bereits in einem der beiden vorgeschriebenen Publizitätsmedien erschienen ist bzw. an eines dieser Medien abgesendet wurde. Das Gesetz knüpft an die Veröffentlichung der Angebotsunterlage bestimmte Rechtsfolgen, wie sich etwa aus § 16 Abs. 1 Satz 2 WpÜG für den Beginn der Annahmefrist ergibt. Eine Veröffentlichung in diesem Sinne ist eine solche nach § 14 Abs. 3 WpÜG, die aber erst dann gegeben ist, wenn die Angebotsunterlage in allen dort genannten Medien erschienen ist.[464] Hat der Bieter die Angebotsunterlage nur an eines dieser Medien abgesendet, so kommt darin noch kein endgültiger Abgabewille zum Ausdruck, weil der Bieter den Eintritt der besagten Rechtsfolgen durch bloßes Unterlassen der Absendung an das weitere erforderliche Medium verhindern kann. Abgegeben ist das Angebot somit erst dann, wenn der Bieter die Angebotsunterlage auf den Weg in Richtung *beider* Publizitätsmedien gebracht hat.

b. Zugang des Angebots

aa. Meinungsstand

Nach allgemeinen Grundsätzen ist eine Willenserklärung dann zugegangen, wenn die Erklärung dergestalt in den Machtbereich des Empfängers gelangt ist, dass dieser unter normalen Verhältnissen die Möglichkeit der Kenntnisnahme hat.[465] Hier stellt sich die Frage, ob und wie dieser Grundsatz auf das WpÜG

---

[463] Dazu oben, 3. Teil § 1 II. 1. a. aa., Fn. 455.

[464] So auch die ganz herrschende Meinung in den Kommentierungen zu § 16 Abs. 1 Satz 2 WpÜG. Vgl. *Seiler* in: Assmann/Pötzsch, § 16 Rn. 20; *Thoma/Stöcker* in: Baums/Thoma, § 16 Rn. 20 f.; *Hasselbach* in: KölnKomm-WpÜG, § 16 Rn. 23; *Geibel* in: Geibel/Süßmann, § 16 Rn. 14. Ließe man für den Begriff der Veröffentlichung im Sinne der §§ 14 Abs. 3, 16 Abs. 1 Satz 2 WpÜG die Veröffentlichung in nur einem Publizitätsmedium genügen, würde dies stets zu einer Verletzung des Gleichbehandlungsgrundsatzes führen. Nähme man an, dass die Annahmefrist bereits mit der Veröffentlichung der Angebotsunterlage in dem zuerst genutzten Medium beginnt, läge der Gleichheitsverstoß auf der Hand. Das gleiche aber würde für den Fall gelten, dass die Annahmefrist erneut zu laufen beginnt, sobald die Angebotsunterlage auch in dem weiteren erforderlichen Publikationsmedium erscheint. Dies nämlich würde eine dem Gleichheitsprinzip widersprechende Bevorzugung derjenigen Aktionärsgruppe bedeuten, die bereits über das zuerst genutzte Medium von der Angebotsunterlage Kenntnis erlangt hat. Den Gleichheitsverstoß könnte man nur dadurch abwenden, dass man die Annahmefrist gewissermaßen „splittet" und jeder Aktionärsgruppe lediglich die ihr nach dem Zeitpunkt der möglichen Kenntnisnahme zustehende Frist zugesteht. Dies wäre aber praktisch unmöglich, weil sich die Aktionärsgruppen aufgrund ihrer Anonymität nicht voneinander abgrenzen ließen.

[465] BGHZ 67, 271, 275; *Einsele* in: MünchKomm-BGB, § 130 Rn. 16.

übertragen werden kann. In der Literatur besteht zumindest Einigkeit, dass der Zugang des Angebots gegenüber sämtlichen Adressaten vorliegt, sobald die Angebotsunterlage gem. § 14 Abs. 3 WpÜG in sämtlichen vorgeschriebenen Publizitätsmedien veröffentlicht ist.[466] Uneinigkeit und Unsicherheit herrscht aber in Bezug auf die Erklärungsmodelle. So wird vertreten, § 14 Abs. 3 WpÜG fingiere den Zugang im Zeitpunkt der Veröffentlichung der Angebotsunterlage oder stelle zumindest eine unwiderlegliche Vermutung auf.[467] In eine ähnliche Richtung geht die Überlegung, § 14 Abs. 3 WpÜG stelle eine Spezialvorschrift gegenüber § 130 Abs. 1 Satz 1 BGB dar.[468] Außerdem liege in der Veröffentlichung der Angebotsunterlage regelmäßig ein Verzicht auf das Zugangserfordernis.[469]

bb. Stellungnahme

Weil man der Frage nach dem Zugang des Angebots eines Bieters bereits mithilfe der allgemeinen Grundsätze Herr werden kann, sind die vorstehend dargestellten Überlegungen, wie sie in der Literatur angestellt werden, durchweg überflüssig und daher abzulehnen.

Beim Angebot eines Bieters zum Erwerb oder zur Übernahme der Anteile an einer Zielgesellschaft handelt es sich um ein Angebot an abwesende Personen. Damit der abwesende Empfänger die Möglichkeit hat, von einer verkörperten Erklärung Kenntnis zu nehmen, ist es für deren Zugang in der Regel erforderlich, dass diese eine Empfangseinrichtung des Empfängers erreicht.[470] Der für den Zugang entscheidende Machtbereich des Empfängers bestimmt sich allerdings maßgeblich nach dem benutzten Kommunikationsmittel und den Umständen, unter denen die Erklärung abgegeben wird.[471] Entscheidend ist, dass die Erklärung dem Empfänger in der Art nahegebracht wird, dass er von ihr Kenntnis nehmen kann und die Kenntnisnahme nach den Gepflogenheiten des Verkehrs auch erwartet werden kann.[472]

Im Bereich der Kapitalmärkte ist es üblich, dass Erklärungen – gleich welcher Rechtsnatur – in Börsenpflichtblättern oder neuerdings auch über elektronische Informationssysteme veröffentlicht werden. Dies ist grundsätzlich sogar gesetzlich vorgeschrieben, wie beispielsweise die Vorschriften der §§ 10 Abs. 3, 14 Abs. 3 WpÜG, § 15 Abs. 1 WpHG und §§ 3 Abs. 1, 14 Abs. 2 WpPG belegen. Weil es sich auch beim Angebot im Sinne des WpÜG um eine öffentliche Erklärung aus dem Bereich des Kapitalmarktrechts handelt, gelten im Hinblick auf ihren Zugang gewisse Besonderheiten. Für die Möglichkeit der Kenntnis-

---

[466] *Thoma* in: Baums/Thoma, § 11 Rn. 9; *Seydel* in: KölnKomm-WpÜG, § 11 Rn. 20; *Steinmeyer/Häger*, § 11 Rn. 5 sowie § 14 Rn. 33.
[467] *Thoma* in: Baums/Thoma, § 11 Rn. 9.
[468] *Steinmeyer/Häger*, § 11 Rn. 5 sowie § 14 Rn. 33.
[469] *Seydel* in: KölnKomm-WpÜG, § 11 Rn. 20.
[470] *Einsele* in: MünchKomm-BGB, § 130 Rn. 17.
[471] *Larenz/Wolf*, § 26 Rn. 24.
[472] *Larenz/Wolf*, § 26 Rn. 21.

nahme kann es selbstverständlich nicht darauf ankommen, wann ein Börsenpflichtblatt üblicherweise gekauft bzw. gelesen wird, oder wann üblicherweise Einsicht in den elektronischen Bundesanzeiger genommen wird. Es wäre schlicht nicht möglich, diesen Zeitpunkt mit der hinreichenden Sicherheit und erforderlichen Allgemeingültigkeit zu bestimmen. Auch Empfangseinrichtungen wie beispielsweise Briefkästen oder elektronische Mailboxen können hierbei keine Rolle spielen. Dies gilt ebenso für die Veröffentlichung der Angebotsunterlage im Internet, die naturgemäß nicht jedem einzelnen Angebotsadressaten per elektronischer Post zugestellt wird. Weil die in § 14 Abs. 3 WpÜG genannten Arten der Veröffentlichung im Bereich des Kapitalmarktes üblich sind, wird vom Verkehr auch keine *individuelle* Form des Zugangs erwartet.

Der richtige Zeitpunkt des Zugangs ist das Resultat einer Abwägung zwischen den Risiken, die der Erklärende, und denjenigen, die der Empfänger der Erklärung zu tragen hat.[473] Grundsätzlich hat dabei der Erklärende die Risiken zu tragen, die sich aus seiner Sphäre ergeben, einschließlich des Übermittlungsrisikos, während der Empfänger die Risiken seines Organisations- und Machtbereichs trägt.[474] Das Übermittlungsrisiko hat der Erklärende deswegen zu tragen, weil er Versendungsweg und –mittel selbst auswählt und somit besser beherrschen kann als der Empfänger.[475] Für den Bieter bedeutet dies aber lediglich, dafür Sorge tragen zu müssen, dass die Angebotsunterlage an die Publizitätsmedien weitergegeben und in diesen wiedergegeben wird. Diese Risiken trägt der Bieter bis zum Erscheinen des jeweiligen Mediums. Ab diesem Zeitpunkt besteht für den Angebotsadressaten die Möglichkeit der Kenntnisnahme, und es liegt von nun an nur noch bei ihm selbst, auf die Erklärung zuzugreifen und sich Kenntnis von ihr zu verschaffen. Zugang liegt also vor, sobald die Angebotsunterlage sowohl im Internet als auch im elektronischen Bundesanzeiger[476] veröffentlicht worden ist und damit das Angebot dergestalt in den Machtbereich des Adressaten gelangt ist, dass unter normalen Umständen mit dessen Kenntnisnahme zu rechnen ist. Von nun an haben die Angebotsadressaten mindestens vier Wochen Zeit, das Angebot tatsächlich zur Kenntnis zu nehmen und über dessen Annahme oder Ablehnung nachzudenken, § 16 Abs. 1 WpÜG.

Ist eine Veröffentlichung lediglich über *einen* der gesetzlich vorgeschriebenen Publikationskanäle, beispielsweise über das Internet, erfolgt, so liegt nach der hier entwickelten Ansicht noch kein Zugang vor. Zwar ist das Angebot in einem solchen Falle „in die Welt" gelangt. Immerhin kann man hier mit einer überwiegenden Wahrscheinlichkeit davon ausgehen, dass bereits eine gewisse Anzahl von Aktionären die Angebotsunterlage wahrnehmen konnte und auch

[473] *Einsele* in: MünchKomm-BGB, § 130 Rn. 16; *Larenz/Wolf*, § 26 Rn. 19.

[474] *Einsele* in: MünchKomm-BGB, § 130 Rn. 16.

[475] *Larenz/Wolf*, § 26 Rn. 21.

[476] Alternativ zur Veröffentlichung im elektronischen Bundesanzeiger ermöglicht das Gesetz auch die sog. Schalterpublizität, vgl. § 14 Abs. 3 Satz 1 Nr. 2 Alt. 2 WpÜG.

tatsächlich wahrgenommen hat.[477] Der Begriff „Öffentlichkeit" ist nur schwer fassbar und zwingt zu gewissen Verallgemeinerungen.[478] Welcher Teil der anzusprechenden Bereichsöffentlichkeit durch die Veröffentlichung der Angebotsunterlage lediglich im Internet erreicht wird, lässt sich praktisch nicht feststellen. Der Gesetzgeber jedenfalls hat mit § 14 Abs. 3 WpÜG eine Regelung für erforderlich gehalten, nach der die Öffentlichkeit zur Gänze nur über eine Veröffentlichung im Internet *und* im elektronischen Bundesanzeiger erreicht werden kann. Geht man davon aus, dass erst mit Befolgung dieser Vorgaben der Zugang des Angebots erfolgt, so ist die erforderliche Rechtssicherheit gewahrt. Auch der Umstand, dass der Beginn der Annahmefrist gem. § 16 Abs. 1 Satz 2 WpÜG unmittelbar an die Veröffentlichung gem. § 14 Abs. 3 WpÜG, mithin an die Veröffentlichung in allen dort genannten Medien, anknüpft, spricht für diese Sichtweise.

Daraus folgt: Ist die Angebotsunterlage nur in einem der gesetzlich vorgeschriebenen Publizitätsmedien erschienen, so ist ein Widerruf nach § 130 Abs. 1 Satz 2 BGB möglich, weil der Zugang noch nicht erfolgt ist. Für die Angebotsadressaten ist dieser Rechtszustand durchaus zumutbar. Denn wie noch zu zeigen sein wird, entbindet der wirksame Widerruf den Bieter keineswegs von seiner Pflicht gem. § 14 Abs. 2 Satz 1 WpÜG zur (erneuten) Veröffentlichung einer Angebotsunterlage.[479]

c. Widerruf des Angebots

aa. Möglichkeit des Widerrufs

Nach der eingangs erwähnten Literaturmeinung ist der Widerruf eines Angebots grundsätzlich möglich, weil es denkbar ist, dass Abgabe und Zugang der Angebotserklärung zeitlich auseinanderfallen, zumal Abgabe ja bereits bei Veröffentlichung in nur einem der vorgeschriebenen Medien vorliegen soll. Wurde die Angebotsunterlage bereits in einem Publizitätsmedium veröffentlicht, dann sei ein Widerruf allerdings nur gegenüber denjenigen Aktionären möglich, die das Angebot noch nicht zur Kenntnis genommen haben.[480]

Gegen die zuletzt genannte These spricht, dass Angesichts der meist sehr großen Anzahl von Angebotsadressaten im öffentlichen Angebotsverfahren es praktisch gar nicht möglich ist, zu ermitteln, wer im Einzelfall bereits Kenntnis vom Angebot hatte und wer nicht. Auch im Übrigen entspricht diese Ansicht nicht der hier entwickelten Meinung. Gleichwohl besteht auch nach hiesiger Ansicht die Möglichkeit des Auseinanderfallens von Abgabe und Zugang und somit die Möglichkeit eines Widerrufs. Der frühestmögliche Zeitpunkt der Ange-

[477] Die Ansicht *Assmanns*, nach der das Medium Internet in Anlegerkreisen noch nicht ausreichend verbreitet sei, um sich für Veröffentlichungen zu eignen, lässt sich im Jahre 2007 wohl nicht mehr aufrecht erhalten. Vgl. aber *Assmann*, FS Schütze, S. 15, 43.
[478] Siehe zum Öffentlichkeitsbegriff bereits oben, 2. Teil § 2 II.
[479] Dazu ausführlich unten, 3. Teil § 1 II. 1. c. cc.
[480] Vgl. nur *Thoma* in: Baums/Thoma, § 11 Rn. 12.

botsabgabe liegt im Absenden der Angebotsunterlage an die Redaktionen der gesetzlich vorgeschriebenen Publizitätsmedien. Zugegangen ist das Angebot dagegen erst, sobald die Angebotsunterlage veröffentlicht worden ist. Innerhalb dieser Zeitspanne kann ein Angebot vom Bieter widerrufen werden.[481] Weil Zugang erst mit Veröffentlichung in sämtlichen vorgeschriebenen Publizitätsmedien eintritt, kann auch dann noch widerrufen werden, wenn die Angebotsunterlage bereits in einem Medium veröffentlicht worden ist. Der Widerruf ist auch in diesem Falle gegenüber *sämtlichen* Angebotsadressaten wirksam.

bb. Erklärung des Widerrufs

Gem. § 130 Abs. 1 Satz 2 BGB muss die Widerrufserklärung dem Adressaten vor oder zeitgleich mit der zu widerrufenden Willenserklärung zugehen. Vor dem Hintergrund, dass der Zugang der Angebotserklärung bereits mit Veröffentlichung in den Publizitätsmedien erfolgt, ist es dem Bieter allerdings schon rein praktisch nicht möglich, jedem denkbaren Adressaten rechtzeitig eine Widerrufserklärung zu übersenden.

Aus dem Zugangserfordernis lässt sich ableiten, dass auch die Widerrufserklärung selbst eine empfangsbedürftige Willenserklärung darstellt,[482] sie ist ein *actus contrarius* zu der widerrufenen Willenserklärung. Damit alle Adressaten die Möglichkeit bekommen, vom Widerruf Kenntnis zu nehmen, ist ein Widerruf daher grundsätzlich in derselben Weise zu erklären, wie es das Gesetz auch für die zu widerrufende Erklärung vorsieht, nämlich entsprechend § 14 Abs. 3 WpÜG durch Veröffentlichung im Internet *und* im elektronischen Bundesanzeiger.[483] Ist die Angebotsunterlage beispielsweise lediglich im Internet veröffentlicht worden, so ist es für einen wirksamen Widerruf nicht ausreichend, wenn dieser nur über das Internet erfolgt.

Freilich kann die flankierende Bußgeldvorschrift in § 60 Abs. 1 Satz 1 Nr. 1a WpÜG nicht angewendet werden (Analogieverbot). Das ist aber auch nicht erforderlich, denn im Unterschied zur Angebots*abgabe* ist der Bieter nicht zur Angebots*rücknahme* verpflichtet. Nimmt der Bieter die Angebotsrücknahme nicht in der ordnungsgemäßen Art und Weise vor, dann hat das schlicht die Konsequenz, dass die Angebotsrücknahme unwirksam ist. Der Bieter wird also stets bemüht sein, den Widerruf des Angebots ordnungsgemäß durchzuführen; man kann insoweit von einer Obliegenheit des Bieters sprechen. Zum Schutz des Marktes und der Angebotsempfänger ist das vollkommen ausreichend.

Damit der Widerruf wirksam ist, muss dessen Veröffentlichung spätestens gleichzeitig mit der zeitlich letzten noch ausstehenden Veröffentlichung der Angebotsunterlage erfolgen. Effizienter ist es dann freilich, wenn die Redaktionen der Publikationsmedien von vornherein davon absehen, die Angebotsunterlage

---

481 Vgl. zum Widerruf einer Willenserklärung in Form eines Zeitungsinserats *Larenz/Wolf*, § 26 Rn. 8.

482 *Schmidt*, Jura 1993, S. 345, 347 (dort Fn. 11).

483 *Thoma* in: Baums/Thoma, § 11 Rn. 12.

einschließlich des Widerrufs wiederzugeben, um sie der Öffentlichkeit erst gar nicht zur Kenntnis zu bringen.[484]

cc. Rechtsfolgen des Widerrufs

(1) Untersagung des Angebots, Sperrfrist und Bußgeldpflicht

Widerruft der Bieter das Angebot rechtzeitig vor der Veröffentlichung, dann hat dies zivilrechtlich die Konsequenz, dass das Angebot nicht wirksam wird. Zugleich kann darin aber ein Verstoß gegen die übernahmerechtliche Pflicht aus § 14 Abs. 2 Satz 1 WpÜG liegen, rechtzeitig ein Angebot zu veröffentlichen. Die BaFin ist dann gem. § 15 Abs. 1 Nr. 4 WpÜG verpflichtet, das Angebot zu untersagen. Gem. § 26 Abs. 1 WpÜG darf der Bieter nun binnen eines Jahres kein erneutes Angebot mehr unterbreiten. Außerdem stellt sein Verhalten eine Ordnungswidrigkeit im Sinne von § 60 Abs. 1 Nr. 1a WpÜG dar, sofern es auf Vorsatz oder Leichtfertigkeit beruht.

Gem. § 14 Abs. 2 Satz 1 WpÜG hat der Bieter die Angebotsunterlage „unverzüglich“, also ohne schuldhaftes Zögern (vgl. § 121 Abs. 1 Satz 1 BGB), zu veröffentlichen. Der Bieter muss die Veröffentlichung der Angebotsunterlage demnach sofort nach Gestattung seitens der BaFin vornehmen, sofern dem nicht berechtigte Interessen entgegenstehen. Gem. § 11 Abs. 1 Satz 3 WpÜG müssen die in der Angebotsunterlage enthaltenen Angaben richtig und vollständig sein. In diesem Zusammenhang ist auch die Regelung in § 12 Abs. 3 Nr. 3 WpÜG zu beachten, wonach eine Haftung des Bieters für unrichtige oder unvollständige Angaben in der Angebotsunterlage ausscheidet, wenn er vor der Annahme des Angebots durch die Aktionäre eine deutlich gestaltete Berichtigung der Angaben veröffentlicht. Daraus lässt sich eine umfassende Berichtigungs- und Aktualisierungspflicht des Bieters hinsichtlich der in der Angebotsunterlage enthaltenen Angaben ableiten.[485] Stellt der Bieter, nachdem er das Angebot abgegeben hat, Unrichtigkeiten in der Angebotsunterlage fest, so ist er verpflichtet, die Veröffentlichung, d.h. den Zugang des fehlerhaften Angebots zu verhindern.[486] Dazu stellt der Widerruf gem. § 130 Abs. 1 Satz 2 BGB ein probates und auch in übernahmerechtlicher Hinsicht zulässiges Mittel dar. Freilich entbindet dies den Bieter nicht von der Pflicht, unverzüglich die Veröffentlichung einer entspre-

[484] Dies ist kein Fall des § 151 BGB (analog): es wird nicht auf das Zugangserfordernis verzichtet, um dem Widerruf dennoch zur Wirksamkeit zu verhelfen. Vielmehr gehen weder Angebot noch Widerruf zu und werden daher gar nicht erst wirksam.

[485] Siehe dazu auch unten, 3. Teil § 1 III. 1. c. bb.

[486] Zwar hat der Bieter die Angebotsunterlage vor ihrer Veröffentlichung gem. § 14 Abs. 1 WpÜG der BaFin zuzuleiten, damit diese die im Angebot enthaltenen Angaben auf Richtigkeit und Vollständigkeit hin überprüft. Dadurch kann aber nicht verhindert werden, dass eine unrichtige Angebotsunterlage veröffentlicht wird. Zum einen ist denkbar, dass die BaFin Fehler übersieht, zumal diese lediglich eine eingeschränkte Überprüfung der Angebotsunterlage vornimmt; vgl. BT-Drucks. 14/7034, S. 44 (Zu § 14 Absatz 1 WpÜG-RegE). Zum anderen können sich äußere Umstände, auf die sich die Angaben in der Angebotsunterlage beziehen, nachträglich verändern, so dass diese Angaben nunmehr unrichtig sind.

chend korrigierten Angebotsunterlage zu veranlassen. Einer erneuten Zuleitung der Unterlage an die BaFin mit anschließender Gestattung bedarf es nicht, weil auch für Korrekturen durch den Bieter *nach* Veröffentlichung des Angebots keine derartige Pflicht besteht. Allerdings wird man den Bieter für verpflichtet halten müssen, der BaFin die jeweiligen Korrekturen mitzuteilen.[487]

(2) Schadensersatzpflicht

(a) Schadensersatz gem. § 823 BGB

Unter Umständen kann sich der Bieter durch den wirksamen Widerruf des Angebots zivilrechtlichen Schadensersatzansprüchen ausgesetzt sehen. Eine zivilrechliche Haftung kann sich aus § 823 Abs. 2 BGB iVm. § 14 Abs. 2 Satz 1 WpÜG ergeben, wenn es sich bei der übernahmerechtlichen Vorschrift um ein Schutzgesetz handelte. Der Umstand, dass der Gesetzgeber gem. § 4 Abs. 2 WpÜG Amtshaftungsansprüche Dritter ausschließen wollte, bedeutet noch nicht, dass auch zivilrechtlich ein Individualschutz ausgeschlossen ist.[488] Es ist also zu ermitteln, ob die Vorschrift des § 14 Abs. 2 Satz 1 WpÜG zumindest auch dem Schutz von Individualinteressen zu dienen bestimmt ist.[489] Die grundsätzliche Pflicht zur (rechtzeitigen) Veröffentlichung einer Angebotsunterlage hat unter anderem den Zweck, zu verhindern, dass bei der Zielgesellschaft grundlos Kapazitäten gebunden werden, weil der Bieter zwar ein Angebot angekündigt hat, sodann aber von der Veröffentlichung einer Angebotsunterlage Abstand nimmt.[490] Entsteht der Zielgesellschaft dadurch ein Schaden, dann kann ihr ein Schadensersatzanspruch aus § 823 Abs. 2 BGB iVm. § 14 Abs. 2 Satz 1 WpÜG zustehen.[491] Eine ausufernde Haftung wird dadurch verhindert, dass der Schadensersatzanspruch von einem Kausalitätsnachweis abhängt, der meist schwer zu führen sein dürfte.[492] Außerdem kann der Zielgesellschaft unter dem Aspekt eines zielgerichteten Eingriffs in den Gewerbebetrieb ein Ersatzanspruch aus § 823 Abs. 1 BGB zustehen.[493]

Die Pflicht zur Veröffentlichung der Angebotsunterlage dient darüber hinaus noch einem anderen Zweck, nämlich dazu, die Aktionäre der Zielgesellschaft als Adressaten des Angebots mit den für ihre Desinvestitionsentscheidung relevanten Informationen zu versorgen. Entscheidet sich der Bieter aber dazu, die Angebotsunterlage erst gar nicht zu veröffentlichen, dann benötigen die Aktionäre

---

[487] Für die Berichtigung fehlerhafter Ad-hoc-Mitteilungen ergibt sich dies aus § 15 Abs. 2 Satz 2, Abs. 4 Satz 1 Nr. 3 WpHG.

[488] Vgl. *Ihrig*, ZHR 167 (2003), S. 315, 338; *Berding*, Der Konzern 2004, S. 771, 776 f.

[489] Vgl. *Wagner* in: MünchKomm-BGB, § 823 Rn. 340.

[490] Vgl. auch BT-Drucks. 14/7034, S. 45 (Zu § 15 Absatz 1 WpÜG-RegE).

[491] Anderer Ansicht *Assmann* in: Assmann/Pötzsch, § 14 Rn. 54. Seiner Meinung nach handelt es sich bei den in § 14 niedergelegten Bestimmungen um Regelungen, die lediglich einem „fairen und geordneten Angebotsverfahren" dienen sollen und keinen Individualschutz bezwecken. Unentschieden *Ekkenga/Hofschroer*, DStR 2002, S. 724, 727.

[492] Dazu allgemein *Wagner* in: MünchKomm-BGB, § 823 Rn. 348.

[493] So offenbar auch *Assmann* in: Assmann/Pötzsch, § 10 Rn. 51.

die darin enthaltenen Informationen nicht. Ein Schadensersatzanspruch aus § 823 Abs. 2 BGB iVm. § 14 Abs. 2 Satz 1 WpÜG scheitert letztlich daran, dass der Bieter zwar prinzipiell zur Angebotsabgabe verpflichtet ist, jedoch keine Pflicht zur Abgabe eines Angebots mit einem *konkreten Inhalt* besteht.[494]

Auch unter dem Gesichtspunkt, dass durch die Nichtabgabe des Angebots eine Reaktion des Marktes eintritt, die sich negativ auf den Börsenkurs der gehaltenen Wertpapiere auswirkt, kann den Aktionären kein Schadensersatzanspruch zugesprochen werden. Denn über § 823 Abs. 2 BGB werden reine Vermögensinteressen grundsätzlich nicht geschützt.[495]

(b) Schadensersatz gem. §§ 311 Abs. 2 Nr. 3, 241 Abs. 2, 280 Abs. 1 BGB

(aa) Meinungsstand

Ob den Aktionären der Zielgesellschaft Ersatzansprüche aus §§ 311 Abs. 2 Nr. 3, 241 Abs. 2, 280 Abs. 1 BGB (*culpa in contrahendo*) zustehen können, hängt vor allem davon ab, welche Bedeutung der Angebotsankündigung gem. § 10 WpÜG beizumessen ist.

Diejenigen Autoren, die von der Annahme ausgehen, dass durch die Angebotsankündigung gem. § 10 Abs. 1 Satz 1 WpÜG keine Pflicht begründet wird, später auch tatsächlich ein Angebot zu veröffentlichen,[496] lehnen eine Haftung des Bieters aus *culpa in contrahendo* ab.[497] Eine *culpa*-Haftung wird allenfalls in besonders gelagerten Einzelfällen erwogen, etwa wenn die Angebotsankündigung bereits konkrete Angaben zum Inhalt des späteren Angebots enthält und so der Anschein erweckt wird, dass es mit Sicherheit zur Unterbreitung des öffentlichen Angebots kommen wird.[498]

Nach anderer Ansicht hingegen ist die Veröffentlichung der Angebotsankündigung gem. § 10 WpÜG als „ähnlicher geschäftlicher Kontakt" im Sinne des § 311 Abs. 2 Nr. 3 BGB anzusehen, der zur Entstehung eines Schuldverhältnisses mit Pflichten nach § 241 Abs. 2 BGB führt. Danach haftet der Bieter nach den Grundsätzen der *culpa in contrahendo* auf das negative Interesse, wenn er keine Angebotsunterlage veröffentlicht.[499] Von der Haftung könne sich der Bieter aber dadurch befreien, dass er nach der Angebotsankündigung „unverzüglich in der Form des § 10" WpÜG öffentlich mitteilt, dass er kein Angebot unterbreiten wird.[500]

---

[494] Vgl. auch *Seydel* in: KölnKomm-WpÜG, § 14 Rn. 76 und 78.
[495] *Wagner* in: MünchKomm-BGB, § 823 Rn. 344.
[496] Zu dieser Ansicht bereits ausführlich oben, 2. Teil § 3 II. 1.
[497] So insbesondere *Assmann* in: Assmann/Pötzsch, § 10 Rn. 51 aE.
[498] So *Oechsler*, ZIP 2003, S. 1330, 1333.
[499] So *Seydel* in: KölnKomm-WpÜG, § 14 Rn. 79; vgl. auch *Stöcker*, NZG 2003, S. 993, 997.
[500] *Seydel* in: KölnKomm-WpÜG, § 14 Rn. 79.

(bb) Stellungnahme

Die zuletzt genannte Ansicht verdient im Prinzip den Vorzug, denn nach der hier vertretenen Auffassung führt die Angebotsankündigung zu der Verpflichtung des Bieters, ein Angebot zu veröffentlichen.[501] Der Abbruch des Angebotsverfahrens ist allerdings nicht so sehr mit der Fallgruppe des grundlosen Abbruchs von Vertragsverhandlungen zu vergleichen, bei der es ebenfalls zu einer *culpa*-Haftung kommen kann. In diesen Fällen scheidet eine Haftung bereits dann aus, wenn vernünftige Erwägungen, wie beispielsweise eine Verschlechterung der Geschäftschancen, den Abbruch der Verhandlungen rechtfertigen.[502] Bei öffentlichen Angeboten dagegen steht das Verhandlungselement stark im Hintergrund, falls ein solches Element überhaupt feststellbar ist. Das Vertrauen auf die Abgabe des Angebots entsteht im Übernahmeverfahren nicht dadurch, dass der Bieter im Rahmen von Vertragsverhandlungen suggeriert, dass es zur Angebotsabgabe kommen wird, sondern vielmehr durch die Tatsache, dass das Gesetz die Angebotsabgabe erzwingt. Insoweit ähnelt die übernahmerechtliche Situation eher derjenigen bei einer öffentlichen Ausschreibung. Durch Ausschreibungen der öffentlichen Hand entsteht ein vertragsähnliches Vertrauensverhältnis, das inhaltlich durch die Verdingungsordnungen sowie die Vergabeverordnung geprägt wird. Nach diesen Regelwerken ist ein Abbruch der Ausschreibung nur unter engen Voraussetzungen möglich (vgl. etwa § 26 VOB Teil A). Im Falle einer ungerechtfertigten Aufhebung haftet der Ausschreibende gem. §§ 311 Abs. 2 Nr. 3, 241 Abs. 2, 280 Abs. 1 BGB auf das negative Interesse.[503] In gleicher Wiese haftet der Bieter, wenn er das Angebotsverfahren abbricht, indem er trotz Ankündigung kein Angebot veröffentlicht.

(3) Vermeidung der für den Bieter negativen Konsequenzen

Wie die vorstehenden Ausführungen gezeigt haben, kann es für den Bieter teils erhebliche Konsequenzen haben, wenn er das Angebot vor dessen Veröffentlichung widerruft oder von vornherein davon absieht, ein Angebot abzugeben, obwohl er dieses angekündigt hat.

Allerdings gibt es für den Bieter Wege, die angesprochenen Konsequenzen – Untersagung des Angebots, Sperrfrist, Bußgeld und Schadensersatzpflicht – zu vermeiden. Entscheidet sich der Bieter, nach der Angebotsankündigung kein Angebot abzugeben oder dieses zu widerrufen, dann hilft es ihm allerdings nicht, in einer öffentlichen Erklärung in der Form des § 10 WpÜG bekannt zu geben, dass er von der Absicht zur Angebotsabgabe Abstand nimmt.[504] Der Bieter hat aber die Möglichkeit, die Angebotsankündigung mit den gleichen Instrumenten zurückzunehmen, die ihm für die Rücknahme des Angebots zur Verfügung stehen (Anfechtung, Rücktritt, Bedingungen etc.). Macht er davon

---

[501] Dazu bereits oben, 2. Teil § 3 II. 2.
[502] *Emmerich* in: MünchKomm-BGB, § 311 Rn. 181.
[503] Vgl. *Emmerich* in: MünchKomm-BGB, § 311 Rn. 84.
[504] So aber offenbar *Seydel* in: KölnKomm-WpÜG, § 14 Rn. 79.

Gebrauch, dann entfällt die Angebotspflicht, und der Bieter braucht keine Sanktion zu fürchten. Wie das im Einzelnen funktioniert, wird später noch genauer zu erläutern sein.[505]

d. Zwischenergebnis

Hat der Bieter das Angebot abgegeben, so kann er es vor dem Zugang gem. § 130 Abs. 1 Satz 2 BGB widerrufen. Abgabe liegt vor, sobald die Angebotsunterlage auf den Weg in Richtung sämtlicher vorgeschriebener Publizitätsmedien gebracht worden ist. Zugegangen ist das Angebot im Zeitpunkt der tatsächlichen Veröffentlichung in sämtlichen Medien. Bis zu diesem Zeitpunkt ist ein Widerruf möglich, der entsprechend § 14 Abs. 3 WpÜG zu veröffentlichen ist.

2. Die Anfechtung gem. §§ 119 ff. BGB

a. Arten der Anfechtung

aa. Anfechtung des Angebots nach § 119 Abs. 1 BGB

Nach der hier vertretenen Auffassung kann der Bieter sein Angebot grundsätzlich anfechten.[506] Dass der Bieter bei Abgabe seines Angebots einem Inhaltsirrtum unterliegt, ist durchaus vorstellbar, zumal trotz Prüfung der Angebotsunterlage durch die BaFin nicht ausgeschlossen werden kann, dass einzelne Angebotsbestimmungen anders auszulegen sind als sie vom Bieter verstanden wurden.[507] Denkbar ist auch ein Erklärungsirrtum des Bieters, etwa bei Schreib-, Druck- und Übermittlungsfehlern.[508]

bb. Anfechtung des Angebots nach § 119 Abs. 2 BGB

(1) Meinungsstand

Nach der Ansicht, die die Möglichkeit der Anfechtung grundsätzlich bejaht, soll eine Anfechtung gem. § 119 Abs. 2 BGB wegen Eigenschaftsirrtums regelmäßig ausscheiden. Ein Irrtum des Bieters über Eigenschaften des Unternehmens sei unbeachtlich, da sich das Angebot des Bieters nicht auf den Erwerb des Unternehmens als solches, sondern stets nur auf die Aktien als fungible, handelbare Wertpapiere beziehe.[509]

---

[505] Dazu ausführlich unten, 3. Teil § 2 II.

[506] Siehe oben, 3. Teil § 1 I 2.

[507] *Seydel* in: KölnKomm-WpÜG, § 11 Rn. 24.

[508] Vgl. *Seydel* in: KölnKomm-WpÜG, § 11 Rn. 24.

[509] *Seydel* in: KölnKomm-WpÜG, § 11 Rn. 24; *Thoma* in: Baums/Thoma, § 11 Rn. 15; vgl. auch *Oechsler*, NZG 2001, 817, 821 f.

(2) Stellungnahme

(a) Irrtum über Eigenschaften des Unternehmens beim Unternehmenserwerb

(aa) Bloßer Wertpapiererwerb als Regelfall

Sachen im Sinne des § 119 Abs. 2 BGB sind nach allgemeiner Meinung nicht nur körperliche Gegenstände, sondern auch Forderungen, Sachinbegriffe und Unternehmen als Sachgesamtheiten.[510]

Durch ein öffentliches Übernahmeangebot kommt allerdings - jedenfalls in der Regel - kein Kaufvertrag über das Unternehmen als ganzes zustande. Zwar kann nach Ansicht des BGH auch der bloße Anteilserwerb (*share deal*)[511] zum Erwerb des Unternehmens als solchem führen, wenn eine wirtschaftlich wertende Betrachtung dies ergibt.[512] Dafür ist nicht erforderlich, dass alle Anteile erworben werden, ausreichend ist vielmehr der Erwerb einer beherrschenden Stellung.[513] Der BGH hat in seinen Entscheidungen aber stets eine exakte Grenzziehung vermieden. Ein Erwerb von 95% der Aktien soll für eine selbständige Kontrollmöglichkeit jedenfalls ausreichen,[514] teilweise wird sogar schon bei einem Anteilserwerb von 75% von einem Unternehmenserwerb ausgegangen.[515] Die pauschale Festlegung auf einen bestimmten Wert ist angesichts des relativ offenen Begriffs der „Herrschaftserlangung" über das Unternehmen nicht möglich, so dass es sich empfiehlt, stets auf die gesellschaftsrechtlichen Verhältnisse des Einzelfalls abzustellen.[516] Bei Übernahmeangeboten strebt der Bieter immerhin einen Kontrollerwerb an, § 29 Abs. 1 WpÜG, und nach § 32 WpÜG muss sein Angebot auf den Erwerb aller Aktien gerichtet sein. Die herrschende Meinung fordert für die Annahme eines Unternehmenserwerbs aber stets, dass der Wille der Parteien auf einen Verkauf des Unternehmens selbst gerichtet ist.[517] Durch ein an die Öffentlichkeit gerichtetes Übernahmeangebot sind grundsätzlich jedoch überwiegend Aktionäre angesprochen, die kleinere Beteiligungen halten. Diese wollen ausschließlich ihre Wertpapiere veräußern und nicht das Unternehmen als Gesamtheit von Sachen und Rechten, für deren ord-

---

[510] BGH NJW 1969, S. 184 f.; *Hefermehl* in: Soergel, § 119 Rn. 50; *Singer* in: Staudinger, § 119 Rn. 92.

[511] Der *share deal* ist vom *asset deal* zu unterscheiden, bei dem das Unternehmen direkt als Vermögensgesamtheit veräußert wird. Zur Unterscheidung *Koziczinski* in: Semler/Volhard, Unternehmensübernahmen, § 13 Rn. 4 ff. sowie *Büdenbender*, Unternehmenskauf, S. 12.

[512] BGHZ 65, 246, 251; BGH NJW 1980, S. 2408 f. Näher *H. P. Westermann* in: MünchKomm-BGB, § 453 Rn. 23 f. und *Honsell* in: Staudinger, § 459 a.F. Rn. 16.

[513] Vgl. BGH NJW 1980, S. 2408 f.

[514] *H. P. Westermann* in: MünchKomm-BGB, § 453 Rn. 24.

[515] *Büdenbender*, Unternehmenskauf, S. 13.

[516] *H. P. Westermann* in: MünchKomm-BGB, § 453 Rn. 23; *Flume*, Eigenschaftsirrtum und Kauf, S. 188.

[517] BGHZ 65, 246, 251; BGH NJW 1980, S. 2408 f.; *H. P. Westermann* in: MünchKomm-BGB, § 453 Rn. 23.

nungsgemäße Beschaffenheit sie nach den Regeln des Gewährleistungsrechts einstehen müssten.[518]

(bb) Der Unternehmenserwerb als Ausnahmefall

Im Falle einer beabsichtigten öffentlichen Übernahme kann neben einigen Kleinaktionären auch ein Großaktionär existieren, der in der Lage ist, dem Bieter eine beherrschende Stellung im Unternehmen zu verschaffen. Der Bieter hat dann die Möglichkeit, mit dem Großaktionär zu verhandeln, nachdem er das Angebot angekündigt und bevor er es abgegeben hat. Weil ein öffentliches Übernahmeangebot aus einem Bündel einzelner Anträge im Sinne des § 145 BGB besteht, ist grundsätzlich jeder dieser Einzelanträge einer gesonderten Auslegung zugänglich. Wird sich der Bieter mit dem Großaktionär darüber einig, dass im Falle der Angebotsabgabe dieses auf den Erwerb des Unternehmens als ganzes bezogen sein soll, dann kommen zwar mit den Kleinaktionären lediglich Verträge über den Erwerb der Wertpapiere zustande, mit dem Großaktionär darüber hinaus aber ein Vertrag über den Erwerb des Unternehmens selbst. Unterliegt der Bieter einem Irrtum über verkehrswesentliche Eigenschaften des Unternehmens, dann kann ihn dies gegenüber dem betreffenden Großaktionär zur Anfechtung berechtigen. Allerdings dürften derartige Konstellationen, in denen das Unternehmen als Ganzes erworben wird, seltene Ausnahmefälle darstellen.

Macht der Käufer von seinem Anfechtungsrecht Gebrauch, können Probleme bei der Rückabwicklung des Vertrags entstehen. Beim Unternehmenserwerb offenbart sich ein Irrtum häufig erst dann, wenn das gekaufte Unternehmen durch Eingliederungs- oder Umstrukturierungsmaßnahmen bereits erheblich umgestaltet worden ist.[519] Nach der gesetzlichen Neuregelung des Schuldrechts ist jedenfalls beim Rücktritt eine Rückgewähr ausgeschlossen, wenn der Kaufgegenstand verarbeitet oder umgestaltet wurde, § 346 Abs. 2 Satz 1 Nr. 2 BGB. Die sich hieraus ergebende Wertung steht einer zur Rückabwicklung führenden Anfechtung aber nicht entgegen. Auch im Falle eines wirksam angefochtenen Rechtsgeschäfts ist lediglich Wertersatz zu leisten, wenn die Herausgabe unmöglich ist, § 818 Abs. 2 BGB. Der Verkäufer ist dadurch geschützt, dass ihm der Käufer gem. § 122 Abs. 1 BGB den Ersatz seines Vertrauensschadens schuldet, und der Käufer selbst ist nicht schutzbedürftig, da er selbst wählen kann, ob er anficht oder nicht. In diesen Fällen wird der Käufer wegen des großen Haftungsrisikos regelmäßig von einer Anfechtung absehen.[520] Diese Problematik besteht jedoch nicht, wenn sich die Anfechtung auf einen noch nicht angenommenen Antrag bezieht. Das Gleiche gilt, wenn der Vertrag zwar schon zustande gekommen, aber noch nicht vollzogen ist. Dann ist die Rückabwicklung unproblematisch,

---

[518] Zur Anwendbarkeit des kaufrechtlichen Gewährleistungsrechts beim Unternehmenskauf in Form des Anteilskaufs ausführlich *H. P. Westermann* in: MünchKomm-BGB, § 453 Rn. 23 ff. sowie *Eidenmüller*, ZGS 2002, S. 290, 294 ff.

[519] *Beisel/Klumpp*, Unternehmenskauf, Kap. 16 Rn. 58; *Müller*, ZIP 2000, S. 817, 827.

[520] Vgl. *Beisel/Klumpp*, Unternehmenskauf, Kap. 16 Rn. 30; *Hartung*, NZG 1999, S. 524 f.

und für den anfechtenden Bieter bestehen keine unkalkulierbaren Haftungsrisiken.

(b) Irrtum über Eigenschaften des Unternehmens beim Wertpapiererwerb

Auch wenn, wie es der Regel entspricht, lediglich die Wertpapiere Gegenstand des Erwerbs- oder Übernahmeangebots sind, kann ein Irrtum über Eigenschaften des Unternehmens beachtlich sein. Als verkehrswesentliche Eigenschaften einer Sache kommen nicht nur deren natürliche Beschaffenheit, sondern auch die vorhandenen tatsächlichen oder rechtlichen Verhältnisse in Betracht, die infolge ihrer Beschaffenheit und Dauer auf die Brauchbarkeit und den Wert der Sache von Einfluss sind.[521] Allerdings muss die Annahme einer Eigenschaft durch Umstände bedingt sein, die außerhalb der Sache selbst liegen.[522] Im Interesse der Verkehrssicherheit wird der Eigenschaftsbegriff von der herrschenden Meinung außerdem dahin begrenzt, dass nur solche Verhältnisse als Eigenschaften gelten, die den Gegenstand selbständig und unmittelbar kennzeichnen.[523] Außerhalb der Sache „Wertpapier" liegende Eigenschaften einer Aktiengesellschaft wie etwa Unternehmensmängel, Unternehmenszweck, Vermögen, Umsatz und „Good Will" haben unzweifelhaft einen nicht zu unterschätzenden, unmittelbaren Einfluss auf den Wert der Aktie und sind mithin wertbildende Faktoren.[524] Irrt sich der Bieter beispielsweise über die (mangelnde) Zahlungsfähigkeit der Zielgesellschaft, so kann ihn dies zur Anfechtung gem. § 119 Abs. 2 BGB berechtigen.

Weil es sich beim Aktienerwerb jedoch zumeist um ein Spekulationsgeschäft handelt, fehlt es den genannten Eigenschaften in der Regel an der erforderlichen Verkehrswesentlichkeit. Verkehrswesentlich ist eine Eigenschaft dann, wenn sich die Erheblichkeit der Eigenschaft entweder „von selbst versteht" oder sie dem Rechtsgeschäft erkennbar zugrunde gelegt worden ist.[525] Beim Erwerb von Aktien, insbesondere über die Börse, bringt es der Spekulationscharakter des Geschäfts mit sich, dass der Erwerber bewusst das Risiko eines Abweichens seiner Vorstellungen von der Realität bestimmter Eigenschaften des Unternehmens eingeht.[526] Dies liegt daran, dass die Veräußerer von Aktien das Unternehmen selbst meist nicht überschauen.[527]

Anders kann sich die Lage hingegen darstellen, wenn ein Angebot im Sinne des WpÜG abgegeben wird, denn ein solches ist nach ganz herrschender An-

[521] BGHZ 88, 240, 245; *Hefermehl* in: Soergel, § 119 Rn. 50; *Singer* in: Staudinger, § 119 Rn. 84.
[522] BGHZ 34, 32, 41; *Hefermehl* in: Soergel, § 119 Rn. 50.
[523] BGHZ 16, 54, 57; *Hefermehl* in: Soergel, § 119 Rn. 37; kritisch gegenüber dem „Unmittelbarkeitskriterium" dagegen *Singer* in: Staudinger, § 119 Rn. 85.
[524] Vgl. *Flume*, Eigenschaftsirrtum und Kauf, S. 188 f.
[525] *Larenz/Wolf*, § 36 Rn. 45; *Singer* in: Staudinger, § 119 Rn. 81.
[526] *Flume*, Eigenschaftsirrtum und Kauf, S. 189 f.; *Singer* in: Staudinger, § 119 Rn. 93.
[527] *Flume*, Eigenschaftsirrtum und Kauf, S. 189.

sicht nicht auf einen anonymen Wertpapiererwerb über die Börse gerichtet.[528] Ein derartiges öffentliches Angebot richtet sich konkret an die Aktionäre der Zielgesellschaft, häufig auch an einen Großaktionär, der am Verkauf seiner Wertpapiere oder sogar an deren Übernahme durch den Bieter interessiert ist und den Bieter daher mit Informationen über das Unternehmen versorgt. Im Unterschied zu den Kleinaktionären haben Großaktionäre aufgrund ihres Einflusses meist einen guten Überblick über das Unternehmen und die entsprechenden Unternehmensdaten. In einem solchen Falle kann die Verkehrswesentlichkeit bestimmter Eigenschaften der Zielgesellschaft durchaus zu bejahen sein.

(c) Irrtum über Eigenschaften der Wertpapiere

Die Wertpapiere selbst, die Gegenstand eines Angebots sind, stellen körperliche Gegenstände dar und fallen daher unter den Sachbegriff des § 119 Abs. 2 BGB.[529] Auch die Forderungen, die die Wertpapiere verbriefen, sind Sachen in diesem Sinne.[530] Die Wertpapiere können Sach- und Rechtsmängel aufweisen, die zugleich (fehlende) Eigenschaften im Sinne des § 119 Abs. 2 BGB darstellen.[531] So kann das Papier in seiner Substanz beschädigt sein und die verbriefte Forderung kann rechtsfehlerhaft sein. Auch der (einseitige) Irrtum des Bieters über die Berechnungsgrundlage kann ihn zur Anfechtung nach § 119 Abs. 2 BGB berechtigen.[532] Zur Berechnung der von ihm angebotenen Gegenleistung stützt sich ein Bieter regelmäßig auf den Börsenkurs der Aktien der Zielgesellschaft. Weil die Berechnungsgrundlage auf den Wert eines Wertpapiers von entscheidendem Einfluss ist, handelt es sich dabei um eine verkehrswesentliche Eigenschaft.[533] Als weitere Eigenschaften der Gesellschaftsanteile, die es zu erwerben gilt und über die sich der Bieter im Irrtum befinden kann, kommen in Betracht: die Ausgestaltung der Anteile als Nennbetrags- oder Stückaktien, Stamm- oder Vorzugsaktien, Namens- oder Inhaberaktien sowie die (Nicht-) Verbriefung aller oder bestimmter Gesellschaftsanteile. Diese Eigenschaften können durchaus verkehrswesentlich sein, gesetzt den Fall, dass der Bieter dies dem Angebot in irgendeiner Weise erkennbar zugrundelegt. So weisen beispielsweise nennwertlose Aktien gegenüber Nennbetragsaktien bestimmte Vorteile auf: eine Nennbetragsaktie, die zum Mindestnennbetrag ausgegeben wurde, kann nicht gesplittet werden, außerdem erleichtert die nennwertlose Stückaktie

---

[528] *Pötzsch* in: Assmann/Pötzsch, § 2 Rn. 36; *Schüppen* in: Haarmann/Riehmer, § 2 Rn. 13; *Steinmeyer/Häger*, § 1 Rn. 10; *Fleischer*, ZIP 2001, S. 1653, 1660. Zum Erwerb über die Börse siehe auch oben, 1. Teil § 1 I.

[529] Vgl. *Larenz/Wolf*, § 36 Rn. 38.

[530] Siehe auch oben, 3. Teil § 1 II. 2. a. bb. (2) (a) (aa), dort Fn. 510.

[531] Freilich wird an dieser Stelle wiederum der Meinungsstreit relevant, ob § 119 Abs. 2 BGB durch die Vorschriften des Mängelgewährleistungsrechts verdrängt wird oder nicht.

[532] Zum beiderseitigen Irrtum über die Berechnungsgrundlage ausführlich unten, 3. Teil § 1 II. 3. b. cc.

[533] Vgl. *Flume*, Eigenschaftsirrtum und Kauf, S. 189; *Kramer* in: MünchKomm-BGB, § 119 Rn. 137 ff.

die Sanierung der Zielgesellschaft im Wege der Unterpariemission.[534] Zwar können Nennbetrags- in Stückaktien umgewandelt werden, dies ist jedoch mit den Erfordernissen einer Neustückelung des Grundkapitals, entsprechender Hauptversammlungsbeschlüsse mit der erforderlichen Mehrheit, der Eintragung in das Handelsregister und darüber hinaus mit den entsprechenden Kosten verbunden.[535] Ähnliches gilt für die Aktiengattungen wie etwa Stamm- oder Vorzugsaktien, für die Ausgestaltung der Wertpapiere als Inhaber- oder Namensaktien sowie für die Verbriefung der Aktien.[536] Um welchen Typ und um welche Gattung es sich bei den Aktien handelt, ergibt sich zwar aus der Satzung, § 23 Abs. 3 Nr. 4 und Nr. 5 AktG, nicht aber aus dem Handelsregister, vgl. § 39 AktG. Theoretisch können die entsprechenden Informationen im Rahmen einer Due Diligence Prüfung ermittelt werden. Die Durchführung einer Due Diligence ist bei öffentlichen Übernahmen für den Bieter aber nicht verpflichtend und speziell bei feindlichen Übernahmen meist auch gar nicht möglich.[537] Außerdem kann auch eine Due Diligence Prüfung nicht verhindern, dass Irrtümer entstehen. Ob ein Irrtum auf Fahrlässigkeit beruht, ist für das Anfechtungsrecht aus § 119 Abs. 2 BGB irrelevant.[538]

(d) Verhältnis zum Mängelgewährleistungsrecht

Die vorstehend behandelten Irrtümer werden sich häufig auf eine verkehrswesentliche Eigenschaft beziehen, die zugleich eine Beschaffenheit im Sinne des § 434 Abs. 1 BGB darstellt.[539] Nach (noch) herrschender Meinung scheidet deshalb in diesen Fällen eine Anfechtung durch den Käufer wegen Eigenschaftsirrtums aufgrund der Gefahr einer Umgehung der spezielleren gewährleistungsrechtlichen Vorschriften aus.[540] Durch den Ausschluss der Anfechtung nach § 119 Abs. 2 BGB wollte die herrschende Meinung insbesondere vermeiden, dass die den Verkäufer schützende kurze Verjährungsfrist von sechs Monaten in § 477 Abs. 1 BGB a.F. unterlaufen wird.[541] Diese Ansicht war allerdings von vornherein Gegenstand von Kritik,[542] insbesondere weil § 119 Abs. 2 BGB die Gleichstellung des Eigenschaftsirrtums mit dem Inhaltsirrtum vorsieht, die An-

[534] *Heider* in: MünchKomm-AktG, § 8 Rn. 34 f.
[535] *Heider* in: MünchKomm-AktG, § 6 Rn. 86 ff.
[536] Die Verbriefung eines Mitgliedschaftsrechts ist nicht zwingend; vgl. *Heider* in: MünchKomm-AktG, § 1 Rn. 89.
[537] Dazu ausführlich unten, 3. Teil § 1 II. 2. a. dd. (2) (b) (cc).
[538] Siehe oben, 3. Teil § 1 I. 2. b.
[539] Vgl. *Kramer* in: MünchKomm-BGB, § 119 Rn. 33; *Larenz/Wolf*, § 36 Rn. 48.
[540] Für die herrschende Meinung vor der Schuldrechtsreform vgl. RGZ 61, 171 ff.; BGHZ 78, 216, 218; BGH NJW 1988, 2597 f.; *Kramer* in: MünchKomm-BGB, § 119 Rn. 33; *Flume*, Eigenschaftsirrtum und Kauf, S. 133 ff. Ob diese Meinung auch nach der Reform herrschend bleiben wird, bleibt abzuwarten. Dafür beispielsweise *Singer* in: Staudinger, § 119 Rn. 82 und Brox/Walker, BesSchuldR, § 4 Rn. 135.
[541] RGZ 61, 171, 175 f.; *Kramer* in: MünchKomm-BGB, § 119 Rn. 33.
[542] *Larenz/Wolf*, § 36 Rn. 49; *Wasmuth*, FS Piper, S. 1083 ff.; *Schmidt*, NJW 1962, S. 710, 712.

fechtung aufgrund eines Inhaltsirrtums gem. § 119 Abs. 1 BGB aber auch nach herrschender Meinung nicht durch das Gewährleistungsrecht ausgeschlossen sein soll. Hinzu kommt, dass durch die Schuldrechtsreform im Jahre 2002 mit der Vorschrift des § 438 BGB eine neue Verjährungsregelung eingeführt wurde, nach der gewährleistungsrechtliche Ansprüche frühestens nach zwei Jahren verjähren, und dass das Gewährleistungsrecht wegen seiner Einbindung in das allgemeine Leistungsstörungsrecht keine in sich abgeschlossene Spezialmaterie mehr darstellt.[543] Damit sind die beiden Hauptargumente der herrschenden Meinung gegenstandslos geworden, für einen besonderen Schutz des Verkäufers durch die Verdrängung des § 119 Abs. 2 BGB gibt es keinen begründeten Anlass mehr.[544] Für sich überschneidende, im BGB geregelte Ansprüche besteht grundsätzlich eine alternative Anspruchskonkurrenz,[545] so dass der Bieter wählen kann, ob er anficht oder sich auf die Gewährleistungsvorschriften beruft.[546]

Selbst wenn man der bislang herrschenden Meinung folgt und sich für die Spezialität der gewährleistungsrechtlichen Vorschriften ausspricht, verbleibt ein Anwendungsspielraum für die Irrtumsanfechtung nach § 119 Abs. 2 BGB. Zum einen findet eine Verdrängung der Anfechtung erst ab dem Zeitpunkt statt, zu dem die Gefahr gem. § 446 BGB durch die Übergabe der Sache oder ein entsprechendes Übergabesurrogat auf den Käufer übergeht.[547] Vor diesem Zeitpunkt kann der Käufer nach § 119 Abs. 2 BGB anfechten. Zum anderen greift das Argument der Spezialität des Gewährleistungsrechts nicht, wenn die Eigenschaft, über die sich der Käufer im Irrtum befindet, keinen Mangel im Sinne des § 434 BGB betrifft.[548]

cc. Anfechtung des Angebots nach § 120 BGB

Wird das Angebot durch einen Boten des Bieters unrichtig übermittelt, kann der Bieter seine Willenserklärung gem. § 120 BGB anfechten. In diesem Falle stellt sich die Problematik der Abgrenzung gegenüber dem Gewährleistungsrecht nicht, weil insoweit unstreitig keine Regelungsidentität vorliegt.[549]

Als Bote des Bieters kommt zunächst die Deutsche Post AG in Betracht, wenn der Bieter das Angebot zur Veröffentlichung an ein Publizitätsmedium

---

[543] *Lorenz*, NJW 2002, S. 2497.

[544] So ausdrücklich *Larenz/Wolf*, § 36 Rn. 50; *Köhler*, BGB AT, § 14 Rn. 33; *Kellermann*, JA 2004, S. 405, 406 f.; *Reischl*, JuS 2003, S. 1076, 1078.

[545] *Wasmuth*, FS Piper, S. 1083, 1087.

[546] Auch mit der deutschen Zivilrechtsordnung vergleichbare ausländische Rechtsordnungen wie das Recht der Schweiz, Österreichs und Frankreichs beinhalten eine alternative Anspruchskonkurrenz der Gewährleistungsregeln und der Anfechtung wegen Eigenschaftsirrtums. Dazu *Wasmuth*, FS Piper, S. 1083, 1087 und *Fleischer*, WM 1998, S. 849, 851 ff.

[547] RGZ 138, 354, 356; BGHZ 116, 54, 57; BGH MDR 1998, S. 1039 f. mit krit. Anmerkung *Moll*, S. 1041 f.; *Kellermann*, JA 2004, S. 405, 407; *Müller*, ZIP 2000, S. 817, 824.

[548] BGH NJW 1979, S. 160 f.; *Kropholler*, BGB, § 119 Rn. 18; anderer Ansicht *Singer* in: Staudinger, § 119 Rn. 82.

[549] *Beisel/Klumpp*, Unternehmenskauf, Kap. 16 Rn. 32; *Mössle*, BB 1983, S. 2146, 2153.

abschickt.[550] Erfolgt die Übermittlung des Angebots fehlerhaft, kann der Bieter anfechten. Das gleiche gilt, wenn sich der Bieter elektronischer Wege bedient, insbesondere wenn das Angebot an eine Publizitäts-Site im Internet durch einen Fehler des verwendeten Providers unrichtig übermittelt wird.[551] Boten des Bieters sind auch die Betreiber der jeweiligen Publizitätsmedien, so dass eine fehlerhafte Darstellung des Angebots in diesen Medien den Bieter zur Anfechtung gem. § 120 BGB berechtigt. Bei den genannten Einrichtungen handelt es sich um Erklärungsboten des Bieters und nicht um Stellvertreter, zumal sie keine eigene Willenserklärung abgeben, sondern lediglich eine vom Bieter selbst formulierte und damit fremde Willenserklärung übermitteln.[552]

dd. Anfechtung des Angebots nach § 123 BGB

Eine Anfechtung wegen widerrechtlicher Drohung dürfte keine praktische Rolle spielen. Ob eine Anfechtung in Betracht kommen kann, wenn der Bieter arglistig getäuscht wurde, ist umstritten.

(1) Zulässigkeit der Anfechtung nach § 123 BGB

(a) Meinungsstand

Diejenigen Ansichten, die § 119 Abs. 1 BGB auf das öffentliche Angebot für anwendbar halten, zerfallen hinsichtlich der Frage nach der Anwendbarkeit von § 123 BGB in zwei Einzelansichten. Nach der einen Meinung ist eine Anfechtung gem. § 123 BGB im Ergebnis nicht möglich.[553] Zwar komme eine Anfechtung gegenüber einem Großaktionär der Sache nach in Betracht. Da aber eine Anfechtung gegenüber Kleinaktionären regelmäßig ausscheide, würde eine Anfechtung gegenüber einem Großaktionär gegen den in § 3 Abs. 1 WpÜG verankerten Gleichbehandlungsgrundsatz verstoßen.[554] Dem begegnet die Gegenauffassung mit dem Argument, dass ein sachlicher Grund für eine Ungleichbehandlung vorliege.[555]

(b) Stellungnahme

(aa) Grundsätzliche Zulässigkeit der Anfechtung gem. § 123 BGB

Möglich ist eine arglistige Täuschung des Bieters durch die Verwaltung der Zielgesellschaft oder durch einen Großaktionär derselben. Eine Täuschung

---

[550] Vgl. auch *Kramer* in: MünchKomm-BGB, § 120 Rn. 2; *Larenz/Wolf*, § 36 Rn. 14.

[551] Vgl. zur fehlerhaften elektronischen Übermittlung durch sog. Provider OLG Frankfurt, MMR 2003, S. 405 f.; *Larenz/Wolf*, § 36 Rn. 14; *Deutsch*, WM 2005, S. 777, 781; *Hübner*, ZVersWiss 2001, S. 351, 356; *Mehrings*, MMR 1998, S. 30, 32.

[552] Zur Abgrenzung des Erklärungsboten vom Erklärungsvertreter: *Joussen*, Jura 2003, S. 577 ff.

[553] *Seydel* in: KölnKomm-WpÜG, § 11 Rn. 24.

[554] So *Seydel* in: KölnKomm-WpÜG, § 11 Rn. 24.

[555] So *Thoma* in: Baums/Thoma, § 11 Rn. 17; wohl auch *Renner* in: FrankKomm-WpÜG, § 11 Rn. 21.

durch Streubesitzaktionäre ist wegen der kaum vorhandenen Einflussmöglichkeiten, die diese auf den Bieter, die Zielgesellschaft und deren Management sowie auf die Großaktionäre haben, in der Praxis kaum wahrscheinlich. Auch eine auf § 123 Abs. 2 BGB gestützte Anfechtung scheidet gegenüber den Kleinaktionären aus, weil diese von einer Täuschung durch das Management oder durch einen Großaktionär typischerweise weder Kenntnis haben noch haben müssen.[556] Ebensowenig wie der juristischen Person das Wissen eines Gesellschafters zugerechnet wird,[557] muss sich der Gesellschafter das Wissen der juristischen Person bzw. ihrer Organe zurechnen lassen. Auch über die Figur des sog. Wissensvertreters kann eine Kenntniszurechnung an die Wertpapierinhaber nicht erfolgen. Wissensvertreter sind solche Personen, die ohne Bestehen einer Vertretungsmacht für den Geschäftsherrn eigenverantwortlich handeln.[558] Der Vorstand der Zielgesellschaft handelt stets – auch dann, wenn er mit einem Bieter über eine Wertpapierübernahme verhandelt – im Unternehmensinteresse. Das Unternehmensinteresse schließt die Interessen der Wertpapierinhaber zwar mit ein, umfasst aber darüber hinaus auch die Interessen der Arbeitnehmer und des Gemeinwohls.[559]

Somit verbleibt als denkbarer Anfechtungsgegner nur ein Großaktionär, der den Bieter selbst arglistig getäuscht hat oder die Täuschung des Bieters durch die Verwaltung der Zielgesellschaft kannte oder hätte kennen müssen. Anfechtbar wäre das Angebot dann außerdem gegenüber einem Großaktionär, der die Verwaltung der Zielgesellschaft zur Täuschung des Bieters veranlasst hat, so dass diese nicht als Dritter im Sinne des § 123 Abs. 2 BGB gilt und damit die Täuschung dem Großaktionär zugerechnet wird.[560]

(bb) Unanwendbarkeit des Gleichbehandlungsgrundsatzes

Die Ansicht, nach der eine Anfechtung gem. § 123 BGB wegen des Gleichbehandlungsgrundsatzes nicht in Betracht kommt, ist abzulehnen. Aber auch der Gegenansicht kann nicht gefolgt werden – auch wenn diese zu dem korrekten Ergebnis gelangt, dass eine Anfechtung gem. § 123 BGB im Einzelfall möglich ist. Beide Ansichten gehen nämlich von der unzutreffenden Annahme aus, dass der Gleichbehandlungsgrundsatz einschlägig ist.

Damit der sachliche Anwendungs- bzw. Schutzbereich des § 3 Abs. 1 WpÜG überhaupt eröffnet ist, bedarf es einer Ungleichbehandlung im Sinne einer unterschiedlichen Behandlung *zweier vergleichbarer Sachverhalte*.[561] Wenn schon die der Prüfung zugrundegelegten Sachverhalte nicht vergleichbar sind, macht die weitergehende Prüfung, ob eine Ungleichbehandlung vorliegt und ob diese

---

[556] Vgl. *Thoma* in: Baums/Thoma, § 11 Rn. 16; *Seydel* in: KölnKomm-WpÜG, § 11 Rn. 24.
[557] Dazu ausführlich *Ellers*, GmbHR 2004, S. 934 ff.
[558] Dazu *Schramm* in: MünchKomm-BGB, § 166 Rn. 36; *Larenz/Wolf*, § 46 Rn. 102.
[559] Vgl. *Hüffer*, AktG, § 76 Rn. 15.
[560] *Thoma* in: Baums/Thoma, § 11 Rn. 17; *Renner* in: FrankKomm-WpÜG, § 11 Rn. 21.
[561] Vgl. zur allgemeinen Systematik des Gleichheitssatzes *Jarass* in: Jarass/Pieroth, Grundgesetz, Art. 3 Rn. 4.

ausnahmsweise sachgerecht ist, keinen Sinn. Weil, wie bereits festgestellt, ein Großaktionär den Bieter nur vor dem Hintergrund seines überlegenen Wissens, über das die Kleinaktionäre nicht verfügen, täuschen kann, findet die Situation „Großaktionär täuscht Bieter" auf Seiten der Kleinaktionäre niemals ein vergleichbares Korrelat. Ficht der Bieter gegenüber dem Großaktionär an, so stellt dies keine Ungleichbehandlung dar, weil es an einem entsprechenden Vergleichsmaßstab für eine Ungleichbehandlung fehlt. Der Gleichbehandlungsgrundsatz ist dann schon nach seinem Schutzbereich nicht anwendbar. Dieses Ergebnis wird auch durch eine Betrachtung von Sinn und Regelungszweck des § 3 Abs. 1 WpÜG gestützt. Mit der Verankerung des Gleichbehandlungsgrundsatzes in dieser Norm verfolgte der Gesetzgeber das Ziel, den Erwartungen der Wertpapierinhaber an eine „faire" Abwicklung des Angebotsverfahrens Rechnung zu tragen, um die Attraktivität des Kapitalmarktes zu steigern und dessen Allokationsfunktion zu sichern.[562] Das wird insbesondere dadurch erreicht, dass der Bieter die Inhaber von Wertpapieren gleicher Gattung in informationeller und finanzieller Hinsicht gleich zu behandeln hat. Bei der Anfechtung gegenüber einem Großaktionär kann der Gleichbehandlungsgrundsatz daher nicht betroffen sein, denn dieser Aktionär hat seine Desinvestitionsentscheidung bereits getroffen. Er ist nicht *schutzbedürftig*, denn zu diesem Zeitpunkt benötigt er keine informationelle, finanzielle oder sonst wie geartete Gleichbehandlung mehr. Er ist auch nicht *schutzwürdig*, denn ein Großaktionär, der sein überlegenes Wissen dazu ausnutzt, um den Bieter zu täuschen, darf eine Anfechtung gem. § 123 BGB nicht als unbillig empfinden.

(2) Täuschung des Bieters durch positives Tun oder Unterlassen

Keine Beachtung in der Literatur hat bislang die Frage gefunden, welche Handlungen der Zielgesellschaft bzw. ihrer Aktionäre überhaupt zu einer Täuschung des Bieters führen können. Dem soll im Folgenden nachgegangen werden.

(a) Täuschung durch positives Tun

Im Allgemeinen gilt der Grundsatz, dass der (potentielle) Veräußerer eines Gegenstands von sich aus nicht zur Erteilung von Informationen verpflichtet ist, wenn er annehmen darf, dass der andere ihn nach den entsprechenden Umständen fragen würde, falls er auf diese Wert legte (*caveat emptor*).[563] Dies gilt umso mehr, wenn es sich, wie es im Falle des erstrebten öffentlichen Wertpapiererwerbs die Regel ist, um einen geschäftlich erfahrenen Erwerbsinteressenten handelt. Die gegenüber dem Bieter gemachten Angaben müssen allerdings rich-

---

[562] So ausdrücklich *Baums/Hecker* in: Baums/Thoma, § 3 Rn. 4; *Versteegen* in: KölnKomm-WpÜG, § 3 Rn. 12.
[563] BGH DB 1988, S. 2401; *Semler* in: Hölters, Unternehmens- und Beteiligungskauf, Teil VI Rn. 169.

tig sein, und zwar auch ungefragt gemachte Angaben und solche, zu deren Mitteilung keine Verpflichtung besteht.[564]

Anders als beim herkömmlichen Unternehmenskauf ist das Management der Zielgesellschaft bei öffentlichen Übernahmeangeboten grundsätzlich sogar verpflichtet, punktuelle Fragen des Bieters zu beantworten, da durch die Verweigerung entsprechender Auskünfte die Übernahme erschwert oder gar verhindert werden könnte.[565] Letzteres würde einen Verstoß gegen die Vorschrift des § 33 Abs. 1 Satz 1 WpÜG bedeuten, wonach der Vorstand der Zielgesellschaft für den Zeitraum des Angebotsverfahrens keine Handlungen vornehmen darf, durch die der Erfolg des Angebots verhindert werden könnte, sofern nicht einer der in § 33 Abs. 1 Satz 2, Abs. 2 WpÜG abschließend genannten Ausnahmetatbestände eingreift.[566]

(b) Täuschung durch unterlassene Aufklärung

Ausnahmsweise kann der Veräußerer verpflichtet sein, auch ungefragt bestimmte Angaben zu machen, wenn der Erwerbswillige von ihm nach Treu und Glauben unter Berücksichtigung der Verkehrsanschauung redlicherweise Aufklärung erwarten kann.[567] Dies ist insbesondere dann der Fall, wenn es sich um dem auskunftspflichtigen Teil bekannte Umstände handelt, die den angestrebten Vertragszweck vereiteln können und deshalb für den Entschluss des Erwerbswilligen erkennbar von wesentlicher Bedeutung sind. Das gilt auch für Vertragsverhandlungen, in denen die Beteiligten entgegengesetzte Interessen verfolgen.[568]

(aa) Aufnahme von Vertragsverhandlungen, Anbahnung eines Vertrags und ähnliche geschäftliche Kontakte

Die Aufnahme von Vertragsverhandlungen führt grundsätzlich zur Entstehung eines besonderen Vertrauensverhältnisses. Dadurch entsteht für den Verhandlungsgegner die Pflicht, von sich aus bestimmte, entscheidungserhebliche Angaben zu machen, vgl. § 311 Abs. 2 Nr. 1 iVm. § 241 Abs. 2 BGB.

Die Aufnahme von Vertragsverhandlungen beginnt, wenn ein anderer darauf eingeht, beispielsweise indem er zu erkennen gibt, dass er sich für das Angebot interessiert.[569] Zur Aufnahme derartiger Vertragsverhandlungen kann es sowohl mit einem Großaktionär als auch mit dem Management der Zielgesellschaft kommen, insbesondere wenn das Management den Erwerb bzw. die Übernahme

---

[564] Vgl. *Larenz/Wolf*, § 37 Rn. 5.

[565] *Thiel* in: Semler/Volhard, Unternehmensübernahmen, § 54 Rn. 44.

[566] Dazu *Thiel* in: Semler/Volhard, Unternehmensübernahmen, § 54 Rn. 59 ff.; *Krause/Pötzsch* in: Assmann/Pötzsch, § 31 Rn. 126 ff.

[567] BGHZ 29, 148, 150; *Semler* in: Hölters, Unternehmens- und Beteiligungskauf, Teil VI Rn. 169; *Larenz/Wolf*, § 31 Rn. 23; *Hefermehl* in: Soergel, § 123 Rn. 6.

[568] *Larenz/Wolf*, § 37 Rn. 9.

[569] *Larenz/Wolf*, § 31 Rn. 9.

der Aktien durch den Bieter unterstützt.[570] Angesichts der typischerweise erheblichen wirtschaftlichen Bedeutung eines öffentlichen Angebots und der vertrauensvollen Zusammenarbeit, die der Abschluss der erstrebten Verträge, etwa unter insiderrechtlichen Gesichtspunkten, voraussetzt, entsteht durch die Aufnahme individueller Vertragsverhandlungen grundsätzlich die Pflicht, auch ungefragt bestimmte Angaben zu machen.

Es stellt sich die Frage, ob eine Pflicht zur Offenbarung relevanter Umstände auch bei feindlichen Übernahmen entstehen kann. Da es in diesen Fällen typischerweise nicht zur Aufnahme von Vertragsverhandlungen kommt, kann eine entsprechende Auskunftspflicht jedenfalls nicht mit dem Bestehen eines besonderen Vertrauensverhältnisses begründet werden. Andererseits ergibt sich aus § 311 Abs. 2 Nr. 2, 3 iVm. § 241 Abs. 2 BGB, dass es zur Entstehung bestimmter Aufklärungspflichten auch schon im Vorfeld der Aufnahme von Vertragsverhandlungen kommen kann, nämlich bei der Vertragsanbahnung und bei „ähnlichen geschäftlichen Kontakten".[571] Derartige Rechtsverhältnisse setzen kein Vertrauen voraus.[572] Für die „Anbahnung eines Vertrags" reicht es aus, dass der andere Teil von vornherein die Möglichkeit zur Einwirkungen auf die eigenen Rechtsgüter und Interessen geschaffen hat.[573] Insoweit könnte man darauf abstellen, dass die Zielgesellschaft dadurch, dass sie sich zum Marktauftritt in Form einer AG entschieden hat, sich von vornherein bewusst in die latente „Gefahr" begeben hat, zum Ziel eines öffentlichen Übernahmeangebots zu werden. Weil durch die Abgabe eines Übernahmeangebots nicht nur für den Bieter selbst, sondern auch für die Zielgesellschaft und deren Management automatisch Pflichten entstehen, könnte man zumindest an die Entstehung eines „ähnlichen geschäftlichen Kontakts" im Sinne des § 311 Abs. 2 Nr. 3 BGB denken. Auch bei der Vergabe öffentlicher Aufträge ist anerkannt, dass durch die Abgabe eines Angebots zwischen den Teilnehmern an der Ausschreibung ein vertragsähnliches Vertrauensverhältnis im Sinne der §§ 311 Abs. 2 Nr. 3, 241 Abs. 2 BGB entsteht.[574]

Andererseits stellt die Nichtaufklärung des Bieters über relevante Umstände für sich alleine noch keinen Verstoß gegen § 33 Abs. 1 Satz 1 WpÜG (Verhinderungsverbot) dar. Denn das bloße Nichtwissen des Bieters hinsichtlich dieser Umstände muss nicht notwendigerweise dazu führen, dass die Übernahme an sich scheitert. Im Gegenteil: würde der Bieter über bestimmte, für ihn ungünstige Umstände im Zusammenhang mit der Zielgesellschaft aufgeklärt werden, würde dies viel eher dazu führen, dass der Bieter sein Angebot zurückzieht. Ge-

---

570 Im Rahmen freundlicher Übernahmen ist das Management der Zielgesellschaft in der Regel in die Transaktionsvorbereitung involviert, vgl. *Steinmeyer/Häger*, § 10 Rn. 50.

571 Dazu auch oben, 3. Teil § 1 II. 1. c. cc. (2) (b) (bb).

572 *Larenz/Wolf*, § 31 Rn. 4; anders dagegen noch zum alten Rechtszustand vor der Schuldrechtsreform BGH NJW 2001, S. 3698.

573 *Larenz/Wolf*, § 31 Rn. 11.

574 *Emmerich* in: MünchKomm-BGB, § 311 Rn. 83; zum Begriff des Vergabeverfahrens *Dreher* in: Immenga/Mestmäcker, GWB, § 97 Rn. 13 ff.

gen eine grundsätzliche Pflicht zur unaufgeforderten Aufklärung des Bieters spricht letztlich der Umstand, dass eine derartige Pflicht aus den Grundsätzen von „Treu und Glauben" abzuleiten wäre.[575] Im Falle einer feindlichen Übernahme, wenn also entweder keine Vorgespräche stattgefunden haben oder das Management der Zielgesellschaft im Rahmen derartiger Gespräche zu verstehen gegeben hat, dass es eine Übernahme durch den Bieter nicht befürwortet, kann der Bieter *nicht redlicherweise darauf vertrauen*, unaufgefordert Aufklärung zu erhalten. Der Bieter ist hinreichend durch sein Fragerecht geschützt. Der Grundsatz „caveat emptor" gilt demnach in verstärktem Maße, wenn noch keine Verhandlungen stattgefunden haben, die ein entsprechendes Vertrauen auf Seiten des Bieters begründet haben.

(bb) Offenbarungspflichtige Umstände

Ist es bereits zu Verhandlungen des Bieters mit der Zielgesellschaft oder deren Aktionären gekommen, so bleibt es dabei, dass bestimmte Informationspflichten bestehen können. Zu den offenbarungspflichtigen Umständen gehört beispielsweise die Information des Bieters darüber, dass die Durchführung des Vertrags wegen schlechter eigener Vermögensverhältnisse gefährdet ist,[576] insbesondere bei drohender Insolvenz der Zielgesellschaft.[577] Ferner kann eine Offenbarungspflicht bestehen, wenn sich die Verhältnisse der Zielgesellschaft im Verlauf der Vertragsverhandlungen wesentlich verschlechtert haben,[578] oder wenn ein Gesellschafter beabsichtigt, ein Konkurrenzunternehmen zu eröffnen.[579] Erkennt der Verhandlungsgegner, dass sich der andere Teil in einem wesentlichen Punkt irrt, so muss er ihn auf den Irrtum hinweisen.[580]

Zwar handelt es sich beim Wertpapiererwerb um ein Geschäft mit einem gewissen spekulativen Charakter, so dass eine Auskunftspflicht hinsichtlich solcher Umstände, die mit dem normalen Risiko eines derartigen Geschäfts verknüpft sind, grundsätzlich nicht besteht.[581] Dies gilt aber nicht für den Fall, dass Verhandlungen mit einem Großaktionär und/oder dem Management geführt werden, weil diese über den erforderlichen Einblick in die Organisation der Zielgesellschaft verfügen.[582] Daher kann der Bieter von ihnen redlicherweise erwarten, dass sie ihn auch unaufgefordert über solche wesentlichen Umstände informieren, die für seine Entscheidung von erkennbarer Relevanz sind.

---

[575] Siehe oben, 3. Teil § 1 II. 2. a. dd. (2) (b).

[576] Vgl. BGH NJW 1984, S. 2284; *Semler* in: Hölters, Unternehmens- und Beteiligungskauf, Teil VI Rn. 170.

[577] Vgl. BGH NJW 2001, S. 2163; BGH NZG 2002, S. 644; *Larenz/Wolf*, § 31 Rn. 24.

[578] Vgl. BGH DB 1977, S. 1451; *Semler* in: Hölters, Unternehmens- und Beteiligungskauf, Teil VI Rn. 169.

[579] Vgl. BGH DB 1987, S. 783; *Semler* in: Hölters, Unternehmens- und Beteiligungskauf, Teil VI Rn. 170.

[580] BGH NJW 1980, S. 180; *Semler* in: Hölters, Unternehmens- und Beteiligungskauf, Teil VI Rn. 169.

[581] *Larenz/Wolf*, § 37 Rn. 9.

[582] Siehe oben, 3. Teil § 1 II. 2. a. dd. (1) (b) (aa).

(cc) Ausschluss der Aufklärungspflicht wegen unterlassener Due Diligence?

Unterlässt der Bieter die Durchführung einer Due Diligence Prüfung bei der Zielgesellschaft, obwohl er die Möglichkeit dazu gehabt hätte, so könnte dies bedeuten, dass eine eigentlich bestehende Aufklärungspflicht der Zielgesellschaft entfällt. Zwar liegt es grundsätzlich bei deren Vorstand, nach Abwägung der Chancen und Risiken für die Zielgesellschaft dem Bieter die Durchführung einer Due Diligence zu gestatten.[583] Bei einer freundlichen Übernahme wird es in der Praxis aber selten an der entsprechenden Kooperationsbereitschaft des Managements fehlen. Weil der Vorstand sein Handeln am Gesellschaftsinteresse zu orientieren hat und damit in erster Linie an den Interessen der Aktionäre als den Trägern des unternehmerischen Risikos,[584] kann er im Falle einer freundlichen Übernahme sogar verpflichtet sein, eine Due Diligence durch den Bieter zu gestatten. Dies gebieten nicht nur die entsprechenden aktienrechtlichen Vorschriften, sondern auch das Verhinderungsverbot in § 33 Abs. 1 Satz 1 WpÜG.[585]

Beim Unternehmenskauf ist die Frage umstritten, ob dem Käufer die Durchführung einer Due Diligence obliegt. Diskutiert wird dies vor allem im Zusammenhang mit der Frage, ob dem Käufer grobe Fahrlässigkeit im Sinne des § 442 Abs. 1 Satz 2 BGB anzulasten ist, wenn er die Durchführung einer Due Diligence unterlässt. Die herrschende Ansicht verneint dies mit dem zutreffenden Argument, dass sich eine entsprechende Verkehrssitte, die die Durchführung einer Due Diligence gebieten würde, in Deutschland jedenfalls bis zum jetzigen Zeitpunkt (noch) nicht herausgebildet hat.[586] Dies liegt daran, dass die Fallgestaltungen bei Unternehmenskäufen zu mannigfaltig sind, als dass sich verlässlich festlegen ließe, ob, wann und wie eine Due Diligence durchgeführt werden sollte.[587] Es ist auch sehr fraglich, ob es hierzulande überhaupt jemals zur Ausbildung einer entsprechenden Verkehrssitte kommen wird. Zwar kann die zunehmende Praxis durchgeführter Due Diligence Prüfungen, insbesondere bei großen Unternehmen, nicht geleugnet werden. Anders als beispielsweise in den USA, wo sich eine entsprechende Verkehrssitte herausgebildet hat, gibt es in Deutschland aber feste gesetzliche Regelungen, die eingreifen, wenn es dem Käufer mangels Durchführung einer Due Diligence nicht gelungen ist, entsprechende vertragli-

---

[583] *Hirte* in: KölnKomm-WpÜG, § 33 Rn. 77; *Krause* in: Assmann/Pötzsch, § 22 Rn. 99; *Fleischer*, ZIP 2002, S. 652 f.

[584] Vgl. *Hefermehl/Spindler* in: MünchKomm-AktG, § 76 Rn. 60.

[585] Selbst bei einer feindlichen Übernahme kann der Vorstand ausnahmsweise zur Gestattung einer Due Diligence verpflichtet sein, wenn sich das Angebot des Bieters als einzige Möglichkeit für den Fortbestand der Zielgesellschaft darstellt, etwa bei einer sonst drohenden Insolvenz. Dazu *Thiel* in: Semler/Volhard, Unternehmensübernahmen, § 54 Rn. 43.

[586] *H. P. Westermann* in: MünchKomm-BGB, § 453 Rn. 60; *Müller*, FAZ vom 21. Januar 2004 (Nr. 17), S. 23; differenzierend *Knöfler*, Rechtliche Auswirkungen der Due Diligence (Dissertation), S. 70 ff.

[587] *H. P. Westermann* in: MünchKomm-BGB, § 453 Rn. 60; *Müller*, FAZ vom 21. Januar 2004 (Nr. 17), S. 23.

che Garantien (sog. „warranties“) auszuhandeln.[588] Festzuhalten bleibt somit, dass es eine Obliegenheit zur Durchführung einer Due Diligence jedenfalls hierzulande nicht gibt. Folglich kann ein Unterlassen derselben auch nicht zum Entfallen entsprechender Aufklärungspflichten des Veräußerers führen. Dies gilt nicht nur beim Unternehmenskauf, sondern auch beim Wertpapiererwerb nach dem WpÜG.

b. Form der Anfechtung

Eine der Besonderheiten beim Wertpapiererwerb ist die Tatsache, dass sich das Angebot des Bieters an die Öffentlichkeit richtet. Dies steht einer Anfechtung aber nicht entgegen. Auch bei der Auslobung gem. § 657 BGB handelt es sich um eine an die Öffentlichkeit gerichtete Willenserklärung.[589] Diese Erklärung kann gem. § 658 BGB widerrufen und darüber hinaus nach den §§ 119 ff. BGB angefochten werden.[590] Anfechtungsgegner ist dann gem. § 143 Abs. 4 BGB grundsätzlich derjenige, der die ausgelobte Handlung vorgenommen hat. Weil dies dazu führen kann, dass die gem. §§ 121, 124 BGB zu beachtenden Anfechtungsfristen abgelaufen sind, bevor ein Anfechtungsgegner vorhanden und die Auslobung daher nicht mehr anfechtbar ist, kann die Anfechtung auch durch öffentliche Bekanntmachung in der gleichen Art wie die Auslobung erklärt werden.[591]

Auch die Anfechtung eines Erwerbs- oder Übernahmeangebots hat als *actus contrarius* zur Angebotserklärung grundsätzlich in der gleichen Weise wie diese zu erfolgen, d.h. sie ist entsprechend § 14 Abs. 3 Satz 1 WpÜG zu veröffentlichen.[592] Dies gilt jedenfalls für den Regelfall, also dann, wenn die Anfechtungserklärung an sämtliche Aktionäre gerichtet ist. Dagegen muss die Anfechtung nicht notwendigerweise in der nach § 14 Abs. 3 Satz 1 WpÜG vorgeschriebenen Form erfolgen, wenn der Bieter nur einzelnen Aktionären gegenüber einem Irrtum unterlegen ist oder nur von bestimmten Aktionären getäuscht oder bedroht wurde.[593] Dann ist es ausreichend, wenn der Bieter die Anfechtungserklärung nicht veröffentlicht, sondern lediglich gegenüber dem betreffenden Anfechtungsgegner erklärt. Zwar haben die anderen Aktionäre, um nicht hilflos dem durch eine Informationsasymmetrie ausgelösten „prisoners’ dilemma“ ausgesetzt zu sein,[594] einen schutzwürdigen Anspruch auf ausreichende Information. Dies gebietet das in § 3 Abs. 2 WpÜG niedergelegte Transparenzprinzip. Für die Entscheidungsfindung der Aktionäre ist es grundsätzlich von Bedeutung, zu wissen, wie viele Wertpapierinhaber das Angebot des Bieters bereits angenom-

---

[588] Vgl. auch *Knöfler*, Rechtliche Auswirkungen der Due Diligence (Dissertation), S. 73.
[589] *Seiler* in: MünchKomm-BGB, § 657 Rn. 4; *Palandt/Sprau*, § 657 Rn. 1.
[590] Vgl. *Seiler* in: MünchKomm-BGB, § 659 Rn. 9; *Palandt/Sprau*, § 658 Rn. 2.
[591] *Seiler* in: MünchKomm-BGB, § 659 Rn. 9.
[592] Vgl. *Thoma* in: Baums/Thoma, § 11 Rn. 15 und *Seydel* in: KölnKomm-WpÜG, § 11 Rn. 24 (der sich auf eine Analogie zu den §§ 14 Abs. 3 Satz 1, 21 Abs. 2 Satz 1 WpÜG beruft).
[593] So auch *Thoma* in: Baums/Thoma, § 11 Rn. 19 hinsichtlich § 123 BGB.
[594] Dazu oben, 2. Teil § 1 I. 2. a.

men haben. Von ebensolcher Wichtigkeit ist die Information darüber, ob zustande gekommene Verträge zwischenzeitlich wieder rückgängig gemacht worden sind. Um dem Bedürfnis der Wertpapierinhaber nach Transparenz über die Akzeptanz des Angebots zu entsprechen, ist es aber nicht erforderlich, dass der Bieter die einem bestimmten Anfechtungsgegner erklärte Anfechtung veröffentlicht. Das Informationsdefizit der Wertpapierinhaber wird vielmehr bereits durch § 23 Abs. 1 WpÜG ausgeglichen.[595] Diese Vorschrift ist eine Ausprägung des Transparenzgrundsatzes[596] und verpflichtet den Bieter dazu, regelmäßig sog. „Wasserstandsmeldungen" über die sich aus den ihm zugegangenen Annahmeerklärungen ergebende Anzahl der Wertpapiere zu veröffentlichen.

c. Anfechtungsfrist

Im Hinblick auf die Anfechtungsfrist ergeben sich keine Besonderheiten. In den Fällen der §§ 119, 120 BGB ist die Anfechtung gem. § 121 BGB unverzüglich nach Kenntniserlangung vom Anfechtungsgrund zu erklären. Wurde der Bieter getäuscht, beginnt die einjährige Frist gem. § 124 Abs. 2 BGB mit dem Zeitpunkt zu laufen, in welchem der Bieter die Täuschung entdeckt. Die Anfechtungsfrist endet gem. § 121 Abs. 2 bzw. § 124 Abs. 3 BGB zehn Jahre nach Angebotsabgabe.

d. Wirkung der Anfechtung und sonstige Rechtsfolgen

aa. Nichtigkeitsfolge

Gem. § 142 Abs. 1 BGB hat die wirksame Anfechtung zur Folge, dass alle Willenserklärungen, auf die sich die Anfechtungserklärung bezieht, als von Anfang an nichtig gelten. Wird die Anfechtung nicht gegenüber sämtlichen Wertpapierinhabern, sondern beispielsweise nur gegenüber einem Großaktionär erklärt, ist von der Nichtigkeitsfolge auch nur die entsprechende Angebotserklärung betroffen. Auf die Problematik, ob die Anfechtung nur gegenüber einer Partei auch das Rechtsverhältnis des Anfechtenden zu den anderen Parteien berührt, kommt es hier nicht an.[597] Denn weil das Angebot des Bieters in Wahrheit ein Bündel von Einzelanträgen ist, kommt mit jedem Wertpapierinhaber ein gesonderter Vertrag zustande, so dass sich die Frage der Teilbarkeit des jeweiligen Rechtsverhältnisses nicht stellt.[598]

War Gegenstand der gegenüber dem Großaktionär angefochtenen Angebotserklärung ein Unternehmenserwerb, so besteht das Angebot bzw. das Rechtsgeschäft nicht als bloßer Anteilserwerb fort. Wie sich aus dem eindeutigen Wortlaut des § 142 Abs. 1 BGB ergibt, wird durch die Anfechtung die gesamte Wil-

---

[595] Vgl. auch BT-Drucks. 14/7034, S. 50 (Zu § 23 Absatz 1 WpÜG-RegE).

[596] *Assmann* in: Assmann/Pötzsch, § 23 Rn. 2.

[597] Siehe auch *Thoma* in: Baums/Thoma, § 11 Rn. 17 (zur Frage der „isolierten" Anfechtbarkeit des Angebots gem. § 123 BGB gegenüber einem Großaktionär).

[598] Zur Problematik der sog. „Teil-Anfechtung" vgl. *Flume*, AT II, § 31 5 d; *Hefermehl* in: Soergel, § 143 Rn. 8; *Roth* in: Staudinger, § 143 Rn. 23 f.

lenserklärung vernichtet und führt nicht zu einer Art „geltungserhaltender Reduktion“.[599]

bb. Untersagung des Angebots und Bußgeldpflicht?

Wenn der Bieter trotz Ankündigung gem. § 10 WpÜG kein Angebot abgibt, hat die BaFin das Angebot gem. § 15 Abs. 1 Nr. 4 WpÜG zu untersagen. Hier stellt sich die Frage, ob dies auch bei einer Anfechtung des Angebots gilt. Da § 15 WpÜG diesen Fall nicht abbildet, kommt allenfalls eine analoge Anwendung in Betracht.

Das Problem dabei ist, dass eine Untersagung des Angebots einen hoheitlichen Eingriff in Rechtspositionen des Bieters darstellt.[600] Nach dem Grundsatz vom Vorbehalt des Gesetzes bedürfen derartige Eingriffe einer gesetzlichen Grundlage, die hinreichend bestimmt ist.[601] Zwar bedeutet die sinngemäße Auslegung einer Ermächtigungsnorm nicht unbedingt, dass damit der rechtsstaatlich gebotenen Bestimmtheit widersprochen wird.[602] Die analoge Heranziehung einer Ermächtigungsgrundlage ist aber insofern problematisch, als sie über den Wortlaut der Norm hinausgeht und daher gerade keinen Anwendungsfall der Auslegung mehr darstellt. Gegen eine analoge Anwendung von § 15 Abs. 1 Nr. 4 WpÜG spricht außerdem, dass dann auch die entsprechende Bußgeldvorschrift analog § 60 Abs. 1 Nr. 6 WpÜG gelten müsste, da ansonsten ein zusammenhängendes Normengefüge künstlich auseinandergerissen würde. Gerade die analoge Anwendung von Bußgeldtatbeständen verbietet sich aber im Hinblick auf das Analogieverbot. Eine Untersagung des Angebots gem. § 15 WpÜG kommt daher ebenso wenig in Betracht wie eine Bußgeldpflicht gem. § 60 Abs. 1 Nr. 1a WpÜG wegen unterlassener Angebotsabgabe.

Eine entsprechende Kompetenz zur Untersagung des Angebots bei Anfechtung und eine Bußgeldnorm hätte der Gesetzgeber ausdrücklich vorsehen müssen. Dass er das nicht getan hat, ist ihm nicht zur Last zu legen. Denn anders als die schlichte Nichtabgabe des Angebots erfolgt eine Anfechtung niemals grundlos, sondern ist an spezielle Voraussetzungen (insbesondere die Anfechtungsgründe des Irrtums, der Täuschung etc.) gebunden, so dass eine Missbrauchsgefahr ausgeschlossen ist.

cc. Sperrfrist analog § 26 WpÜG?

Gem. § 26 Abs. 1 WpÜG ist ein erneutes Angebot durch einen Bieter, dem ein früheres Angebot nach § 15 WpÜG von der BaFin untersagt wurde, für die Frist

---

[599] Eine Teilanfechtung ist zwar möglich, muss sich aber aus dem Parteiwillen zweifelsfrei ergeben; vgl. *Mayer-Maly/Busche* in: MünchKomm-BGB, § 143 Rn. 11.

[600] Vgl. auch *Scholz* in: FrankKomm-WpÜG, § 15 Rn. 18.

[601] BVerfGE 8, 274, 325; *Fischer*, Der Verwaltungsakt als staatsrechtlich determinierte Handlungsform (Dissertation), S. 124.

[602] Vgl. BVerwGE 41, 106, 112 f. unter Hinweis auf BVerfGE 21, 209, 215; dazu *Druschel*, Die Verwaltungsaktbefugnis (Dissertation), S. 165.

von einem Jahr unzulässig. Die Vorschrift schützt das Interesse der Zielgesellschaft an einer ungestörten Fortführung ihrer Geschäftstätigkeit, die nicht durch wiederholte Angebote des Bieters unterbrochen werden soll.[603]

Möglicherweise könnte § 26 Abs. 1 WpÜG bei der Anfechtung eines Angebots wegen der dadurch ausgelösten Nichtigkeitsfolge aber entsprechend anzuwenden sein. Voraussetzung für eine Analogie ist eine planwidrige Unvollständigkeit des Gesetzes und die Vergleichbarkeit des geregelten und des ungeregelten Tatbestands.[604] Gem. § 26 Abs. 1 i.V.m. § 15 Abs. 1, Abs. 2 WpÜG soll die Sperrfrist nur bei Verstößen gegen Vorschriften des WpÜG ausgelöst werden, insbesondere bei Missachtung der Veröffentlichungspflichten. Der gesetzgeberische Kerngedanke bei § 26 Abs. 1 WpÜG ist demnach, dass die schützenswerten Interessen der Zielgesellschaft nur dann das Interesse des Bieters an einer nochmaligen Angebotsabgabe überwiegen, wenn der Bieter mit der erstmaligen Angebotsabgabe gegen ein gesetzliches Verbot verstoßen oder ein Gebot außer Acht gelassen hat. Die Anfechtung jedoch, die dem Gesetz gemäß erfolgt und unter Beachtung des § 14 Abs. 3 WpÜG erklärt wird, stellt keinen solchen Verstoß dar. Es fehlt daher an einer planwidrigen Regelungslücke und der erforderlichen Gleichartigkeit der Sachverhalte. Ohnehin wäre § 26 WpÜG in analoger Anwendung lediglich ein „stumpfes Schwert", denn wegen des bereits angesprochenen Analogieverbots würde sich der Bieter bei einem Verstoß gegen diese Norm nicht gem. § 60 Abs. 1 Nr. 7 WpÜG bußgeldpflichtig machen.

dd. Erfordernis einer „korrigierten" Angebotsunterlage?

Inhalts- und Erklärungsirrtümer sind, anders als beispielsweise auf Täuschung oder Drohung beruhende Willensmängel, solche Willensmängel, die aus der Sphäre des Bieters stammen. Es stellt sich daher die Frage, ob dem Bieter, der einem derartigen Irrtum unterliegt, ohne weiteres ein Anfechtungsrecht zugebilligt werden kann. Immerhin erweckt die Vorschrift des § 18 Abs. 1 WpÜG – scheinbar – den Eindruck, dass sich ein Bieter nur im Hinblick auf außerhalb seiner Sphäre liegende Faktoren von seinem Angebot soll lösen können.[605]

(1) Meinungsstand

Aus diesem Grunde will die Ansicht, die eine Anfechtungsmöglichkeit grundsätzlich bejaht, jedenfalls eine Anfechtung nach § 119 Abs. 1 BGB nur unter der Bedingung zulassen, dass der Bieter an die BaFin eine neue, „korrigierte" Angebotsunterlage übermittelt und diese veröffentlicht.[606] Trotz erfolgter Anfechtung soll also die Verpflichtung des Bieters zur Abgabe eines Angebots fortbestehen.

---

603 BT-Drucks. 14/7034, S. 51 (Zu § 26 Absatz 1 WpÜG-RegE).

604 *Larenz/Canaris*, Methodenlehre, S. 202.

605 Vgl. auch *Thoma* in: Baums/Thoma, § 11 Rn. 14.

606 *Thoma* in: Baums/Thoma, § 11 Rn. 15; *Seydel* in: KölnKomm-WpÜG, § 11 Rn. 24; *Renner* in: FrankKomm-WpÜG, § 11 Rn. 21.

(2) Stellungnahme

Dem Postulat, der Bieter müsse nach ausgeübter Anfechtung unverzüglich eine „korrigierte Angebotsunterlage" an die BaFin übermitteln und nach Gestattung veröffentlichen, ist nicht zu folgen. Das Normengefüge des WpÜG lässt auf eine derartige Verpflichtung nicht schließen. Bereits technische Aspekte sprechen dagegen, denn die Erstellung einer neuen, „korrigierten" Angebotsunterlage kostet Zeit. Dies würde regelmäßig dazu führen, dass die Vierwochenfrist in § 14 Abs. 1 Satz 1 WpÜG überschritten wird.[607]

Wurde der Bieter getäuscht oder bedroht, wäre nicht ersichtlich, warum ihn nach erfolgter Anfechtung die Verpflichtung zur unverzüglichen Erstellung einer neuen Angebotsunterlage treffen sollte, die ihn und nicht den Täuschenden bzw. Drohenden benachteiligt. Die Angebotsadressaten müssen sich mit etwaigen Schadensersatzansprüchen dann an den Vorstand der Zielgesellschaft halten. Aber auch im Falle eines Irrtums liefe es dem Sinn einer Anfechtung zuwider, wenn der Anfechtende unverzüglich wieder ein - wenn auch korrigiertes - Angebot abgeben müsste. Man denke etwa an den (Extrem-)Fall des Erklärungsirrtums gem. § 119 Abs. 1 Alt. 2 BGB, wenn der Bieter „eine Erklärung dieses Inhalts überhaupt nicht abgeben wollte". Der Sinn einer Anfechtung besteht gerade darin, eine rechtliche Verpflichtung zu beseitigen und hätte keinen Zweck, wenn nach erfolgter Anfechtung eine entsprechende Rechtspflicht erneut entstehen würde. Die Anfechtung eines Angebots wird vom WpÜG nicht geregelt, so dass man sich insoweit auf das BGB zu stützen hat. Lässt man eine Anfechtung des Angebots nach den Regeln des BGB zu, so ist es inkonsequent, aus dem „Geiste" des WpÜG eine Verpflichtung des Bieters zur unverzüglichen Übermittlung einer korrigierten Angebotsunterlage zu entwickeln. Der Vorschrift des § 18 WpÜG ist zwar zu entnehmen, dass sich der Bieter nicht ohne weiteres von einem einmal abgegebenen Angebot soll befreien können. Anders als den Eintritt einer Potestativbedingung kann der Bieter das Entstehen eines Erklärungs- oder Inhaltsirrtums aber gerade *nicht* willentlich steuern, da es sich bei diesen Irrtümern um Willens*mängel* handelt. Einen Irrtum, dem der Erklärende vorsätzlich unterliegt, kann es schon *per definitionem* nicht geben.[608]

Auch dann, wenn der Bieter nicht ein einfaches Erwerbs-, sondern ein Übernahmeangebot anficht, muss er daraufhin kein erneutes Angebot abgeben. Das gilt selbst dann, wenn ausnahmsweise nicht sämtliche Aktionäre, sondern lediglich ein Großaktionär Anfechtungsgegner ist, wie es bei der Anfechtung gem. § 119 Abs. 2 BGB der Fall sein kann.[609] § 32 WpÜG, wonach sich ein Übernahmeangebot nicht lediglich auf einen Teil der Wertpapiere erstrecken darf, steht dem nicht entgegen. Sinn und Zweck dieser Vorschrift ist es, bei Übernahmeangeboten sämtlichen Aktionären den Ausstieg aus der Zielgesellschaft und die

---

[607] Anderer Ansicht *Seydel* in: KölnKomm-WpÜG, § 11 Rn. 24 in Fn. 27. Nach seiner Ansicht soll eine Untersagung des Angebots durch die BaFin wegen Fristüberschreitung nach Sinn und Zweck der §§ 14 f. WpÜG ausscheiden.

[608] Siehe oben, 3. Teil § 1 I. 2. b.

[609] Dazu oben, 3. Teil § 1 II. 2. a. bb. (2) (a) (bb).

Partizipation an der gezahlten Übernahmeprämie zu ermöglichen.[610] Insoweit stellt § 32 WpÜG eine spezialgesetzliche Ausprägung des in § 3 Abs. 1 WpÜG niedergelegten Gleichheitsgrundsatzes dar.[611] Weil die Anfechtung gegenüber einem Großaktionär das Angebot auch nur ihm gegenüber *ex tunc* vernichtet, könnte der Schutzbereich des Gleichbehandlungsgrundsatzes berührt sein. Dann gäbe es aber einen sachlichen Grund für die Ungleichbehandlung, nämlich den jeweiligen Anfechtungsgrund. Tatsächlich ist jedoch bereits der Anwendungsbereich des Gleichbehandlungsgrundsatzes nicht eröffnet, da die entsprechenden Sachverhalte regelmäßig nicht vergleichbar sind. Hier gilt das gleiche wie im Falle einer arglistigen Täuschung, bei der einer Anfechtung nur gegenüber dem täuschenden Großaktionär ebenfalls nichts entgegensteht.[612] Vor finanziellen Schäden wird der Anfechtungsgegner durch die Vorschrift des § 122 BGB hinreichend geschützt.

ee. Schadensersatz

Für die Folgen der Nichtigkeit haftet der nach § 119 oder § 120 BGB anfechtende Bieter seinem Anfechtungsgegner gem. § 122 Abs. 1 BGB auf das negative Interesse. Daneben kommen grundsätzlich auch Schadensersatzansprüche gem. §§ 311 Abs. 2, 241 Abs. 2, 280 Abs. 1 BGB in Betracht.[613]

e. Anspruch auf Vertragsaufhebung aus *culpa in contrahendo*

Wurde der zur Anfechtung berechtigende Irrtum beim Bieter fahrlässig verursacht, steht diesem neben dem Recht auf Anfechtung grundsätzlich auch ein Schadensersatzanspruch aus §§ 311 Abs. 2, 241 Abs. 2, 280 Abs. 1 BGB zu, wenn die entsprechenden Voraussetzungen erfüllt sind. Dies ist beispielsweise der Fall, wenn dem Verhandlungsgegner des Bieters eine Aufklärungspflicht oblag und er diese fahrlässig missachtet hat, was dann letztlich zur Entstehung des Irrtums geführt hat.[614] Das Gleiche gilt bei offensichtlicher Erkennbarkeit des Irrtums.[615] Einen Schadensersatzanspruch aus *culpa in contrahendo* hat der Bieter selbstverständlich auch dann, wenn sein Irrtum vorsätzlich durch arglistige Täuschung hervorgerufen worden ist.[616] Der Schadensersatzanspruch geht auf die Befreiung von der Vertragspflicht[617] und den Ersatz des sonstigen Vertrauensschadens, beispielsweise auf Ersatz für Aufwendungen.

---

610 *Hasselbach* in: KölnKomm-WpÜG, § 32 Rn. 1.

611 *Möller* in: Assmann/Pötzsch, § 32 Rn. 1.

612 Siehe oben, 3. Teil § 1 II. 2. a. dd. (1) (b) (aa).

613 Vgl. *Kramer* in: MünchKomm-BGB, § 122 Rn. 6.

614 Vgl. *Emmerich* in: MünchKomm-BGB, § 311 Rn. 59.

615 Siehe *Kramer* in: MünchKomm-BGB, § 119 Rn. 120.

616 In der Regel sind dann außerdem die Voraussetzungen des § 826 BGB erfüllt, darüber hinaus auch diejenigen des § 823 Abs. 2 BGB, wenn der Täuschende den Tatbestand des § 263 StGB verwirklicht hat.

617 Damit die für die Anfechtung geltenden kurzen Verjährungsfristen nicht durch die 30-jährige Verjährungsfrist in § 195 BGB a.F. unterlaufen werden konnten, wenn der Anspruch

f. Zwischenergebnis

Eine Anfechtung des Angebots nach den §§ 119 ff. BGB ist grundsätzlich möglich. Interessant ist vor allem die Anfechtungsmöglichkeit gem. § 119 Abs. 2 BGB, wenn der Bieter im Zeitpunkt der Angebotsabgabe einem Eigenschaftsirrtum erlegen ist. Irren kann sich der Bieter beispielsweise über bestimmte Eigenschaften der Wertpapiere, die Gegenstand des Angebots sind. Darüber hinaus können Irrtümer über Eigenschaften der Zielgesellschaft beachtlich sein, sofern es sich dabei um solche Eigenschaften handelt, die den Wert der zu erwerbenden Papiere beeinflussen. Eigenschaften der Zielgesellschaft können auch dann eine Rolle spielen, wenn ausnahmsweise eine so hohe Beteiligung von einem Großaktionär erworben wird, dass nicht nur die entsprechenden Wertpapiere, sondern das Unternehmen der Zielgesellschaft als solches Gegenstand des Angebots ist.

Hervorzuheben ist außerdem das Anfechtungsrecht aus § 123 BGB wegen arglistiger Täuschung durch fehlerhafte Angaben oder die unterlassene Aufklärung über entscheidungserhebliche Umstände. Diese Möglichkeit der Anfechtung kommt allerdings nur gegenüber einem Großaktionär in Betracht, denn nur ein solcher Aktionär hat die Gelegenheit, den Bieter zu täuschen oder von einer Täuschung durch das Management der Zielgesellschaft Kenntnis zu erlangen.

Hat der Bieter das Angebot angefochten, so besteht kein Erfordernis, eine neue, „korrigierte" Angebotsunterlage zu erstellen und zu veröffentlichen. Für eine derartige Verpflichtung findet sich im Gesetz keine Stütze. Ebensowenig tritt nach erfolgter Anfechtung eine Sperrfrist analog § 26 WpÜG ein.

3. Der Rücktritt gem. § 313 Abs. 1 iVm. Abs. 3 Satz 1 BGB

a. Bestandsaufnahme

aa. Meinungsstand

Ob ein Bieter vom öffentlichen Angebot zurücktreten kann, wenn die Voraussetzungen des § 313 BGB erfüllt sind, ist noch nicht abschließend geklärt, wird von der überwiegenden Auffassung aber dem Grundsatz nach bejaht.[618] Unklar ist allerdings die Reichweite des Anwendungsbereichs der Norm. In der Literatur wird § 313 BGB eher restriktiv gehandhabt. Danach soll ein Rücktrittsrecht des Bieters wegen Störung der Geschäftsgrundlage nur bei entscheidender Veränderung der Umstände nach erfolgter Veröffentlichung der Angebotsunterlage in Betracht kommen.[619] Mit dieser Umschreibung wird auf die objektive Geschäftsgrundlage im Sinne von § 313 Abs. 1 BGB abgehoben, die in § 313 Abs. 2 BGB kodifizierte subjektive Geschäftsgrundlage bleibt außen vor. Noch restriktiver ist die Auffassung, die die Anwendung der objektiven Geschäftsgrund-

---

auf Vertragsaufhebung aus *culpa in contrahendo* geltend gemacht wurde, hat man früher die Ansicht vertreten, dass die §§ 121, 124 BGB analog gelten sollten (vgl. *Kramer* in: MünchKomm-BGB, § 123 Rn. 35). Wegen der heute geltenden regelmäßigen Verjährungsfrist von nur noch drei Jahren dürfte eine solche Analogie nun wohl nicht mehr erforderlich sein.

[618] Siehe oben, 3. Teil § 1 I. 1.

[619] *Geibel* in: Geibel/Süßmann, § 18 Rn. 47; *Thaeter* in: Thaeter/Brandi, Teil 2, Rn. 212.

lage auf die Fälle der schweren Äquivalenzstörung beschränken will, wenn aufgrund unvorhersehbarer Ereignisse das Verhältnis von Leistung und Gegenleistung fundamental verändert wird.[620]

bb. Stellungnahme

Das von Lehre und Rechtsprechung entwickelte und seit der Schuldrechtsreform von 2002 in § 313 BGB verankerte Rechtsinstitut der „Störung der Geschäftsgrundlage" ist eine Ausprägung des allgemeinen Prinzips von „Treu und Glauben" und macht daher stets eine Bewertung und Interessenabwägung im jeweiligen Einzelfall erforderlich.[621] Die Beschränkung des Anwendungsbereichs von § 313 BGB auf bestimmte wenige Fallgruppen ist daher nicht zielführend.

In der Tat wird es sich bei einer Störung der Geschäftsgrundlage in der Regel um einen Fall der sog. Äquivalenzstörung handeln, also um ein objektives Missverhältnis zwischen Leistung und Gegenleistung.[622] Wie noch zu zeigen sein wird, können bei einem öffentlichen Angebot aber nicht nur Fälle der schweren Äquivalenzstörung zu einer gestörten Geschäftsgrundlage führen. Auch Fälle wirtschaftlicher Entwicklungen ohne Äquivalenzstörung, insbesondere strukturelle Veränderungen der Zielgesellschaft aufgrund von Abwehrmaßnahmen gegen ein feindliches Übernahmeangebot, eröffnen den Anwendungsbereich von § 313 BGB.[623] Darüber hinaus kann es ausnahmsweise zu einer Störung der subjektiven Geschäftsgrundlage kommen, etwa im Falle eines beiderseitigen Irrtums über die Berechnungsgrundlage.[624] Im Ergebnis sind daher alle vertretenen Ansichten zur Anwendung des § 313 BGB im Kontext des WpÜG als zu eng abzulehnen.

b. Typische Fälle der gestörten Geschäftsgrundlage

Der Anwendungsbereich des § 313 BGB lässt sich nicht durch bestimmte Fallgruppen abschließend eingrenzen. Eine Einteilung in Fallgruppen kann allerdings nützlich sein, um besonders wichtige, typische Sachverhalte leichter zu erfassen.

aa. Schwere Äquivalenzstörung

(1) Insolvenz der Zielgesellschaft

Irrt sich der Bieter im Zeitpunkt der Angebotsabgabe über die (mangelnde) Solvenz der Zielgesellschaft, so kann ihn dies zur Anfechtung gem. § 119 Abs. 2 BGB berechtigen.[625] Tritt die Insolvenz der Zielgesellschaft hingegen nach der

---

[620] *Oechsler* in: Ehricke/Ekkenga, § 11 Rn. 53; ders., NZG 2001, S. 817, 822.
[621] Vgl. *Roth* in: MünchKomm-BGB, § 313 Rn. 62; *Larenz/Wolf*, § 38 Rn. 33 ff.
[622] *Roth* in: MünchKomm-BGB, § 313 Rn. 59 ff; *Palandt/Heinrichs*, § 313 Rn. 32.
[623] Vgl. auch *Roth* in: MünchKomm-BGB, § 313 Rn. 203, 212. Dazu im Einzelnen unten, 3. Teil § 1 II. 3. b. bb.
[624] Dazu unten, 3. Teil § 1 II. 3. b. cc.
[625] Siehe oben, 3. Teil § 1 II. 2. a. bb. (2) (b).

Angebotsabgabe ein, scheidet eine Irrtumsanfechtung aus. Es stellt sich die Frage, ob dann unter Umständen ein Lösungsrecht wegen Störung der Geschäftsgrundlage gegeben sein kann.

(a) Meinungsstand

Nach einer in der Literatur vertretenen Ansicht kann der Antrag auf Eröffnung des Insolvenzverfahrens über das Vermögen der Zielgesellschaft während der Laufzeit des Angebots zu einer Störung der Geschäftsgrundlage führen, die den Bieter zum Rücktritt von seinem Antrag berechtigt.[626] Ein derartiges Lösungsrecht bestehe allerdings nur gegenüber denjenigen Aktionären, die das Angebot noch nicht angenommen haben. Aus der Wertung der Gefahrtragungsregel in § 446 Satz 1 BGB ergebe sich, dass sich der Bieter gegenüber den Aktionären, die das Angebot bereits angenommen haben, nicht von seinem Angebot lösen könne. Denn durch den Abschluss der Kaufverträge ziehe der Bieter bereits einen Großteil des tatsächlichen Nutzens aus den Wertpapieren, insbesondere deren Drohpotential komme ihm zugute.[627]

(b) Stellungnahme

Gem. § 313 Abs. 1 BGB kommt es bei der Entscheidung, ob und wie bei einer gestörten Geschäftsgrundlage die Neuzuordnung des Risikos vorzunehmen ist, maßgeblich auf die Umstände des Einzelfalles, insbesondere die vertragliche und gesetzliche Risikoverteilung an. Zu ermitteln ist dies im Rahmen einer umfassenden Interessenabwägung.[628]

Wird nach der Abgabe des Angebots durch den Bieter vom Vorstand der Zielgesellschaft oder einem Gläubiger ein Antrag auf Eröffnung des Insolvenzverfahrens gestellt, so kann dies zu einer schweren Störung des Äquivalenzverhältnisses zwischen Leistung und Gegenleistung führen. Eine derartige Störung kann aber auch eintreten, ohne dass ein entsprechender Antrag gestellt wurde, sofern sich die Zielgesellschaft in erheblichen Zahlungsschwierigkeiten oder gar im Zustand der Zahlungsunfähigkeit befindet. Umgekehrt kann die Prüfung der Risikozuordnung im Einzelfall auch zu dem Ergebnis führen, dass der Bieter trotz eingetretener Insolvenz der Zielgesellschaft nicht von seinem Angebot zurücktreten kann, etwa weil er keine Due Diligence Prüfung durchgeführt hat, obwohl ihm dies möglich und zumutbar gewesen wäre, oder weil er bei einer Due Diligence Prüfung Anhaltspunkte für eine drohende Insolvenz übersehen hat, obwohl ihm diese Anhaltspunkte hätten auffallen müssen. Zwar ist der Bieter nicht verpflichtet, eine Due Diligence Prüfung vorzunehmen, ihre Nichtdurchführung stellt aber einen abwägungsrelevanten Belang dar. Grundsätzlich wird das Ergebnis der Interessenabwägung aber lauten, dass sich der Bieter von

---

[626] *Oechsler* in: Ehricke/Ekkenga, § 11 Rn. 55; *Geibel* in: Geibel/Süßmann, § 18 Rn. 50.
[627] *Oechsler* in: Ehricke/Ekkenga, § 11 Rn. 55.
[628] *Roth* in: MünchKomm-BGB, § 313 Rn. 66 ff.

seinem Angebot lösen kann, denn das Risiko der Insolvenz der Zielgesellschaft tragen deren Aktionäre.

Zu einer anderen Risikoverteilung gelangt man über § 446 Satz 1 BGB. Es ist allerdings verfehlt, diese Norm so zu interpretieren, dass bereits mit Abschluss der Kaufverträge über die Wertpapiere das Risiko von den Aktionären auf den Bieter übergeht. Darauf, ob die Wertpapiere dem Bieter bereits ein gewisses „Drohpotential" verleihen, kommt es nicht an. § 446 Satz 1 BGB stellt für den Gefahrübergang auf die Übergabe des Besitzes ab. Auf Rechte findet diese Vorschrift nur dann Anwendung, wenn es sich um Rechte handelt, die zum Besitz einer Sache berechtigen.[629] Für in Inhaber- und Namensaktien verbriefte Rechte gilt dies nicht, denn diese berechtigen nicht zum Besitz einer Sache.[630] Beim Kauf von Aktien handelt es sich in der Regel nicht nur um einen Rechts-, sondern zugleich auch um einen Sachkauf, weil die Übertragung der Papiere grundsätzlich nach den §§ 929 ff. BGB erfolgt.[631] Für den Gefahrübergang nach § 446 Satz 1 BGB kommt es daher auf die Übergabe des Papiers bzw. das jeweils vereinbarte Übergabesurrogat[632] an. Bis zu diesem Zeitpunkt kann sich der Bieter im Falle einer Störung der Geschäftsgrundlage wegen Insolvenz der Zielgesellschaft von seinem Angebot lösen, und zwar auch gegenüber solchen Aktionären, die das Angebot des Bieters bereits angenommen haben.

(2) Konkurrierendes Angebot

(a) Meinungsstand

Ob die Abgabe eines konkurrierenden Angebots durch einen Dritten im Sinne des § 22 WpÜG den Bieter gem. § 313 Abs. 1, Abs. 3 Satz 1 BGB zum Rücktritt berechtigt, ist umstritten. Nach einer Ansicht kann dem Bieter im Einzelfall ein derartiges Lösungsrecht zustehen, wenn das konkurrierende Angebot deutlich höher als das Angebot des Erstbieters ist und dadurch dessen Kalkulationsgrundlage zu Fall gebracht wird.[633] Hiergegen wird eingewandt, dass die Abgabe eines konkurrierenden Angebots als allgemeines Geschäftsrisiko zu qualifizieren sei und daher nicht zu einer Störung der Geschäftsgrundlage führen könne.[634]

(b) Stellungnahme

Zu folgen ist der letztgenannten Ansicht. Konkurrierende Angebote können den Bieter zwar zu einer Änderung seiner Übernahmestrategie zwingen und letztlich das Scheitern seines Angebots herbeiführen. Die Gefahr, dass ein zweiter Bieter ein konkurrierendes Angebot abgibt, ist aber für das Erwerbs- bzw. Übernahme-

---

[629] *Palandt/Putzo*, § 446 Rn. 2.

[630] *Palandt/Putzo*, § 453 Rn. 14 und *Palandt/Bassenge*, § 952 Rn. 3.

[631] Siehe oben, 2. Teil § 2 I. 1. b.

[632] § 446 Satz 1 BGB findet auch bei einer Übereigung gem. §§ 930, 931 BGB Anwendung, vgl. *Palandt/Putzo*, § 446 Rn.13.

[633] *Oechsler* in: Ehricke/Ekkenga, § 11 Rn. 54; *Geibel* in: Geibel/Süßmann, § 18 Rn. 49.

[634] *Thaeter* in: Thaeter/Brandi, Teil 2, Rn. 218.

verfahren typisch und daher vom Bieter grundsätzlich vorhersehbar. In § 22 WpÜG werden bestimmte Regeln im Hinblick auf konkurrierende Angebote getroffen, so dass auch das Gesetz selbst davon ausgeht, dass konkurrierende Angebote ein typisches Phänomen darstellen. Die damit verbundenen Risiken hat folglich der Bieter allein zu tragen. Etwas anderes ist allenfalls in ganz atypischen Fällen denkbar, wenn ausnahmsweise die Abgabe eines konkurrierenden Angebots schlechterdings nicht vorhersehbar war.

(3) Veränderungen der Börsenkurse

Der bloße Rückgang des Börsenkurses der Zielgesellschaft wegen verschlechterter Marktlage kann grundsätzlich nicht zu einem Lösungsrecht des Bieters führen. Denn auf das Spekulationsrisiko hat sich der Bieter bewusst eingelassen. Lediglich im Falle eines plötzlichen, unvorhersehbaren und schwerwiegenden Zusammenbruchs der Kurse („schwarzer Freitag") kann von einer Störung der Geschäftsgrundlage die Rede sein. Dann wäre es unangemessen, allein den Bieter die Folgen dieser Störung tragen zu lassen.[635]

Umgekehrt kann ein plötzlicher, drastischer Anstieg der Kurse der Bieteraktien, die im Rahmen eines Tauschangebots als Gegenleistung dienen sollen, grundsätzlich nicht zu einer Störung des Äquivalenzverhältnisses führen und den Bieter zum Rücktritt berechtigen. Zwar kann es sich hierbei im Einzelfall durchaus um ein schwer vorhersehbares Ereignis handeln, weil die Kurse der Bieteraktien für gewöhlich leicht sinken.[636] Der Kurs der Bieteraktie spiegelt aber auch andere Faktoren, insbesondere eine positive Unternehmensentwicklung, wieder. Im Normalfall ist es daher nichts ungewöhnliches, wenn vor dem Hintergrund eines Übernahmeangebots beim Bieter aufgrund sonstiger positiver Unternehmensdaten ein Kursanstieg eintritt.[637] Doch selbst wenn es beim Bieter zu einem unerwartet drastischen Kursanstieg kommt, ist ein Rücktritt wegen Störung der Geschäftsgrundlage ausgeschlossen. Denn im Verhältnis zu den Angebotsempfängern entstammt dieser Umstand der Sphäre des Bieters.[638] Zu-

---

[635] Der umgekehrte Fall, dass die Aktienkurse der Zielgesellschaft ansteigen, kann aus der Sicht des Bieters dagegen nicht zu einer gestörten Geschäftsgrundlage führen. Zwar hat der Bieter gem. § 31 Abs. 1 WpÜG eine angemessene Gegenleistung anzubieten. Dies bezieht sich aber nur auf den Zeitpunkt der Angebotsabgabe. Eine Verpflichtung zur Anpassung der Gegenleistung an Kurssteigerungen, die nach diesem Zeitpunkt eintreten, besteht nicht; vgl. *Krause* in: Assmann/Pötzsch, § 31 Rn. 28.

[636] Die sinkenden Kurse erklären sich vor allem durch die vom Markt erwartete Prämie, die der Bieter den Aktionären der Zielgesellschaft regelmäßig anbietet. Die Prämie soll den Aktionären zum einen als Anreiz dienen, das Angebot anzunehmen, und zum anderen den regelmäßig eintretenden Kursanstieg der Aktien der Zielgesellschaft wiederspiegeln, der durch die im Zuge der Übernahme erwarteten Synergieeffekte eintritt.

[637] So war im ersten Quartal des Jahres 2007 bei der kanadischen Gesellschaft Mantle Resources trotz des Übernahmeangebots an Ecstall Mining wegen positiver Unternehmensprognosen von Analysten ein Kursanstieg zu verzeichnen.

[638] Zum Sphärengedanken bei der Störung der Geschäftsgrundlage *J. Schmidt* in: Staudinger, § 242 Rn. 1055.

dem weist das Gesetz in § 13 Abs. 1 WpÜG allein dem Bieter die Risiken zu, die sich auf die zu erbringende Gegenleistung beziehen. Das Risiko hinsichtlich des Anstiegs des eigenen Aktienkurses hat der Bieter daher allein zu tragen. Hier bleibt es bei dem Grundsatz, dass bei Rechtsgeschäften mit spekulativem Charakter Rechte wegen Störung der Geschäftsgrundlage regelmäßig nicht in Betracht kommen.[639]

bb. Unerwartete Entwicklungen ohne Äquivalenzstörung

(1) Strukturelle Veränderungen bei der Zielgesellschaft

Unerwartete wirtschaftliche Entwicklungen können zu einer Störung der Geschäftsgrundlage führen, auch ohne dass dadurch eine Störung des Äquivalenzverhältnisses zwischen Leistung und Gegenleistung eintritt. Das gilt insbesondere im Falle wesentlicher Strukturveränderungen bei der Gegenpartei.[640] Daher können Abwehrmaßnahmen der Zielgesellschaft (sog. *poison pills* – „Giftpillen") im Einzelfall den Bieter zum Rücktritt von seinem Angebot berechtigen, wenn die Abwehrmaßnahmen eine wesentliche Strukturveränderung der Zielgesellschaft zur Folge haben.[641] Gem. § 33 WpÜG sind Maßnahmen zur Abwehr des Übernahmeangebots in dem entscheidenden Zeitraum zwischen der Ankündigung des Angebots gem. § 10 Abs. 1 WpÜG und der Veröffentlichung des Ergebnisses des Angebotsverfahrens nach § 23 Abs. 1 Satz 1 Nr. 2 WpÜG zwar grundsätzlich verboten (sog. Verhinderungsverbot). Zulässig sind aber beispielsweise solche Abwehrmaßnahmen, denen der Aufsichtsrat der Zielgesellschaft zugestimmt hat (§ 33 Abs. 1 Satz 2 Alt. 3 WpÜG) oder zu deren Vornahme der Vorstand durch die Hauptversammlung ermächtigt wurde (§ 33 Abs. 2 WpÜG). In der Regel werden Abwehrmaßnahmen in der Phase zwischen der Ankündigung des Angebots und der Veröffentlichung der Angebotsunterlage eingeleitet, um den Bieter davon abzubringen, das Angebot überhaupt abzugeben. Abwehrmaßnahmen werden von der Zielgesellschaft aber häufig auch noch nach der Abgabe des Angebots vorgenommen.[642] Davon ist offensichtlich auch der Gesetzgeber ausgegangen, indem er den Anwendungsbereich des Verhinderungsverbots in § 33 Abs. 1 Satz 1 WpÜG auf die gesamte Annahmefrist bis zu deren Ablauf erstreckt hat.

Eine Abwehrmaßnahme, die häufig zu einer erheblichen Strukturveränderung bei der Zielgesellschaft führt, ist die Veräußerung von für den Bieter interessanten Unternehmensteilen, um dadurch die angestrebte Übernahme für den Bieter unattraktiv zu machen (sog. *crown jewel defense* – Veräußerung von „Kronjuwelen").[643] Weil der Vorstand der Zielgesellschaft im Gesellschaftsinteresse

---

[639] Vgl. Palandt/Grüneberg, § 313 Rn. 20.
[640] *Roth* in: MünchKomm-BGB, § 313 Rn. 203, 212.
[641] Vgl. *Geibel* in: Geibel/Süßmann, § 18 Rn. 48; *Thaeter* in: Thaeter/Brandi, Teil 2, Rn. 217.
[642] Vgl. *Krause/Pötzsch* in: Assmann/Pötzsch, § 33 Rn. 69.
[643] Zur *crown jewel defense* ausführlich *Röh* in: FrankKomm-WpÜG, § 33 Rn. 129; *Krause/Pötzsch* in: Assmann/Pötzsch, § 33 Rn. 103 ff.

handeln und insbesondere das gesellschaftsrechtliche Schädigungsverbot beachten muss, darf er Unternehmensteile nicht unter Wert verkaufen,[644] so dass der Zielgesellschaft für die Veräußerung ein entsprechender Gegenwert zufließt. Das Äquivalenzverhältnis zwischen dem vom Bieter angebotenen Kaufpreis und den Wertpapieren, die er erwerben will, wird durch die Veräußerung also nicht unbedingt gestört. Dennoch kann für den Bieter die Geschäftsgrundlage entfallen, wenn er das Investment ausschließlich oder hauptsächlich wegen des betreffenden Unternehmensteils angestrebt hat.

Ein Umstand kann allerdings nur dann zur Geschäftsgrundlage eines Rechtsgeschäfts werden, wenn er für die Gegenpartei erkennbar ist.[645] Für die Erkennbarkeit ist es nicht unbedingt erforderlich, dass das Interesse des Bieters an dem betreffenden Unternehmensteil in der Angebotsunterlage eindeutig verankert ist,[646] sofern sich die Erkennbarkeit aus anderen Umständen ergibt. Dass sich der Bieter insbesondere für einen speziellen Unternehmensteil der Zielgesellschaft interessiert, kann sich geradezu aufdrängen, wenn sich von allen vorhandenen nur der fragliche Bestandteil in das Unternehmenskonzept des Bieters einzufügen vermag.[647] Allerdings können auch konzeptionell weniger attraktive Bestandteile der Zielgesellschaft für den Bieter dennoch von Interesse sein, wenn er eine Refinanzierung der Übernahme durch einen späteren Verkauf dieser Unternehmensteile anstrebt.[648] Diesbezüglich ist daher stets eine Einzelfallbetrachtung erforderlich.

(2) „Change-of-Control"-Fälle

Verträge, die die Zielgesellschaft mit anderen Personen oder Unternehmen abgeschlossen hat, können sog. „Change-of-Control"-Klauseln enthalten. Derartige Klauseln räumen der anderen Vertragspartei ein Kündigungsrecht ein, wenn sich in der Zielgesellschaft ein Kontrollwechsel vollzieht. Der Bieter kann ein erhebliches Interesse daran haben, dass bestimmte, für ihn wichtige Verträge keine „Change-of-Control"-Klauseln beinhalten.[649] Dies können beispielsweise

---

[644] *Krause/Pötzsch* in: Assmann/Pötzsch, § 33 Rn. 133; *Mertens* in: KölnKomm-AktG, § 76 Rn. 26.

[645] Vgl. *Palandt/Heinrichs*, § 313 Rn. 4 ff.; *Larenz/Wolf*, § 38 Rn. 7.

[646] So aber *Geibel* in: Geibel/Süßmann, § 18 Rn. 48.

[647] Als Vodafone Airtouch das Übernahmeangebot für die Mannesmann AG abgab, war auch ohne positive Kenntnis der Bieterabsichten erkennbar, dass sich Vodafone als reines Telekommunikationsunternehmen in erster Linie für die Mobilfunksparte und weniger für das klassische Stahlröhrengeschäft, das im Nachgang der Übernahme für einen geringen Preis an die Salzgitter AG verkauft wurde, interessierte.

[648] Dies ist für den Bieter vor allem dann interessant, wenn der betreffende Unternehmensteil durch die Trennung vom Unternehmen einen höheren Wert erzielt.

[649] Aus diesem Grunde kann ein Bieter sein Angebot von der Bedingung abhängig machen, dass nach dem Kontrollwechsel keine Kündigung wichtiger Verträge aufgrund von „Change-of-Control"-Klauseln erfolgt. Dazu *Thoma/Stöcker* in: Baums/Thoma, § 18 Rn. 126. Siehe auch unten, 3. Teil § 1 II. 5. c. cc. (1).

Verträge der Zielgesellschaft mit wichtigen Lieferanten oder Anstellungsverträge von Mitarbeitern mit besonderem Know-How sein.

In diesem Zusammenhang stellt sich die Frage, ob dem Bieter, ähnlich wie im Falle einer wesentlichen Strukturveränderung bei der Zielgesellschaft, ein Rücktrittsrecht wegen Störung der Geschäftsgrundlage zustehen kann, wenn nach der Kontrollerlangung wichtige Verträge auf der Grundlage von „Change-of-Control"-Klauseln gekündigt werden. Grundsätzlich ist dies zu verneinen, denn es obliegt dem Bieter selbst, durch entsprechende Anfragen bei der Zielgesellschaft oder im Rahmen einer Due Diligence herauszufinden, ob es entsprechende Kündigungsklauseln gibt. Selbst im Falle eines feindlichen Übernahmeangebots ist das Management der Zielgesellschaft verpflichtet, konkrete Fragen des Bieters korrekt zu beantworten.[650] Wird die Frage bewusst falsch beantwortet, kann der Bieter seine Willenserklärung gem. § 123 BGB anfechten. Für die Rechte wegen Störung der Geschäftsgrundlage verbleibt nur ein sehr enger Raum, etwa für den Fall, dass der Bieter die Kündigungsklausel zwar kannte, aber mit der tatsächlichen Ausübung des Kündigungsrechts schlechterdings nicht rechnen konnte.

(3) Neuentstehung von Wertpapieren während der Angebotsfrist

Auch die Neuentstehung von Wertpapieren während der Angebotsfrist kann für den Bieter im Einzelfall eine unbillige Härte bedeuten. Nach der hier vertretenen Ansicht erstreckt sich das Angebot des Bieters auch auf solche Wertpapiere, die erst nach Veröffentlichung der Angebotsunterlage während der Angebotsfrist entstehen.[651] Besonders problematisch ist dies beim Pflichtangebot, weil der Bieter gem. § 39 iVm. § 18 Abs. 1 WpÜG keine (auflösende) Bedingung formulieren kann, die die Wirksamkeit des Pflichtangebots von der Nichtentstehung junger Aktien abhängig macht.[652] Nach der Auffassung einer Literaturmeinung folgt aus der generellen Bedingungsfeindlichkeit des Pflichtangebots, dass sich der Bieter auch nicht auf eine Störung der Geschäftsgrundlage berufen kann.[653] Dem kann in dieser Allgemeingültigkeit aber nicht gefolgt werden. Je nachdem, wie viele neue Wertpapiere nach Veröffentlichung der Angebotsunterlage entstehen, kann sich das mengenmäßige Verhältnis zwischen den bereits exisierenden und den neu entstandenen Wertpapieren erheblich verändern. Eine Störung des Äquivalenzverhältnisses tritt dadurch zwar nicht ein, denn dem höheren Kaufpreis, den der Bieter nun insgesamt für die Wertpapiere zu zahlen hat, steht auch eine entsprechend erhöhte Gegenleistung gegenüber. Dennoch kann dies für den Bieter drastische Konsequenzen haben, insbesondere wenn er nicht in der Lage ist, das erhöhte Angebot zu finanzieren und dadurch an den Rande einer Insolvenz getrieben wird. Grundsätzlich hat der Bieter diese Risiken nach

---

650 Siehe oben, 3. Teil § 1 II. 2. a. dd. (2) (a).

651 Dazu ausführlich oben, 2. Teil § 2 IV. 2. b.

652 Dazu oben, 2. Teil § 2 IV. 2. a.

653 *Geibel* in: Geibel/Süßmann, § 18 Rn. 47.

der gesetzlichen Risikoverteilung allerdings selbst zu tragen. Gem. § 13 Abs. 1 Satz 1 WpÜG hat der Bieter sicherzustellen, dass er das Angebot finanzieren kann (sog. Finanzierungsverantwortung). Von einer hinreichenden finanziellen Absicherung kann aber bereits dann gesprochen werden, wenn aufgrund der vorbereitenden Maßnahmen des Bieters davon auszugehen ist, dass er die Gegenleistung bei normalem Geschehensablauf rechtzeitig und vollständig erbringen kann.[654] Mit anderen Worten: die Finanzierungsverantwortung des Bieters findet dort ihre Grenze, wo Umstände eine Rolle spielen, deren Eintritt der Bieter schlechterdings nicht vorhersehen konnte. Zwar würde es Sinn und Zweck der Regelungen über das Pflichtangebot – Schutz der Minderheitsaktionäre - widersprechen, wenn der Bieter vom Pflichtangebot zurücktreten könnte.[655] Ausnahmsweise gilt das aber nicht, wenn die Minderheitsaktionäre weniger schutzbedürftig sind als der Bieter. Damit sind diejenigen Aktionäre angesprochen, deren Wertpapiere erst entstanden sind, nachdem der Bieter das Pflichtangebot veröffentlicht hat. Denn weil der Bieter seine Kontrollerlangung gem. § 35 Abs. 1 WpÜG unverzüglich öffentlich bekanntzugeben hat, wissen diese Aktionäre bereits rechtzeitig, worauf sie sich einzustellen haben. Gelangen ihre Wertpapiere erst nach der Veröffentlichung des Pflichtangebots zur Entstehung, und war dies für den Bieter nicht vorhersehbar und einkalkulierbar, so tragen sie das Risiko für eine Störung der Geschäftsgrundlage. Dann kann der Bieter gegenüber diesen Aktionären gem. § 313 Abs. 1, Abs. 3 Satz 1 BGB vom Angebot zurücktreten. Gegenüber den Aktionären, deren Wertpapiere bereits vor Veröffentlichung des Pflichtangebots existent waren, hat der Bieter hingegen kein Rücktrittsrecht, denn insoweit kann sich der Bieter nicht auf eine gestörte Geschäftsgrundlage berufen. Einen Verstoß gegen den Grundsatz zur Gleichbehandlung der Aktionäre (vgl. § 3 Abs. 1 WpÜG) stellt dies nicht dar, weil ein sachlicher Grund für die Ungleichbehandlung besteht.

cc. Gemeinsamer Irrtum über die Berechnungsgrundlage

Ob die Fälle des gemeinsamen Irrtums über die Berechnungsgrundlage über § 313 BGB zu lösen sind, ist umstritten, wird von der herrschenden Meinung aber zu Recht bejaht.[656] Die Mindermeinung, die den gemeinsamen Irrtum über die Berechnungsgrundlage als Eigenschaftsirrtum behandelt und daher § 119 Abs. 2 BGB anwenden will,[657] ist abzulehnen. Das Risiko, dass sich beide Parteien in gleicher Weise über einen Umstand irren, der für sie beide Grundlage des Geschäfts ist, muss beide gleichmäßig treffen.[658] Außerdem hat der Gesetzgeber mit der Schuldrechtsreform in § 313 Abs. 2 BGB die subjektive Geschäftsgrundlage definiert als „wesentliche Vorstellungen, die zur Grundlage des Vertrags

654 Vgl. *Marsch-Barner* in: Baums/Thoma, § 13 Rn. 11.
655 Dazu oben, 2. Teil § 1 III.
656 BGH NJW 1998, S. 3192, 3194; *Roth* in: MünchKomm-BGB, § 313 Rn. 224 ff.; *Palandt/Heinrichs*, § 313 Rn. 20; *Larenz/Wolf*, § 38 Rn. 5; *Müller*, ZIP 2000, S. 817, 825.
657 RGZ 94, 65; 116, 15; *Kramer* in: MünchKomm-BGB, § 119 Rn. 135 ff.
658 So ausdrücklich *Larenz/Wolf*, § 38 Rn. 5.

geworden sind“. Die Fälle des gemeinsamen Irrtums sind somit als Störung der subjektiven Geschäftsgrundlage zu behandeln.

Gem. § 2 Nr. 3 WpÜG-AngebotsVO ist der Bieter verpflichtet, die zur Festsetzung der Gegenleistung angewandten Bewertungsmethoden in die Angebotsunterlage aufzunehmen. Bei einem Übernahmeangebot muss nach § 5 Abs. 1 WpÜG-AngebotsVO die Gegenleistung mindestens dem gewichteten durchschnittlichen inländischen Börsenkurs der Aktien der Zielgesellschaft während der letzten drei Monate vor Angebotsankündigung entsprechen. Aber auch im Falle eines normalen Erwerbsangebots wird der Bieter den Wert der Gegenleistung regelmäßig anhand des Börsenkurses der Aktien ermitteln.[659] Gehen beide Parteien beim Kauf eines Wertpapiers irrig von einem bestimmten Börsenkurs des Papiers aus und ist der Kurs in Wahrheit niedriger als der angenommene, dann stellt dies einen Fall des beiderseitigen Irrtums über die Berechnungsgrundlage dar.[660] Der Käufer kann dann gem. § 313 Abs. 2, Abs. 3 Satz 1 BGB zum Rücktritt wegen einer Störung der subjektiven Geschäftsgrundlage berechtigt sein. Dem gleichzustellen ist der Fall, dass nur der Käufer einem Irrtum unterliegt, dieser Irrtum aber für den Verkäufer erkennbar war und von diesem nicht beanstandet wurde, obwohl dies von ihm billigerweise erwartet werden konnte. Denn zur Geschäftsgrundlage werden nicht nur gemeinsame, sondern auch einseitige, von der anderen Partei nicht beanstandete Vorstellungen einer Partei.[661]

Ein gemeinsamer Irrtum des Bieters und der Aktionäre der Zielgesellschaft kann allerdings nur in dem ungewöhnlichen Fall entstehen, dass ausnahmsweise vor Angebotsabgabe Verhandlungen mit den Aktionären stattgefunden haben, was allenfalls bei Großaktionären denkbar ist. Im Falle des einseitigen Irrtums auf Seiten des Bieters steht diesem regelmäßig kein Rücktrittsrecht wegen Störung der Geschäftsgrundlage zu, sondern allenfalls ein Anfechtungsrecht gem. § 119 Abs. 2 BGB.[662] Denn im Regelfall einer anonymen Ansprache der Aktionäre kann von diesen nicht redlicherweise erwartet werden, dass sie den Bieter auf seinen Irrtum hinweisen. Das gilt selbst dann, wenn der Vorstand der Zielgesellschaft den Irrtum des Bieters (mit-)veranlasst hat, denn dessen Handlungen müssen sich die Aktionäre der Zielgesellschaft grundsätzlich nicht zurechnen lassen.

c. Der Rücktritt als Regelfall

Gem. § 313 Abs. 3 Satz 1 BGB ist das Recht zum Rücktritt wegen Störung der Geschäftsgrundlage nur dann gegeben, wenn eine Vertragsanpassung unmöglich oder unzumutbar ist. Der Vertrag ist also vorrangig anzupassen.[663] Nach Mei-

[659] Vgl. *Krause/Pötzsch* in: Assmann/Pötzsch, § 27 Rn. 72; siehe auch *Kramer* in: MünchKomm-BGB, § 119 Rn. 138.
[660] Vgl. *Kramer* in: MünchKomm-BGB, § 119 Rn. 138.
[661] Vgl. *Larenz/Wolf*, § 38 Rn. 7.
[662] Siehe oben, 3. Teil § 1 II. 2. a. bb. (2) (c).
[663] *Larenz/Wolf*, § 38 Rn. 44; *Palandt/Heinrichs*, § 313 Rn. 28.

nung der Literatur ist in WpÜG-Sachverhalten eine Vertragsanpassung aber generell ausgeschlossen, weil mit den Aktionären der Zielgesellschaft keine individuellen Verhandlungen möglich seien.[664] Das stimmt in dieser Allgemeingültigkeit nicht, denn in Ausnahmefällen kommen, insbesondere bei der Ansprache von Großaktionären, durchaus Verhandlungen über das Angebot oder den Vertrag in Betracht.[665] Ist beispielsweise durch die Annahme des Angebots seitens eines Großaktionärs ausnahmsweise ein Kaufvertrag über das Unternehmen der Zielgesellschaft zustande gekommen, können Rückabwicklungsprobleme entstehen, wenn das Unternehmen bereits durch Umgestaltungsmaßnahmen in die Bietergesellschaft integriert worden ist.[666] Dann dürfte eine Vertragsanpassung vorrangig sein.[667]

Grundsätzlich lässt sich aber sagen, dass sich das in § 313 Abs. 3 Satz 1 BGB niedergelegte Regel-Ausnahme-Verhältnis bei einem öffentlichen Angebot nach dem WpÜG in sein Gegenteil verkehrt. Den Regelfall stellt hier der Rücktritt dar, nicht die Vertragsanpassung. In vielen Fällen ist selbst dann, wenn im Vorfeld der Angebotsabgabe individuelle Vertragsverhandlungen stattgefunden haben, eine spätere Vertragsanpassung nicht denkbar. Das gilt beispielsweise für die Fälle des gemeinsamen Irrtums über die Berechnungsgrundlage. Sind beide Parteien bei der Berechung der Gegenleistung irrtümlich von einem zu niedrigen Aktienkurs ausgegangen, dann ist es dem Bieter nicht zumutbar, den Vertrag zugunsten der anderen Partei an den höheren Kurs anzupassen und so die Gegenleistung zu erhöhen. Unterliegen beide Parteien demselben Irrtum und hat keine der Parteien diesen Irrtum bei der jeweils anderen Partei hervorgerufen, so wäre es unbillig, nur eine der beiden Parteien die Lasten dieses Irrtums tragen zu lassen.[668] Hier kommt nur ein Rücktrittsrecht in Betracht, es sei denn, dass beide Parteien mit einer Vertragsanpassung einverstanden wären. Ebenso wie der Widerruf und die Anfechtungserklärung ist auch die Rücktrittserklärung grundsätzlich entsprechend § 14 Abs. 3 Satz 1 WpÜG zu veröffentlichen.

d. Rechtsfolgen des Rücktritts

Der wirksame Rücktritt hat, ebenso wie die Anfechtung, keine übernahmerechtlichen Konsequenzen für den Bieter. Durch den Rücktritt wird das bisherige Vertragsverhältnis in ein Abwicklungsschuldverhältnis umgewandelt.[669] Unter

---

[664] *Geibel* in: Geibel/Süßmann, § 18 Rn. 47; *Thaeter* in: Thaeter/Brandi, Teil 2, Rn. 216.
[665] Siehe oben, 2. Teil § 2 II. 2.
[666] Dazu ausführlich oben, 3. Teil § 1 II. 2. a. bb. (2) (a) (bb).
[667] Aufgrund der Unterschiedlichkeit der Sachverhalte liegt kein Verstoß gegen das Gleichbehandlungsverbot (§ 3 Abs. 1 WpÜG) vor, wenn der Bieter gegenüber einem Großaktionär Vertragsanpassung verlangt, wärend er gegenüber den übrigen Streubesitzaktionären vom Vertrag zurücktritt. An einer Vergleichbarkeit der Sachverhalte fehlt es insbesondere dann, wenn mit dem Großaktionär ein Vertrag über den Erwerb des Unternehmens, mit den Kleinaktionären hingegen lediglich Verträge über den Kauf von Aktien zustande gekommen sind.
[668] Vgl. *Kramer* in: MünchKomm-BGB, § 119 Rn. 138.
[669] *Gaier* in: MünchKomm-BGB, Vor § 346 Rn. 13.

Umständen hat der Bieter Schäden und Aufwendungen seines Erklärungsgegners auszugleichen.[670]

e. Zwischenergebnis

Im Einzelfall kann der Bieter berechtigt sein, aufgrund einer Störung der Geschäftsgrundlage vom Angebot zurückzutreten. Denkbar ist dies bei einer schweren Äquivalenzstörung, die beispielsweise durch den Eintritt einer für den Bieter nicht vorhersehbaren Insolvenz der Zielgesellschaft oder einen Absturz der Börsenkurse hervorgerufen werden kann. Auch strukturelle Veränderungen bei der Zielgesellschaft, etwa im Gefolge von Abwehrmaßnahmen, können den Bieter zum Rücktritt berechtigen. Ebenso gilt dies für den Fall, dass nach der Abgabe eines Pflichtangebots neue Wertpapiere entstehen, und dadurch die Geschäftsgrundlage gestört wird. Denn das Angebot erstreckt sich grundsätzlich auch auf nachträglich entstandene Wertpapiere, was im Falle eines Pflichtangebots, das wegen § 39 WpÜG nicht unter eine entsprechende Bedingung gestellt werden kann, zu erheblichen Problemen für den Bieter führen kann. Schließlich sind auch die Fälle, in denen sich beide Parteien gemeinsam über die Berechnungsgrundlage für die Gegenleistung irren, über das Institut der Geschäftsgrundlage zu lösen.

4. Der Rücktritt nach besonderem und allgemeinem Leistungsstörungsrecht

a. Rücktritt gem. §§ 437 Nr. 2, 323 Abs. 1 BGB

Die Frage, ob dem Bieter die kaufrechtlichen Gewährleistungsrechte zustehen, hat in der juristischen Lehre bislang kaum Beachtung gefunden. Will der Bieter aus dem Angebotsverfahren insgesamt aussteigen, dann stellt ein Rücktritt wegen Leistungsstörung sicherlich kein sonderlich attraktives Mittel dar, denn von seinen Leistungspflichten lösen kann sich der Bieter nur gegenüber denjenigen Wertpapierinhabern, die ihre Leistung nicht vertragsgemäß erbringen. In der Praxis wird dies regelmäßig nur wenige Wertpapierinhaber betreffen. Der Vollständigkeit wegen soll aber auch diese Konstellation untersucht werden.

aa. Meinungsstand

Nach einer Literaturmeinung hat der Bieter keine gesetzlichen Gewährleistungsrechte, weil die vom Angebot angesprochenen Streubesitzaktionäre lediglich ihre Wertpapiere veräußern wollen und nicht das Unternehmen als ganzes.[671] Allerdings könne der Bieter Gewährleistungsklauseln in seine Angebotsunterlage aufnehmen.

---

[670] Dazu *Roth* in: MünchKomm-BGB, § 313 Rn. 108.
[671] *Oechsler*, NZG 2001, S. 817, 821.

bb. Stellungnahme

Der Aufnahme von Gewährleistungsklauseln in die Angebotsunterlage steht § 18 Abs. 2 WpÜG, wonach der Bieter grundsätzlich keinen Rücktrittsvorbehalt in sein Angebot aufnehmen darf, nicht entgegen. Denn diese Vorschrift ist teleologisch zu reduzieren und untersagt einen Rücktrittsvorbehalt nur dann, wenn der Bieter den ihn zum Rücktritt berechtigenden Umstand ausschließlich selbst herbeiführen kann.[672] Das ist bei einem Sach- oder Rechtsmangel, der den Bieter zum Rücktritt berechtigt, aber gerade nicht der Fall. Eine Gewährleistungsklausel, die den Bieter bei Vorliegen eines Mangels zum Rücktritt berechtigt, ist demnach grundsätzlich zulässig.[673]

Richtig ist auch, dass mit den Streubesitzaktionären grundsätzlich keine Unternehmenskaufverträge zustande kommen. Daraus folgt aber nicht, dass das Gewährleistungsrecht generell unanwendbar ist. Wie bereits gezeigt, kann ausnahmsweise auch das Unternehmen selbst Kaufgegenstand sein, nämlich dann, wenn sich das Angebot nicht nur an Kleinaktionäre, sondern auch an einen Großaktionär mit entsprechender Beteiligungsmehrheit richtet.[674] Außerdem ist es denkbar, dass die Wertpapiere, die Gegenstand des Angebots sind, Mängel aufweisen.[675] Dann kann das kaufrechtliche Gewährleistungsrecht anwendbar sein, wenn die entsprechenden Voraussetzungen vorliegen. Dazu gehört, dass zwischen dem Bieter und den Wertpapierinhabern der Zielgesellschaft Kauf- oder Tauschverträge im Sinne von § 433 (iVm. § 480) BGB zustande kommen. In der speziellen Konstellation, dass der Aktientausch in Form einer Kapitalerhöhung gegen Sacheinlagen erfolgt, liegt zwar kein Tauschvertrag im Sinne von § 480 BGB vor, sondern ein spezifisch korporationsrechtliches Rechtsgeschäft.[676] Diese Qualifizierung ist allerdings eher technischer Natur und kann nicht darüber hinwegtäuschen, dass Gegenstände getauscht werden. Auch hier gibt es ein Bedürfnis für rechtliche Behelfe im Falle fehlerhafter Leistungserbringung. Insoweit sind die kaufrechtlichen Gewährleistungsvorschriften jedenfalls entsprechend anzuwenden. Weitere Voraussetzung ist der Übergang der Gefahr durch die Übergabe der geschuldeten Sache oder ein Übergabesurrogat, § 446 Satz 1 BGB.[677] Gem. §§ 437 Nr. 2, 323 Abs. 1 BGB zurücktreten kann der Bieter außerdem erst dann, wenn er dem Schuldner eine angemessene Frist zur

---

[672] Siehe oben, 2. Teil § 2 I. 3. b. dd. (2) (a).

[673] Allerdings kann dann eine Inhaltskontrolle nach § 307 BGB notwendig werden, vgl. *Oechsler*, NZG 2001, S. 817, 821; *Geibel* in: Geibel/Süßmann, § 11 Rn. 3; *Renner* in: Frank-Komm-WpÜG, § 11 Rn. 19. Einschränkend *Wackerbarth* in: MünchKomm-WpÜG, § 11 Rn. 7 f. (nach seiner Meinung sind die Bestimmungen des WpÜG über den Inhalt der Angebotsunterlage grundsätzlich abschließend).

[674] Siehe oben, 3. Teil § 1 II. 2. a. bb. (2) (a) (bb).

[675] Siehe oben, 3. Teil § 1 II. 2. a. bb. (2) (c).

[676] Siehe oben, 2. Teil § 2 I. 3. cc.

[677] Dazu bereits oben, 3. Teil § 1 II. 3. b. aa. (1) (b). Vor Gefahrübergang ist das kaufrechtliche Gewährleistungsrecht nur ganz ausnahmsweise anwendbar, wenn bereits feststeht, dass der Verkäufer nicht vertragsgemäß erfüllen wird; vgl. BGHZ 129, 103, 106 und *H. P. Westermann* in: MünchKomm-BGB, § 434 Rn. 45.

Nacherfüllung gesetzt hat, sofern eine solche Fristsetzung nicht nach § 323 Abs. 2 Nr. 2 BGB entbehrlich ist.

b. Rücktritt gem. § 323 Abs. 1 BGB

Hat der Gefahrübergang noch nicht stattgefunden, was insbesondere dann der Fall ist, wenn der Schuldner seine Leistung trotz Fälligkeit nicht erbringt, kann dem Bieter ein Rücktrittsrecht gem. § 323 Abs. 1 BGB zustehen. Im Übrigen gelten hier die gleichen Voraussetzungen wie für das Rücktrittsrecht gem. §§ 437 Nr. 2, 323 Abs. 1 BGB (s.o.).

c. Rücktritt gem. §§ 326 Abs. 5, 323 BGB

Wird den Wertpapierinhabern der Zielgesellschaft die Veräußerung ihrer Papiere gem. § 275 Abs. 1 BGB unmöglich, so erhält der Bieter ein Rücktrittsrecht nach §§ 326 Abs. 5, 323 BGB.[678] Das ist insbesondere dann der Fall, wenn die kartellrechtliche Genehmigung im Sinne von § 41 Abs. 1 Satz 1 GWB nicht erteilt wird oder wenn die Wertpapiere, die Gegenstand des Angebots bzw. Vertrags sind, nicht mehr existieren.

aa. Nichterteilung einer kartellrechtlichen Genehmigung

Der Erwerb der Kontrolle im Sinne von § 29 Abs. 2 WpÜG erfüllt regelmäßig die Voraussetzungen der Zusammenschlusstatbestände gem. § 37 Abs. 1 Nr. 2 bzw. Nr. 3 GWB.[679] Kommt es durch die Übernahme der Zielgesellschaft im Wege des Vermögens-, Kontroll- und / oder Anteilserwerbs zu einem Zusammenschluss im Sinne des § 37 GWB und überschreiten Bieter- und Zielgesellschaft gemeinsam die in § 35 Abs. 1 GWB festgelegten Umsatzerlösschwellen, so finden die kartellrechtlichen Vorschriften über die Fusionskontrolle Anwendung. Erwirbt der Bieter beispielsweise 30% der Stimmrechte an der Zielgesellschaft, so liegt übernahmerechtlich ein Kontrollerwerb im Sinne von § 29 Abs. 2 WpÜG vor. Mit der Einführung der 30%-Schwelle als Kontrolltatbestand hat sich der deutsche Gesetzgeber nicht nur an international gültigen Standards orientiert, sondern auch dem Umstand Rechnung getragen, dass aufgrund der regelmäßig niedrigen Aktionärspräsenzen auf den Hauptversammlungen deutscher Unternehmen eine Beteiligung von 30% zumeist ausreicht, um auf der Hauptversammlung eine Mehrheit zustande zu bringen.[680] Auch der Kontrollbegriff des § 37 Abs. 1 Satz 1 Nr. 2 GWB definiert sich dadurch, dass infolge des Erwerbs von Stimmrechten ein bestimmender Einfluss auf die Organe des anderen Unternehmens ausgeübt werden kann.[681] In diesem Sinne dürfte der Erwerb von 30% der Stimmrechte an der Zielgesellschaft jedenfalls in der Regel auch kar-

---

678 Mangels Gefahrübergangs ist das kaufrechtliche Gewährleistungsrecht hier regelmäßig nicht anwendbar.

679 Vgl. *Krause* in: Assmann/Pötzsch, § 18 Rn. 40.

680 Vgl. BT-Drucks. 14/7034, S. 53 (Zu § 29 Absatz 2 WpÜG-RegE).

681 Vgl. *Mestmäcker/Veelken* in: Immenga/Mestmäcker, GWB, § 37 Rn. 19.

tellrechtlich einen Kontrollerwerb begründen. Zugleich ist dann der Tatbestand des § 37 Abs. 1 Satz 1 Nr. 3b GWB erfüllt, wonach ein Zusammenschluss bereits bei einem Anteilserwerb von 25% vorliegt.

Ein Zusammenschluss, von dem zu erwarten ist, dass er eine marktbeherrschende Stellung begründet oder verstärkt, ist vom Bundeskartellamt grundsätzlich zu untersagen, sofern nicht nachgewiesen wird, dass durch den Zusammenschluss Verbesserungen der Wettbewerbsbedingungen eintreten, die die Nachteile der Marktbeherrschung überwiegen (§ 36 Abs. 1 WpÜG). Gem. § 41 Abs. 1 GWB ist der Vollzug eines vom Bundeskartellamt nicht freigegebenen Zusammenschlusses verboten. Ein Verstoß gegen dieses Verbot führt gem. § 41 Abs. 1 Satz 2 GWB zur schwebenden Unwirksamkeit derjenigen Rechtsgeschäfte, die für die privatrechtliche Erfüllung des Zusammenschlusstatbestandes konstitutiv sind.[682] Wird die Erteilung der Genehmigung endgültig versagt, so ist der Schwebezustand beseitigt. Die Nichterteilung der kartellrechtlichen Genehmigung führt also zur Unwirksamkeit des jeweiligen dinglichen Erfüllungsgeschäfts.[683] Im Falle einer öffentlichen Übernahme ist die Übertragung der Wertpapiere auf den Bieter von der Unwirksamkeit betroffen. Die Wirksamkeit des entsprechenden schuldrechtlichen Geschäfts bleibt von der Unwirksamkeit hingegen unangetastet.[684] Weil aber die Übertragung der Wertpapiere gem. § 41 Abs. 1 Satz 2 GWB unwirksam wäre, wenn die kartellrechtliche Genehmigung nicht erteilt wird, sind die Wertpapierinhaber nach § 275 Abs. 1 BGB von ihrer schuldrechtlichen Leistungspflicht befreit. Umgekehrt entfällt gem. § 326 Abs. 1 Satz 1 BGB die Gegenleistungspflicht des Bieters. Dieser ist außerdem gem. §§ 326 Abs. 5, 323 BGB berechtigt, ohne die Setzung einer Frist zurückzutreten.

bb. Untergang der geschuldeten Wertpapiere

Die Wertpapierinhaber der Zielgesellschaft, die das Angebot des Bieters angenommen haben, schulden dem Bieter regelmäßig Aktien einer bestimmten Gattung, die ein Stimmrecht gewähren. Entfällt das Stimmrecht nachträglich oder ändert sich nachträglich die geschuldete Gattung, und kann der jeweilige Wertpapierinhaber diesen Prozess nicht rückgängig machen, so ist er gem. § 275 Abs. 1 BGB von seiner Leistungspflicht befreit. Auch der Bieter braucht nicht zu leisten, § 326 Abs. 1 Satz 1 BGB, und kann gem. §§ 326 Abs. 5, 323 BGB zurücktreten. Zu nennen sind hier insbesondere die Fälle der Liquidation und der Umwandlung der Zielgesellschaft (durch Verschmelzung, Rechtsformwechsel etc.), des Ausscheidens von Gesellschaftern, der Kapitalherabsetzung (mit der Folge der Verminderung des Aktienbestands) sowie der Umwandlung der geschuldeten Aktiengattung (beispielsweise in stimmrechtslose Vorzugsaktien).

---

682 *Mestmäcker/Veelken* in: Immenga/Mestmäcker, GWB, § 41 Rn. 4.

683 Eine Heilungsmöglichkeit für die unwirksamen Rechtshandlungen besteht gem. § 41 Abs. 1 Satz 3 GWB lediglich in den Fällen der Umwandlung, Eingliederung, Neugründung sowie für den Abschluss von Unternehmensverträgen im Sinne von § 291 f. AktG, wenn die Eintragung in das zuständige Register erfolgt ist.

684 Vgl. *Mestmäcker/Veelken* in: Immenga/Mestmäcker, GWB, § 41 Rn. 4.

Der einzelne Aktionär kann diese Prozesse regelmäßig nicht umkehren, so dass dauerhafte Unmöglichkeit vorliegt.

Ähnliches dürfte für den Fall des Marktaustritts der Zielgesellschaft gem. § 38 Abs. 4 BörsG (sog. Delisting) gelten. Die Börsennotierung stellt für den Bieter regelmäßig eine wesentliche Eigenschaft der Wertpapiere dar, die er erwerben möchte. Zieht sich die Zielgesellschaft nach der Veröffentlichung des Angebots von der Börse zurück, so kann der einzelne Wertpapierinhaber seine Papiere dem Bieter nicht mehr mit der Eigenschaft der Börsennotierung verschaffen.

Zum Marktaustritt der Zielgesellschaft führt nicht nur das formelle Delisting, sondern auch das „kalte" Delisting durch Umwandlung oder Liquidation der Zielgesellschaft. Für alle Maßnahmen der Zielgesellschaft, die zum Wegfall ihrer Börsennotierung führen, gilt es folgendes zu beachten: bereits die Maßnahme als solche führt zur Beendigung des Angebotsverfahrens nach dem WpÜG, denn gem. § 1 WpÜG sind die Normen dieses Gesetzes nur auf Angebote anwendbar, die börsennotierte Wertpapiere zum Gegenstand haben. Vom Zeitpunkt des Marktaustritts an unterfällt das Angebot also nicht mehr dem WpÜG. Die zivilrechtliche Wirksamkeit des Angebots bleibt davon freilich unberührt. Will sich der Bieter von seinem Angebot lösen, so muss er gem. §§ 326 Abs. 5, 323 BGB zurücktreten.

d. Zwischenergebnis

Neben dem Widerruf, der Anfechtung gem. §§ 119 ff. BGB und dem Rücktritt bei einer Störung der Geschäftsgrundlage sind weitere zivilrechtliche Möglichkeiten zur Lösung des Bieters vom Angebot bzw. den bereits zustande gekommenen Verträgen denkbar. Hierzu gehört der Rücktritt nach besonderem und allgemeinem Leistungsstörungsrecht, sofern die erworbenen Wertpapiere oder das Unternehmen der Zielgesellschaft selbst Mängel aufweisen. Ferner hat der Bieter ein Rücktrittsrecht, wenn den Wertpapierinhabern der Zielgesellschaft die Leistung der geschuldeten Wertpapiere unmöglich geworden ist. Dies ist beispielsweise dann der Fall, wenn eine Übereignung der Wertpapiere aufgrund kartellrechtlicher Vorgaben unwirksam wäre oder die konkret geschuldeten Wertpapiere nicht mehr existieren.

5. Bedingungen und Vorbehalte

a. Der Anwendungsbereich des § 18 WpÜG

Es wäre falsch, zu sagen, dass dem Bieter durch § 18 Abs. 1 WpÜG die Möglichkeit eröffnet wird, sein Angebot von Bedingungen abhängig zu machen. Diese Möglichkeit ergibt sich für das Angebot, wie für jede andere rechtsgeschäftliche Willenserklärung auch, bereits aus § 158 BGB. Allerdings schränkt § 18 WpÜG den Anwendungsbereich dieser Vorschrift für öffentliche Angebote ein.

Gem. § 18 Abs. 1 WpÜG darf ein öffentliches Angebot grundsätzlich nicht von Bedingungen abhängig gemacht werden, deren Eintritt der Bieter, mit ihm gemeinsam handelnde Personen oder deren Tochterunternehmen[685] oder im Zusammenhang mit dem Angebot für diese Personen oder Unternehmen tätige Berater[686] ausschließlich selbst herbeiführen können.[687] „Bedingung" im Sinne des § 18 Abs. 1 WpÜG meint die sog. subjektive Bedingung (Potestativbedingung). Erfasst werden sowohl die aufschiebende wie auch die auflösende (subjektive) Bedingung im Sinne von § 158 Abs. 1 bzw. Abs. 2 BGB.[688] Darüber hinaus verbietet § 18 WpÜG nach der hier vertretenen Auffassung alle Vorbehalte, die es dem Bieter ermöglichen, sich durch ein eigenes maßgebliches Mitwirken vom Angebot zu lösen.[689] § 18 Abs. 2 WpÜG, nach dessen Wortlaut ein Widerrufs- bzw. Rücktrittsvorbehalt schlechthin verboten ist, bedarf insoweit einer teleologischen Reduktion. Im Übrigen ist die Aufnahme von Bedingungen (und Vorbehalten) in die Angebotsunterlage aber grundsätzlich zulässig, wie sich aus § 11 Abs. 2 Satz 2 Nr. 5 WpÜG ergibt, sofern darin kein Verstoß gegen sonstige gesetzliche Vorschriften liegt.

Der Anwendungsbereich des § 18 Abs. 1 WpÜG erstreckt sich auf einfache Erwerbs- wie auch auf Übernahmeangebote. Laut § 39 WpÜG ist § 18 Abs. 1 WpÜG allerdings nicht auf Pflichtangebote anwendbar. Ein Pflichtangebot darf also schlechterdings nicht von einer Bedingung abhängig gemacht werden, auch nicht von einer solchen Bedingung, die nicht nach § 18 Abs. 1 WpÜG unzulässig wäre. Eine Ausnahme ist allerdings für öffentlich-rechtliche Genehmigungs-, Zustimmungs- und Untersagungsvorbehalte anerkannt.[690] Denn sonst geriete der Bieter, der einerseits zur Angebotsabgabe verpflichtet ist, andererseits aber zwingenden, beispielsweise kartellrechtlichen Vorschriften genügen muss, in einen unlösbaren Konflikt.

b. Zeitpunkt des Bedingungseintritts

aa. Bestandsaufnahme

Es entspricht offenbar der ganz herrschenden Meinung, dass der (Nicht-)Eintritt einer Bedingung bis zum Ende der vier- bis zehnwöchigen[691] Annahmefrist fest-

---

[685] Die Begriffe „gemeinsam handelnde Personen" und „Tochterunternehmen" werden in § 2 Abs. 5 und Abs. 6 WpÜG legaldefiniert.

[686] Zum Begriff des „Beraters" ausführlich *Thoma/Stöcker* in: Baums/Thoma, § 18 Rn. 33 ff.

[687] Zur Ausnahme von diesem Grundsatz nach § 25 WpÜG bereits ausführlich oben, 2. Teil § 2 I. 3. b. dd. (2) (b).

[688] So die ganz herrschende Meinung. Vgl. *Krause* in: Assmann/Pötzsch, § 18 Rn. 13; *Thoma/Stöcker* in: Baums/Thoma, § 18 Rn. 22; *Thaeter* in: Thaeter/Brandi, Teil 2, Rn. 174 f.; *Geibel* in: Geibel/Süßmann, § 18 Rn. 7.

[689] Dazu ausführlich oben, 2. Teil § 2 I. 3. b. dd. (2) (a).

[690] *Krause* in: Assmann/Pötzsch, § 18 Rn. 6; *Thoma/Stöcker* in: Baums/Thoma, § 18 Rn. 4.

[691] Vgl. § 16 Abs. 1 Satz 1 WpÜG.

stehen muss.[692] Dies ergebe sich aus dem Grundsatz der raschen Verfahrensdurchführung gem. § 3 Abs. 4 Satz 1 WpÜG und der Sonderregelung in § 25 WpÜG, wonach ein Beschluss der Gesellschafterversammlung spätestens bis zum fünften Werktag vor Ablauf der Annahmefrist herbeizuführen ist, wenn das Angebot insoweit bedingt ist. Etwas anderes gelte nur im Fall ausstehender staatlicher Genehmigungen; dann sei auf die im Verwaltungsverfahren gesetzlich vorgeschriebenen oder üblichen Fristen abzustellen.[693]

bb. Stellungnahme

Diese Auffassung ist abzulehnen. Aus dem Gesetz ergeben sich keine konkreten Vorgaben für den Zeitpunkt des Bedingungseintritts bzw. –ausfalls. Ganz im Gegenteil. Das WpÜG knüpft nämlich in § 18 an den bürgerlich-rechtlichen Begriff der Bedingung an.[694] Bei einer Bedingung handelt es sich nach der allgemein anerkannten Definition um eine „Bestimmung, die die Rechtswirkungen eines Geschäfts von einem *zukünftigen ungewissen* Ereignis abhängig macht".[695] Damit lässt sich die Forderung, dass über den Eintritt oder Ausfall einer Bedingung bereits binnen vier, spätestens aber zehn Wochen Gewissheit bestehen muss, schwer vereinbaren. Aus § 25 WpÜG lässt sich nichts Gegenteiliges herleiten, denn hierbei handelt es sich um eine Sonderregelung, die sich lediglich mit einem speziellen Fall – nämlich einer ausnahmsweise zulässigen subjektiven Bedingung – befasst. Weiterführend ist der Verweis auf das in § 3 Abs. 4 WpÜG enthaltene Beschleunigungsgebot, allerdings lässt sich auch daraus kein konkreter Zeitpunkt für den Eintritt oder Ausfall entnehmen. Vielmehr lässt das WpÜG Bedingungen, sofern es sich nicht um Potestativbedingungen handelt, ausdrücklich zu. Weil eine Bedingung, von der die Wirksamkeit des Angebots abhängen soll, gem. § 11 Abs. 2 Satz 2 Nr. 5 WpÜG ausdrücklich in der Angebotsunterlage wiedergegeben werden muss, herrscht für die Angebotsadressaten grundsätzlich ein ausreichendes Maß an Transparenz, um sich ein entsprechendes Bild zu machen. Nach ganz herrschender Meinung ist der Bieter außerdem entsprechend § 10 Abs. 3 Satz 1, § 14 Abs. 3 Satz 1 WpÜG verpflichtet, den Eintritt oder Ausfall einer Bedingung zu veröffentlichen.[696]

---

[692] *Hasselbach* in: KölnKomm-WpÜG, § 18 Rn. 68; *Scholz* in: FrankKomm-WpÜG, § 18 Rn. 64; *Geibel* in: Geibel/Süßmann, § 18 Rn. 39 f.; *Krause* in: Assmann/Pötzsch, § 18 Rn. 108; *Thoma/Stöcker* in: Baums/Thoma, § 18 Rn. 135; *Berger/Filgut*, WM 2005, S. 253, 257 f.

[693] *Hasselbach* in: KölnKomm-WpÜG, § 18 Rn. 68; einschränkend insoweit *Berger/Filgut*, WM 2005, S. 253, 258: die Ausnahme gelte lediglich für kartellrechtliche Untersagungsvorbehalte, weil nur die kartellbehördliche Freigabe einer Übernahme, anders als sonstige behördliche Genehmigungen, zwingende Voraussetzung für den Vollzug des Angebots sei. Das ist aber nicht korrekt: so ist beispielsweise auch die Börsenzulassung von Tauschaktien (§ 30 BörsG) zwingende Voraussetzung für den Vollzug eines als Tausch ausgestalteten Angebots (vgl. noch unten, 3. Teil § 1 III. 2.).

[694] Vgl. BT-Drucks. 14/7034, S. 47 (Zu § 18 Abs. 1 WpÜG-RegE).

[695] *Palandt/Heinrichs*, Vor § 158 Rn. 1.

[696] *Scholz* in: FrankKomm-WpÜG, § 18 Rn. 65; *Thoma/Stöcker* in: Baums/Thoma, § 18 Rn. 139; *Hasselbach* in: KölnKomm-WpÜG, § 18 Rn. 70.

Richtig ist, dass der Bedingungseintritt erst einige Zeit nach Ablauf der Annahmefrist zu gewissen Problemen führen kann. Das ist beispielsweise der Fall, wenn der Bieter bereits mit der Integration oder der Umgestaltung der Zielgesellschaft begonnen hat. Eine Entflechtung ist dann häufig nicht mehr in einer Weise möglich, die den *status quo ante* herbeiführt, also den Zustand, der vor der Integration oder Umgestaltung bestand. Die Behandlung derartiger Probleme ist aber nicht die Aufgabe des Kapitalmarktrechts, sondern des zivilrechtlichen Schadensersatzrechts.

Selbst wenn der Bieter rechtsmissbräuchlich handelt, etwa wenn sein Verhalten gegen das Gebot zur raschen Verfahrensdurchführung gem. § 3 Abs. 4 Satz 1 WpÜG verstößt, so kann die BaFin das Angebot nicht ohne weiteres untersagen. Beim Gebot der raschen Verfahrensdurchführung handelt es sich zwar um einen für die Auslegung unbestimmter Rechtsbegriffe und bei Ermessensentscheidungen der BaFin relevanten Grundsatz, der aber einer unmittelbaren Anwendung nicht zugänglich ist.[697] Allerdings kann die Formulierung einer Bedingung, deren Eintritt *unwahrscheinlich* ist, gegen Sinn und Zweck des § 18 WpÜG verstoßen, was die BaFin zur Untersagung des Angebots gem. § 15 Abs. 1 Nr. 2 WpÜG anhält. Darauf wird noch zurückzukommen sein.[698]

c. „Faktisches" Rücktrittsrecht

Im Unterschied zu den Lösungsmöglichkeiten, die das allgemeine Zivilrecht für den Bieter bereithält, der von seinem Angebot Abstand nehmen möchte, stand die Möglichkeit, die Wirksamkeit des Angebots von einer Bedingung abhängig zu machen, bereits kurze Zeit nach dem Inkrafttreten des WpÜG am 1. Januar 2002 im Fokus vieler Veröffentlichungen.[699] Die vielfältigen Beispiele für zulässige Bedingungen in Übernahmeangeboten, die von der Literatur bislang herausgearbeitet wurden, sind Legion und sollen daher nicht Gegenstand der vorliegenden Arbeit sein.[700]

Eine spezielle Problematik aus dem Bereich der Bedingungen in öffentlichen Angeboten eines Bieters hat dagegen im Schrifttum bislang kaum Beachtung gefunden. Gemeint sind diejenigen Fälle, in denen der Bieter die Bedingungen in einer Weise formuliert, dass ihm ein faktisches Rücktrittsrecht eingeräumt wird. Im Folgenden soll eine systematische Kategorisierung solcher Bedingungen vorgenommen und, wo dies erforderlich ist, eigene Lösungsansätze entwickelt werden. Insbesondere ist der Frage nachzugehen, ob derartige Bedingungen zulässig sind oder nicht.

---

697 Vgl. *Assmann* in: Assmann/Pötzsch, § 3 Rn. 54.

698 Dazu ausführlich unten, 3. Teil § 1 II. 5. c. cc.

699 Vgl. etwa *Busch*, AG 2002, S. 145 ff.; *Santelmann*, AG 2002, S. 497 ff.

700 Siehe dazu beispielsweise die umfangreichen Nachweise bei *Krause* in: Assmann/Pötzsch, § 18 Rn. 34 ff. und *Thoma/Stöcker* in: Baums/Thoma, § 18 Rn. 57 ff.

aa. Unbestimmte Bedingungen

Sinn und Zweck des § 18 WpÜG gebieten es, dass ein öffentliches Angebot nur von solchen Bedingungen abhängig gemacht werden darf, die hinreichend bestimmt sind. Denn anderenfalls hätte es der Bieter in der Hand, den Inhalt der Bedingung auszulegen, so dass ihm ein faktisches Rücktrittsrecht zustünde. Insbesondere solche Bedingungen, die dem Bieter einen Ermessens- oder Beurteilungsspielraum einräumen, sind daher gem. § 18 WpÜG unzulässig.[701] In der Praxis wird dies vor allem bei sogenannten „MAC-Klauseln" und solchen Bedingungen relevant, nach denen die Wirksamkeit des Angebots vom Ausbleiben bestimmter Abwehrmaßnahmen abhängen soll.

(1) MAC-Klauseln

Öffentliche Angebote eines Bieters enthalten häufig sog. „Material-Adverse-Change"-Klauseln.[702] Dabei handelt es sich um Bedingungen, mit denen der Bieter die Wirksamkeit des Angebots davon abhängig macht, dass nach der Angebotsabgabe keine wesentlich nachteiligen Veränderungen der wirtschaftlichen Lage der Zielgesellschaft eintreten. Solche MAC-Klauseln sind grundsätzlich zulässig. Unzulässig sollen sie nach der in der Literatur gängigen Ansicht nur dann sein, wenn der Bieter im Rahmen einer vor Veröffentlichung der Angebotsunterlage durchgeführten Due Diligence Prüfung vom bevorstehenden Eintritt der nachteiligen Veränderungen hätte Kenntnis erlangen können.[703] Diese Ansicht ist jedoch abzulehnen, weil den Bieter, wie bereits weiter oben dargestellt, keine Sorgfaltspflicht trifft, eine entsprechende Due Diligence Prüfung vorzunehmen.[704]

MAC-Klauseln dürfen allerdings nicht zu unbestimmt formuliert sein, damit der Fortbestand des Angebots nicht allein vom Willen des Bieters abhängt.[705] Die „wesentlich nachteilige Veränderung" muss daher durch die Festlegung von Schwellenwerten konkretisiert werden.[706] Insbesondere bietet es sich an, die MAC-Klausel an Umstände zu knüpfen, die eine Pflicht zur Veröffentlichung einer Ad-hoc-Mitteilung gem. § 15 WpHG auslösen.[707] Darüber hinaus wird gefordert, dass die Klausel auf eine sehr gravierende, einem Fall der Störung der Geschäftsgrundlage zumindest nahe kommende Verschlechterung der wirtschaftlichen Lage abstellt.[708] Diese Forderung geht allerdings zu weit. Eine derartige Klausel hätte lediglich klarstellende Natur, da sich der Bieter auch ohne

---

[701] *Krause* in: Assmann/Pötzsch, § 18 Rn. 31; *Thoma/Stöcker* in: Baums/Thoma, § 18 Rn. 54.
[702] Diese werden auch als Force-Majeure-Klauseln bezeichnet.
[703] *Thoma/Stöcker* in: Baums/Thoma, § 18 Rn. 114; *Hasselbach* in: Köln-KommWpÜG, § 18 Rn. 47.
[704] Siehe oben, 3. Teil § 1 II. 2. a. dd. (2) (b) (cc).
[705] *Thoma/Stöcker* in: Baums/Thoma, § 18 Rn. 116; *Hasselbach/Wirtz*, BB 2005, S. 842 f.; *Berger/Filgut*, WM 2005, S. 253, 256.
[706] *Hasselbach/Wirtz*, BB 2005, S. 842 f.; *Busch*, AG 2002, S. 145, 151.
[707] *Berger/Filgut*, WM 2005, S. 253, 256; *Hasselbach/Wirtz*, BB 2005, S. 842, 844.
[708] So ausdrücklich *Hasselbach/Wirtz*, BB 2005, S. 842, 843 f.

eine solche Bedingung vom Angebot lösen kann, indem er sich auf § 313 BGB beruft.[709] Der Anwendungsbereich für MAC-Klauseln würde damit auf ein Minimum begrenzt. Für die Wirksamkeit einer MAC-Klausel ist es nicht entscheidend, dass ihre Formulierung einem Fall der gestörten Geschäftsgrundlage entspricht oder diesem zumindest nahe kommt. Es kommt einzig und allein darauf an, dass die Klausel inhaltlich hinreichend bestimmt ist, damit nicht gegen das Verbot subjektiver Bedingungen nach § 18 Abs. 1 WpÜG verstoßen wird.

(2) Abwehrmaßnahmen der Zielgesellschaft

Der Bieter hat ein erhebliches Interesse daran, dass seinem Angebot nicht durch Abwehrmaßnahmen der Zielgesellschaft die wirtschaftliche Grundlage entzogen wird.[710] Angebotsunterlagen enthalten daher häufig Bedingungen, nach denen die Wirksamkeit des Angebots von der Nichtergreifung solcher Abwehrmaßnahmen abhängen soll. Mit Blick auf § 18 Abs. 1 WpÜG müssen derartige Bedingungen, ähnlich wie dies bei MAC-Klauseln der Fall ist, hinreichend bestimmt sein.[711] Macht der Bieter sein Angebot beispielsweis davon abhängig, dass die Zielgesellschaft keine wichtigen Unternehmensbestandteile veräußert (*crown jewel defense*), so muss sich aus der Angebotsunterlage ergeben, welche konkreten Bestandteile für den Bieter wichtig sind.

bb. Bedingungen, deren Ausfall der Bieter selbst herbeiführen kann

Der Bieter kann eine Bedingung grundsätzlich so formulieren, dass er zwar nicht ihren *Eintritt*, wohl aber ihren *Ausfall* ausschließlich selbst bewirken kann. Wären solche Bedingungen zulässig, dann stünde dem Bieter eine Art „faktisches Rücktrittsrecht" zu. Dies ist insbesondere denkbar, wenn das Angebot unter der Bedingung abgegeben wurde, dass ein bestimmtes Ereignis eintritt, und wenn für den Eintritt dieses Ereignisses eine Mitwirkungshandlung des Bieters erforderlich ist. Unterlässt der Bieter die Vornahme der Mitwirkungshandlung, kommt es zum Ausfall der Bedingung und dadurch zur Unwirksamkeit des Angebots.

§ 162 Abs. 1 BGB, wonach im Falle einer treuwidrigen Vereitelung des Bedingungseintritts dieser fingiert wird, vermag den Angebotsadressaten dabei keinen ausreichenden Schutz zu vermitteln.[712] Denn nach allgemeinen Grundsätzen hätten die annehmenden Angebotsadressaten als Vertragspartner des Bieters die für sie günstigen Voraussetzungen des § 162 Abs. 1 BGB zu beweisen.[713] In vielen Fällen ist § 162 BGB ohnehin nicht einschlägig, etwa wenn der

[709] Siehe dazu ausführlich oben, 3. Teil § 1 II. 3.
[710] Dazu bereits ausführlich oben, 3. Teil § 1 II. 3. b. bb. (1).
[711] *Krause* in: Assmann/Pötzsch, § 18 Rn. 81; *Thoma/Stöcker* in: Baums/Thoma, § 18 Rn. 85.
[712] So aber offenbar *Steinmeyer/Häger*, § 18 Rn. 11 f. sowie *Scholz* in: FrankKomm-WpÜG, § 18 Rn. 22.
[713] *Thoma/Stöcker* in: Baums/Thoma, § 18 Rn. 42; dies räumen auch *Steinmeyer/Häger* ein, vgl. § 18 Rn. 12.

Bieter das Angebot von der Erteilung einer behördlichen Genehmigung abhängig gemacht hat, aber den erforderlichen Antrag nicht einreicht. Denn dabei würde es sich um eine Rechtsbedingung handeln, auf die die §§ 158 ff. BGB keine, auch keine entsprechende, Anwendung finden.[714]

§ 18 WpÜG ist daher im Wege der teleologischen Extension so auszulegen, dass auch solche Bedingungen vom Verbot erfasst werden, deren *Ausfall* der Bieter ausschließlich selbst herbeiführen kann.[715] Denn diese Vorschrift soll verhindern, dass der Bieter sein Angebot von Bedingungen abhängig macht, die es ihm ermöglichen, sich nach eigenem Gutdünken vom Angebot zu lösen. Ihm darf es nicht möglich sein, das in § 18 WpÜG ausgesprochene Verbot durch geschickte (und derartig naheliegende!) Formulierungen zu umgehen.

(1) Nichtvornahme einer Mitwirkungshandlung

Macht der Bieter beispielsweise das Angebot davon abhängig, dass ein bestimmter Vertrag mit einem Dritten zustande kommt, so ist die entsprechende Bedingung gem. § 18 WpÜG unzulässig. Anderenfalls könnte der Bieter durch bloße Nichtvornahme der erforderlichen Mitwirkungshandlung beim Vertragsschluss den Ausfall der Bedingung und damit die Unwirksamkeit des Angebots ausschließlich selbst herbeiführen.

(2) Der Kartellvorbehalt - ein Sonderfall?

Ein spezieller Fall einer Bedingung, für deren Eintritt eine Mitwirkungshandlung des Bieters in Form einer Antragstellung oder ähnlichem erforderlich ist, ist der behördliche Genehmigungs- oder Untersagungsvorbehalt. Ein wichtiges Beispiel hierfür stellt der sog. Kartellvorbehalt dar.

Erwirbt der Bieter gem. § 29 Abs. 2 WpÜG die Kontrolle über eine Zielgesellschaft, so sind regelmäßig die Voraussetzungen der Zusammenschlusstatbestände gem. § 37 Abs. 1 Nr. 2 bzw. Nr. 3 GWB erfüllt.[716] Ohne eine entsprechende Genehmigung durch das Bundeskartellamt ist der Vollzug des Zusammenschlusses nach § 41 Abs. 1 Satz 1 GWB verboten. In Fällen, in denen die kartellrechtliche Fusionskontrolle einschlägig ist, besteht für den Bieter daher ein erhebliches Interesse daran, sein Angebot von der Bedingung abhängig zu machen, dass die entsprechende Freigabe durch das Bundeskartellamt erfolgt.

Zusammenschlüsse sind vor ihrem Vollzug gem. § 39 GWB beim Bundeskartellamt anzumelden, um dem Amt eine präventive Zusammenschlusskontrol-

---

[714] *Thoma/Stöcker* in: Baums/Thoma, § 18 Rn. 44; *Steinmeyer/Häger*, § 18 Rn. 13; *Scholz* in: FrankKomm-WpÜG, § 18 Rn. 35; *Palandt/Heinrichs*, Vor § 158 Rn. 5.

[715] Vgl. *Thoma/Stöcker* in: Baums/Thoma, § 18 Rn. 42: „[§ 18 Abs. 1 WpÜG ist] im Wege der teleologischen Extension analog anzuwenden auf Bedingungen, deren Eintritt der Bieter oder ihm zuzurechnende Personen oder Unternehmen ausschließlich selbst verhindern können"; so offenbar auch *Krause* in: Assmann/Pötzsch, § 18 Rn. 30: „In den genannten Konstellationen erscheint es sachgerecht, der analogen Anwendung von § 18 WpÜG behutsam näherzutreten".

[716] Siehe bereits oben, 3. Teil § 1 II. 4. c. aa.

le zu ermöglichen. Damit die Bedingung – die kartellrechtliche Freigabe des Zusammenschlusses – überhaupt eintreten kann, ist also eine Mitwirkungshandlung des Bieters erforderlich. Mit anderen Worten: es handelt sich um eine Bedingung, deren Nichteintritt der Bieter ausschließlich selbst bewirken kann. Derartige Bedingungen sind nach der hier vertretenen Auffassung grundsätzlich unzulässig. Speziell für den Fall einer Kartellbedingung geht der Gesetzgeber allerdings von deren Zulässigkeit aus. In der Gesetzesbegründung wird dies ausdrücklich klargestellt.[717] Der Gesetzgeber hält die Kartellbedingung offenbar für ein Paradebeispiel einer Bedingung in öffentlichen (Übernahme-)Angeboten, und dies auch völlig zu Recht, wie die zahlreichen Fälle aus der Praxis belegen.[718] Auch in der Literatur werden Kartellbedingungen für generell zulässig gehalten. Bedenken gegen die Zulässigkeit werden mit Hinweis auf den gesetzgeberischen Willen beiseite geschoben.[719]

Wenn die hier vertretene Ansicht richtig ist, dass Bedingungen, deren Ausfall der Bieter durch schlichte Nichtvornahme einer erforderlichen Mitwirkungshandlung herbeiführen kann, gem. § 18 WpÜG unzulässig sind, dann kann auch für Kartellbedingungen keine Ausnahme gelten. Es stellt sich daher die Frage, wie das Spannungsfeld zwischen der grundsätzlichen Unzulässigkeit solcher Bedingungen und dem gesetzgeberisch anerkannten Bedürfnis des Bieters, die Wirksamkeit seines Angebots von einer kartellbehördlichen Freigabe abhängig zu machen, aufzulösen ist.

(a) Antragstellung vor Veröffentlichung der Angebotsunterlage

(aa) Meinungsstand

Von einer Literaturansicht wird vertreten, dass den Bieter eine Förderungspflicht treffe. Er habe alles Erforderliche zu unternehmen, damit das Freigabeverfahren ordnungsgemäß durchgeführt und die kartellrechtliche Genehmigung erteilt wird.[720] Verletze er diese Förderpflicht, könne sich der Bieter gegenüber den Adressaten des Angebots nach allgemeinen zivilrechtlichen Grundsätzen schadensersatzpflichtig machen.[721]

---

[717] Vgl. BT-Drucks. 14/7034, S. 47 (Zu § 18 Absatz 1 WpÜG-RegE): „Zulässig sind danach beispielsweise Bedingungen, die die Wirksamkeit des Angebots von noch ausstehenden kartellrechtlichen oder sonstigen behördlichen Entscheidungen abhängig machen".

[718] Die seit Inkrafttreten des WpÜG bislang in Deutschland veröffentlichten Angebotsunterlagen sind abrufbar auf der Homepage der BaFin unter: http://www.bafin.de/datenbanken/wpueg_14liste.htm.

[719] So etwa *Bosch/Kobbelt* in: Thaeter/Brandi, Teil 4, Rn. 122; vgl. auch *Thoma/Stöcker* in: Baums/Thoma, § 18 Rn. 61: das Verbot des § 18 Abs. 1 WpÜG sei insoweit nicht einschlägig, da es aufgrund des eindeutigen gesetzgeberischen Willens an einer planwidrigen Regelungslücke fehle.

[720] *Krause* in: Assmann/Pötzsch, § 18 Rn. 43; *Scholz* in: FrankKomm-WpÜG, § 18 Rn. 35; *Geibel* in: Geibel/Süßmann, § 18 Rn. 16.

[721] *Krause* in: Assmann/Pötzsch, § 18 Rn. 26; *Scholz* in: FrankKomm-WpÜG, § 18 Rn. 35. Dabei ist str., ob sich der Schadensersatzanspruch aus §§ 280 Abs. 1, 283 BGB (so *Krause*, aaO) oder aus §§ 311 Abs. 2, 241 Abs. 2, 280 Abs. 1 BGB (so etwa *Scholz*, aaO) ergibt.

Außerdem sei ein Kartellvorbehalt mit Blick auf die *ratio legis* des § 18 Abs. 1 WpÜG in der Regel nur dann zulässig, wenn die Fusionskontrollanmeldung bereits im Zeitpunkt der Veröffentlichung der Angebotsunterlage bei der zuständigen Kartellbehörde eingereicht worden sei.[722]

Hiergegen werden allerdings in Bezug auf feindliche Übernahmen Bedenken erhoben. Bei einem nicht mit der Zielgesellschaft koordinierten Übernahmeangebot komme eine kartellrechtliche Anmeldung regelmäßig nicht in Betracht. Denn eine solche Anmeldung setze nach § 39 Abs. 3 GWB im Grundsatz voraus, dass Einigkeit der Anmeldepflichtigen hinsichtlich der Form und der Beteiligung am Zusammenschlussvorhaben bestehe.[723]

(bb) Stellungnahme

Die angesprochenen Bedenken hinsichtlich der Anmeldefähigkeit feindlicher Übernahmen lassen sich überzeugend entkräften. Für die Anmeldung eines Zusammenschlusses ist die Absicht nur eines beteiligten Unternehmens, den Zusammenschluss durchzuführen, erforderlich und ausreichend.[724] Die Anmeldung braucht nur von einem der beiden beteiligten Unternehmen vorgenommen zu werden.[725] Zwar ist in der Anmeldung gem. § 39 Abs. 3 GWB auch die Form des Zusammenschlusses anzugeben. Dies erfordert aber nicht unbedingt eine Abstimmung zwischen den Organen der beteiligten Unternehmen. Ist die Absicht, den Zusammenschluss durchzuführen, hinreichend konkret, können in der Anmeldung mehrere in Betracht kommende Formen des Zusammenschlusses alternativ angegeben werden.[726] In zeitlicher Hinsicht ist nach der herrschenden Meinung lediglich erforderlich, dass der Vollzug des Zusammenschlusses noch innerhalb des sog. „Prognosezeitraumes“ beabsichtigt ist, d.h. im Regelfall innerhalb eines Zeitraums von bis zu fünf Jahren.[727] Das dürfte bei öffentlichen Übernahmen grundsätzlich unproblematisch sein,[728] weil die Frist für die Annahme des Angebots maximal zehn Wochen betragen darf und sich der tatsächliche Vollzug des Zusammenschlusses nach einem erfolgreichen Übernahmeangebot regelmäßig an das Ende der Annahmefrist anschließt.

Bezüglich der Frage, ob der Bieter tatsächlich verpflichtet ist, das Zusammenschlussvorhaben bereits vor oder zeitgleich mit der Veröffentlichung des Übernahmeangebots anzumelden, muss allerdings streng zwischen kartell-, kapitalmarkt- sowie zivilrechtlichen Aspekten differenziert werden.

---

[722] *Krause* in: Assmann/Pötzsch, § 18 Rn. 44; *Thoma/Stöcker* in: Baums/Thoma, § 18 Rn. 62.
[723] *Thoma/Stöcker* in: Baums/Thoma, § 18 Rn. 62; *Holzborn/Israel*, BKR 2002, S. 982 f.
[724] *Bechtold*, GWB, § 39 Rn. 3; siehe auch *Krause* in: Assmann/Pötzsch, § 18 Rn. 45.
[725] *Bosch* in: Hootz, GemeinKomm-GWB, § 39 Rn. 7.
[726] *Bechtold*, GWB, § 39 Rn. 3; *Bosch* in: Hootz, GemeinKomm-GWB, § 39 Rn. 6.
[727] KG WuW/E OLG 5495 ff.
[728] Vgl. auch *Krause* in: Assmann/Pötzsch, § 18 Rn. 45.

Aus dem Kartellrecht ergibt sich nach herrschender Meinung keine echte Rechtspflicht zur Anmeldung von Zusammenschlussvorhaben.[729] Zwar legt der Wortlaut des § 39 Abs. 1 GWB dies nahe („Zusammenschlüsse sind [...] anzumelden"). Das GWB schreibt aber weder einen konkreten Zeitpunkt vor, wann eine Anmeldung vorzunehmen wäre, noch ist die Nichtanmeldung als solche sanktioniert (etwa durch einen Bußgeldtatbestand). Eine Pflichtverletzung stellt nicht die unterlassene Anmeldung dar, sondern der Vollzug eines Zusammenschlusses ohne dessen Freigabe durch das Bundeskartellamt.

Kapitalmarktrechtlich dürfte eine Kartellbedingung im Übernahmeangebot aber in der Tat unzulässig sein, wenn das Zusammenschlussvorhaben bei der Veröffentlichung der Angebotsunterlage noch nicht angemeldet ist. Denn in diesem Falle würde das in § 18 WpÜG enthaltene Verbot subjektiver Bedingungen umgangen, und die BaFin hätte das Angebot gem. § 15 Abs. 1 Nr. 2 WpÜG zu untersagen. Die Untersagung hat nach § 15 Abs. 3 WpÜG die Unwirksamkeit eines gleichwohl veröffentlichten Angebots zur Folge.[730]

Ein zivilrechtlicher Anspruch auf Schadensersatz lässt sich damit aber nicht ohne weiteres begründen. Zwar ist es richtig, dass die herrschende Meinung bei genehmigungsbedürftigen Rechtsgeschäften aus § 242 BGB eine allgemeine Mitwirkungspflicht herleitet.[731] Daraus folgt aber keine generelle zivilrechtliche Verpflichtung des Bieters, ein Zusammenschlussvorhaben spätestens mit Veröffentlichung der Angebotsunterlage anzumelden. Der Bieter hat lediglich zu beachten, dass die Anmeldung in zeitlicher Hinsicht jedenfalls vor dem *tatsächlichen Vollzug* des Zusammenschlusses erfolgen sollte. Der Sinn und Zweck der kartellrechtlichen Anmeldung besteht darin, dem Bundeskartellamt eine Vorprüfung zu ermöglichen, um den gravierenden Schwierigkeiten bei der Entflechtung bereits vollzogener, anschließend untersagter Zusammenschlüsse vorzubeugen.[732] Führt eine unterlassene Anmeldung zu einem derartigen Szenario, so kann darin eine Verletzung der allgemeinen zivilrechtlichen Förderpflicht liegen. Entsteht den Aktionären daraus ein kausaler Schaden, etwa durch die angesprochenen Schwierigkeiten bei der Entflechtung, so macht sich der Bieter ersatzpflichtig.

Der Schlüssel zur Auflösung des scheinbaren Dilemmas im Zusammenhang mit Kartellbedingungen liegt demnach jedenfalls nicht in der zivilrechtlichen Förderpflicht des Bieters, sondern findet sich im WpÜG selbst. Sinn und Zweck des § 18 WpÜG gebieten es, das Zusammenschlussvorhaben vor oder zeitgleich mit der Veröffentlichung der Angebotsunterlage beim Bundeskartellamt anzumelden. Geschieht dies nicht, liegt darin ein offensichtlicher Verstoß gegen eine Vorschrift des WpÜG, was die BaFin zur Untersagung des Angebots anhält. Der reine Kartellvorbehalt ist also grundsätzlich unzulässig, wenn die Anmeldung

---

[729] Vgl. *Bechtold*, GWB, § 39 Rn. 2, der insoweit von einer „Anmeldeobliegenheit" spricht; *Mestmäcker/Veelken* in: Immenga/Mestmäcker, GWB, § 39 Rn. 6.

[730] Dazu oben, 2. Teil § 2 V.

[731] BGHZ 67, 34 f.; *Palandt/Heinrichs*, § 242 Rn. 32 f.

[732] *Mestmäcker/Veelken* in: Immenga/Mestmäcker, GWB, § 39 Rn. 1.

beim Kartellamt nicht rechtzeitig erfolgt ist. Er ist daher nicht als ausnahmsweise zulässiger Sonderfall einer Bedingung zu behandeln, deren Ausfall der Bieter selbst herbeiführen kann. Die Literaturansicht, die diesen Befund übersieht, ist als dogmatisch verfehlt abzulehnen.

(b) Freistellung vom Vollzugsverbot gem. § 41 Abs. 2 GWB

Gem. § 41 Abs. 2 GWB kann das Bundeskartellamt auf Antrag eine Befreiung vom kartellrechtlichen Vollzugsverbot eines nicht freigegebenen Zusammenschlusses erteilen, wenn die beteiligten Unternehmen hierfür wichtige Gründe geltend machen, insbesondere um schweren Schaden von einem dieser Unternehmen abzuwenden. Weil aber der Bieter unter den soeben aufgezeigten Voraussetzungen die Möglichkeit hat, mittels einer Bedingung die Wirksamkeit des Angebots von der Erteilung der kartellbehördlichen Freigabe abhängig zu machen, dürfte ein „wichtiger Grund" im Sinne von § 41 Abs. 2 GWB in der Regel nicht anzunehmen sein.

(c) Andere Fälle behördlicher oder gerichtlicher Entscheidungen

(aa) Zulassung der Tauschaktien zum Börsenhandel

Auch in anderen Fällen, in denen eine hoheitliche Maßnahme erforderlich ist und der Bieter zuvor einen entsprechenden Antrag stellen muss, können grundsätzlich die zum Kartellvorbehalt gewonnenen Erkenntnisse herangezogen werden. Macht beispielsweise der Bieter sein Angebot davon abhängig, dass die Tauschaktien zum Börsenhandel zugelassen werden (vgl. § 30 BörsG), so ist eine entsprechende Bedingung nur zulässig, wenn der Bieter den Antrag auf Börsenzulassung im Zeitpunkt der Veröffentlichung der Angebotsunterlage bereits gestellt hat.[733]

(bb) Eröffnung des Insolvenzverfahrens über die Zielgesellschaft

Eine Bedingung, dass nicht nach Angebotsveröffentlichung das Insolvenzverfahren über die Zielgesellschaft eröffnet wird, ist problematisch, wenn der Bieter selbst den Eröffnungsantrag stellen kann, weil er Gläubiger der Zielgesellschaft ist (vgl. § 13 Abs. 1 InsO). Zwar liegt die Entscheidung über die Insolvenzeröffnung beim Insolvenzgericht. Diesbezüglich hat das Gericht aber kein Ermessen,[734] so dass es letztlich der Bieter ist, der die Insolvenzeröffnung adäquat kausal herbeiführt. Ein entsprechender Insolvenzvorbehalt ist daher grundsätzlich unzulässig.[735] Zwar sind derartige Bedingungen nach der hier vertretenen An-

---

[733] Vgl. auch *Thoma/Stöcker* in: Baums/Thoma, § 18 Rn. 105.

[734] Vgl. *Schmahl* in: MünchKomm-InsO, § 16 Rn. 2.

[735] Vgl. *Thoma/Stöcker* in: Baums/Thoma, § 18 Rn. 123. Anderer Ansicht offenbar *Krause* in: Assmann/Pötzsch, § 18 Rn. 97, der darauf verweist, dass die bis zur Entscheidung des Insolvenzgerichts zu erledigenden Arbeiten bei einer Publikumsgesellschaft kaum bis zum Ende der Annahmefrist abgeschlossen sein könnten. Dieser Ansatz ist aber wenig hilfreich, da er zu erheblicher Rechtsunsicherheit führt und außerdem verkennt, dass die Annahmefrist gem. §

sicht grundsätzlich zulässig, wenn der Bieter die erforderliche Antragstellung rechtzeitig vorgenommen hat. Wenn aber der Bieter einen Insolvenzantrag stellt und anschließend ein Angebot unter der Bedingung abgibt, dass das Insolvenzverfahren nicht eröffnet wird, kann dies ein widersprüchliches Verhalten darstellen. Das ist jedenfalls dann der Fall, wenn eine hohe Wahrscheinlichkeit für die Verfahrenseröffnung spricht. Derartige Bedingungen stellen regelmäßig einen Verstoß gegen § 18 Abs. 1 WpÜG dar.[736] Für einen derartigen Insolvenzvorbehalt besteht außerdem regelmäßig kein Erfordernis, weil der Bieter das Angebot unproblematisch unter die Bedingung stellen kann, dass nach der Veröffentlichung der Angebotsunterlage kein Insolvenzgrund bei der Zielgesellschaft eintritt.[737]

(cc) Eintragung der Kapitalerhöhung

Bei einem Tauschangebot auf der Grundlage einer Kapitalerhöhung gegen Sacheinlagen kann der Bieter sein Angebot davon abhängig machen, dass die Durchführung der Kapitalerhöhung ins Handelsregister eingetragen wird.[738] Auch hier stellt sich das Problem, dass der Bieter den Ausfall der Bedingung durch Nichtanmeldung ausschließlich selbst herbeiführen kann, vgl. § 188 Abs. 1 AktG. Daher soll auch in diesem Falle die Bedingung nur dann zulässig sein, wenn der Bieter die Durchführung der Kapitalerhöhung bereits bei Veröffentlichung der Angebotsunterlage zur Eintragung angemeldet hat.[739]

Diese Ansicht ist jedoch als vollkommen unpraktikabel abzulehnen. Denn gem. § 188 Abs. 2 Satz 1 iVm. § 36 AktG ist erforderlich, dass die Aktien bei Anmeldung der Durchführung bereits voll gezeichnet sind.[740] Außerdem hat die Anmeldung des Kapitalerhöhungsbeschlusses gem. § 184 AktG zeitlich vor, spätestens jedoch zeitgleich mit der Anmeldung der Durchführung zu erfolgen.[741] Es ist aber praktisch nicht möglich, den Kapitalerhöhungsbeschluss *und* den Abschluss der Zeichnungsverträge herbeizuführen, noch bevor das Angebot überhaupt veröffentlicht worden ist.

Dennoch ist eine Bedingung, die die Wirksamkeit des Angebots von der Eintragung der Durchführung gem. § 188 AktG abhängig macht, zulässig. Entsprechendes gilt für die Bedingung, dass gem. § 184 AktG der Hauptversammlungsbeschluss über die Kapitalerhöhung eingetragen wird. Die Zulässigkeit solcher Bedingungen ergibt sich daraus, dass die §§ 188 Abs. 1, 184 Abs. 1 Satz 1 AktG

---

16 Abs. 1 Satz 1 WpÜG bis zu zehn Wochen betragen kann. Bei Übernahmeangeboten verlängert sich die Annahmefrist sogar um weitere zwei Wochen, § 16 Abs. 2 Satz 1 WpÜG (sog. Zaunkönigregelung).

[736] Dazu ausführlich unten, 3. Teil § 1 II. 5. c. cc.

[737] Hierbei handelt es sich um ein Beispiel für eine zulässige MAC-Klausel, die inhaltlich hinreichend bestimmt ist. Vgl. zu dieser Problematik oben, 3. Teil § 1 II. 5. c. aa. (1).

[738] Siehe oben, 2. Teil § 2 I. 3. b. (1) (a).

[739] *Thoma/Stöcker* in: Baums/Thoma, § 18 Rn. 102.

[740] *Peifer* in: MünchKomm-AktG, § 188 Rn. 8 f.

[741] *Peifer* in: MünchKomm-AktG, § 184 Rn. 12.

eine kapitalgesellschaftsrechtliche Organpflicht zur Anmeldung begründen. Ein etwaiges faktisches Rücktrittsrecht des Bieters wird durch die Organpflicht zur Anmeldung konterkariert, wodurch dem Gesetzeszweck des § 18 WpÜG ausreichend Rechnung getragen wird.

(3) Der Finanzierungsvorbehalt

(a) Bestandsaufnahme

Nach allgemeiner Meinung ist es dem Bieter nicht gestattet, das Angebot unter die Bedingung zu stellen, dass die Finanzierung des Angebots gelingt (sog. Finanzierungsvorbehalt). Die Unzulässigkeit wird damit begründet, dass ein Finanzierungsvorbehalt der in § 13 Abs. 1 WpÜG angeordneten Finanzierungsverantwortung des Bieters zuwiderliefe.[742]

(b) Eigener Ansatz

Diese Ansicht ist hinsichtlich ihres Begründungsansatzes abzulehnen. Gem. § 13 Abs. 1 Satz 1 WpÜG hat der Bieter vor Veröffentlichung der Angebotsunterlage die notwendigen Maßnahmen zu treffen, um sicherzustellen, dass ihm die zur vollständigen Erfüllung des Angebots notwendigen Mittel zum Zeitpunkt der Fälligkeit des Anpruchs auf die Gegenleistung zur Verfügung stehen. Weil (Übernahme-)Angebote in aller Regel zu einem erheblichen Teil fremdfinanziert sind, ist es dem Bieter aber praktisch nie möglich, sicherzustellen, dass ihm die Finanzierung im Fälligkeitszeitpunkt auch tatsächlich möglich ist. Das tatsächliche, nachträgliche Gelingen der Finanzierung ist stets auch vom Handeln und vom Vermögen Dritter (insbesondere Banken und sonstige Finanzinvestoren) abhängig. Vom Bieter kann daher lediglich verlangt werden, dass er vor der Veröffentlichung der Angebotsunterlage alles in seiner Macht stehende unternimmt, damit später – nämlich im Fälligkeitszeitpunkt – die Finanzierung gesichert erscheint.[743] Es ist also denkbar, dass der Bieter zwar seiner Finanzierungsverantwortung genügt hat, die Finanzierung aber im entscheidenden Zeitpunkt der Fälligekeit trotzdem nicht zustande kommt. Unter diesem Gesichtspunkt spricht daher nichts gegen die Zulässigkeit eines Finanzierungsvorbehalts.

Ein Finanzierungsvorbehalt ist aber deswegen unzulässig, weil er gegen § 18 WpÜG verstößt. Zwar kann der Bieter das Gelingen der Finanzierung – wie soeben gezeigt – nicht ausschließlich selbst herbeiführen, weil Fremdkapitalgeber dabei eine entscheidende Rolle spielen. Der Bieter kann jedoch, und zwar auch noch nach der Veröffentlichung der Angebotsunterlage, durch ein wie auch immer geartetes Einwirken auf die Kapitalgeber im Alleingang die Finanzierung zu Fall bringen.

---

[742] Vgl. *Thoma/Stöcker* in: Baums/Thoma, § 18 Rn. 95; *Scholz* in: FrankKomm-WpÜG, § 18 Rn. 62; *Hasselbach* in: Köln-Komm-WpÜG, § 18 Rn. 63; *Krause* in: Assmann/Pötzsch, § 18 Rn. 67.

[743] Siehe oben, 2. Teil § 2 I. 3. b. ee. (2) (b).

cc. Bedingungen, deren Eintritt unwahrscheinlich ist

Ein faktisches Rücktrittsrecht des Bieters ist auch dann denkbar, wenn der Bieter die Wirksamkeit des Angebots von einer Bedingung abhängig macht, deren Eintritt höchst unwahrscheinlich ist. Die Bindung des Bieters an sein Angebot ist dann eher theoretischer Natur. Diesen Zustand kann der Bieter grundsätzlich jederzeit beseitigen, indem er sich auf § 21 Abs. 1 Satz 1 Nr. 4 WpÜG beruft, wonach er noch bis zu einem Werktag vor Ablauf der Annahmefrist auf eine Bedingung im Angebot verzichten kann. Dies würde dem Bieter eine Art faktisches Rücktrittsrecht verleihen. Insoweit gilt es zu klären, wie weit der Bieter damit gehen kann, eine Bedingung zu formulieren, deren Eintritt er mehr oder weniger, wenn auch nur indirekt, beeinflussen kann.

(1) Problematische Fälle

In der Literatur wird vor allem der Fall besprochen, dass der Bieter sein Angebot davon abhängig macht, dass eine bestimmte Mindestanzahl von Wertpapierinhabern sein Angebot annimmt. Ist die Mindestannahmeschwelle so hoch angesetzt, dass der Bedingungseintritt unwahrscheinlich ist, dann eröffnet dies dem Bieter faktisch die Möglichkeit, sich die Entscheidung über die (Nicht-) Durchführung des Angebots bis zum Ablauf der Annahmefrist offenzuhalten.[744] Denn er kann noch bis zu einem Tag vor Verstreichen der Annahmefrist gem. § 21 Abs. 1 Satz 1 Nr. 3 WpÜG die Akzeptanzschwelle herabsetzen oder gem. § 21 Abs. 1 Satz 1 Nr. 4 WpÜG ganz auf die Bedingung verzichten.

Eine entsprechende Problematik existiert aber auch in allen anderen Fällen, in denen der Bieter sein Angebot von einer Bedingung abhängig macht, deren Eintritt unwahrscheinlich ist.[745] Beispielsweise kann der Bieter sein Angebot davon abhängig machen, dass der Vorstand der Zielgesellschaft während der Annahmefrist eine zustimmende Stellungnahme herausgibt.[746] Haben die Organe der Zielgesellschaft dem Bieter aber bereits im Vorfeld der Angebotsabgabe zu verstehen gegeben, dass sie eine Übernahme durch den Bieter nicht billigen werden, dann richtet der Bieter durch die Stellung seiner Bedingung ein faktisches Rücktrittsrecht ein.[747] Entsprechendes gilt für den Fall, dass sich der Bieter die Durchführung einer Due Diligence vorbehält, die Zielgesellschaft aber bereits siganlisiert hat, dass sie den Übernahmeversuch als feindlich betrachtet. Denn dann ist nicht davon auszugehen, dass dem Bieter eine Due Diligence Prü-

---

[744] Vgl. *Thoma/Stöcker* in: Baums/Thoma, § 18 Rn. 82; *Krause* in: Assmann/Pötzsch, § 18 Rn. 36; *Hasselbach* in: Köln-Komm-WpÜG, § 18 Rn. 23; *Thaeter* in: Thaeter/Brandi, Teil 2, Rn. 195; *Busch*, AG 2002, S. 145, 147.

[745] Ähnlich *Hasselbach* in: Köln-Komm-WpÜG, § 18 Rn. 67: „praktisch unerfüllbare Bedingungen".

[746] Derartige Bedingungen sind in Übernahmeangeboten durchaus häufiger zu finden, vgl. *Thoma/Stöcker* in: Baums/Thoma, § 18 Rn. 107 ff.

[747] Vgl. auch *Thoma/Stöcker* in: Baums/Thoma, § 18 Rn. 111.

fung gestattet wird.[748] Ein weiteres Beispiel sind sog. „Change-of-Control"-Klauseln.[749] Bestimmungen in Verträgen der Zielgesellschaft mit Dritten (beispielsweise Lieferanten) können dem Dritten im Falle eines Kontrollwechsels bei der Zielgesellschaft ein Kündigungsrecht einräumen. Handelt es sich um wichtige Verträge, dann hat der Bieter ein Interesse daran, sein Angebot unter die Bedingung zu stellen, dass eine Kündigung nicht erfolgt. Hat der Bieter aber vor der Angebotsabgabe eine Due Diligence Prüfung bei der Zielgesellschaft durchgeführt und ist ihm infolgedessen eine „Change-of-Control"-Klausel bekannt, und kann er davon ausgehen, dass der Dritte von seinem Kündigungsrecht Gebrauch machen wird, dann führt eine entsprechende Bedingung in der Angebotsunterlage zu einem faktischen Rücktrittsrecht des Bieters.[750]

(2) Lösungsansatz

(a) Hinreichende Transparenz über § 11 Abs. 2 Satz 2 Nr. 5 WpÜG?

Zunächst ist zu überlegen, ob es sich bei der Aufnahme von Bedingungen in das Angebot, deren Eintritt unwahrscheinlich ist, überhaupt um ein lösungsbedürftiges Problem handelt. Immerhin ist in § 11 Abs. 2 Satz 2 Nr. 5 WpÜG festgelegt, dass Bedingungen in der Angebotsunterlage ausdrücklich wiederzugeben sind. Dadurch entsteht ein gewisser Grad an Transparenz, denn die Angebotsadressaten haben ab dem Zeitpunkt der Veröffentlichung der Angebotsunterlage die Möglichkeit, von der Bedingung Kenntnis zu nehmen. Das bedeutet allerdings nicht, dass sie auch in die Lage versetzt werden, zu ermessen, wie hoch die Wahrscheinlichkeit eines Bedingungseintritts oder –ausfalls tatsächlich ist. In § 2 Nr. 8 WpÜG-AngebotsVO ist lediglich vorgeschrieben, dass der Bieter Angaben zum Stand behördlicher, insbesondere kartellrechtlicher Genehmigungen zu machen hat. Sonstige Angaben, aus der sich die Wahrscheinlichkeit eines Bedingungseintritts ergibt, hat der Bieter nicht zu machen. Selbst wenn die Angebotsadressaten die Unwahrscheinlichkeit des Bedingungseintritts kennen, vermag dies die Problematik nicht zu lösen, sondern trägt sogar zu einer Verschärfung bei. Denn die Angebotsadressaten wissen, dass der Bieter noch bis zu einem Werktag vor Ablauf der Annahmefrist gem. § 21 Abs. 1 Satz 1 Nr. 4 WpÜG auf Bedingungen verzichten kann; gem. § 2 Nrn. 9 und 11 WpÜG-AngebotsVO hat die Angebotsunterlage entsprechende Hinweise auf § 21 WpÜG zu enthalten. Dies wiederum setzt die Wertpapierinhaber unter einen erhöhten Entscheidungsdruck hinsichtlich der Annahme des Angebots, weil sie das Verhalten des Bieters nicht kalkulieren können.

---

[748] Etwas anderes gilt freilich dann, wenn die Zielgesellschaft ausnahmsweise zur Gestattung einer Due Diligence verpflichtet ist. Dazu oben, 3. Teil § 1 II. 2. a. dd. (2) (b) (cc), dort Fn. 585.

[749] Siehe dazu auch oben, 3. Teil § 1 II. 3. b. bb. (2).

[750] Ähnlich *Thoma/Stöcker* in: Baums/Thoma, § 18 Rn. 127: eine derartige Klausel sei unzulässig, da sich aus ihr ergebe, dass die Durchführung des Angebots vom Bieter nicht ernsthaft gewollt ist.

(b) Sperre von § 21 Abs. 1 Satz 1 Nr. 4 WpÜG?

Als möglicher Lösungsansatz könnte sich stattdessen ein Abstellen auf § 21 Abs. 1 WpÜG anbieten. Diese Vorschrift eröffnet dem Bieter die Möglichkeit, sein Angebot noch bis zu einem Werktag vor Ablauf der Annahmefrist abzuändern, beispielsweise indem er die angebotene Gegenleistung erhöht, eine Mindestannahmeschwelle verringert oder auf Bedingungen im Angebot verzichtet. § 21 Abs. 1 WpÜG zeichnet sich dadurch aus, dass der Bieter nur solche Änderungen am Angebot vornehmen darf, die zugunsten der Angebotsadressaten gehen.[751] Würde sich der Bieter in einer Weise auf § 21 Abs. 1 WpÜG berufen, die dem Gesetzeszweck dieser Vorschrift widerspricht, dann könnte die BaFin ihm die Berufung auf § 21 Abs. 1 WpÜG untersagen. Gem. § 4 Abs. 1 Satz 3 WpÜG kann die BaFin Anordnungen treffen, die geeignet und erforderlich sind, um Missständen entgegenzuwirken. Allerdings ergibt sich aus dem Gesetzeszweck der §§ 17 und 18 WpÜG, dass der Bieter grundsätzlich nur ein verbindliches Angebot abgeben darf.[752] Stellt der Bieter sein Angebot unter eine Bedingung, deren Eintritt unwahrscheinlich ist, und wird ihm überdies die Möglichkeit genommen, auf die Bedingung zu verzichten, dann liefe dies erst recht auf ein unverbindliches Angebot hinaus. Das wiederum würde den Interessen der Angebotsadressaten widersprechen, und stellt somit keine geeignete Lösung dar.

(c) Unzulässigkeit gem. § 18 Abs. 1 WpÜG

Sachgerechter erscheint eine Lösung über § 18 Abs. 1 WpÜG. Nimmt der Bieter eine Bedingung in seine Angebotsunterlage auf, die das Angebot vom Erreichen einer bei 95% liegenden Mindestakzeptanzschwelle abhängig macht, so stellt diese Bedingung nach herrschender Meinung keinen Verstoß gegen § 18 Abs. 1 WpÜG dar. Denn für die Aufnahme einer solchen Bedingung besteht ein sachlicher Grund, wenn der Bieter im Anschluss an den Vollzug des Angebots einen Squeeze-out der Minderheitsaktionäre bei der Zielgesellschaft gem. §§ 327a ff. AktG durchführen will.[753] Unzulässig sei aber eine Mindestakzeptanzschwelle oberhalb von 95%, weil dem Bieter dadurch ein faktisches Rücktrittsrecht eröffnet werde, das nicht durch eine Notwendigkeit gerechtfertigt sei. Eine solche Bedingung könne daher von der BaFin gem. § 4 Abs. 1 Satz 3 WpÜG untersagt werden.[754] Eine Untersagung des gesamten Angebots gem. § 15 Abs. 1 Nr. 2 WpÜG komme grundsätzlich nicht in Betracht, weil die fragliche Verhaltensweise nach dem Gesetz an sich zulässig sei.[755] Etwas anderes könne aber gelten,

---

[751] Vgl. auch BT-Drucks. 14/7034, S. 49 (Zu § 21 Absatz 1 WpÜG-RegE).

[752] Vgl. BT-Drucks. 14/7034, S. 47 (Zu § 17 WpÜG-RegE).

[753] *Thoma/Stöcker* in: Baums/Thoma, § 18 Rn. 82; *Krause* in: Assmann/Pötzsch, § 18 Rn. 34; *Hasselbach* in: Köln-Komm-WpÜG, § 18 Rn. 23; *Thaeter* in: Thaeter/Brandi, Teil 2, Rn. 193.

[754] *Thoma/Stöcker* in: Baums/Thoma, § 18 Rn. 82; *Thaeter* in: Thaeter/Brandi, Teil 2, Rn. 284.

[755] So ausdrücklich *Thaeter* in: Thaeter/Brandi, Teil 2, Rn. 284.

wenn der Bieter zu erkennen gebe, die beanstandete Bedingung in jedem Falle beibehalten zu wollen.[756]

Diese Ansicht verdient keine Zustimmung. Macht der Bieter sein Angebot von einer oberhalb von 95% liegenden Mindestannahmequote abhängig, so stellt dies regelmäßig einen Verstoß gegen § 18 Abs. 1 WpÜG dar.[757] Dies gilt im Übrigen für jede Art von Bedingung, deren Eintritt unwahrscheinlich ist. Weil eine derartige Bedingung dem Gesetzeszweck von § 18 WpÜG widerspricht, hat die BaFin das Angebot gem. § 15 Abs. 1 Nr. 2 WpÜG zu untersagen. Im Zivilrecht hat der Verstoß gegen ein Verbotsgesetz gem. § 134 BGB die Nichtigkeit des betreffenden Rechtsgeschäfts zur Folge. Das gilt nicht nur bei einem unmittelbaren Verstoß, sondern auch bei sog. Umgehungsgeschäften, wenn der Zweck der Verbotsnorm durch die gewählte, nicht ausdrücklich verbotene Gestaltung vereitelt wird.[758] Aufgrund der Ähnlichkeit zu § 134 BGB[759] muss dies auch für § 15 WpÜG gelten. Würden Umgehungstatbestände von dieser Norm nicht erfasst, so würde dies deren Anwendungsbereich erheblich einschränken und der Zweck des Gesetzes – der effektive Schutz der Angebotsadressaten – vereitelt. Allerdings ist zu beachten, dass der Begriff „unwahrscheinlich" sehr offen und unbestimmt ist. Lediglich im Falle einer Mindestannahmeklausel liegt mit 95% ein konkreter Wert vor, der eine gewisse Orientierungshilfe bietet. Auch hier sind aber im Einzelfall Umstände denkbar, unter denen ein höherer Wert ausnahmsweise gerechtfertigt erscheint und daher keine Umgehung von § 18 WpÜG darstellt. Es ist daher stets eine Einzelfallbetrachtung erforderlich, um zu bestimmen, ob eine Bedingung vorliegt, deren Eintritt derart unwahrscheinlich ist, dass eine Umgehung von § 18 WpÜG zu befürchten ist.[760] Nur dann kann und muss die BaFin das Angebot nach § 15 Abs. 1 Nr. 2 WpÜG untersagen.

dd. Sonstige Umgehungstatbestände

Neben den bereits genannten Fällen sind auch alle anderen Formen der Umgehung von § 18 WpÜG unzulässig, weil sie dem Bieter ein faktisches Rücktrittsrecht einräumen würden. So gewährt § 25 WpÜG dem Bieter ausnahmsweise die Möglichkeit, sein Angebot von einer aus seiner Sphäre herrührenden, also subjektiven, Bedingung abhängig zu machen, nämlich von der Zustimmung der Gesellschafterversammlung. Unzulässig wäre eine entsprechende Bedingung aber beispielsweise, wenn der eigentliche Bieter das Angebot von einer 100%-

---

[756] Vgl. *Thoma/Stöcker* in: Baums/Thoma, § 18 Rn. 82 aE.

[757] So offenbar auch *Krause* in: Assmann/Pötzsch, § 18 Rn. 36: „Eine solche Lockerung der Bindung an das Angebot wäre mit dem Zweck der §§ 17, 18 [WpÜG] nicht vereinbar".

[758] Dabei ist umstritten, ob sich das Verbot von Umgehungsgeschäften durch Analogie begründen lässt, oder ob gar ein allgemeines Umgehungsverbot als eigenständiges Rechtsinstitut anzuerkennen ist. Im ersteren Sinne *Larenz/Wolf*, § 40 Rn. 31; im letzteren Sinne *Mayer-Maly/Armbrüster* in: MünchKomm-BGB, § 134 Rn. 16.

[759] Dazu bereits oben, 2. Teil § 2 V.

[760] Vgl. insoweit auch *Busch*, AG 2002, S. 145, 147.

igen Tochtergesellschaft abgeben lassen würde, die der Bieter kontrolliert.[761] Denn dann würde die Zustimmung der Gesellschafterversammlung eine reine Formsache darstellen. Ob es sich bei dieser Vorgehensweise stets um einen Rechtsmissbrauch im Sinne des § 242 BGB handelt, sei dahingestellt;[762] jedenfalls – und das ist der entscheidende Punkt – liegt dann ein Umgehungstatbestand vor. Die Gesetzesbegründung stellt dies ausdrücklich klar.[763]

d. Rechtsfolgen unzulässiger Bedingungen

Verstößt eine Bedingung gegen § 18 WpÜG, so hat die BaFin die Veröffentlichung des Angebots gem. § 15 Abs. 1 Nr. 2 WpÜG zu untersagen mit der Folge, dass gem. § 26 Abs. 1 Satz 1 WpÜG eine einjährige Sperrfrist eintritt. Außerdem stellt eine Angebotsunterlage, die eine unzulässige Bedingung enthält, eine Ordnungswidrigkeit dar. Denn in diesem Falle hat der Bieter die Veröffentlichung der Angebotsunterlage „nicht richtig" vorgenommen, vgl. § 60 Abs. 1 Nr. 1a WpÜG.[764] Das gilt auch bei Umgehungsgeschäften, etwa wenn der Bieter das Angebot von einer Bedingung abhängig macht, deren Eintritt unwahrscheinlich ist, oder deren Ausfall er ausschließlich selbst herbeiführen kann. Weil es einen allgemein anerkannten Rechtsgrundsatz darstellt, dass Normen wie § 18 WpÜG auch Umgehungsgeschäfte erfassen, kann insoweit kein Verstoß gegen das Analogieverbot vorliegen.[765]

Die Verpflichtung zur Untersagung trifft die BaFin allerdings nur dann, wenn es sich um einen offensichtlichen Verstoß handelt. Nun stellt sich die Frage, welche Konsequenz es hat, wenn die BaFin einen Verstoß übersieht, etwa weil er nicht offensichtlich ist. Ist die Angebotsunterlage bereits veröffentlicht worden, so kann die BaFin auf der Grundlage der allgemeinen Missstandsaufsicht gem. § 4 Abs. 1 Satz 3 WpÜG einschreiten. Das wird vor allem bei Umgehungstatbeständen relevant, denn gerade dann ist ein Verstoß nicht immer offensichtlich.[766] Überdies führt eine unzulässige Bedingung zur Gesamtnichtigkeit des Angebots gem. § 134 BGB.[767]

---

[761] Dieses Beispiel findet sich in der Gesetzesbegründung, vgl. BT-Drucks. 14/7034, S. 48 (Zu § 18 Absatz 1 WpÜG-RegE).
[762] So *Thoma/Stöcker* in: Baums/Thoma, § 18 Rn. 53.
[763] BT-Drucks. 14/7034, S. 48 (Zu § 18 Absatz 1 WpÜG-RegE).
[764] Gem. § 60 Abs. 1 Nr. 1a iVm. § 14 Abs. 2 Satz 1 WpÜG handelt ordnungswidrig, wer die Veröffentlichung der Angebotsunterlage „nicht richtig" oder „nicht in der vorgeschriebenen Weise" vornimmt. Dabei meint „nicht richtig" Verstöße inhaltlicher, „nicht in der vorgeschriebenen Weise" solche formeller Art. Dazu *Achenbach* in: Baums/Thoma, § 60 Rn. 10, 12.
[765] Daher liegt es auch in der Tat näher, das Verbot von Umgehungsgeschäften nicht im Wege einer Analogie zur betreffenden Verbotsnorm zu begründen, sondern als eigenständiges Rechtsinstitut zu begreifen. Dazu *Mayer-Maly/Armbrüster* in: MünchKomm-BGB, § 134 Rn. 12, 16.
[766] Vgl. auch BT-Drucks. 14/7034, S. 48 (Zu § 18 Absatz 1 WpÜG-RegE).
[767] Siehe noch ausführlich unten, 3. Teil § 1 III. 1. a. bb.

e. Zwischenergebnis

§ 18 WpÜG verbietet nicht nur subjektive Bedingungen im herkömmlichen Sinne, sondern auch solche Bedingungen, die dem Bieter ein „faktisches Rücktrittsrecht" einräumen würden. Bedingungen dürfen inhaltlich nicht derart unbestimmt sein, dass der Bedingungseintritt im Ermessen des Bieters liegt. Nach Sinn und Zweck verbietet § 18 WpÜG außerdem Bedingungen, deren Ausfall der Bieter selbst herbeiführen kann. Dieses Problem stellt sich insbesondere dann, wenn der Bieter das Angebot von der Vornahme einer hoheitlichen Maßnahme (etwa einer Genehmigungserteilung) abhängig macht, und wenn dafür eine Mitwirkungshandlung des Bieters erforderlich ist (beispielsweise eine Antragstellung bei der zuständigen Behörde). Derartige Bedingungen sind nur ausnahmsweise zulässig, nämlich dann, wenn der Bieter die erforderliche Mitwirkungshandlung bereits vor oder zeitgleich mit Veröffentlichung der Angebotsunterlage in die Wege geleitet hat (so etwa beim Kartellvorbehalt) oder wenn der Bieter gesetzlich verpflichtet ist, die fragliche Mitwirkungshandlung vorzunehmen (so beispielsweise bei einer Bedingung, dass die Durchführung der Kapitalerhöhung gem. § 188 AktG ins Handelsregister eingetragen wird). Schließlich stellen auch solche Bedingungen regelmäßig einen Verstoß gegen § 18 WpÜG dar, deren Eintritt unwahrscheinlich ist. Denn dann kann der Bieter gem. § 21 Abs. 1 Satz 1 Nr. 4 WpÜG noch bis zu einem Werktag vor Ablauf der Annahmefrist auf die unwahrscheinliche Bedingung verzichten, so dass es praktisch im Belieben des Bieters steht, ob das Angebot wirksam wird oder nicht.

6. Lösungsmöglichkeiten nach der InsO

a. Das Wahlrecht gem. § 103 Abs. 2 InsO

Wird der Bieter zahlungsunfähig, nachdem er die Angebotsunterlage veröffentlicht hat, so kann er nach den §§ 11, 13 Abs. 1, 16 ff. InsO Antrag auf Eröffnung des Insolvenzverfahrens stellen. Handelt es sich beim Bieter um eine Aktiengesellschaft, ist deren Vorstand gem. § 92 Abs. 2 AktG zur Antragstellung verpflichtet. Durch die Eröffnung des Insolvenzverfahrens geht sodann nach § 80 Abs. 1 InsO die Verwaltungs- und Verfügungsbefugnis hinsichtlich des Schuldnervermögens auf den Insolvenzverwalter über. Außerdem tritt dieser in die Unternehmerstellung des Schuldners ein.[768] Zwar ist der Insolvenzverwalter grundsätzlich an die Rechtsverhältnisse des Schuldners gebunden, die er bei Verfahrenseröffnung vorfindet.[769] In § 103 Abs. 2 Satz 1 InsO wird ihm aber die Möglichkeit eingeräumt, beiderseits nicht oder nicht vollständig erfüllte gegenseitige Austauschverhältnisse in Abwicklungsverhältnisse umzuwandeln,[770] wenn sich

[768] *Pape/Uhlenbruck*, Insolvenzrecht, Rn. 197.
[769] *Pape/Uhlenbruck*, Insolvenzrecht, Rn. 640.
[770] *Kreft* in: MünchKomm-InsO, § 103 Rn. 1 f.

eine Erfüllung für die Masse nachteilig auswirken würde.[771] Der Insolvenzverwalter erhält also das Recht, sich von Vertragsverhältnissen des Schuldners zu lösen.[772] Erforderlich ist, dass noch irgendeine Leistung aussteht, die zur Herbeiführung des Leistungserfolgs gehört. Wenn noch keine Vertragspartei eine Leistung erbracht hat, so besteht mit Eröffnung des Insolvenzverfahrens schon kein durchsetzbarer Anspruch des Vertragspartners mehr gegen die Masse.[773] Hat eine Vertragspartei oder haben beide Parteien vor Eröffnung des Insolvenzverfahrens geleistet, erlöschen die beiderseitigen Erfüllungsansprüche mit der Erklärung des Insolvenzverwalters gem. § 103 InsO im Umfang der Differenz zwischen den bereits erbrachten Leistungen.[774]

Voraussetzung ist, dass es sich um einen gegenseitigen Vertrag handelt, bei dem wechselseitig zu erfüllende Leistungspflichten bestehen, was insbesondere auf Kauf- und Tauschverträge zutrifft. Speziell bei einem Aktientausch, der mittels einer Kapitalerhöhung gegen Sacheinlagen erfolgt, handelt es sich zwar um ein spezifisch gesellschaftsrechtiches Rechtsgeschäft und nicht um einen synallagmatischen Tauschvertrag,[775] so dass die §§ 103 ff. InsO in diesem Falle keine Anwendung finden.[776] Hierfür besteht aber auch keine Notwendigkeit, denn der Zeichnungsantrag steht ohnehin unter dem Vorbehalt, dass die Kapitalerhöhung beschlossen und durchgeführt wird.[777]

b. Die Anfechtung gem. §§ 129 ff. InsO

Gem. § 129 Abs. 1 InsO kann der Insolvenzverwalter bestimmte Rechtshandlungen des Insolvenzschuldners, die vor der Eröffnung des Insolvenzverfahrens vorgenommen wurden, nach Maßgabe der §§ 130 ff. InsO anfechten. In Betracht kommen insbesondere die Anfechtungsgründe der §§ 130 und 132 InsO.

aa. Anfechtung gem. §§ 129, 130 InsO

Gem. § 130 InsO ist eine Anfechtung allerdings erst dann möglich, wenn an einen Insolvenzgläubiger „Befriedigung gewährt" wurde, also zur Erfüllung eines Anspruchs geleistet wurde.[778] Der Bieter muss also bereits die von ihm geschul-

---

[771] Die spezielle Regelung in § 104 Abs. 2 Satz 2 Nr. 2 InsO (Lieferung von Wertpapieren als Finanzleistung) ist auf Erwerbs- bzw. Übernahmeangebote nicht anwendbar, weil hiermit nur Finanztermingeschäfte gemeint sind; vgl. *Jahn* in: MünchKomm-InsO, § 104 Rn. 49.

[772] *Pape/Uhlenbruck*, Insolvenzrecht, Rn. 640.

[773] *Kreft* in: MünchKomm-InsO, § 103 Rn. 3 (sog. Erlöschenstheorie).

[774] Falls der Bieter vorgeleistet hat, kann der Insolvenzverwalter die noch ausstehende anteilige Gegenleistung gem. § 80 Abs. 1 InsO zur Masse ziehen. Hat der andere Teil vorgeleistet, steht diesem ein entsprechender anteiliger Gegenleistungsanspruch als Insolvenzforderung zu. Vgl. *Kreft* in: MünchKomm-InsO, § 103 Rn. 4.

[775] Siehe oben, 2. Teil § 2 I. 3. b. cc.

[776] Vgl. auch *Huber* in: MünchKomm-InsO, § 103 Rn. 95: die Zeichnung neuer Aktien bei einer Kapitalerhöhung gegen Einlage beinhaltet keinen gegenseitigen Vertrag im Sinne des § 103 InsO.

[777] Siehe oben, 2. Teil § 2 I. 3. b. dd.

[778] *Kirchhof* in: MünchKomm-InsO, § 130 Rn. 7.

dete Gegenleistung entrichtet haben. Nach § 129 InsO ist ferner erforderlich, dass die (übrigen) Insolvenzgläubiger durch die in Frage stehende Rechtshandlung „benachteiligt" werden. Eine solche Benachteiligung tritt bei Erfüllungshandlungen aus dem Schuldnervermögen regelmäßig ein, weil diese für andere Insolvenzgläubiger weniger Haftungsmasse übrig lassen.[779]

Darüber hinaus ist die Kenntnis desjenigen von der Zahlungsunfähigkeit des Schuldners erforderlich, demgegenüber die Erfüllungshandlung vorgenommen wurde. Dies sind bei Angeboten nach dem WpÜG die Aktionäre der Zielgesellschaft. Handelt es sich bei dem Bieter um eine Aktiengesellschaft, deren Wertpapiere an einem inländischen organisierten Markt zugelassen sind, dann hat der Bieter gem. § 15 Abs. 1 WpHG die ihn unmittelbar betreffenden Insiderinformationen unverzüglich zu veröffentlichen (sog. Ad-hoc-Mitteilung). Gem. § 13 Abs. 1 WpHG ist eine Insiderinformation eine konkrete Information über nicht öffentlich bekannte Umstände, die sich auf den Emittenten oder dessen Insiderpapiere beziehen und die geeignet sind, im Falle ihres Bekanntwerdens den Börsen- oder Marktpreis der Insiderpapiere erheblich zu beeinflussen. Die Zahlungsunfähigkeit des Bieters ist zweifelsohne ein derartige, den Bieter unmittelbar betreffende Information, die geeignet ist, den Börsenkurs erheblich zu beeinflussen.[780] Ist der Bieter dagegen keine Aktiengesellschaft, so ist er auch nicht ad-hoc-mitteilungspflichtig. In diesem Falle erhalten die Aktionäre der Zielgesellschaft regelmäßig erst durch die öffentliche Bekanntmachung des Beschlusses über die Eröffnung des Insolvenzverfahrens gem. §§ 30, 9 InsO Kenntnis von der Zahlungsunfähigkeit des Bieters - es sei denn, es handelt sich um einen Großaktionär, der mit dem Bieter in engeren geschäftlichen Kontakt getreten ist und sich somit schon zu einem früheren Zeitpunkt Kenntnis von der Zahlungsfähigkeit des Bieters verschaffen konnte. Eine etwaige Kenntnis des Vorstands der Zielgesellschaft ist den Wertpapierinhabern nicht zuzurechnen.[781]

bb. Anfechtung gem. §§ 129, 132 InsO

Für § 132 InsO ist nicht erforderlich, dass der Insolvenzschuldner zur Erfüllung eines Anspruchs an einen Insolvenzgläubiger geleistet hat. Insoweit ist es ausreichend, wenn er ein Rechtsgeschäft abgeschlossen hat.[782] Diese Voraussetzung ist spätestens dann erfüllt, wenn der Bieter sein Angebot abgegeben hat und dieses von den Aktionären der Zielgesellschaft angenommen wurde. Auf der anderen Seite ist aber eine *unmittelbare* Gläubigerbenachteiligung erforderlich. Diese ist gegeben, wenn das Schuldnervermögen bereits im Zeitpunkt der Vornahme des Rechtsgeschäfts verkürzt worden ist.[783] Weil der Bieter jedoch grundsätzlich

---

[779] Vgl. *Kirchhof* in: MünchKomm-InsO, § 130 Rn. 23.

[780] Vgl. auch *Assmann* in: Assmann/U. H. Schneider, § 13 Rn. 68.

[781] Dazu bereits oben, 3. Teil § 1 II. 2. a. dd. (1) (b) (aa).

[782] Der Begriff des Rechtsgeschäfts nach § 132 InsO ist grundsätzlich im Sinne des BGB zu verstehen, vgl. *Kirchhof* in: MünchKomm-InsO, § 132 Rn. 6.

[783] Zum Begriff der unmittelbaren Gläubigerbenachteiligung ausführlich *Kirchhof* in: MünchKomm-InsO, § 129 Rn. 112 ff.

einen gleichwertigen Anspruch gegen die Aktionäre der Zielgesellschaft erhält, fehlt es in der Regel an einer unmittelbaren Gläubigerbenachteiligung. Hinsichtlich des Erfordernisses der Kenntnis von der Zahlungsunfähigkeit gilt das zu § 130 InsO Gesagte entsprechend.

c. Das Verhältnis zu § 13 WpÜG

Klärungsbedarf besteht hinsichtlich der Frage, in welchem Verhältnis die Vorschriften der InsO zu § 13 WpÜG stehen. Gem. § 13 Abs. 1 Satz 1 WpÜG hat der Bieter die Finanzierung des Angebots sicherzustellen. Seiner Finanzierungsverantwortung hat der Bieter genügt, wenn aufgrund der vorbereitenden Maßnahmen davon auszugehen ist, dass die Gegenleistung bei normalem Geschehensablauf rechtzeitig und vollständig erbracht werden kann.[784] Es ist andererseits nicht auszuschließen, dass unvorhergesehene Entwicklungen zu einer Zahlungsunfähigkeit des Bieters führen, so dass ihm die Erbringung der angebotenen Gegenleistung finanziell unmöglich wird. Das gilt auch bei Barangeboten: zwar hat in diesem Falle gem. § 13 Abs. 1 Satz 2 WpÜG ein unabhängiges Wertpapierdienstleistungsunternehmen[785] schriftlich zu bestätigen, dass die vom Bieter getroffenen Maßnahmen die Finanzierung sicherstellen (sog. Finanzierungsbestätigung). Allerdings geht § 13 Abs. 2 WpÜG, wonach gegen das bestätigende Wertpapierdienstleistungsunternehmen Schadensersatzansprüche geltend gemacht werden können, davon aus, dass auch durch die Finanzierungsbestätigung eine mangelhafte Zahlungsfähigkeit des Bieters nicht ausgeschlossen werden kann.

Selbst wenn der Bieter bei Angebotsabgabe die drohende Insolvenz rechtzeitig erkannte oder erkennen konnte und gegen das Prinzip der Finanzierungsverantwortung verstoßen hat, so kann dies die Anwendbarkeit der insolvenzrechtlichen Vorschriften nicht beschränken. Denn sonst würde eines der wesentlichen Ziele der InsO – der Schutz der Insolvenzgläubiger[786] – durch § 13 WpÜG ausgehebelt. Der Insolvenzverwalter ist bei der Ausübung seines Wahlrechts gem. § 103 Abs. 2 InsO nur den Interessen der Insolvenzgläubiger verpflichtet, auf die Interessen des anderen Teils dagegen hat er außerhalb der gesetzlichen Beschränkungen der Wahlrechtsausübung regelmäßig keine Rücksicht zu nehmen.[787] Das gilt auch für die Anfechtung nach den Regelungen der §§ 129 ff. InsO, in deren Zentrum der Begriff der „Gläubigerbenachteiligung“ steht (vgl. § 129 Abs. 1 InsO).

Sinn und Zweck der Finanzierungsverantwortung ist es, unseriöse, weil wirtschaftlich nicht erfüllbare Übernahmeversuche zu verhindern und die Aktionäre der Zielgesellschaft über die Werthaltigkeit der angebotenen Gegenleistung zu informieren.[788] Im Falle des eröffneten Insolvenzverfahrens ist allerdings klar,

[784] Dazu schon oben, 2. Teil § 2 I. 3. b. ee. (2) (b).
[785] Zu diesem Begriff *Marsch-Barner* in: Baums/Thoma, § 13 Rn. 45.
[786] Vgl. *Pape/Uhlenbruck*, Insolvenzrecht, Rn. 225.
[787] *Pape/Uhlenbruck*, Insolvenzrecht, Rn. 651.
[788] *Süßmann* in: Geibel/Süßmann, § 13 Rn. 1.

dass diese Zwecke ohnehin nicht mehr erreicht werden können: denn der Bieter ist nun definitiv zahlungsunfähig und kann die Übernahme nicht mehr finanzieren. Der Grundsatz der Finanzierungsverantwortung bietet in dieser Situation also keinen effektiven Schutz mehr. Aus diesen Überlegungen ergibt sich ein Vorrang der §§ 103 ff., §§ 129 ff. InsO vor dem Gedanken der Finanzierungsverantwortung. Auch vor dem Hintergrund, dass gem. § 3 Abs. 5 WpÜG Marktverzerrungen verhindert werden sollen, ist dieses Ergebnis gerechtfertigt. Denn für den Aktienkurs der Zielgesellschaft hätte es einen schwerwiegenden Effekt, wenn bekannt würde, dass eine Übernahme durch einen insolventen Bieter ansteht, und der Bieter dabei ohne „Wenn und Aber" an dem Angebot festhalten müsste. Die Vertragspartner - die Aktionäre der Zielgesellschaft – sind ausreichend geschützt: macht der Insolvenzverwalter von seinem Wahlrecht nach § 103 InsO Gebrauch und entscheidet sich für die Erfüllungsablehnung, tritt ein Schadensersatzanspruch an die Stelle des Erfüllungsanspruchs.[789] Gegenrechte des Anfechtungsgegners ergeben sich aus § 144 InsO. Im Falle eines Barangebots entsteht außerdem ein Schadensersatzanspruch gegen das die Finanzierung bestätigende Wertpapierdienstleistungsunternehmen, § 13 Abs. 2 WpÜG.

d. Zwischenergebnis

Gewiss stellt die Insolvenz der Bietergesellschaft eine besondere Situation dar. Dennoch sind die Vorschriften der Insolvenzordnung auch in übernahmerechtlichen Situationen grundsätzlich anwendbar. Der Insolvenzverwalter, der die Geschicke des Bieters leitet, hat die Möglichkeit, nicht vollständig erfüllte Austausch- in Abwicklungsverhältnisse umzuwandeln. Unter den engen Voraussetzungen der §§ 129 ff. InsO hat er außerdem ein Anfechtungsrecht.

III. Die Entbehrlichkeit der Rücknahme

Unter Umständen erübrigt sich eine Rücknahme des Angebots. Dies ist insbesondere dann der Fall, wenn die Primäransprüche der Wertpapierinhaber gegen den Bieter auf die von ihm geschuldete Leistung ausgeschlossen sind, weil die Leistungserbringung unmöglich geworden ist. Entsprechendes kann gelten, wenn die zwischen dem Bieter und den Wertpapierinhabern abgeschlossenen Verträge nichtig sind.

1. Die Nichtigkeit des Angebots

Nach der hier vertretenen Ansicht findet das WpÜG auch auf unwirksame Angebote Anwendung.[790] Dies bedeutet, dass der Bieter grundsätzlich die Vorschriften des WpÜG zu beachten hat, selbst wenn sein Angebot nichtig und daher rechtsgeschäftlich nicht bindend ist. Klärungsbedürftig bleibt allerdings, ob und falls ja, wie sich der Bieter auf die Nichtigkeit des Angebots berufen kann,

---

[789] *Pape/Uhlenbruck*, Insolvenzrecht, Rn. 655.
[790] Siehe oben, 2. Teil § 2 V.

um auf diese Weise aus dem Angebotsverfahren nach dem WpÜG „auszusteigen“.

a. Nichtigkeitsgründe

aa. Nichtigkeit des Angebots gem. § 15 Abs. 3 WpÜG

Die Nichtigkeit des Angebots kann sich unmittelbar aus Vorschriften des WpÜG ergeben. Zur Nichtigkeit des Angebots führt nach § 15 Abs. 3 WpÜG insbesondere die Veröffentlichung der Angebotsunterlage, wenn die BaFin das Angebot gem. § 15 Abs. 1 oder Abs. 2 WpÜG untersagt hat.

bb. Nichtigkeit des Angebots gem. § 134 BGB

Hat die BaFin die Veröffentlichung der Angebotsunterlage gestattet, so kann sie das Angebot nicht mehr nachträglich gem. § 15 Abs. 1 oder Abs. 2 WpÜG untersagen.[791] Eine Nichtigkeit des Angebots nach § 15 Abs. 3 WpÜG kommt dann nicht in Betracht.

Das Angebot kann aber gem. § 134 BGB nichtig sein, wenn es gegen Verbotsgesetze verstößt. § 18 WpÜG verbietet die Aufnahme von Bedingungen in die Angebotsunterlage, deren Eintritt der Bieter ausschließlich selbst herbeiführen kann. Bei dieser Norm handelt es sich also um ein Verbotsgesetz im Sinne des § 134 BGB. Umstritten ist allerdings, ob ein Verstoß gegen § 18 WpÜG lediglich zur Nichtigkeit der entsprechenden Bedingung führt oder die Nichtigkeit des gesamten Angebots nach sich zieht. Einige Autoren sprechen sich für die letztere Folge aus, da sich aus § 139 BGB ergebe, dass Teilnichtigkeit im Zweifel Gesamtnichtigkeit zur Folge habe.[792] Hiergegen wird eingewandt, dass der Bieter regelmäßig ein Interesse am Fortbestand des Angebots habe, was zu einer Aufrechterhaltung der Verträge ohne die entsprechende Bedingung führe.[793] Zu folgen ist der erstgenannten Ansicht. Deren Begründung – die schlichte Berufung auf die Zweifelsregelung des § 139 BGB – ist allerdings dürftig. Das entscheidende Argument findet sich in der Regelung des § 11 Abs. 2 Satz 2 Nr. 5 WpÜG, wonach eine in die Angebotsunterlage aufgenommene Bedingung nicht lediglich zu den ergänzenden Angaben, sondern zum zwingenden Inhalt des Angebots selbst gehört. Weil die Bedingung zu den Kernbestandteilen des Angebots zählt, wäre es mit dem Sinn und Zweck von § 11 Abs. 2 Satz 2 Nr. 5 WpÜG unvereinbar, wenn ein Verstoß gegen § 18 WpÜG lediglich zur Nichtigkeit der Bedingung und nicht des gesamten Angebots führen würde. Eine geltungserhaltende Reduktion des Angebots würde überdies dem Rechtsmissbrauch Tür und Tor öffnen und damit dem Zweck von § 18 WpÜG entgegenlaufen, zumal der Bieter bei der Formulierung von Bedingungen auf die Aufrechterhal-

---

[791] *Krause* in: Assmann/Pötzsch, § 18 Rn. 115; vgl. auch *Oechsler*, ZIP 2003, S. 1330, 1333 f.

[792] So *Thoma/Stöcker* in: Baums/Thoma, § 18 Rn. 145; *Krause* in: Assmann/Pötzsch, § 18 Rn. 115.

[793] So *Hasselbach* in: KölnKomm-WpÜG, § 18 Rn. 71; *Scholz* in: FrankKomm-WpÜG, § 18 Rn. 80; offenbar auch *Oechsler* in: Ehricke/Ekkenga, § 18 Rn. 14.

tung seines Angebots spekulieren könnte. Insoweit gilt das gleiche wie bei unzulässigen AGB, bei denen eine geltungserhaltende Reduktion ebenfalls nicht stattfindet.[794] Ein Verstoß gegen die Verbotsnorm des § 18 WpÜG hat daher stets die Gesamtnichtigkeit des Angebots zur Folge.[795]

Ebenfalls umstritten ist, ob es sich bei § 26 WpÜG um eine Verbotsnorm im Sinne des § 134 BGB handelt. Hat die BaFin das Angebot des Bieters untersagt, so ist nach § 26 Abs. 1 Satz 1 WpÜG ein erneutes Angebot vor Ablauf eines Jahres unzulässig. Nach einer Ansicht führen Verstöße gegen § 26 Abs. 1 Satz 1 WpÜG, also die Veröffentlichung eines erneuten Angebots innerhalb der einjährigen Sperrfrist, nicht zur Nichtigkeit dieses Angebots.[796] Dies folge aus einem Vergleich von § 26 WpÜG mit § 15 Abs. 3 WpÜG. Während in letzterer Norm von „Nichtigkeit" die Rede sei, spreche der Wortlaut in § 26 Abs. 1 Satz 1 WpÜG lediglich von „Unzulässigkeit". Daraus sei zu schlussfolgern, dass der Gesetzgeber im Falle eines Verstoßes gegen § 26 Abs. 1 Satz 1 WpÜG keine Nichtigkeit, sondern mildere Rechtsfolgen vorgesehen habe.[797] Nach anderer Ansicht hingegen tritt die Nichtigkeitssanktion des § 134 BGB ein.[798] Dieser Ansicht ist beizutreten. Ob es sich bei einer Vorschrift um ein Verbotsgesetz im Sinne von § 134 BGB handelt, bestimmt sich maßgeblich nach ihrem Wortlaut sowie Sinn und Normzweck.[799] Die Formulierung „ist unzulässig" – so der Wortlaut von § 26 Abs. 1 Satz 1 WpÜG - spricht im Allgemeinen für das Vorliegen eines Verbotsgesetzes.[800] Will der Bieter unter Missachtung der Sperrfrist ein erneutes Angebot veröffentlichen, so kann die BaFin ihm dies zwar gem. § 15 Abs. 1 Nr. 2 WpÜG untersagen.[801] Hat er das Angebot aber bereits veröffentlicht, so ist § 15 Abs. 1 Nr. 2 WpÜG nicht mehr einschlägig. Die Nichtigkeitsfolge kann sich dann also nicht mehr aus § 15 Abs. 3 WpÜG ergeben, wohl aber aus § 134 BGB. Neben der Folge der Bußgeldpflicht gem. § 60 Abs. 1 Nr. 7 WpÜG muss ein Verstoß auch für die Gültigkeit des Rechtsgeschäfts selbst Konsequenzen haben.

Letztlich dürfte das Angebot regelmäßig gem. § 134 BGB nichtig sein, wenn es die BaFin nach § 15 Abs. 1 WpÜG hätte untersagen können. Dies gilt insbesondere für Verstöße gegen § 11 Abs. 2 WpÜG (Fehlen der nach dieser Vor-

---

[794] Vgl. *Palandt/Heinrichs*, Vor § 307 Rn. 8.

[795] Ist man der Ansicht, dass es sich bei einer Angebotsunterlage um AGB handelt, dann ergibt sich die Nichtigkeit außerdem aus § 307 Abs. 2 Nr. 1 BGB. Siehe dazu auch oben, 3. Teil § 1 II. 4. a. bb., Fn. 673.

[796] *Seydel* in: KölnKomm-WpÜG, § 26 Rn. 61; *Scholz* in: FrankKomm-WpÜG, § 26 Rn. 44.

[797] *Seydel* in: KölnKomm-WpÜG, § 26 Rn. 61; *Scholz* in: FrankKomm-WpÜG, § 26 Rn. 44.

[798] So *Oechsler* in: Ehricke/Ekkenga, § 26 Rn. 4.

[799] Dazu bereits oben, 2. Teil § 2 I. 3. b. dd. (2) (c) (bb).

[800] Vgl. *Mayer-Maly/Armbrüster* in: MünchKomm-BGB, § 134 Rn. 43.

[801] So *Diekmann* in: Baums/Thoma, § 26 Rn. 48; *Seydel* in: KölnKomm-WpÜG, § 26 Rn. 60; *Oechsler* in: Ehricke/Ekkenga, § 26 Rn. 4; *Scholz* in: FrankKomm-WpÜG, § 26 Rn. 43. Anderer Ansicht *Assmann* in: Assmann/Pötzsch, § 26 Rn. 21; seiner Ansicht nach kann sich die BaFin für eine Untersagung aber jedenfalls auf die allgemeine Befugnisnorm in § 4 Abs. 1 Satz 3 WpÜG stützen.

schrift erforderlichen Angaben in der Angebotsunterlage), § 16 WpÜG (Formulierung einer unzulässigen Annahmefrist), § 31 WpÜG iVm. §§ 3 ff. WpÜG-AngebotsVO (unangemessene Gegenleistung) und § 32 WpÜG (unzulässiges Teilangebot bei Übernahmen).

cc. Nichtigkeit des Angebots gem. § 125 Satz 1 BGB

Noch ungeklärt ist, ob sich die Nichtigkeit des Angebots auch aus § 125 Satz 1 BGB wegen eines Formmangels ergeben kann. Von denjenigen Autoren, die sich mit dieser Frage befassen, wird die Anwendbarkeit von § 125 Satz 1 BGB durchwegs verneint. Anderenfalls würden § 11 Abs. 2 WpÜG und § 2 WpÜG-AngVO, wonach die Angebotsunterlage bestimmte Angaben enthalten muss, volle Drittwirkung entfalten, was der Zwecksetzung von § 4 Abs. 2 WpÜG zuwiderlaufe.[802] Außerdem wäre die Kompetenz der BaFin, das Angebot nach § 15 Abs. 1 Nr. 1 WpÜG wegen eines Verstoßes gegen § 11 Abs. 2 WpÜG zu untersagen, gegenstandslos.[803] Noch weiter geht eine Auffassung, nach der durch § 11 WpÜG überhaupt keine Form für das Angebot vorgeschrieben werde, so dass eine Nichtigkeit gem. § 125 Satz 1 BGB von vornherein nicht in Betracht komme.[804]

Gem. § 11 Abs. 1 Satz 4 und Satz 5 WpÜG ist die Angebotsunterlage in deutscher Sprache abzufassen und vom Bieter zu unterzeichnen. Daraus ergibt sich klar das Erfordernis der Schriftform,[805] was für die Anwendbarkeit von § 125 Satz 1 BGB spricht. Das Argument, die Kompetenz der BaFin wäre dann gegenstandslos, verfängt nicht. Denn, wie eben schon im Rahmen von § 134 BGB dargestellt, endet die Kompetenz der BaFin zur Untersagung des Angebots auf der Grundlage von § 15 Abs. 1 WpÜG mit der Veröffentlichung der Angebotsunterlage. Hat es die BaFin beispielsweise versäumt, trotz fehlender Unterschrift die Veröffentlichung der Angebotsunterlage zu untersagen, so erlangt der Nichtigkeitsgrund aus § 125 Satz 1 BGB volle Bedeutung. Im Übrigen widerspricht dies auch nicht der Zwecksetzung des § 4 Abs. 2 WpÜG. Der Zweck der Formvorschrift in § 11 WpÜG besteht maßgeblich darin, den Wertpapierinhabern der Zielgesellschaft eine hinreichende Grundlage für ihre Entscheidung über die Annahme des Angebots zu verschaffen.[806] Die Norm hat somit eine für Formvorschriften typische Warn- und Klarstellungsfunktion.[807] § 11 WpÜG dient, wie auch viele andere Vorschriften des WpÜG, in erster Linie dem Schutz der Aktionäre der Zielgesellschaft. Mit der Regelung in § 4 Abs. 2 WpÜG hat der Gesetzgeber lediglich klargestellt, dass die BaFin ihre Aufgaben und Befugnisse nur im öffentlichen Interesse wahrnimmt.[808] Das bedeutet, dass die Nor-

---

[802] So *Oechsler* in: Ehricke/Ekkenga, § 11 Rn. 56; ders., ZIP 2003, S. 1330, 1332.
[803] *Oechsler* in: Ehricke/Ekkenga, § 11 Rn. 56.
[804] So *Thoma* in: Baums/Thoma, § 11 Rn. 21.
[805] Vgl. auch *Renner* in: FrankKomm-WpÜG, § 11 Rn. 24.
[806] BT-Drucks. 14/7034, S. 41 (Zu § 11 Absatz 1 WpÜG-RegE).
[807] Dazu *Palandt/Heinrichs*, § 125 Rn. 1 ff.
[808] BT-Drucks. 14/7034, S. 36 (Zu § 4 Absatz 2 WpÜG-RegE).

men des WpÜG grundsätzlich keine subjektiv-öffentlichen Rechte vermitteln und hat selbstverständlich Auswirkungen für die Erhebung eines Widerspruchs oder einer verwaltungsgerichtlichen Klage.[809] An den Schutzzwecken der Normen des WpÜG und der Anwendbarkeit von § 125 Satz 1 BGB ändert dies freilich nichts.

b. Geltendmachen der Nichtigkeit des Angebots

Nun bleibt noch zu klären, auf welche Weise sich der Bieter auf die Nichtigkeit seines Angebots berufen kann. Bei den Nichtigkeitsgründen handelt es sich um rechtshindernde Einwendungen, die von Amts wegen beachtet werden. Das bedeutet: will der Bieter einen Nichtigkeitsgrund als Verteidigungsmittel gegen einen Anspruch verwenden, so bedarf es dazu keiner besonderen Rechtsausübung durch eine Geltendmachung.[810]

Das bedeutet allerdings nicht, dass der Bieter, nachdem er die Nichtigkeit festgestellt hat, das Angebotsverfahren ohne weiteres abbrechen kann, denn sonst würde die Ordnungsfunktion des WpÜG zur Regelung des Angebotsverfahrens ausgehebelt. Außerdem bestünde die Gefahr des Missbrauchs, wenn der Bieter bewusst ein nichtiges Angebot veröffentlichen und das Angebotsverfahren nach einer gewissen Zeit wieder abbrechen könnte. Dadurch würden zeitliche und finanzielle Ressourcen der Zielgesellschaft grundlos gebunden, mit der wahrscheinlichen Folge einer Schädigung.

Gem. § 12 Abs. 3 Nr. 3 WpÜG entfällt ein Schadensersatzanspruch der Aktionäre gegen den Bieter trotz unrichtiger Angaben in der Angebotsunterlage, wenn der Bieter „in einer Veröffentlichung nach § 15 WpHG oder einer vergleichbaren Bekanntmachung“ eine Berichtigung veröffentlicht hat. Mit Blick auf § 3 Abs. 2 WpÜG, wonach die Wertpapierinhaber der Zielgesellschaft stets ausreichend über das Angebot informiert sein müssen, wird man den Bieter sogar stets für berichtigungs- und aktualisierungspflichtig halten müssen.[811] Daraus könnte sich ableiten lassen, dass sich der Bieter auch auf Nichtigkeitsgründe stets in der Form einer Ad-hoc-Mitteilung berufen muss. Zwar bezieht sich § 12 WpÜG nur auf fehlerhafte und unvollständige Angaben in der Angebotsunterlage. Die Wertpapierinhaber der Zielgesellschaft haben aber ein ebenso großes Interesse daran, die Gültigkeit und Wirksamkeit der Angebotsunterlage zu ken-

---

[809] Zu dieser Thematik ausführlich *Giesberts* in: KölnKomm-WpÜG, § 4 Rn. 24 ff.; *Bewilogua*, Der Aktionär – Spielball der Wertpapieraufsicht? (Dissertation), S. 88 ff., 100.

[810] Vgl. *Larenz/Wolf*, § 18 Rn. 47 ff.

[811] Für die Pflicht zur Berichtigung der Angebotsunterlage hinsichtlich solcher Unrichtigkeiten, die bereits bei Veröffentlichung vorliegen, ist dies praktisch unumstritten. Umstritten ist, aus welcher Norm sich die Aktualisierungspflicht hinsichtlich solcher Veränderungen ergibt, die erst nach Veröffentlichung der Angebotsunterlage eintreten. Nach *Oechsler* in: Ehricke/Ekkenga, § 12 Rn. 13 ergibt sich die Aktualisierungspflicht aus § 12 Abs. 3 Nr. 3 WpÜG analog. Andere wollen § 11 VerkProspG entsprechend heranziehen, so etwa *Assmann* in: Assmann/Pötzsch, § 12 Rn. 32. Vertreten wird auch, dass sich die Pflicht zur Aktualisierung bereits aus § 11 Abs. 1 Satz 3 WpÜG ergebe, vgl. *Möllers* in: KölnKomm-WpÜG, § 12 Rn. 53 sowie *Steinmeyer/Häger*, § 11 Rn. 14.

nen, wie sie ein Interesse daran haben, über den Inhalt des Angebots informiert zu sein. § 12 WpÜG ist daher auf den Fall der Nichtigkeit des Angebots zumindest entsprechend anzuwenden. Sobald der Bieter Kenntnis von der Nichtigkeit seines Angebots erlangt, hat er analog § 12 Abs. 3 Nr. 3 WpÜG eine Ad-hoc-Mitteilung zu veröffentlichen. Der in dieser Vorschrift enthaltene Verweis auf § 15 WpHG ist nicht als Rechtsgrundverweisung zu verstehen, denn es genügt eine „vergleichbare Bekanntmachung". Es kommt daher insbesondere nicht darauf an, ob es sich beim Bieter um eine Aktiengesellschaft handelt oder nicht.

c. Die Folgen der Nichtigkeit

aa. Übernahmerechtliche Folgen

Gem. § 15 Abs. 1 Nr. 2 WpÜG hat die BaFin das Angebot zu untersagen, wenn Angaben in der Angebotsunterlage offensichtlich gegen Bestimmungen des WpÜG verstoßen. Verstöße gegen Verbotsnormen außerhalb des WpÜG braucht die BaFin nicht zu prüfen. Es kann also durchaus sein, dass eine nichtige Angebotsunterlage veröffentlicht wird. Ein solches Angebot kann die BaFin nicht nachträglich auf der Grundlage von § 15 WpÜG untersagen, und der Bieter macht sich auch nicht ordnungspflichtig.

Auch eine Sperrfrist gem. § 26 WpÜG tritt nicht ein, wenn das Angebot nichtig ist, denn der Wortlaut der Vorschrift bildet diesen Fall nicht ab. Selbst eine Analogie kommt nicht in Betracht. Gegen diese spricht, dass der Bieter vor einer Ad-hoc-Mitteilung zur Nichtigkeit des Angebots zurückschrecken würde, wenn dies mit der Konsequenz einer einjährigen Sperrfrist verbunden wäre. Eine analoge Anwendung von § 26 WpÜG macht auch deswegen wenig Sinn, weil die flankierende Bußgeldvorschrift in § 60 Abs. 1 Nr. 7 WpÜG aufgrund des Analogieverbots nicht anwendbar wäre.

Verstößt der Bieter trotz Kenntnis von der Nichtigkeit gegen die Pflicht, die Angebotsadressaten durch eine Mitteilung hierüber zu informieren, kann er sich analog § 12 Abs. 1 WpÜG schadensersatzpflichtig machen.[812]

bb. Pflicht zur Beseitigung der Unwirksamkeit?

Ficht der Bieter das Angebot wirksam an, so führt dies zur Nichtigkeit des Angebots *ex tunc*, § 142 Abs. 1 BGB. Eine Pflicht zur Veröffentlichung einer „korrigierten" Angebotsunterlage besteht nicht.[813] Nimmt man den (sehr theoretischen) Fall an, der Bieter sei minderjährig oder geisteskrank, dann führte auch das zur Nichtigkeit des Angebots, §§ 104, 105 BGB. Auch in diesem Falle könnte der Bieter selbstverständlich nicht verpflichtet werden, erneut ein Angebot zu veröffentlichen. Irrtümer und sonstige Willensmängel lassen sich grundsätzlich nicht nachträglich beseitigen. Beruht die Nichtigkeit des Angebots auf

---

[812] Zu den Aspekten der Schadensersatzpflicht allgemein *Assmann* in: Assmann/Pötzsch, § 12 Rn. 55 ff.

[813] Siehe bereits oben, 3. Teil § 1 II. 2. d. dd. (2).

einem Willensmangel, kann der Bieter nicht zur Beseitigung der Unwirksamkeit verpflichtet sein.

Für andere Nichtigkeitsgründe muss das nicht unbedingt gelten. Hat der Bieter ein Angebot veröffentlicht, das formnichtig ist, oder ist das Angebot nichtig, weil es gegen ein gesetzliches Verbot verstößt, dann bleibt der Bieter weiterhin zur Angebotsabgabe verpflichtet. Aus der Pflicht zur *Aktualisierung* der Angebotsunterlage[814] folgt zugleich eine Pflicht zur *Korrektur* der Angebotsunterlage. Der Bieter ist also verpflichtet, den Unwirksamkeitsmangel zu beseitigen, sofern ihm dies rechtlich und tatsächlich möglich ist.[815] Allerdings hat die Angebotspflicht gem. § 14 Abs. 2 WpÜG nicht den Zweck, den Bieter für alle Zeiten auch über die Dauer des Angebotsverfahrens hinaus zur Angebotsabgabe zu verpflichten. Das Angebotsverfahren endet mit Ablauf der Annahmefrist im Sinne von § 16 Abs. 1 WpÜG bzw. mit der sich anschließenden Verkündung der Annahmequote gem. § 23 Abs. 1 WpÜG. Nur während dieser Zeitspanne ist der Bieter zur Aktualisierung und Korrektur der Angebotsunterlage verpflichtet. Dafür spricht auch § 12 Abs. 3 Nr. 3 WpÜG, wonach die Berichtigung der Angebotsunterlage vor der Annahme des Angebots, d.h. also bis zum Ablauf der Annahmefrist, zu erfolgen hat. Stellt sich ein Nichtigkeitsgrund erst nach Beendigung des Angebotsverfahrens heraus, ist der Bieter nicht mehr verpflichtet, die Unwirksamkeit zu beseitigen oder gar eine neue Angebotsunterlage zu veröffentlichen. Die Aktionäre der Zielgesellschaft sind dann gegebenenfalls auf Schadensersatzansprüche verwiesen.

2. Ausschluss der Gegenleistungspflicht wegen Unmöglichkeit

Wird dem Bieter die Erbringung der von ihm geschuldeten Gegenleistung unmöglich, so ist er gem. § 275 Abs. 1 BGB von seiner Leistungspflicht befreit. Als Beispiel hierfür sei die Nichtzulassung der Tauschaktien zur amtlichen Notierung genannt. Im Falle eines Aktientauschs muss die Gegenleistung gem. § 31 Abs. 2 Satz 1 WpÜG in liquiden Aktien bestehen, die zum Handel an einem organisierten Markt im Sinne von § 2 Abs. 7 WpÜG zugelassen sind. Wird die Zulassung nicht erteilt und dem Bieter dadurch die Erbringung der Gegenleistung unmöglich, so steht ihm zwar kein Rücktrittsrecht zu. Insbesondere kann er nicht gem. § 313 Abs. 1, Abs. 2 Satz 1 BGB vom jeweiligen Rechtsgeschäft zurücktreten, denn die Nichtzulassung der Tauschaktien fällt allein in seinen Risikobereich.[816] Immerhin entfällt die Leistungspflicht des Bieters nach § 275 Abs. 1 BGB, allerdings mit der möglichen Folge einer Schadensersatzpflicht gem. § 283 BGB. Entsprechend § 12 Abs. 3 Nr. 3 WpÜG hat der Bieter eine Ad-hoc-

[814] Dazu oben, 3. Teil § 1 II. 1. c. cc. (1).

[815] Bestünde diese Verpflichtung nicht, dann könnte der Bieter versucht sein, bewusst nichtige Angebotsunterlagen zu veröffentlichen. Im Falle eines Rechtsmissbrauchs wäre ihm allerdings die Berufung auf den Nichtigkeitsgrund verwehrt (§ 242 BGB).

[816] Vgl. auch *Oechsler* in: Ehricke/Ekkenga, § 11 Rn. 53; *Geibel* in: Geibel/Süßmann, § 18 Rn. 51.

Mitteilung zu veröffentlichen, sobald er von der Unmöglichkeit Kenntnis erlangt.

3. Zwischenergebnis

Wird dem Bieter die Erbringung der Gegenleistung unmöglich, entfällt seine Leistungspflicht. Das ist beispielsweise dann der Fall, wenn die Aktien, die der Bieter als Tauschobjekte angeboten hat, nicht zum Börsenhandel zugelassen werden. Auch die Nichtigkeit des Angebots macht eine Rücknahme entbehrlich. Nichtig ist das Angebot, wenn die BaFin die Veröffentlichung der Angebotsunterlage untersagt hat. Die Nichtigkeit kann sich aber auch gem. § 134 BGB bei Verstoß gegen eine Verbotsnorm ergeben, etwa bei einer Missachtung von § 18 oder § 26 WpÜG. Ein Verstoß gegen das Schriftformerfordernis macht das Angebot nach § 125 Satz 1 BGB nichtig. Sofern die Unwirksamkeit nicht auf einem Willensmangel beruht, bleibt der Bieter allerdings für die Dauer des Angebotsverfahrens weiterhin zur Angebotsabgabe und mithin zur Beseitigung des Nichtigkeitsgrunds verpflichtet. Die Nichtigkeit oder Unmöglichkeit muss entsprechend § 12 Abs. 3 Nr. 3 WpÜG iVm. § 15 WpHG durch eine Ad-hoc-Mitteilung geltend gemacht werden, sobald der Bieter Kenntnis davon erlangt.

IV. Besonderheiten beim Pflichtangebot

Gem. § 39 WpÜG gelten mit Ausnahme der dort genannten Vorschriften die Regelungen betreffend Übernahmeangebote für Pflichtangebote sinngemäß. Zu den in § 39 WpÜG aufgeführten Vorschriften, die bei Pflichtangeboten keine Anwendung finden, zählt § 18 Abs. 1 WpÜG. Das bedeutet, dass ein Pflichtangebot schlechthin nicht von einer Bedingung abhängig gemacht werden kann, auch nicht von einer bei Erwerbs- und Übernahmeangeboten grundsätzlich zulässigen Bedingung, deren Eintritt der Bieter nicht ausschließlich selbst herbeiführen kann.[817] Der Grund hierfür besteht darin, dass die generelle Verpflichtung zur Abgabe eines Angebots gem. § 35 Abs. 2 Satz 1 WpÜG sonst ohne weiteres umgangen werden könnte.[818]

Zulässig ist dagegen der Widerruf gem. § 130 Abs. 1 Satz 2 BGB. Zum Schutz der Angebotsadressaten hat der Bieter auch bei einem Pflichtangebot eine fehlerhafte oder unvollständige Angebotsunterlage unverzüglich zu berichtigen. Die Vorschriften der §§ 11 Abs. 1 Satz 3, 12 Abs. 3 Nr. 3 WpÜG, aus denen sich die Korrekturpflicht ergibt,[819] sind in § 39 WpÜG nicht enthalten und gelten mithin auch beim Pflichtangebot. Stellt der Bieter nach der Abgabe des Pflichtangebots Fehler oder Unvollständigkeiten in der Angebotsunterlage fest, so hat er das Angebot vor dessen Zugang zu widerrufen und *unverzüglich* - § 35

[817] Einzige Ausnahme: öffentlich-rechtliche Genehmigungsvorbehalte. Dazu oben, 3. Teil § 1 II. 5. a.
[818] Vgl. BT-Drucks. 14/7034, S. 62 (Zu § 39 WpÜG-RegE).
[819] Zur Korrekturpflicht des Bieters ausführlich oben, 3. Teil § 1 II. 1. c. cc. (1).

Abs. 2 Satz 1 iVm. § 14 Abs. 2 Satz 1 WpÜG – eine korrigierte Angebotsunterlage zu veröffentlichen.

Eine Anfechtung des Pflichtangebots wegen Irrtums oder Täuschung ist jedenfalls insofern ausgeschlossen, als sich der Irrtum oder die Täuschung auf Umstände beziehen, die einen Pflichtentatbestand betreffen. Denn selbst wenn der Bieter bei Abgabe eines Pflichtangebots wegen Irrtums oder Täuschung einem Willensmangel unterliegt, so ist dieser Willensmangel für die Abgabe der Angebotserklärung als solche grundsätzlich nicht kausal und daher unbeachtlich. Denn die Ursache für die Abgabe der Erklärung liegt einzig in der gesetzlichen Verpflichtung aus § 35 Abs. 2 Satz 1 WpÜG - der Bieter hätte die Erklärung also ohnehin abgegeben, auch wenn er keinem Willensmangel unterlegen wäre. Denkbar ist eine Anfechtung allenfalls im Falle eines Inhaltsirrtums, wenn der Bieter im Angebot beispielsweise irrtümlich einen Kaufpreis genannt hat, der über das gesetzlich erforderliche Mindestmaß[820] hinausgeht. Aber auch in einem solchen Falle kommt keine Anfechtung des Angebots im Ganzen in Betracht, sondern lediglich eine Anfechtung des vom Irrtum erfassten Angebotsbestandteils, im angeführten Beispielsfall also die Kaufpreisklausel. Denn die Pflicht zur Angebotsabgabe bleibt beim Pflichtangebot trotz des Irrtums weiterhin bestehen. Anderenfalls würde der mit dem Pflichtangebot verfolgte Gesetzeszweck und der Ausschluss von Bedingungen in der Angebotsunterlage gem. § 39 WpÜG iVm. § 18 Abs. 1 WpÜG unterlaufen.

In besonderen Ausnahmefällen kann der Bieter außerdem berechtigt sein, gem. § 313 Abs. 3 Satz 1, Abs. 1 BGB wegen einer Störung der Geschäftsgrundlage vom Pflichtangebot zurückzutreten, wenn ausnahmsweise die Aktionäre der Zielgesellschaft weniger schutzbedürftig sind als der Bieter.[821]

Wird dem Bieter die Erbringung der von ihm geschuldeten Leistung im Sinne von § 275 Abs. 1 BGB unmöglich, so entbindet ihn dies auch bei einem Pflichtangebot von seiner Leistungspflicht. Es ist wohl kaum anzunehmen, dass der Gesetzgeber des WpÜG von dem allgemeinen Grundsatz abweichen wollte, dass „etwas definitiv Unmögliches kein sinnvoller Leistungsgegenstand mehr sein könne“[822]. Außerdem muss dem Bieter das Rücktrittsrecht aus §§ 326 Abs. 5, 323 BGB zustehen, wenn den Adressaten des Pflichtangebots ihrerseits die Leistung der Wertpapiere unmöglich geworden ist. Die Verpflichtung zur Angebotsabgabe darf nicht dazu führen, dass dem Bieter die Gegenleistungsgefahr aufgebürdet wird. Darüber hinaus dürften auch die insolvenzrechtlichen Rücknahmemöglichkeiten Anwendung beanspruchen.

Die Kompetenz der BaFin, ein Angebot gem. § 15 Abs. 1 oder Abs. 2 WpÜG zu untersagen, bleibt unangetastet.[823] Das ergibt sich schon daraus, dass die Vorschrift des § 15 WpÜG nicht von § 39 WpÜG als auf Pflichtangebote unan-

---

[820] Der Mindestpreis beim Pflichtangebot bestimmt sich nach den §§ 39, 31 WpÜG iVm. §§ 3 ff. WpÜG-AngebotsVO.

[821] Zu einem derartigen Fall oben, 3. Teil § 1 II. 3. b. bb. (3).

[822] Vgl. *Esser/Schmidt*, Schuldrecht AT, Bd. 1, Teilbd. 2, S. 5.

[823] *Pötzsch* in: Assmann/Pötzsch, § 39 Rn. 33.

wendbare Norm genannt wird. Wird ein Pflichtangebot von der BaFin untersagt, so ist ein dennoch abgegebenes Angebot gem. § 15 Abs. 3 WpÜG unwirksam. Im Übrigen ergeben sich für die Nichtigkeitsgründe bei Pflichtangeboten aber gewisse Besonderheiten. Gem. § 26 Abs. 1 Satz 3 WpÜG gilt diese Norm für Pflichtangebote nicht. Dies bedeutet: gibt der Bieter, obwohl er von der einjährigen Sperrfrist gem. § 26 Abs. 1 Satz 1 WpÜG betroffen ist, ein Pflichtangebot ab, ist dieses Angebot nicht gem. § 134 BGB nichtig. Diese Regelung ist sinnvoll, weil dem Zweck eines Pflichtangebots nur auf diese Weise entsprochen werden kann.

Die übrigen Verbotsvorschriften sind hingegen grundsätzlich anwendbar. Allerdings soll ein Verstoß gegen § 19 WpÜG – Verbot von Teilangeboten – gem. § 139 BGB lediglich zur Teilnichtigkeit des Pflichtangebots führen, mit der Folge, dass das Pflichtangebot als Vollangebot aufrechterhalten wird.[824] Auch Verstöße gegen andere Verbotsnormen müssten dann regelmäßig nur zur Teilnichtigkeit des Pflichtangebots führen. Nähme der Bieter entgegen §§ 39, 18 Abs. 1 WpÜG eine Bedingung in das Pflichtangebot auf, dann führte dies lediglich zur Nichtigkeit der Bedingung, während das Pflichtangebot im Übrigen wirksam bliebe. Begründet wird dies damit, dass der Bieter beim Pflichtangebot keine Wahl über das „Ob“ des Angebots habe.[825] Gerade dieses Argument spricht aber entschieden *gegen* besagte Auffassung. Denn § 139 BGB beruht auf dem Gedanken der Privatautonomie und soll verhindern, dass den Parteien anstelle des von ihnen gewollten Rechtsgeschäfts ein anderes Geschäft mit anderem Inhalt aufgedrängt wird.[826] Durch § 35 WpÜG wird die Privatautonomie aber gerade beschränkt, denn die Entscheidung zur Angebotsabgabe erfolgt nicht freiwillig, sondern wird vom Gesetz erzwungen.[827]

§ 139 BGB ist mithin auf Pflichtangebote nicht anwendbar. Man könnte allenfalls versuchen, im Wege der Auslegung der betreffenden Verbotsnormen (beispielsweise der §§ 39, 18 und 19 WpÜG) zu ermitteln, ob diese Normen bei Pflichtangeboten zur Teilnichtigkeit führen. Für eine derartige Auslegung enthalten die genannten Vorschriften allerdings keine Anhaltspunkte. Somit ergibt sich, dass ein Verstoß gegen eine Verbotsnorm stets zur Gesamtnichtigkeit des Pflichtangebots führt. Dies gilt auch für § 125 BGB. Würde ein Formverstoß nur zur Nichtigkeit der jeweils betroffenen Angebotsklausel führen, dann hätte dies die unerwünschte Folge, dass den Aktionären ein „verstümmeltes“ Pflichtangebot vorläge. Das ließe sich mit § 11 WpÜG und dem Grundsatz der ausreichenden Information (§ 3 Abs. 2 WpÜG) kaum vereinbaren. Die Gesamtnichtigkeit ist für die Angebotsempfänger keineswegs von Nachteil. Denn selbstredend bleibt der Bieter weiterhin gem. § 35 Abs. 2 WpÜG zur Abgabe eines wirksamen Angebots verpflichtet.

---

[824] So jedenfalls *Thaeter* in: Thaeter/Brandi, Teil 2, Rn. 258.
[825] *Thaeter* in: Thaeter/Brandi, Teil 2, Rn. 258.
[826] Vgl. *Palandt/Heinrichs*, § 139 Rn. 1.
[827] Zur Vereinbarkeit von § 35 Abs. 2 WpÜG mit der allgemeinen Handlungsfreiheit *Krause/Pötzsch* in: Assmann/Pötzsch, § 35 Rn. 40.

V. Zusammenfassung der Ergebnisse von § 1 des 3. Teils

Wie die vorangegangenen Untersuchungen gezeigt haben, können sich dem Bieter im Einzelfall eine ganze Reihe von Möglichkeiten eröffnen, mittels derer er von einem bereits abgegebenen Angebot Abstand nehmen kann. Er kann das Angebot widerrufen und anfechten, wenn die entsprechenden Voraussetzungen dafür gegeben sind. Eine Störung der Geschäftsgrundlage sowie das zivilrechtliche Leistungsstörungsrecht können den Bieter zum Rücktritt berechtigen. Durch die Aufnahme von Bedingungen in das Angebot eröffnen sich weitere Lösungsmöglichkeiten, allerdings in den durch § 18 WpÜG gezogenen Grenzen. Auch im Falle einer Insolvenz der Bietergesellschaft gibt es Möglichkeiten, die Bindung an das Angebot zu lösen. Entbehrlich kann die Rücknahme des Angebots sein, wenn dem Bieter die Erbringung der versprochenen Leistung unmöglich ist oder wenn das Angebot nichtig ist.

Einschränkungen ergeben sich allerdings für das Pflichtangebot. Dieses kann insbesondere nicht von Bedingungen abhängig gemacht werden. Nur in Ausnahmefällen steht dem Bieter das Recht zur Anfechtung oder ein Rücktrittsrecht wegen Störung der Geschäftsgrundlage zu. Jedoch kann er das Pflichtangebot widerrufen, um seiner Berichtigungs- und Aktualisierungspflicht zu genügen, muss sodann aber unverzüglich eine korrigierte Angebotsunterlage veröffentlichen. Bei Unmöglichkeit wird der Bieter von seiner Leistungspflicht befreit. Außerdem kann das Pflichtangebot von einem Nichtigkeitsgrund betroffen sein.

§ 2. Rücknahmemöglichkeiten bei der Angebotsankündigung

I. Die Entscheidung des Bieters zur Abgabe eines öffentlichen Angebots

Hat jemand die Entscheidung getroffen, ein öffentliches Angebot im Sinne des WpÜG abzugeben, dann ist er gem. § 10 Abs. 1 Satz 1 WpÜG zur unverzüglichen Veröffentlichung dieser Entscheidung verpflichtet (Angebotsankündigung).

Die Frage, ab wann vom Vorliegen einer entsprechenden Entscheidung des potentiellen Bieters auszugehen ist, wird in der Literatur nicht einheitlich beantwortet. Eine Mindermeinung (subjektive Theorie) geht davon aus, dass der Bieter alleine entscheiden könne, wann sein Entscheidungsprozess abgeschlossen ist und er die Entscheidung veröffentlicht. Dieser weite Ermessensspielraum rechtfertige sich dadurch, dass der Bieter nach der Veröffentlichung der Entscheidung keine Möglichkeit mehr habe, von seinem Vorhaben Abstand zu nehmen.[828] Stehe die Entscheidung noch unter einer „Bedingung", liege noch keine veröffentlichungspflichtige Entscheidung vor.[829]

Gegen einen derart weiten Ermessensspielraum des Bieters spricht bereits der Wortlaut des § 10 Abs. 1 WpÜG, wonach der Bieter zur Ankündigung des An-

---

[828] So *Geibel* in: Geibel/Süßmann, § 10 Rn. 9 f.; *Assmann* in: Assmann/Pötzsch, § 10 Rn. 20.
[829] *Assmann* in: Assmann/Pötzsch, § 10 Rn. 26.

gebots „verpflichtet“ ist. Auch liefe dies dem Zweck des § 10 WpÜG zuwider, eine frühzeitige Information der Öffentlichkeit über marktrelevante Daten zu gewährleisten und dem Insiderhandel vorzubeugen.[830] Außerdem trifft es – wie noch zu zeigen sein wird[831] - nicht zu, dass der Bieter von seiner Entscheidung nicht mehr Abstand nehmen könnte. Die überwiegende, wohl herrschende Ansicht stellt daher auch zu Recht auf objektive Kriterien ab (objektive Theorie). Danach kommt es für das Vorliegen einer veröffentlichungspflichtigen Entscheidung darauf an, dass sich die Absicht des Bieters zur Angebotsabgabe soweit verdichtet hat, dass gerade auch unter wirtschaftlichen Gesichtspunkten ein Abrücken von den Plänen nicht mehr ernstlich in Betracht kommt.[832] Handelt es sich beim Bieter um eine Aktiengesellschaft und ist für die Entscheidung des Vorstands zur Angebotsabgabe noch eine Zustimmung des Aufsichtsrats erforderlich, dann liegt grundsätzlich erst dann eine veröffentlichungspflichtige Entscheidung vor, wenn die erforderliche Zustimmung erteilt ist.[833] Steht dagegen noch ein erforderlicher Beschluss der Hauptversammlung über die Abgabe des Angebots aus, so ist die Entscheidung des Vorstands zur Angebotsabgabe gleichwohl zu veröffentlichen, § 10 Abs. 1 Satz 2 WpÜG.

II. Die Rücknahme der Angebotsankündigung

1. Bestandsaufnahme

Ist der Meinungsstand hinsichtlich der Frage, ob und auf welche Weise sich der Bieter von seinem Angebot lösen kann, als unvollständig und uneinheitlich zu bezeichnen, so sind die Unsicherheiten beim „Rätsel“ um die Rücknehmbarkeit der Angebotsankündigung im Sinne des § 10 Abs. 1 Satz 1 WpÜG noch weitaus größer.

a. Meinungsstand

In der Literatur lassen sich im Wesentlichen zwei Ansichten ausmachen. Nach der einen Ansicht ist der Bieter an die Ankündigung, ein Angebot abgeben zu wollen, grundsätzlich gebunden. Allerdings müsse ihm bei Willensmängeln und bei schwerer Äquivalenzstörung ein Rücknahmerecht zugestanden werden.[834] Von einer Bedingung könne die Angebotsankündigung als Nicht-Willenserklä-

---

[830] Vgl. *Thoma/Stöcker* in: Baums/Thoma, § 10 Rn. 18.

[831] Dazu unten, 3. Teil § 2 II.

[832] *Thoma/Stöcker* in: Baums/Thoma, § 10 Rn. 17; *Hirte* in: KölnKomm-WpÜG, § 10 Rn. 27; *Thaeter* in: Thaeter/Brandi, Teil 2, Rn. 57; *Liebscher*, ZIP 2001, S. 853, 860.

[833] *Thoma/Stöcker* in: Baums/Thoma, § 10 Rn. 20; *Hirte* in: KölnKomm-WpÜG, § 10 Rn. 35. Zu der Frage, ob das auch bei einer nur fakultativen Zustimmung des Aufsichtsrats gilt, siehe *Assmann* in: Assmann/Pötzsch, § 10 Rn. 18 sowie *Thaeter* in: Thaeter/Brandi, Teil 2, Rn. 60.

[834] *Thaeter* in: Thaeter/Brandi, Teil 2, Rn. 71 f.; ähnlich *Geibel* in: Geibel/Süßmann, § 10 Rn. 129 f.: sinngemäße Anwendung der allgemeinen Grundsätze über die Störung der Geschäftsgrundlage.

rung nicht abhängig gemacht, wohl aber unter einen „Widerrufs- oder Rücktrittsvorbehalt" im Sinne von § 18 Abs. 2 WpÜG gestellt werden.[835]

Die Gegenansicht geht von der freien Rücknehmbarkeit der Angebotsankündigung aus. Die Angebotsankündigung entfalte keinerlei Bindungswirkungen, so dass sich der Bieter jederzeit von der Angebotsankündigung wieder lossagen könne.[836]

b. Stellungnahme und eigener Ansatz

Den vorgenannten Ansichten ist eigentlich nur eines gemein: einen ernstzunehmenden dogmatischen Ansatz bleiben sie alle schuldig. Im Übrigen weichen sie so stark voneinander ab, dass mehr Verwirrung gestiftet als Klarheit gewonnen wird. Einer der Gründe für dieses Dilemma liegt möglicherweise darin, dass schon die Ausgangsfrage zu ungenau formuliert ist: „Kann der Bieter die Angebotsankündigung zurücknehmen?"

Die Konfusion lässt sich am besten dadurch beseitigen, dass man sich die Rechtsnatur der Angebotsankündigung zurück ins Gedächtnis ruft: bei dieser handelt es sich um eine geschäftsähnliche Handlung.[837] Selbstredend ist der Bieter also nicht *rechtsgeschäftlich* verpflichtet, nach der Ankündigung des Angebots auch tatsächlich ein Angebot abzugeben. Eine solche Pflicht ergibt sich aber aus dem *Gesetz*: gem. § 14 Abs. 1 Satz 1 WpÜG hat der Bieter vier Wochen nach der Veröffentlichung der Angebotsankündigung eine Angebotsunterlage zu erstellen und der BaFin zu übermitteln. Die Nichtabgabe des Angebots hat für den Bieter *gesetzlich angeordnete* Konsequenzen: gem. §§ 26 Abs. 1 Satz 1, 15 Abs. 1 Nrn. 3, 4 WpÜG tritt eine einjährige Sperrfrist in Kraft, binnen der der Bieter kein erneutes Angebot abgeben darf. Außerdem macht sich der Bieter gem. § 60 Abs. 1 Nrn. 1a, 2a WpÜG ordnungspflichtig, was mit einem Bußgeld bis 1 Mio. € geahndet werden kann.

Richtig formuliert muss die Frage also lauten: „Kann sich der Bieter von den durch die Angebotsankündigung ausgelösten, gesetzlichen Rechtswirkungen wieder befreien, und - bejahendenfalls - wie kann er das erreichen?"

aa. Die rechtliche Behandlung von geschäftsähnlichen Handlungen

Das BGB enthält ausdrücklich keine allgemeinen Vorschriften über geschäftsähnliche Handlungen. Insoweit stellt sich die Frage nach einer analogen Anwendung der für Willenserklärungen geltenden Vorschriften.

Eine analoge Anwendung setzt eine ausfüllungsbedürftige Regelungslücke voraus. Ob eine solche Lücke vorliegt, bestimmt sich nach dem zugrundeliegenden gesetzgeberischen „Plan": lag es im Plan, d.h. in der Regelungsabsicht des Gesetzgebers, den betreffenden Punkt nicht zu regeln, weil eine Regelung nicht

---

835 *Thoma/Stöcker* in: Baums/Thoma, § 10 Rn. 18, 61 ff.; *Stöcker*, NZG 2003, S. 993 ff.

836 *Hirte* in: KölnKomm-WpÜG, § 10 Rn. 20; *Assmann* in: Assmann/Pötzsch, § 10 Rn. 50; offenbar auch *Oechsler* in: Ehricke/Ekkenga, § 10 Rn. 11.

837 Siehe oben, 2. Teil § 3 IV.

für erforderlich erachtet wurde, dann liegt *keine* ausfüllungsbedürftige Lücke vor.[838] Eine Lückenausfüllung durch Analogie kommt vielmehr nur dann in Betracht, wenn der Gesetzgeber einen Punkt unbewusst nicht geregelt hat (planwidrige Regelungslücke) oder eine Frage bewusst offen gelassen hat, um ihre Entscheidung der Rechtsprechung und der Wissenschaft zu überlassen.[839] Im letzteren Sinne ist der Gesetzgeber für die Behandlung der geschäftsähnlichen Handlungen verfahren. In den Motiven heißt es dazu: „Es erscheint angemessener, diejenigen [...] Vorschriften, deren Anwendung im einzelnen Falle von besonderem Belange ist, ausdrücklich für anwendbar zu erklären bzw. Vorschriften aufzunehmen, welche inhaltlich mit den betreffenden Normen übereinstimmen, und *bezüglich der Anwendbarkeit der übrigen Normen die Entscheidung der Wissenschaft anheimzustellen* [Hervorhebung des Verfassers]".[840] Somit liegt eine grundsätzlich ausfüllungsbedürftige Lücke vor.

Als weitere Voraussetzung kommt hinzu, dass sich der geregelte und der ungeregelte Tatbestand ähnlich sind, und dass infolge ihrer Ähnlichkeit in den für die gesetzliche Bewertung maßgeblichen Hinsichten beide Tatbestände gleich zu bewerten sind; dabei bedarf es eines Rückgangs auf die „ratio legis".[841]

Soweit eine geschäftsähnliche Handlung die Form einer Vorstellungs- oder Willensäußerung hat, ähnelt sie der Willenserklärung, weil auch sie im Bewusstsein der eintretenden Rechtsfolge(n) vorgenommen wird und die Rechtswirkungen den „Erklärenden" in gleicher Weise belasten können wie die Rechtsfolgen, die durch eine Willenserklärung ausgelöst werden. Wegen dieser Ähnlichkeit gelten die allgemeinen Vorschriften über Willenserklärungen für geschäftsähnliche Handlungen nach herrschender und zutreffender Meinung grundsätzlich in entsprechender Anwendung.[842] Das betrifft insbesondere die Vorschriften über die Geschäftsfähigkeit (§§ 104 ff. BGB)[843], die Anfechtung (§§ 119 ff. BGB)[844], die Form (§§ 125 ff. BGB)[845], den Zugang (§§ 130 ff. BGB)[846], die Auslegung (§§ 133, 157 BGB)[847] sowie die Stellvertretung (§§ 164 ff. BGB)[848]. Eine analoge Anwendung ist nur ausnahmsweise ausgeschlossen, wenn die Unterschiede

[838] *Larenz/Canaris*, Methodenlehre, S. 194.

[839] *Larenz/Canaris*, Methodenlehre, S. 199; *Brox*, BGB AT, Rn. 64.

[840] Motive, Band 1, S. 127.

[841] *Larenz/Canaris*, Methodenlehre, S. 202 f.

[842] BGH NJW 2001, S. 289, 291; *Köhler*, BGB AT, § 5 Rn. 7; *Larenz/Wolf*, § 22 Rn. 17; *Ulrici*, NJW 2003, S. 2053 ff.; kritisch demgegenüber *Tempel*, NJW 2001, S. 1905 ff.

[843] *Kramer* in: MünchKomm-BGB, Vor § 116 Rn. 35; *Köhler*, BGB AT, § 5 Rn. 7; *Brox*, BGB AT, Rn. 95; *Ulrici*, NJW 2003, S. 2053 f.

[844] *Kramer* in: MünchKomm-BGB, Vor § 116 Rn. 35a; *Larenz/Wolf*, § 22 Rn. 18; *Singer* in: Staudinger, § 119 Rn. 103; *Ulrici*, NJW 2003, S. 2053; 2054 f.

[845] *Palandt/Heinrichs*, § 126 Rn. 1; *Ulrici*, NJW 2003, S. 2053; 2055.

[846] BGH NJW 2002, S. 1565, 1567; BGH NJW 2002, S. 2703 f.; *Larenz/Wolf*, § 22 Rn. 19; *Singer* in: Staudinger, § 130 Rn. 14; *Ulrici*, NJW 2003, S. 2053, 2055.

[847] *Larenz/Wolf*, § 22 Rn. 19; *Singer* in: Staudinger, § 133 Rn. 24; *Ulrici*, NJW 2003, S. 2053, 2055.

[848] BGH NJW 2001, S. 289, 290 f.; BGH NJW 1983, S. 1542; *Köhler*, BGB AT, § 5 Rn. 7; *Larenz/Wolf*, § 22 Rn. 18; *Ulrici*, NJW 2003, S. 2053, 2055 f.

geschäftsähnlicher Handlungen gegenüber Willenserklärungen dies gebieten oder eine Interessenlage besteht, die auch bei einer Willenserklärung zur Nichtanwendung führen würde.[849]

bb. Übertragung der Grundsätze auf die Angebotsankündigung

Die Angebotsankündigung ist eine geschäftsähnliche Handlung, und zwar in Form einer kapitalmarktrechtlichen Wissenserklärung. Nach den vorstehend aufgezeigten Grundsätzen müssen daher die für Willenserklärungen geltenden Vorschriften auf die Angebotsankündigung entsprechend anwendbar sein. Mit anderen Worten: der Bieter kann sich mit Hilfe der zivilrechtlichen Instrumente, soweit diese im Übrigen einschlägig sind, von den durch die Angebotsankündigung ausgelösten Rechtswirkungen befreien. Er kann sich also nicht „einfach so" aus dem Angebotsverfahren, das durch die Angebotsankündigung eingeleitet wird, zurückziehen, ohne dass dies für ihn Konsequenzen hätte. Auf der anderen Seite aber braucht er die mit der Verfahrenseröffnung einhergehenden Rechtsfolgen nicht zu fürchten, wenn das Zivilrecht entsprechende Rückzugsmöglichkeiten für ihn bereithält.

Auf das öffentliche Angebot finden die allgemeinen zivilrechtlichen Vorschriften direkte Anwendung, weil es sich dabei um eine Willenserklärung handelt, die für den Bieter verbindlich ist. Auch bei der Angebotsankündigung handelt es sich um eine Erklärung, die für den Bieter verbindliche Konsequenzen hat. Diese sind nicht nur finanzieller Art (Bußgeld), sondern haben auch erhebliche Auswirkungen auf die Handlungsfreiheit des Bieters (Pflicht zur Angebotsabgabe, flankiert durch einjähriges Verbot der erneuten Angebotsabgabe). Es ist daher nicht erkennbar, warum die zivilrechtlichen Vorschriften über die Rücknahme von Erklärungen nicht zumindest entsprechend auch auf die Angebotsankündigung anwendbar sein sollten.

Auch das WpÜG selbst geht nach seiner *ratio legis* von der Rücknehmbarkeit der Angebotsankündigung aus, indem es, wenn auch in begrenztem Umfang, Abwehrmaßen der Zielgesellschaft gegen das Angebot zulässt. Hat ein Bieter die Angebotsankündigung gem. § 10 Abs. 1 Satz 1, Abs. 3 WpÜG veröffentlicht, so unterliegt der Vorstand der Zielgesellschaft bis zum Zeitpunkt der Ergebnisveröffentlichung nach Ablauf der Annahmefrist (§ 23 Abs. 1 Satz 1 Nr. 2 WpÜG) einem sog. Verhinderungsverbot. Gem. § 33 Abs. 1 Satz 1 WpÜG darf der Vorstand der Zielgesellschaft während dieser Zeitspanne grundsätzlich keine Handlungen vornehmen, durch die der Erfolg des Angebots verhindert werden könnte.

Von diesem Grundsatz gibt es aber verschiedene Ausnahmen. So darf der Vorstand gem. § 33 Abs. 1 Satz 2 Alt. 1 WpÜG während der in § 33 Abs. 1 Satz 1 WpÜG genannten Zeitspanne,[850] also nach Ankündigung eines Übernahmean-

[849] Vgl. *Ulrici*, NJW 2003, S. 2053, 2056.

[850] Nach ganz herrschender Ansicht entspricht der zeitliche Anwendungsbereich der Ausnahmen vom Verhinderungsverbot dem zeitlichen Anwendungsbereich des Verhinderungsverbots

gebots, solche Handlungen vornehmen, die auch ein ordentlicher und gewissenhafter Geschäftsleiter einer Gesellschaft vorgenommen hätte, die nicht von einem Übernahmeangebot betroffen ist. Gem. § 33 Abs. 1 Satz 2 Alt. 3 WpÜG darf der Vorstand außerdem solche Abwehrmaßnahmen vornehmen, denen der Aufsichtsrat zugestimmt hat. Schließlich kann die Hauptversammlung den Vorstand gem. § 33 Abs. 2 WpÜG vor dem in § 33 Abs. 1 Satz 1 WpÜG genannten Zeitpunkt, also vor Ankündigung des Angebots, für höchstens 18 Monate ermächtigen, Abwehrmaßnahmen durchzuführen. § 33 Abs. 2 WpÜG befasst sich nur mit den sog. Vorratsermächtigungen. Abwehrmaßnahmen, die der Vorstand auf der Grundlage einer von der Hauptversammlung *nach* dem in § 33 Abs. 1 Satz 1 WpÜG genannten Zeitpunkt erteilten Ermächtigung vornimmt (also *nach* Ankündigung des Angebots gem. § 10 Abs. 1 WpÜG), sind im Gesetz nicht angesprochen. Eine solche Ad-hoc-Ermächtigung wird aber von der ganz herrschenden Ansicht für zulässig gehalten.[851] Die einfache Stimmenmehrheit (§ 133 Abs. 1 AktG) reicht dann grundsätzlich aus.[852] Macht der Vorstand von der Ermächtigung Gebrauch, unterliegt er nicht dem Verhinderungsverbot des § 33 Abs. 1 Satz 1 WpÜG.

Der Vorstand der Zielgesellschaft ist also nicht nur berechtigt, *vorbeugende* Abwehrmaßnahmen gegen unwillkommene Angebote in die Wege zu leiten, sondern kann auch *nach* der konkreten Vorankündigung eines Angebots durch den Bieter bis zum Ablauf der Annahmefrist in einem bestimmten Rahmen Abwehrmaßnahmen ergreifen. Es wäre daher unbillig, hätte der Bieter keine Möglichkeit, sich aus dem Angebotsverfahren zurückzuziehen, ohne dadurch erhebliche Rechtsnachteile in Kauf nehmen zu müssen.

2. Die Rücknahmemöglichkeiten im Einzelnen

a. Der Widerruf gem. § 130 Abs. 1 Satz 2 BGB analog

Die herrschende Meinung wendet § 130 BGB grundsätzlich entsprechend auf geschäftsähnliche Willensäußerungen an.[853] Das muss auch für die Angebotsankündigung gelten. Für die Abgabe und den Zugang der Angebotsankündigung gilt das zum Angebot Gesagte entsprechend.[854]

Für die Veröffentlichung der Angebotsankündigung enthält § 10 Abs. 3 WpÜG eine detaillierte Regelung, die an die korrespondierende Regelung für das Angebot in § 14 Abs. 3 WpÜG angelehnt ist. Hier wird wiederum die Ähn-

---

selbst, wie es auch der Wortlaut der Vorschrift nahe legt. Vgl. *Hirte* in: KölnKomm-WpÜG, § 33 Rn. 39; *Krause/Pötzsch* in: Assmann/Pötzsch, § 33 Rn. 127; *Röh* in: FrankKomm-WpÜG, § 33 Rn. 83. Anderer Ansicht *Winter/Harbarth*, ZIP 2002, S. 1, 14.

[851] *Grunewald* in: Baums/Thoma, § 33 Rn. 60; *Krause/Pötzsch* in: Assmann/Pötzsch, § 33 Rn. 188 ff.; *Röh* in: FrankKomm-WpÜG, § 33 Rn. 176; *Hirte* in: KölnKomm-WpÜG, § 33 Rn. 89. Siehe auch Regierungsbegründung, BT-Drucks. 14/7034, S. 58.

[852] *Grunewald* in: Baums/Thoma, § 33 Rn. 60; *Krause/Pötzsch* in: Assmann/Pötzsch, § 33 Rn. 196.

[853] Siehe bereits oben, 3. Teil § 2 II. 1. b. aa.

[854] Dazu oben, 3. Teil § 1 II. 1.

lichkeit zwischen Angebot und Angebotsankündigung deutlich. Gem. § 10 Abs. 3 Satz 1 WpÜG ist die Veröffentlichung der Angebotsankündigung im Internet sowie über ein weit verbreitetes elektronisch betriebenes Informationsverbreitungssystem (Bloomberg, Reuters etc.) vorzunehmen (vgl. *„und"*).[855] Ebenso wie beim Angebot ist es erforderlich, die Erklärung über *beide* Medien zu veröffentlichen. Die Angebotsankündigung ist daher erst dann abgegeben, sobald der Bieter die Erklärung an beide Publizitätsmedien abgesendet hat, also an den Provider der Internet-Website *und* den Betreiber des elektronischen Informationsverbreitungssystems. Auch der Zugang tritt erst mit der Veröffentlichung in beiden Medien ein.

Im Zeitraum zwischen Abgabe und Zugang kann der Bieter die Angebotsankündigung analog § 130 Abs. 1 Satz 2 BGB widerrufen. Damit der Widerruf wirksam wird, muss er als *actus contrarius* zur Angebotsankündigung die durch § 10 Abs. 3 WpÜG vorgeschriebene Form wahren.

Der Widerruf hat entweder zur Folge, dass die Angebotsankündigung niemals veröffentlicht wird, oder aber, dass die Angebotsankündigung spätestens zeitgleich mit der Widerrufserklärung veröffentlicht wird. Auf diese Weise erlangt die Angebotsankündigung zu keinem Zeitpunkt Gültigkeit. Der Verkehr kann zu keinem Zeitpunkt darauf vertrauen, dass jemals eine Angebotsunterlage veröffentlicht werden wird. Mithilfe des rechtzeitigen Widerrufs erreicht der Bieter also, dass das Angebotsverfahren gar nicht erst eröffnet wird und somit auch keine Pflicht zur Abgabe eines öffentlichen Angebots entsteht. Schadensersatzansprüche, etwa gem. §§ 311 Abs. 2 Nr. 3, 241 Abs. 2, 280 Abs. 1 BGB, werden grundsätzlich nicht begründet.

b. Die Anfechtung entsprechend §§ 119 ff. BGB

Die Regeln über die Anfechtung gem. §§ 119 ff. BGB werden von der herrschenden Meinung auf geschäftsähnliche Handlungen analog angewandt, sofern es sich um Willens- oder Wissensbekundungen handelt.[856] Dementsprechend gelten sie auch für die Angebotsankündigung.

aa. Anfechtung gem. §§ 119 Abs. 1, Abs. 2, 120 BGB analog

Wie auch das öffentliche Angebot,[857] kann der Bieter die Angebotsankündigung analog § 119 Abs. 1 BGB wegen eines Inhaltsirrtums oder Erklärungsirrtums (beispielsweise bei Schreibfehlern) anfechten. Im Falle von Übermittlungsfeh-

---

[855] § 10 Abs. 3 Satz 1 Nr. 1 WpÜG in der Fassung des Übernahmerichtlinie-Umsetzungsgesetzes, das am 14. Juli 2006 in Kraft getreten ist. Die alte Fassung der Vorschrift sah noch die Veröffentlichung in einem überregionalen Börsenpflichtblatt vor statt im Internet. Außerdem reichte es aus, die Veröffentlichung im Pflichtblatt *oder* über das elektronische Informationsverbreitungssystem vorzunehmen.

[856] Siehe bereits oben, 3. Teil § 2 II. 1. b. aa.

[857] Dazu oben, 3. Teil § 1 II. 2.

lern durch Boten des Bieters (Deutsche Post AG; Publizitätsmedien) steht ihm ein Anfechtungsrecht entsprechend § 120 BGB zu.

Auch eine Anfechtung gem. § 119 Abs. 2 BGB wegen Eigenschaftsirrtums kommt grundsätzlich in Betracht. Bereits die Entscheidung des Bieters zur Abgabe eines Angebots kann von Irrtümern über Eigenschaften der Zielgesellschaft oder deren Wertpapiere beeinflusst sein.[858] Denn die Tatsache, dass der Bieter eine derartige Entscheidung gefällt hat, impliziert, dass er sich bereits mit dem Erwerbstatbestand und dem zu erwerbenden Objekt auseinandergesetzt hat, da anderenfalls seine Entscheidung jeder Grundlage entbehren würde.

bb. Anfechtung gem. § 123 BGB analog

Die Entscheidung des Bieters zur Abgabe eines öffentlichen Angebots kann nicht nur durch Irrtümer geprägt sein, die aus der Sphäre des Bieters stammen. Es ist ebenso denkbar, dass die Entscheidung auf der Grundlage einer arglistigen Täuschung zustande gekommen ist. Auch hier gilt: als Täuschende kommen lediglich die Verwaltung der Zielgesellschaft oder ein Großaktionär in Betracht.[859] Anfechtungsgegner kann nur ein Großaktionär sein, der den Bieter selbst arglistig getäuscht hat, die Täuschung seitens des Managements kennen musste oder diese veranlasst hat.

Der Bieter kann durch ein positives Tun arglistig getäuscht werden, wenn ihm gegenüber bewusst falsche Angaben gemacht werden, die für seine Investitionsentscheidung erheblich sind. Allerdings ist das Management der Zielgesellschaft im Zeitraum vor der Veröffentlichung der Angebotsankündigung noch nicht verpflichtet, punktuelle Fragen des Bieters zu beantworten, denn das Vereitelungsverbot setzt nach seinem Anwendungsbereich erst *nach* diesem Zeitpunkt ein (vgl. § 33 Abs 1 Satz 1 WpÜG).[860] Freiwillig gemachte Angaben müssen aber korrekt sein.

Ausnahmsweise kommt auch eine Täuschung des Bieters durch unterlassene Aufklärung in Betracht. Das ist der Fall, wenn der Bieter von seinem Gegenüber nach Treu und Glauben unter Berücksichtigung der Verkehrssitte redlicherweise Aufklärung erwarten konnte.[861] Ein besonderes Vertrauensverhältnis und damit eine Pflicht zur Aufklärung über entscheidungsrelevante Umstände kann insbesondere durch die Aufnahme von Vertragsverhandlungen entstehen, § 311 Abs. 2 Nr. 1 iVm. § 241 Abs. 2 BGB. Dies ist aber auch bereits im Vorfeld von Vertragsverhandlungen möglich, wenn bei einer Vertragsanbahnung der eine Teil dem anderen Teil die Möglichkeit zur Einwirkung auf seine Rechte, Rechtsgüter oder Interessen gewährt, vgl. § 311 Abs. 2 Nr. 2 BGB. Hier könnte man beispielsweise an den Fall denken, dass zwischen dem potentiellen Bieter und einem Großaktionär zwar noch keine konkreten Vertragsverhandlungen aufge-

---

[858] Zu den denkbaren Irrtümern über entsprechende Eigenschaften siehe oben, 3. Teil § 1 II. 2. a. bb. (2).

[859] Siehe für das Angebot oben, 3. Teil § 1 II. 2. a. dd. (1) (b) (aa).

[860] Etwas anderes gilt in Bezug auf das Angebot, vgl. oben, 3. Teil § 1 II. 2. a. dd. (2) (a).

[861] Vgl. *Larenz/Wolf*, § 31 Rn. 23; *Hefermehl* in: Soergel, § 123 Rn. 6.

nommen worden sind, aber bereits Einblick in wichtige Unterlagen oder Strategien gewährt wurde oder wichtige Informationen ausgetauscht wurden. Bei der Beurteilung, ob dies bereits zum Entstehen eines konkreten Vertrauensverhältnisses geführt hat, das den anderen Teil zur Gewährung bestimmter Auskünfte verpflichtet, kommt es entscheidend auf die Umstände des Einzelfalles an; allgemeingültige Aussagen lassen sich an dieser Stelle nicht treffen. Dies gilt in besonderem Maße auch für den Auffangtatbestand des § 311 Abs. 2 Nr. 3 BGB („ähnliche geschäftliche Kontakte“).

cc. Form der Anfechtung, Anfechtungsfrist und Rechtsfolgen

Als *actus contrarius* zur Angebotsankündigung ist deren Rücknahme durch Anfechtung analog § 10 Abs. 3 WpÜG zu veröffentlichen, wenn sich die Anfechtungserklärung an sämtliche Aktionäre richtet. Ausnahmsweise bedarf die Anfechtung keiner Veröffentlichung, wenn der Bieter nur gegenüber bestimmten einzelnen Aktionären anfechtungsberechtigt ist. Das in § 3 Abs. 2 WpÜG niedergelegte Gebot der ausreichenden Information aller Wertpapierinhaber der Zielgesellschaft steht dem nicht entgegen. Denn aus dem Wortlaut dieser Vorschrift, wonach die Aktionäre über ausreichende Informationen verfügen müssen, um „über das Angebot entscheiden zu können“, folgt, dass der Anwendungsbereich des Informationsgebots erst mit der Abgabe des konkreten Angebots durch die Veröffentlichung der Angebotsunterlage eröffnet ist.[862]

Die Anfechtungsfrist richtet sich nach § 121 bzw. § 124 BGB analog; insoweit ergeben sich keine Besonderheiten.

Analog § 142 Abs. 1 BGB hat die Anfechtung zur Folge, dass die durch die Angebotsankündigung ausgelösten Rechtsfolgen als nicht eingetreten gelten. Ficht der Bieter die Angebotsankündigung wirksam an, so entfällt die Pflicht zur Veröffentlichung einer Angebotsunterlage gem. § 14 Abs. 2 WpÜG. Der Bieter wird weder mit einer Sperrfrist noch mit einem Bußgeld belegt, auch wenn er der Angebotsankündigung keine Angebotsunterlage folgen lässt. Als Ausgleich dafür kann er jedoch analog § 122 Abs. 1 BGB den Aktionären der Zielgesellschaft zum Schadensersatz verpflichtet sein. Daneben kommt auch eine Haftung gem. §§ 311 Abs. 2, 241 Abs. 2, 280 Abs. 1 BGB in Betracht.[863]

c. Der Rücktritt analog § 313 Abs. 1 iVm. Abs. 3 Satz 1 BGB

aa. Die entsprechende Anwendung von § 313 BGB auf geschäftsähnliche Handlungen

Die Frage, ob die Grundsätze über die Störung der Geschäftsgrundlage entsprechend auch für geschäftsähnliche Handlungen gelten, ist in der zivilrechtlichen Literatur bislang nicht erörtert worden. Das ist erstaunlich – zwar ist die „Stö-

---

862 Vgl. auch BT-Drucks. 14/7034, S. 35 (Zu § 3 Absatz 2 WpÜG-RegE): „[Den Wertpapierinhabern] soll die Möglichkeit gegeben werden, die häufig umfangreichen Angebotsunterlagen zu prüfen und auf dieser Grundlage eine sachlich fundierte Entscheidung zu treffen“.

863 Vgl. auch oben, 3. Teil § 1 II. 2. d. ee.

rung der Geschäftsgrundlage“ erst seit neuem im BGB kodifiziert; die entsprechende Lehre vom „Wegfall der Geschäftsgrundlage“ dagegen reicht zurück bis in die Zeit vor Inkrafttreten des BGB.[864] Und auch Überlegungen zur analogen Anwendbarkeit zivilrechtlicher Normen auf geschäftsähnliche Handlungen gibt es seit geraumer Zeit.[865]

Einige Beachtung hat in der Literatur aber die Frage gefunden, ob die Regeln über die Störung der Geschäftsgrundlage auf einseitige Rechtsgeschäfte anwendbar sind. Nach herrschender und zutreffender Auffassung steht der Übertragung dieser Regeln auf einseitige Erklärungen grundsätzlich nichts im Wege, allerdings ist in jedem Einzelfall eine sachgerechte Interessenabwägung durchzuführen.[866]

Den einseitigen Rechtsgeschäften steht die geschäftsähnliche Handlung noch näher als der herkömmlichen Willenserklärung, denn die durch die geschäftsähnliche Handlung herbeigeführten Rechtsfolgen treten wie bei den einseitigen Rechtsgeschäften durch einseitige Erklärung ein. Lässt man mit der hier vertretenen Auffassung die analoge Anwendung der Anfechtungsregeln auf geschäftsähnliche Handlungen zu, dann ist es nur konsequent, auch die Grundsätze über die Störung der Geschäftsgrundlage entsprechend heranzuziehen, denn hier wie dort geht es um die Berücksichtigung von Vorstellungen (mindestens) einer Partei in Bezug auf ihre jeweilige Erklärung.[867] Freilich ist zu berücksichtigen, dass es sich bei der geschäftsähnlichen Handlung um eine einseitige Erklärung handelt, mit der der Erklärungsempfänger konfrontiert wird, ohne dass er darauf einen direkten Einfluss nehmen kann. Diesem Umstand kann aber im Rahmen der Interessenabwägung bei der analogen Prüfung von § 313 Abs. 1 oder Abs. 2 BGB Rechnung getragen werden. Dabei spielt es auch eine Rolle, dass die Schutzwürdigkeit des Erklärungsgegners bei einseitigen Erklärungen von vornherein abgeschwächt ist.[868]

bb. Übertragung auf die Angebotsankündigung

§ 313 BGB ist nach dem vorstehend Gesagten entsprechend auf die Angebotsankündigung als geschäftsähnliche Handlung anwendbar. Im Prinzip sind hier die gleichen typischen Fälle einer gestörten Geschäftsgrundlage denkbar, wie sie bereits in Bezug auf das öffentliche Angebot erörtert wurden.[869]

---

[864] Dazu ausführlich *J. Schmidt* in: Staudinger, § 242 Rn. 944 ff. mit weiteren Nachweisen.

[865] Vgl. etwa *Manigk*, Willenserklärung und Willensgeschäft (Berlin, 1907), S. 738 ff.

[866] *Roth* in: MünchKomm-BGB, § 313 Rn. 127 f.; *Larenz/Wolf*, § 38 Rn. 30 aE.

[867] Nicht nur die subjektive, sondern auch die objektive Geschäftsgrundlage betrifft, wenn auch „lediglich“ in *normativer* Hinsicht, die Vorstellungen (mindestens) einer Partei; vgl. *Larenz/Wolf*, § 38 Rn. 14.

[868] Vgl. auch *Roth* in: MünchKomm-BGB, § 313 Rn. 127 (für einseitige Rechtsgeschäfte).

[869] Siehe oben, 3. Teil § 1 II. 3. b.

(1) Schwere Äquivalenzstörung

So kann eine schwere Störung des Äquivalenzverhältnisses vorliegen, wenn die Zielgesellschaft bereits insolvent ist, bevor der Bieter das Angebot überhaupt abgegeben hat. In diesem Falle wäre es vollkommen sinnlos, wenn der Bieter tatsächlich das Angebot abgeben müsste und sich erst in Bezug auf das Angebot als rechtsgeschäftliche Willenserklärung auf eine gestörte Geschäftsgrundlage berufen könnte. Warum sollte der Bieter an die Angebotsankündigung, die noch keine echte Willenserklärung darstellt, stärker gebunden sein als an das Angebot selbst? Daher wäre es auch unbillig, dem Bieter, der auf die Angebotsabgabe verzichtet, die einjährige Sperrfrist gem. § 26 WpÜG und ein Bußgeld nach § 60 Abs. 1 Nrn. 1a oder 2a WpÜG aufzuerlegen. Der Bieter muss sich vielmehr, unter Berufung auf eine gestörte Geschäftsgrundlage, gem. § 313 Abs. 3 Satz 1 BGB analog von den durch die Angebotsankündigung ausgelösten Rechtsfolgen befreien können.

(2) Unerwartete Entwicklungen ohne Äquivalenzstörung

Auch unerwartete (wirtschaftliche) Entwicklungen ohne Äquivalenzstörung können den Bieter berechtigen, sich auf § 313 BGB analog zu berufen. Das gilt beispielsweise für den Fall, dass die Zielgesellschaft als Abwehrmaßnahme wichtige Unternehmensteile veräußert (*crown jewel defense*). Derartige Maßnahmen zur Abwehr von Übernahmeangeboten werden häufig bereits in der Phase zwischen der Angebotsankündigung und der Abgabe des eigentlichen Angebots ergriffen.[870] Weil das Gesetz derartige Abwehrmaßnahmen im Prinzip zulässt, wäre es unbillig, wenn sich der Bieter nicht auf § 313 BGB analog berufen könnte, wenn sich die Maßnahme als eine unvorhergesehene und unzumutbare Härte erweist.

Ähnliches gilt für den Fall, dass nach der Angebotsankündigung neue Wertpapiere entstehen. Auf diese Wertpapiere würde sich ein späteres Übernahmeangebot des Bieters erstrecken, weil gem. § 32 WpÜG Teilangebote unzulässig sind.[871] Dies kann zu einer gestörten Geschäftsgrundlage führen, wenn durch die Vielzahl der neu entstandenen und zu erwerbenden Wertpapiere die Solvenz des Bieters ernstlich gefährdet erscheint.[872] Zwar hat der Bieter die Möglichkeit, das spätere Angebot von der Bedingung abhängig zu machen, dass während der Laufzeit des Angebots keine neuen Wertpapiere zur Entstehung gelangen. Eine solche Bedingung würde aber nicht diejenigen Wertpapiere erfassen, die bereits im Zeitraum nach Veröffentlichung der Angebotsankündigung, aber vor Veröffentlichung der Angebotsunterlage entstanden sind. Es besteht also ein Bedürf-

---

[870] Siehe dazu oben, 3. Teil § 1 II. 3. b. bb. (1).

[871] Vgl. auch *Versteegen* in: KölnKomm-WpÜG, § 1 Rn. 27.

[872] Dazu oben, 3. Teil § 1 II. 3. b. bb. (3).

nis für ein Rücktrittsrecht entsprechend § 313 Abs. 3 Satz 1 BGB, sofern die Voraussetzungen dieser Norm im Übrigen gegeben sind.[873]

(3) Gemeinsamer Irrtum über die Berechnungsgrundlage

Haben ausnahmsweise individuelle Gespräche zwischen dem Bieter und einem Großaktionär der avisierten Zielgesellschaft stattgefunden, und haben die Vorverhandlungen zu der Entscheidung des Bieters geführt, öffentlich ein Angebot abgeben zu wollen, dann kann damit der Boden für einen gemeinsamen Irrtum über die Berechnungsgrundlage bereitet sein. Das ist der Fall, wenn die Parteien für die Kaufpreisbemessung den Börsenkurs der Wertpapiere zugrundelegen und dabei irrtümlich einen zu hohen Wert ansetzen. Auch bei der Angebotsankündigung sind diese Fälle nicht über die Anfechtungsregeln, sondern mittels entsprechender Heranziehung der Regeln über die gestörte Geschäftsgrundlage zu lösen.[874]

cc. Rücktritt und Rechtsfolgen

Kann sich der Bieter auf eine Störung der Geschäftsgrundlage berufen, dann berechtigt ihn dies regelmäßig zum Rücktritt von der Angebotsankündigung analog § 313 Abs. 3 Satz 1 BGB. Die individuelle Lösung über eine „Vertragsanpassung" ist nur ausnahmsweise denkbar, wenn der Angebotsankündigung individuelle Verhandlungen vorausgegangen sind.

Der Rücktritt bewirkt, wie die wirksame Anfechtung auch, dass das Angebotsverfahren endet. Der Bieter ist nun nicht mehr zur Abgabe eines öffentlichen Angebots verpflichtet. Allerdings kann er sich gegenüber den potentiellen Adressaten des Angebots gem. §§ 311 Abs. 2, 241 Abs. 2, 280 Abs. 1 BGB schadensersatzpflichtig machen.

d. Der Rücktritt nach Leistungsstörungsrecht

aa. Rücktritt analog § 323 BGB

Für einen Rücktritt entsprechend § 323 BGB verbleibt praktisch kein Anwendungsbereich. Zwar setzt diese Norm keinen Gefahrübergang voraus, wohl aber die Fälligkeit der geschuldeten Leistung. Bevor der Bieter das eigentliche, rechtsverbindliche Angebot abgegeben hat und dieses angenommen wurde, existieren noch keine fälligen Leistungsansprüche. Auch die Ausnahme nach § 323 Abs. 4 BGB, wonach der Gläubiger bereits vor Fälligkeit zurücktreten kann, wenn offensichtlich ist, dass die Voraussetzungen des Rücktritts eintreten werden, dürfte grundsätzlich nicht einschlägig sein. Ausnahmsweise aber kann ein Rücktritt analog § 323 Abs. 1, Abs. 4 BGB in Betracht kommen, wenn einige Wertpapierinhaber bereits nach der Angebotsankündigung zu erkennen geben,

---

[873] Für Pflichtangebote hat diese Fallgruppe freilich keine Relevanz, denn diese sind nicht gem. § 10 Abs. 1 WpÜG anzukündigen. Dazu noch oben, 2. Teil § 3 V.

[874] Siehe auch oben, 3. Teil § 1 II. 3. b. cc.

dass sie das spätere Angebot nicht annehmen werden. Enthält die Angebotsankündigung bereits konkrete Eckdaten,[875] die die Wertpapierinhaber, die sich bereits jetzt gegen das spätere Angebot sperren, in das Angebot mit einbeziehen, dann ist der Bieter dennoch verpflichtet, diese Ankündigung im späteren Angebot umzusetzen – es sei denn, er tritt hinsichtlich dieser Aktionäre von der Angebotsankündigung zurück. Das ist nicht nur bei einem einfachen Erwerbsangebot, sondern auch bei einem Übernahmeangebot möglich. Zwar muss sich ein Übernahmeangebot stets auf *alle* Wertpapiere beziehen, § 32 WpÜG. Weil die in § 32 WpÜG enthaltene Regelung eine Ausprägung des Gleichbehandlungsgrundsatzes darstellt,[876] gilt dies aber nicht, wenn für den Rücktritt ein sachlicher Grund besteht.

bb. Rücktritt analog §§ 326 Abs. 5, 323 BGB

Wird den Wertpapierinhabern der Zielgesellschaft die Veräußerung ihrer Papiere bereits nach der Ankündigung des Angebots unmöglich, § 275 Abs. 1 BGB, dann hat der Bieter ein Rücktrittsrecht analog §§ 326 Abs. 5, 323 BGB. Dies ist insbesondere denkbar bei der Liquidation oder rechtsformwechselnden Umwandlung der Zielgesellschaft (beispielsweise in eine GmbH), beim Ausscheiden von Aktionären sowie bei der Umwandlung der Aktiengattung (etwa von Stamm- in Vorzugsaktien), auf die sich die Angebotsankündigung bezieht.

Vom Angebot selbst kann der Bieter außerdem dann gem. §§ 326 Abs. 5, 323 BGB zurücktreten, wenn eine erforderliche kartellrechtliche Freigabe nicht erteilt wird, da dies zur Unwirksamkeit der dinglichen Wertpapierübertragung führt.[877] Ein entsprechender Rücktritt von der Angebotsankündigung kommt dagegen praktisch nicht in Betracht. Zwar ist die Anmeldung eines beabsichtigten Zusammenschlusses beim Bundeskartellamt bereits dann möglich, wenn die Absicht zur Durchführung des Zusammenschlusses hinreichend konkret ist.[878] Der beabsichtigte Zusammenschluss kann also unter Umständen bereits innerhalb der vierwöchigen Frist zwischen der Ankündigung des Angebots und dessen Veröffentlichung angemeldet werden. Sodann steht dem Bundeskartellamt aber nach § 40 Abs. 1 GWB eine Frist von einem Monat zu, um dem Bieter mitzuteilen, dass es in das Hauptprüfverfahren eingetreten ist. Daran schließt sich eine Viermonatsfrist an, binnen der das Amt dem Bieter mitteilen kann, ob der Zusammenschluss untersagt oder freigegeben wird, § 40 Abs. 2 Satz 2 GWB. Zu diesem Zeitpunkt hat der Bieter längst die Angebotsunterlage veröffentlicht; die Konstellation, dass das Hauptprüfverfahren noch vor dem Zeitpunkt der Angebotsveröffentlichung durchgeführt wird, taucht praktisch nicht auf.

---

[875] Die Angebotsankündigung kann bereits bestimmte Eckdaten in Bezug auf das spätere Angebot enthalten, vgl. BT-Drucks. 14/7034, S. 39 (Zu § 10 Absatz 1 WpÜG-RegE); zwingend ist das aber nicht.

[876] Vgl. *Möller* in: Assmann/Pötzsch, § 32 Rn. 3.

[877] Siehe oben, 3. Teil § 1 II. 4. c. aa.

[878] Siehe oben, 3. Teil § 1 II. 5. c. bb. (2) (a) (bb).

e. Bedingungen und Vorbehalte

aa. Zur Bedingungsfeindlichkeit geschäftsähnlicher Handlungen

(1) Bestandsaufnahme

Da die Angebotsankündigung eine geschäftsähnliche Handlung darstellt, sind die Vorschriften über Bedingungen (§§ 158 ff. BGB) entsprechend anwendbar, sofern nicht die Unterschiede geschäftsähnlicher Handlungen gegenüber Willenserklärungen dem entgegenstehen.

Geschäftsähnliche Handlungen sind insoweit mit den Gestaltungsrechten vergleichbar, als dass beide durch einseitige Erklärung ausgeübt werden. Anders als geschäftsähnliche Handlungen werden Gestaltungsrechte allerdings in der Regel durch Abgabe einer Willenserklärung ausgeübt.[879] Typische Gestaltungsrechte sind etwa die Aufrechnung, die Anfechtung, die Kündigung sowie der Rücktritt. Für die Aufrechnung wird in § 388 Satz 2 BGB ausdrücklich festgelegt, dass sie nicht unter einer Bedingung erklärt werden kann. Nach herrschender Meinung sind aber auch alle anderen Gestaltungsrechte grundsätzlich bedingungsfeindlich.[880] Der Grund dafür liegt in Folgendem: die Ausübung von Gestaltungsrechten bedeutet eine Abweichung vom sonst im Schuldrecht geltenden Vertragsprinzip. Denn für den Eintritt von Rechtsfolgen bedarf es keiner Einigung der Betroffenen, sondern es wird einseitig in fremde Rechte oder Vermögensbelange eingegriffen. Um diese einseitige Abhängigkeit wenigstens abzumildern, soll der andere Teil nicht noch zusätzlich der Ungewissheit ausgesetzt werden, welche die Einführung einer Bedingung mit sich bringt.[881] Von diesem Grundsatz sind vier Ausnahmen anerkannt: eine Bedingung ist ausnahmsweise zulässig, wenn es sich um eine Rechtsbedingung[882] oder eine in den Willen des Erklärungsgegners gestellte Potestativbedingung[883] handelt, wenn die Zulässigkeit der Bedingung vereinbart ist[884] oder wenn der Erklärungsgegner aus sonstigen Gründen nicht in eine unzumutbare ungewisse Lage versetzt wird, insbesondere wenn der Bedingungseintritt in naher Zukunft mit großer, für den Gestaltungsgegner erkennbarer Wahrscheinlichkeit erfolgen wird.[885]

Zur allgemeinen Problematik der Bedingungsverträglichkeit von geschäftsähnlichen Handlungen äußert sich die überwiegende Mehrzahl der einschlägigen Publikationen nicht. Nur ganz vereinzelte Stimmen lassen sich ausmachen. Diesen Stimmen zufolge sollen geschäftsähnliche Handlungen als einseitige, adres-

---

[879] *Brox*, BGB AT, Rn. 629.

[880] *Wolf* in: Soergel, § 158 Rn. 43 f.; *Bork* in: Staudinger, Vor §§ 158-163 Rn. 38; *H. P. Westermann* in: MünchKomm-BGB, § 158 Rn. 28 ff.; *Larenz/Wolf*, § 50 Rn. 24; *Brox*, BGB AT, Rn. 487.

[881] *Medicus*, EWiR 1986, S. 759; *Bork* in: Staudinger, Vor §§ 158-163 Rn. 38; *Brox*, BGB AT, Rn. 487.

[882] *Medicus*, EWiR 1986, S. 759; *Wolf* in: Soergel, § 158 Rn. 42.

[883] *H. P. Westermann* in: MünchKomm-BGB, § 158 Rn. 30; *Larenz/Wolf*, § 50 Rn. 26.

[884] *Larenz/Wolf*, § 50 Rn. 26; *Brox*, BGB AT, Rn. 487.

[885] BGH WM 1986, S. 975, 977; nach *Medicus*, EWiR 1986, S. 760 müssen dabei aber strenge Maßstäbe angelegt werden.

satengerichtete Willensäußerungen grundsätzlich bedingungsfeindlich sein.[886] Auf der anderen Seite sollen die gleichen Ausnahmen von diesem Grundsatz gelten wie auch bei den einseitigen Gestaltungserklärungen.[887]

(2) Kritische Würdigung

Der Meinungsstand hinsichtlich der Behandlung von einseitigen Gestaltungserklärungen lässt sich aus gutem Grunde als gefestigt bezeichnen, und daran soll hier auch nicht gerüttelt werden.

Die „stiefmütterliche" Behandlung der geschäftsähnlichen Handlungen in der juristischen Literatur wurde bereits auf den vorhergehenden Seiten festgestellt und beklagt. An diesem Zustand will die vorliegende Arbeit nichts ändern – sie kann dies auch gar nicht leisten.

Angemerkt sei aber folgendes: die Gleichbehandlung von geschäftsähnlichen Handlungen und einseitigen Gestaltungserklärungen in Bezug auf Bedingungen begegnet erheblichen Bedenken. Nochmals: der Grund für die Bedingungsfeindlichkeit einseitiger Gestaltungserklärungen ist darin zu suchen, dass durch einseitige Erklärung unmittelbar in Rechtspositionen des Betroffenen eingegriffen wird. So ist es insbesondere bei der Aufrechnung, der Anfechtung, der Kündigung sowie beim Rücktritt. Die geschäftsähnlichen Handlungen unterscheiden sich davon nicht unwesentlich. Ein typisches, häufig bemühtes Beispiel für eine geschäftsähnliche Handlung ist die Mahnung im Sinne von § 286 Abs. 1 BGB.[888] Die Mahnung löst, im Gegensatz zu einer Gestaltungserklärung, keinerlei unmittelbare Rechtsfolge aus. Der Schuldnerverzug nämlich tritt erst dann ein, wenn der Schuldner trotz Fälligkeit auf die Mahnung hin nicht leistet, § 286 Abs. 1 Satz 1 BGB. Der Schuldner kommt also nicht durch die Mahnung des Gläubigers in Verzug, sondern durch ein eigenes Verhalten: die Nichtleistung trotz Vorliegens einer Mahnung. Erst daran knüpfen die Folgen des Schuldnerverzugs (Haftung auch für Zufall und Verzugszinsen, §§ 287 f. BGB) an. Gem. § 286 Abs. 4 BGB kommt der Schuldner darüber hinaus nur dann in Verzug, wenn die Leistung infolge eines *von ihm zu vertretenden* Umstands unterbleibt.

Dies unterscheidet sich fundamental von der Rechtslage bei Gestaltungsrechten wie beispielsweise der Anfechtung: die Anfechtung greift *unmittelbar* in eine Rechtsposition des Anfechtungsgegners ein, und zwar vollkommen unabhängig von einem Vertretenmüssen des Anfechtungsgegners. Mehr noch: anfech-

---

[886] *Bork* in: Staudinger, Vor §§ 158-163 Rn. 46; *Manigk*, Willenserklärung und Willensgeschäft (Berlin, 1907), S. 742. Speziell für die Mahnung im Sinne von § 286 Abs. 1 BGB: *Ernst* in: MünchKomm-BGB, § 286 Rn. 48; *Wiedemann* in: Soergel, § 284 BGB (a.F.) Rn. 25.

[887] *Bork* in: Staudinger, Vor §§ 158-163 Rn. 46. Speziell für die Mahnung im Sinne von § 286 Abs. 1 BGB: *Ernst* in: MünchKomm-BGB, § 286 Rn. 48; *Wiedemann* in: Soergel, § 284 BGB (a.F.) Rn. 25.

[888] Vgl. *Ernst* in: MünchKomm-BGB, § 286 Rn. 48; *Larenz/Wolf*, § 22 Rn. 15; *Palandt/Heinrichs*, § 286 Rn. 16.

tungsberechtigt ist der Anfechtende sogar dann, wenn er seinen Irrtum selbst verschuldet hat.

Gleichwohl ist der herrschenden Auffassung darin zu folgen, dass die Mahnung grundsätzlich bedingungsfeindlich ist. Das liegt aber nicht an der Schutzbedürftigkeit des Gemahnten, sondern ist in der Logik der Mahnung selbst begründet. Die Mahnung wird allgemein definiert als die eindeutige und bestimmte Aufforderung zur Leistung.[889] Ist eine Leistungsaufforderung aufgrund einer in ihr enthaltenen Bedingung zu unbestimmt, dann lässt sie keinen deutlichen Willen des Auffordernden erkennen und ist daher schon begrifflich keine Mahnung.[890] Eine Mahnung kann daher nur ganz ausnahmsweise von einer Bedingung abhängig gemacht werden, wenn dies die erforderliche Eindeutigkeit und Bestimmtheit nicht beeinträchtigt.

Die Mahnung ist aber nicht das einzige Beispiel für eine geschäftsähnliche Handlung. Auch andere Willensäußerungen gehören hierher, wie etwa die Absichtserklärung in der Form eines Letter of Intent.[891] Zwar stellt die Absichtserklärung, wie die Ausübung eines Gestaltungsrechts, eine einseitige Erklärung dar. Deren einzige Folge aber ist das Hervorrufen eines gewissen Vertrauens beim Erklärungsempfänger. Ein echter Vorvertrag, der zum Abschluss des späteren Hauptvertrags verpflichtet, kommt durch den Letter of Intent regelmäßig nicht zustande.[892] Der durch eine Absichtserklärung geschaffene Vertrauenstatbestand hat eine erheblich geringere Relevanz als das durch eine rechtsgeschäftliche, echte Willenserklärung hervorgerufene Vertrauen. Aus diesem Grunde kann die Absichtserklärung im Letter of Intent grundsätzlich unter jede denkbare Bedingung gestellt werden.

Dieser Vergleich zeigt: anders als bei der Ausübung eines Gestaltungsrechts, die grundsätzlich bedingungsfeindlich ist, kommt es bei den geschäftsähnlichen Handlungen ganz auf den Einzelfall an. Wenn man hier überhaupt einen Grundsatz aufstellen kann, dann lautet dieser dahin, dass bei der Bedingungsverträglichkeit geschäftsähnlicher Handlungen tendenziell geringere Anforderungen gelten als bei einseitigen Gestaltungsrechten.

bb. Die Angebotsankündigung unter Bedingung und Vorbehalt

(1) Meinungsstand

Folgt man der Ansicht, nach der sich der Bieter ohne weiteres von der Angebotsankündigung lösen kann, dann ist eine „bedingte Angebotsankündigung" nicht erforderlich.[893]

---

[889] *Ernst* in: MünchKomm-BGB, § 286 Rn. 48; *Palandt/Heinrichs*, § 286 Rn. 16 f.

[890] Vgl. auch *Ernst* in: MünchKomm-BGB, § 286 Rn. 48: „Eine Mitteilung, der Leistung werde gern entgegengesehen, ist daher keine Mahnung".

[891] Vgl. *Larenz/Wolf*, § 22 Rn. 15. Dazu bereits ausführlich oben, 2. Teil § 3 III.

[892] Siehe oben, 2. Teil § 3 III.

[893] Teilweise wird das auch damit begründet, dass eine bedingte Entscheidung zur Angebotsabgabe noch keine veröffentlichungspflichtige Entscheidung im Sinne von § 10 Abs. 1

Eine Art Mittelweg beschreitet *Oechsler*: seiner Ansicht nach kann die Angebotsankündigung von einer Bedingung abhängig gemacht werden.[894] Allerdings ist der Bieter nach dieser Auffassung ohnehin praktisch nicht an die Angebotsankündigung „gebunden", weil die Pflicht zur Angebotsabgabe bereits dann entfalle, wenn „kaufmännisch nachvollziehbare Gründe" gegen eine Angebotsabgabe sprechen.[895] Dass dies unzutreffend ist, wurde hier bereits ausführlich dargelegt.[896]

Die Vertreter derjenigen Ansicht, der sich auch die vorliegende Arbeit angeschlossen hat und die von einer durch die Angebotsankündigung ausgelösten Verpflichtung zur Angebotsabgabe ausgeht, halten Bedingungen in der Angebotsankündigung offenbar nicht für denkbar. Als Nicht-Willenserklärung sei die Angebotsankündigung einer Bedingung nicht zugänglich.[897] Allerdings könne der Bieter die Angebotsankündigung mit einem Rücktritts- oder Widerrufsvorbehalt im Sinne des § 18 Abs. 2 WpÜG versehen.[898]

(2) Stellungnahme

Nach der gängigen Ansicht, dass geschäftsähnliche Handlungen im Hinblick auf Bedingungen wie Gestaltungsrechte zu behandeln sind, muss für die Angebotsankündigung folgendes gelten: sie verträgt in jedem Falle Rechtsbedingungen, des weiteren solche Potestativbedingungen, deren Eintritt bzw. Ausfall in das Ermessen des Erklärungsempfängers gestellt ist sowie beiderseits vereinbarte Bedingungen. Darüber hinaus wäre auch jede andere Bedingung zulässig, durch die der Erklärungsgegner nicht in eine unzumutbare ungewisse Lage versetzt wird, insbesondere wenn der Bedingungseintritt in naher Zukunft mit großer, für den Gestaltungsgegner erkennbarer Wahrscheinlichkeit erfolgen wird. Genau dies ist bei der Angebotsankündigung der Fall: weil auf die Angebotsankündigung hin spätestens binnen vier Wochen eine Angebotsunterlage vorzulegen ist, § 14 Abs. 1 Satz 1 WpÜG, müsste auch der Eintritt oder Ausfall einer Bedingung innerhalb dieser überschaubaren Zeitspanne feststehen. Und auch die Wahrscheinlichkeit des Bedingungseintritts bzw. –ausfalls ist für die „Empfänger" der Angebotsankündigung erkennbar. Denn wie beim eigentlichen Angebot sind auch in der Angebotsankündigung Bedingungen, deren Eintritt unwahrscheinlich ist, grundsätzlich unzulässig.[899]

Dieser Befund wird auch durch die folgende Überlegung gestützt: anders als bei einem Gestaltungsrecht greift die Angebotsankündigung nicht unmittelbar in Rechtspositionen der „Erklärungsempfänger" ein. Für die Aktionäre der Zielge-

---

WpÜG darstellen würde; so *Assmann* in: Assmann/Pötzsch, § 10 Rn. 24. Diese Ansicht ist, wie bereits dargestellt, unzutreffend; vgl. oben, 3. Teil § 2 I.

[894] *Oechsler* in: Ehricke/Ekkenga, § 10 Rn. 11.

[895] Vgl. *Oechsler* in: Ehricke/Ekkenga, § 10 Rn. 14.

[896] Siehe oben, 2. Teil § 3 II.

[897] So ausdrücklich *Stöcker*, NZG 2003, S. 993.

[898] *Stöcker*, NZG 2003, S. 993, 996; *Thoma/Stöcker* in: Baums/Thoma, § 10 Rn. 64 ff.

[899] Dazu oben, 3. Teil § 1 II. 5. c. cc.

sellschaft ergeben sich im Wesentlichen zwei tatsächliche Folgen. Zum einen ist die Angebotsankündigung – für die Aktionäre erfreulich – regelmäßig mit einem kräftigen Kursanstieg verbunden. Zum anderen werden die Aktionäre bereits jetzt, in Erwartung der alsbaldigen Angebotsveröffentlichung, unter einen gewissen Entscheidungsdruck gesetzt. Dies ist für die Aktionäre zwar weniger „angenehm", aber reicht auf der anderen Seite auch nicht an einen Eingriff in eine Rechtsposition heran. Für die Zielgesellschaft ergeben sich dagegen echte Rechtsfolgen, weil durch die Angebotsankündigung das Verhinderungsverbot (allerdings mit zahlreichen Ausnahmen, § 33 WpÜG) ausgelöst wird.[900] Insoweit stellt sich die Lage aber nicht anders dar als nach der Abgabe des Angebots, denn das Verhinderungsverbot erstreckt sich auch auf diesen Zeitraum.

Die Angebotsankündigung kann somit grundsätzlich von jeder Bedingung abhängig gemacht werden, die auch im Angebot selbst zulässig wäre. Darüber hinaus kann sie selbstredend, wie das Angebot auch, unter einen Rücktritts- oder Widerrufsvorbehalt gestellt werden.[901] Die Bedingung bzw. der Vorbehalt muss in der veröffentlichten Angebotsankündigung ausdrücklich enthalten sein, und der Bieter muss entsprechend § 10 Abs. 3 Satz 1 WpÜG die Tatsache veröffentlichen, dass die Bedingung eingetreten oder ausgefallen ist bzw. der (Widerrufs-/Rücktritts-)Vorbehalt ausgeübt oder weggefallen ist. Dies hat er im eigenen Interesse zu beachten, da er sich ansonsten an dem gesetzten Rechtsschein festhalten lassen muss und sich gegebenenfalls auch schadensersatzpflichtig macht.[902]

cc. Unzulässige Bedingungen

Die Unverträglichkeit der Angebotsankündigung hinsichtlich bestimmter Bedingungen entspricht im Prinzip derjenigen beim Angebot. Analog § 18 Abs. 1 WpÜG darf eine Angebotsankündigung nicht von Bedingungen abhängig gemacht werden, deren Eintritt der Bieter, mit ihm gemeinsam handelnde Personen oder Tochterunternehmen oder im Zusammenhang mit dem Angebot für diese tätige Berater ausschließlich selbst herbeiführen können. Unzulässig sind insbesondere solche Bedingungen, die dem „Bieter" ein faktisches Rücktrittsrecht einräumen würden.

(1) Unbestimmte Bedingungen

(a) MAC-Klauseln und Abwehrmaßnahmen der Zielgesellschaft

Bedingungen, die dem Bieter einen Ermessens- oder Beurteilungsspielraum einräumen, sind entsprechend § 18 WpÜG unzulässig. Der Bieter kann die Ange-

[900] Das Verhinderungsverbot stellt keinen Eingriff in eine persönliche Rechtsposition des betroffenen Vorstandsmitglieds, etwa die Berufsfreiheit, dar, sondern beschränkt lediglich seine Befugnisse als Gesellschafts*organ* in einem bestimmten Punkt für die Dauer des Angebotsverfahrens.

[901] Siehe oben, 3. Teil § 1 II. 5. a.

[902] Vgl. auch *Stöcker*, NZG 2003, S. 993, 996 f. (für den Rücktritts- bzw. Widerrufsvorbehalt).

botsankündigung beispielsweise unter die Bedingung stellen, dass nach der Veröffentlichung seiner Entscheidung gem. § 10 Abs. 1, Abs. 3 WpÜG keine wesentlich nachteiligen Veränderungen bei der Zielgesellschaft eintreten (MAC-Klausel) oder dass keine Maßnahmen zur Abwehr des Übernahmeangebots in die Wege geleitet werden. Derartige Bedingungen sind aber nur dann wirksam, wenn sie ausreichend bestimmt sind, d.h. die wesentlich nachteilige Veränderung bzw. die jeweilige Abwehrmaßnahme müssen konkret benannt werden.[903]

(b) Due Diligence-Vorbehalte

Bevor der Bieter ein Angebot auf die Zielgesellschaft abgibt, wird er bestrebt sein, im Rahmen einer Due Diligence-Prüfung Einsicht in wichtige Unternehmensdokumente zu nehmen, um sich über nachteilige Aspekte in Bezug auf das Zielobjekt zu informieren. Für ihn macht es daher Sinn, die Angebotsankündigung unter die Bedingung zu stellen, dass sich durch eine Due Diligence-Prüfung keine wesentlich nachteiligen Erkenntnisse hinsichtlich der Zielgesellschaft ergeben. In der Literatur werden solche Due Diligence-Vorbehalte nur dann für zulässig erachtet, wenn dem Bieter im Vorfeld der Angebotsankündigung die Durchführung einer Due Diligence nicht möglich war. Das Risiko, dass sich nach Angebotsankündigung aufgrund einer Due Diligence, die ohne weiteres auch bereits vor der Ankündigung hätte durchgeführt werden können, nachteilige Erkenntnisse ergeben, trage allein der Bieter – von diesem Risiko dürfe er sich nicht durch einen Due Diligence-Vorbehalt in der Angebotsankündigung freizeichnen.[904]

Dieser Ansicht kann nicht gefolgt werden. Aspekte der Risikozuweisung spielen bei der Störung der Geschäftsgrundlage eine Rolle, nicht aber bei der Zulässigkeit von Bedingungen.[905] Ob eine Bedingung zulässig ist, richtet sich allein nach den hier herausgearbeiteten Grundsätzen. Für den Due Diligence-Vorbehalt gilt das gleiche wie für die MAC-Klausel: er ist zulässig, sofern die Aspekte, die den Bedingungseintritt auslösen, hinreichend bestimmt sind.

(2) Bedingungen, deren Ausfall der Bieter selbst herbeiführen kann

(a) Nichtvornahme einer Mitwirkungshandlung

§ 18 WpÜG ist im Wege der teleologischen Extension so auszulegen, dass auch solche Bedingungen vom Verbot erfasst werden, deren Ausfall der Bieter ausschließlich selbst herbeiführen kann. Anderenfalls griffe das Verbot zu kurz, so dass dem Bieter ein „faktisches Rücktrittsrecht" zustünde.[906] Hat der Bieter die Angebotsankündigung von einer Bedingung abhängig gemacht, für deren Ein-

---

[903] Siehe oben, 3. Teil § 1 II. 5. c. aa.

[904] *Thoma/Stöcker* in: Baums/Thoma, § 10 Rn. 86.

[905] Davon abgesehen sei an dieser Stelle nochmals daran erinnert, dass den Bieter grundsätzlich keine Pflicht zur Durchführung einer Due Diligence trifft; dazu oben, 3. Teil § 1 II. 2. dd. (2) (b) (cc).

[906] Siehe ausführlich oben, 3. Teil § 1 II. 5. c. bb.

tritt eine durch ihn zu erbringende Mitwirkungshandlung erforderlich ist, könnte er den Ausfall der Bedingung durch schlichte Nichtvornahme der Mitwirkungshandlung selbst steuern. Eine derartige Bedingung wäre daher unzulässig, es sei denn, der Bieter hat die Mitwirkungshandlung bereits vor oder zeitgleich mit Veröffentlichung der Entscheidung zur Angebotsabgabe vorgenommen.

Relevant wird dies insbesondere dann, wenn der Bieter die Angebotsankündigung von der Vornahme einer hoheitlichen Maßnahme, etwa einer behördlichen Genehmigung, abhängig macht und eine Mitwirkungshandlung des Bieters in Form einer Antragstellung oder ähnlichem erforderlich ist. Der Kartellvorbehalt[907] hat hier allerdings aus der Perspektive eines Bieters keine Bedeutung, denn an die Anmeldung eines beabsichtigten Zusammenschlusses beim Bundeskartellamt schließt sich gem. § 40 Abs. 1 GWB eine Frist von einem Monat an, binnen der das Amt dem Bieter mitzuteilen hat, dass es in das Hauptprüfverfahren eingetreten ist. Danach hat das Amt weitere vier Monate Zeit, dem Bieter mitzuteilen, ob der Zusammenschluss untersagt oder freigegeben wird, § 40 Abs. 2 Satz 2 GWB. Es ist also praktisch gar nicht möglich, dass innerhalb der Vierwochenfrist zwischen Angebotsankündigung und Veröffentlichung der Angebotsunterlage bereits eine kartellbehördliche Entscheidung ergeht. Unpraktikabel ist auch eine Bedingung, die auf die Eintragung der Durchführung einer Kapitalerhöhung abstellt. Denn gem. § 188 Abs. 2 Satz 1 iVm. § 36 AktG ist erforderlich, dass die Aktien bei Anmeldung der Durchführung bereits voll gezeichnet sind. Derartige Bedingungen sind nicht deshalb unzulässig, weil sie innerhalb der vierwöchigen Frist zwischen der Ankündigung und der Veröffentlichung des Angebots praktisch nicht eintreten können. Sie werden aber in der Praxis nicht vorkommen.

Durchaus sinnvoll kann eine Bedingung sein, nach der die „Wirksamkeit" der Angebotsankündigung davon abhängt, dass die für ein beabsichtigtes Umtauschangebot als Gegenleistung vorgesehenen Aktien zum Börsenhandel zugelassen werden. Gem. § 50 BörsZulVO darf die Zulassung nicht vor Ablauf von drei Werktagen seit der ersten Veröffentlichung des Zulassungsantrags[908] erfolgen. Demzufolge ist es realistisch, dass die Zulassung bei rechtzeitiger Antragstellung durch den Bieter binnen der vierwöchigen Frist im Sinne von § 14 Abs. 1 Satz 1 WpÜG erfolgt. Das gleiche gilt für den Fall, dass der Bieter die Angebotsankündigung unter die auflösende Bedingung der Eröffnung des Insolvenzverfahrens über die Zielgesellschaft gestellt hat. Wurde der Antrag rechtzeitig gestellt, kann die Verfahrenseröffnung durchaus noch vor der Veröffentlichung der Angebotsunterlage stattfinden. Allerdings bestehen gegen eine derartige Bedingung erhebliche Bedenken juristischer Natur.[909]

---

[907] Dazu auch oben, 3. Teil § 1 II. 5. c. bb. (2).

[908] Der Zulassungsantrag ist gem. § 49 BörsZulVO durch die Zulassungsstelle auf Kosten des Antragstellers zu veröffentlichen.

[909] Dazu bereits oben, 3. Teil § 1 II. 5. c. bb. (2) (c) (bb).

(b) Der Finanzierungsvorbehalt

Anders als beim Angebot, so besagt eine Ansicht, gelte die Finanzierungsverantwortung des Bieters (§ 13 WpÜG) noch nicht für die Angebotsankündigung, so dass unter diesem Gesichtspunkt nichts gegen einen Finanzierungsvorbehalt in der Angebotsankündigung spreche.[910] Das ist in dieser Form, wie bereits dargelegt, nicht korrekt: auch im Angebot selbst verstößt ein Finanzierungsvorbehalt nicht unbedingt gegen § 13 Abs. 1 WpÜG; er ist aber regelmäßig gem. § 18 Abs. 1 WpÜG unzulässig, weil der Bieter den Bedingungseintritt (das Nicht-Zustande-Kommen der Finanzierung) durch ein eigenes maßgebliches Verhalten herbeiführen kann.[911] Dies gilt im Prinzip auch für eine entsprechende Bedingung in der Angebotsankündigung.

Praktisch jedoch kommt das Verbot nach § 18 Abs. 1 WpÜG bei der Angebotsankündigung nicht zum Tragen. Ist für eine Kapitalmaßnahme (insbesondere bei einem selbstfinanzierten Tauschangebot) des Bieters ein Hauptversammlungsbeschluss erforderlich, dann kann die Angebotsankündigung unter der Bedingung ergehen, dass der Beschluss zustande kommt.[912] Das ergibt sich aus § 10 Abs. 1 Satz 2 WpÜG, wonach die Entscheidung zur Angebotsabgabe bereits dann zu veröffentlichen ist, wenn ein Gesellschafterbeschluss hierüber noch aussteht, sowie aus der Regelung des § 25 WpÜG, wonach eine entsprechende Bedingung in das Angebot aufgenommen werden kann.

Etwas anderes gilt bei der angestrebten Abgabe eines fremdfinanzierten Barangebots. Soweit hier das Zustandekommen der Finanzierung noch vom Verhalten der Banken abhängt, liegt regelmäßig noch keine veröffentlichungspflichtige Entscheidung im Sinne von § 10 Abs. 1 Satz 1 WpÜG vor, so dass sich die Frage der Zulässigkeit eines Finanzierungsvorbehalts in der Angebotsankündigung erübrigt.[913] Denn eine veröffentlichungspflichtige Entscheidung liegt erst dann vor, wenn sich die Absicht des Bieters zur Angebotsabgabe soweit verdichtet hat, dass gerade auch unter wirtschaftlichen Gesichtspunkten ein Abrücken von den Plänen nicht mehr ernstlich in Betracht kommt.[914]

(3) Bedingungen, deren Eintritt unwahrscheinlich ist

Bedingungen, die dem Bieter ein faktisches Rücktrittsrecht einräumen, weil ihr Eintritt besonders unwahrscheinlich ist, sind in der Angebotsankündigung ebenso wie im Angebot grundsätzlich unzulässig.[915] Beispielsweise ist eine Bedingung in der Angebotsankündigung, die die Gewährung einer Due Diligence-Prüfung oder eine positive Stellungnahme des Vorstands der Zielgesellschaft

---

910 *Thoma/Stöcker* in: Baums/Thoma, § 10 Rn. 78.

911 Siehe oben, 3. Teil § 1 II. 5. c. bb. (3) (b).

912 Für einen entsprechenden Widerrufs- oder Rücktrittsvorbehalt *Stöcker*, NZG 2003, S. 993, 996 f. sowie *Thoma/Stöcker* in: Baums/Thoma, § 10 Rn. 80 und 82.

913 Vgl. *Thoma/Stöcker* in: Baums/Thoma, § 10 Rn. 81 und 84.

914 Siehe oben, 3. Teil § 2 I.

915 Dazu oben, 3. Teil § 1 II. 5. c. cc.

betrifft, unzulässig, wenn das Management der Zielgesellschaft bereits seine ablehnende Haltung gegenüber dem bevorstehenden Übernahmeangebot signalisiert hat.[916]

(4) Sonstige Umgehungstatbestände

Vom Verdikt der Unzulässig entsprechend § 18 Abs. 1 WpÜG betroffen sind neben den vorstehend behandelten auch alle anderen Fälle, die eine Umgehung des Verbots subjektiver Bedingungen in der Angebotsankündigung darstellen.

Gem. § 10 Abs. 1 Satz 2 WpÜG hat der Bieter seine Entscheidung zur Angebotsabgabe bereits zu veröffentlichen, obwohl noch eine notwendigte Entscheidung der Gesellschafterversammlung hierüber aussteht. Als „Ausgleich" für diesen Nachteil gewährt ihm § 25 WpÜG das Recht, das Angebot unter die Bedingung der zustimmenden Beschlussfassung zu stellen, obgleich eine derartige Bedingung eigentlich gem. § 18 Abs. 1 WpÜG unzulässig wäre. Erst recht muss es dem Bieter gestattet sein, die Angebotsankündigung unter die Bedingung zu stellen, dass eine positive Entscheidung der Gesellschafterversammlung im Sinne von § 10 Abs. 1 Satz 2 WpÜG ergeht.[917] Diese Ausnahmeregelung darf der Bieter allerdings nicht zur Umgehung missbrauchen. Einen Verstoß gegen § 18 Abs. 1 WpÜG analog stellt eine Bedingung insbesondere dar, wenn eine vom Bieter kontrollierte Tochtergesellschaft das Angebot ankündigt, weil es sich bei der Zustimmung der Gesellschafterversammlung dann lediglich um eine reine Formsache handelt.[918]

Will der Bieter erst die Beschlussfassung der Gesellschafterversammlung abwarten, bevor er öffentlich seine Entscheidung zur Angebotsabgabe ankündigt, dann kann er gem. § 10 Abs. 1 Satz 3 WpÜG einen entsprechenden Antrag bei der BaFin stellen. Allerdings stellt es keine Umgehung oder einen Rechtsmissbrauch dar, wenn der Bieter die Angebotsankündigung von der Bedingung einer positiven Beschlussfassung durch die Gesellschafterversammlung abhängig macht, obwohl er zuvor keinen Antrag auf Suspendierung von der frühzeitigen Veröffentlichungpflicht gem. § 10 Abs. 1 Satz 3 WpÜG gestellt hat. Das gilt selbst dann, wenn dem Antrag durch die BaFin bei einer Ex-ante-Betrachtung mit an Sicherheit grenzender Wahrscheinlichkeit stattgegeben worden wäre.[919] Es liegt im *Ermessen* der BaFin, ob sie dem Antrag des Bieters entspricht oder

---

[916] Einige der in Angeboten anzutreffenden Bedingungen, deren Eintritt unwahrscheinlich ist, machen in der Angebotsankündigung freilich keinen Sinn. Das gilt beispielsweise für eine Bedingung, die auf eine unrealistisch hohe Annahmequote bei den Aktionären der Zielgesellschaft abhebt, sowie für eine Bedingung, die sich auf das Kündigungsrecht aus einer COC-Klausel bei einem (bereits vollzogenen) Kontrollwechsel bezieht. Dazu oben, 3. Teil § 1 II. 5. c. cc. (1).

[917] Vgl. auch *Thoma/Stöcker* in: Baums/Thoma, § 10 Rn. 90 (für einen entsprechenden Widerrufs- oder Rücktrittsvorbehalt).

[918] Dazu bereits oben, 3. Teil § 1 II. 5. c. dd.

[919] So aber *Thoma/Stöcker* in: Baums/Thoma, § 10 Rn. 93 f.

nicht (vgl. „kann […] gestatten").[920] Angesichts dessen und in Anbetracht der klaren Regelung in § 10 Abs. 1 Satz 2 und 3 WpÜG dürfen dem Bieter keine Ungewissheiten hinsichtlich der Suspendierungsentscheidung durch die BaFin sowie die damit verbundenen Risiken aufgebürdet werden, und seien diese noch so gering. Eine Ex-ante-Prognose über eine Ermessensentscheidung der BaFin, die ein Ergebnis mit an Sicherheit grenzender Wahrscheinlichkeit vorausahnen lässt, dürfte auch *in praxi* kaum möglich sein.

dd. Rechtsfolgen unzulässiger Bedingungen

Abschließend stellt sich nun die Frage, welche Folgen es hat, wenn eine Bedingung in der Angebotsankündigung gegen § 18 WpÜG analog verstößt.

(1) Untersagung der Angebotsankündigung

Zunächst ist zu klären, ob die BaFin entsprechend § 15 Abs. 1 Nr. 2 WpÜG eine Untersagungsverfügung gegen die Angebotsankündigung erlassen kann. Weil § 15 Abs. 1 WpÜG ausdrücklich nur auf das Angebot, nicht aber auch die Angebotsankündigung abstellt, kommt nur eine *analoge* Anwendung in Betracht. Eine solche Analogie ist aus den bereits erörterten Gründen (Bestimmtheitsgrundsatz und Analogieverbot) jedoch nicht möglich.[921]

Es gibt noch einen weiteren Grund, der gegen eine analoge Anwendung von § 15 Abs. 1 Nr. 2 WpÜG streitet: denn mit § 4 Abs. 1 Satz 3 WpÜG existiert eine allgemeine Ermächtigungsnorm, so dass es an einer durch Analogie ausfüllungsbedürftigen Regelungslücke fehlt. Gem. § 4 Abs. 1 Satz 3 iVm. Satz 2 WpÜG kann die BaFin Anordnungen treffen, die geeignet und erforderlich sind, um Missstände zu beseitigen oder zu verhindern, welche die ordnungsgemäße Durchführung des Verfahrens beeinträchtigen. Weil das Angebotsverfahren gem. § 10 WpÜG bereits mit der Ankündigung des Angebots eingeleitet wird, bezieht sich die Anordnungsbefugnis der BaFin auch auf die Angebotsankündigung und setzt nicht erst bei der Übermittlung und Veröffentlichung des eigentlichen Angebots ein. § 4 Abs. 1 Satz 1 WpÜG, wonach die BaFin „die Aufsicht bei Angeboten nach den Vorschriften dieses Gesetzes" ausübt, ist daher in einem weiten Sinne zu verstehen.[922] Als „Anordnungen" im Sinne des § 4 WpÜG kommen Akte schlichten Verwaltungshandelns, aber freilich auch der Verwaltungsakt (§ 35 Satz 1 VwVfG) als „klassische" Handlungsform eines Hoheitsträgers in Betracht.[923]

Zwar handelt es sich bei § 4 Abs. 1 Satz 3 WpÜG um eine sehr allgemein formulierte Generalklausel, so dass man auch hier die Frage nach der hinreichenden inhaltlichen Bestimmtheit stellen kann. Dabei muss aber gesehen wer-

---

[920] *Assmann* in: Assmann/Pötzsch, § 10 Rn. 39.
[921] Ausführlich dazu oben, 3. Teil § 1 II. 2. d. bb.
[922] Das ergibt sich mittelbar auch aus der Regierungsbegründung, die an dieser Stelle sehr allgemein gehalten ist; vgl. BT-Drucks. 14/7034, S. 36 (Zu § 4 Absatz 1 WpÜG-RegE).
[923] *Giesberts* in: KölnKomm-WpÜG, § 4 Rn. 20; *Assmann* in: Assmann/Pötzsch, § 4 Rn. 17 f.

den, dass gerade im Bereich der Eingriffsverwaltung die Generalklausel als unverzichtbare Reserveermächtigung für das Handeln in vom Gesetzgeber unvorhergesehenen Gefahrenlagen dient.[924] Außerdem bedeutet eine inhaltlich weite Fassung der Ermächtigungsnorm noch lange nicht, dass der vom Eingriff Betroffene in eine ihm nicht zumutbare, ungewisse Lage versetzt wird – denn er kennt die Norm und kann sich darauf einstellen, dass die Behörde mit den für sie typischen Handlungsinstrumenten gegen sein normwidriges Verhalten einschreiten wird.[925]

Gem. § 10 Abs. 2 Satz 1 Nr. 3 WpÜG hat der Bieter die Angebotsankündigung vor ihrer Veröffentlichung der BaFin mitzuteilen, und zwar grundsätzlich in Schriftform, § 45 Satz 1 WpÜG. Dies ist erforderlich, damit die BaFin die Angebotsankündigung prüfen und gegebenenfalls untersagen kann, bevor sie der Öffentlichkeit bekanntgegeben wird. Zwar lässt sich dem Gesetz kein konkreter Zeitpunkt entnehmen, zu dem die Zuleitung an die BaFin stattzufinden hat. Allerdings lässt sich dem Zweck der Vorschrift entnehmen, dass die Mitteilung so rechtzeitig zu erfolgen hat, dass der BaFin die Wahrnehmung ihrer Überwachungsfunktion ermöglicht wird.[926] Im Gegensatz zur Angebotsunterlage, die detaillierte Angaben enthält (vgl. § 11 WpÜG und § 2 WpÜG-AngebotsVO) und daher häufig einschließlich aller Anlagen zwischen 50 und 100 DIN-A4-Seiten umfasst, hat die Angebotsankündigung regelmäßig nur den Umfang von höchstens ein bis zwei DIN-A4-Seiten. Das liegt daran, dass die Angebotsankündigung lediglich den Charakter einer Ad-hoc-Mitteilung aufweist (vgl. § 10 Abs. 6 WpÜG) und in ihr noch nicht einmal die Eckpunkte des späteren Angebots enthalten sein müssen.[927] Daher wird für die Zuleitung an die BaFin, wie auch im Rahmen von § 15 Abs. 2 WpHG, im Regelfall eine Zeitspanne von ca. 30 Minuten vor dem Veröffentlichungszeitpunkt als ausreichend angesehen.[928] Zwar ist diese Zeitspanne denkbar knapp bemessen. Weil es aber an einer klaren gesetzlichen Regelung fehlt, und der Bieter gem. § 10 Abs. 1 Satz 1 WpÜG zur „unverzüglichen" Veröffentlichung angehalten wird, ist dieser Zeitrahmen angemessen und zumutbar. Übersieht die BaFin bei der Prüfung einen kritischen Punkt, dann kann sie den Bieter auch nach der Veröffentlichung der Angebotsankündigung auf der Grundlage von § 4 Abs. 1 Satz 3 WpÜG dazu anhalten, falsche Angaben öffentlich zu berichtigen oder die gesamte Angebotsankündigung öffentlich zu widerrufen.[929]

Veröffentlicht der Bieter die Angebotsankündigung, obwohl diese eine unzulässige Bedingung enthält, dann kann er sich wegen des Analogieverbots nicht

---

[924] Vgl. *Druschel*, Die Verwaltungsaktbefugnis (Dissertation), S. 171; *Pieroth/Schlink/Kniesel*, Polizei- und Ordnungsrecht, § 2 Rn. 52.

[925] Vgl. *Fischer*, Der Verwaltungsakt als staatsrechtlich determinierte Handlungsform (Dissertation), S. 136.

[926] Vgl. *Hirte* in: KölnKomm-WpÜG, § 10 Rn. 48, 51.

[927] Vgl. BT-Drucks. 14/7034, S. 39 (Zu § 10 Absatz 1 WpÜG-RegE).

[928] Vgl. *Hirte* in: KölnKomm-WpÜG, § 10 Rn. 51; *Thoma/Stöcker* in: Baums/Thoma, § 10 Rn. 105; *Walz* in: FrankKomm-WpÜG, § 10 Rn. 36 und dort Fn. 36.

[929] Vgl. auch § 12 Abs. 3 Nr. 3 WpÜG („vergleichbare Bekanntmachung").

gem. § 60 Abs. 1 Nr. 1a WpÜG ordnungspflichtig machen. Allerdings führt der Verstoß zur Unwirksamkeit der Angebotsankündigung analog § 134 BGB.[930]

(2) Untersagung auch des Angebots?

Hat die BaFin die Angebotsankündigung untersagt, so muss dies den Bieter nicht zwangsläufig davon abhalten, der BaFin eine Angebotsunterlage zu übermitteln und diese zu veröffentlichen. Insofern stellt sich die Frage, ob die BaFin ein Angebot gem. § 15 Abs. 1 WpÜG mit der Begründung untersagen kann, dass bereits die Ankündigung untersagt wurde.

Als Ermächtigungsgrundlage kommt einzig § 15 Abs. 1 Nr. 2 WpÜG in Betracht, wonach die BaFin ein Angebot untersagen kann, wenn die in der Angebotsunterlage enthaltenen Angaben offensichtlich gegen Vorschriften des WpÜG verstoßen. Vom Wortlaut her passt aber auch dieser Tatbestand erkennbar nicht auf den Sachverhalt, dass der Bieter eine Angebotsunterlage veröffentlicht, ohne das Angebot zuvor ordnungsgemäß anzukündigen. Eine analoge Anwendung dieser Vorschift ist aus den bereits erörterten Gründen (Bestimmtheitsgrundsatz und Analogieverbot) nicht möglich.

Zu erwägen bleibt noch, ob die BaFin eine Untersagung des Angebots auf § 4 Abs. 1 Satz 3 WpÜG stützen könnte. Das kann sie nicht, denn für die Untersagung des Angebots enthält § 15 WpÜG einen abschließenden Katalog von Tatbeständen. In Bezug auf die Angebotsunterlage entfaltet § 15 Abs. 1 WpÜG als speziellere Ermächtigungsgrundlage für Eingriffe eine Sperrwirkung gegenüber § 4 Abs. 1 Satz 3 WpÜG.[931] Offenbar hat der Gesetzgeber eine Untersagung des Angebots für den hier in Rede stehenden Fall nicht für erforderlich gehalten, sondern hat sich mit der Bußgeldnorm in § 60 Abs. 1 Nr. 1a WpÜG (bei unterlassener Veröffentlichung der Angebotsankündigung) begnügt.

f. Lösungsmöglichkeiten in der Insolvenz des Bieters

Wird der Bieter insolvent, nachdem er das Angebot angekündigt hat, dann wäre es offensichtlich unsinnig, wenn der Bieter den Automatismus des Angebotsverfahrens nicht unter- bzw. abbrechen könnte. Denn eine Verpflichtung des Bieters zur Angebotsabgabe hat in dieser Situation für keinen Beteiligten einen Vorteil: weder für den Bieter selbst, noch für seine Gläubiger, die Zielgesellschaft oder deren Aktionäre.

Eine Lösung von der Angebotsankündigung nach den Grundsätzen über die Störung der Geschäftsgrundlage ist freilich nicht möglich. Denn die Liquidität fällt in den eigenen Risikobereich, und die Verwirklichung eines Risikos, das

---

[930] Zu den einzelnen Nichtigkeitsgründen und deren Folgen ausführlich unten, 3. Teil § 2 III. b. bb.

[931] Dazu *Giesberts* in: KölnKomm-WpÜG, § 4 Rn. 14 sowie allgemein *Pieroth/Schlink/Kniesel*, Polizei- und Ordnungsrecht, § 7 Rn. 11.

eine Partei zu tragen hat, kann nicht zur Störung der Geschäftsgrundlage führen.[932]

aa. Das Lösungsrecht analog § 103 Abs. 2 InsO

Nach Lösungen wird man in der Insolvenzordnung suchen müssen. Gem. § 103 Abs. 2 Satz 1 InsO hat der Insolvenzverwalter die Möglichkeit, beiderseits nicht oder nicht vollständig erfüllte gegenseitige Austauschverhältnisse in Abwicklungsverhältnisse umzuwandeln, wenn sich eine Erfüllung für die Masse nachteilig auswirken würde. Diese Vorschrift passt auf die Angebotsankündigung jedenfalls nicht in direkter Anwendung, weil durch die Angebotsankündigung ein Austauschverhältnis nicht begründet, sondern lediglich eine auf die Begründung eines Austauschverhältnisses gerichtete Willenserklärung angekündigt wird. Andererseits wäre es nicht einleuchtend, warum sich der Insolvenzverwalter von einem gegenseitigen Vertrag lösen kann, sofern noch kein (vollständiger) Leistungsaustausch stattgefunden hat, nicht aber von den durch eine geschäftsähnliche Handlung ausgelösten Rechtsfolgen, die schon *per se* zu keinem Leistungsaustausch führen. Daher kann der insolvente Bieter in sinngemäßer Anwendung des § 103 Abs. 2 InsO mit Eröffnung des Insolvenzverfahrens von den durch die Angebotsankündigung herbeigeführten Rechtswirkungen befreit werden.

bb. Die Anfechtung entsprechend §§ 129 ff. InsO

Auch eine Anfechtung entsprechend den §§ 129 ff. InsO muss dem Insolvenzverwalter grundsätzlich möglich sein. Der Anfechtungsgrund des § 130 InsO ist freilich nicht einschlägig, weil er voraussetzt, dass an einen Insolvenzgläubiger „Befriedigung gewährt", also zur Erfüllung eines Anspruchs geleistet wurde. In § 132 InsO hingegen wird lediglich vorausgesetzt, dass ein für die Insolvenzgläubiger nachteiliges Rechtsgeschäft abgeschlossen wurde. Allerdings ist eine *unmittelbare* Benachteiligung erforderlich. Durch die Angebotsankündigung wird aber das Schuldnervermögen noch nicht unmittelbar zu Lasten der übrigen Gläubiger verkürzt.

Somit verbleibt der Anfechtungsgrund des § 131 InsO. Danach ist eine Rechtshandlung anfechtbar, die einem Insolvenzgläubiger eine Befriedigung gewährt oder ermöglicht hat, die er nicht zu beanspruchen hatte, und wenn die übrigen Voraussetzungen der Nrn. 1-3 vorliegen. § 131 InsO lässt eine *mittelbare* Gläubigerbenachteiligung im Sinne des § 129 Abs. 1 InsO ausreichen. Eine solche liegt bereits dann vor, wenn die Rechtshandlung allein noch keinen unmittelbaren Nachteil für Gläubiger bewirkte, aber die Grundlage für einen weiteren, gläubigerschädigenden Ablauf schuf.[933] Hierfür bedarf es keiner Einschränkung durch die Adäquanztheorie, sondern es genügt ein ursächlicher Zusam-

---

[932] *Palandt/Heinrichs*, § 313 Rn. 15, 37.
[933] *Kirchhof* in: MünchKomm-InsO, § 129 Rn. 121.

menhang im natürlichen Sinne.[934] Dies trifft auf die Angebotsankündigung zu: durch sie werden Gläubiger noch nicht unmittelbar benachteiligt, allerdings wird bereits der „Automatismus des Angebotsverfahrens" in Gang gesetzt. Der Bieter wird verpflichtet, ein verbindliches Angebot abzugeben, was schließlich zur unmittelbaren Gläubigerbenachteiligung führt.

Ferner ist erforderlich, dass der Gläubiger die Handlung „nicht oder nicht in der Art oder nicht zu der Zeit zu beanspruchen hatte". Dies gilt auch für die Angebotsankündigung: zwar ist der Bieter zur Abgabe der Erklärung, ein Angebot abgeben zu wollen, gem. § 10 Abs. 1 Satz 1 WpÜG verpflichtet, wenn die Entscheidung hierzu gefallen ist. Aus dieser Vorschrift lässt sich aber kein individuell durchsetzbarer Anspruch auf die Abgabe der Angebotsankündigung herleiten. Zweck der Regelung ist die frühzeitige Information der Öffentlichkeit über marktrelevante Daten, um das Ausnutzen von Spezialwissen zu verhindern.[935] Neben den Aktionären der Zielgesellschaft dient die Angebotsankündigung also auch dem Schutz aller anderen Marktteilnehmer, so dass es am individualschützenden Charakter des § 10 Abs. 1 Satz 1 WpÜG fehlt.[936]

§ 131 InsO lässt Rechtshandlungen ausreichen, die eine Befriedigung nur ermöglicht haben. Diese Regelung richtet sich gegen vorbereitende Verhaltensweisen, die zwar selbst dem Gläubiger noch keine Befriedigung gewähren, diesen aber in die Lage versetzen, sich eine solche zu verschaffen.[937] Auch hier gilt: kann der Insolvenzverwalter eine Rechtshandlung anfechten, die eine Befriedigung ermöglicht hat, so muss er erst recht eine geschäftsähnliche Handlung anfechten können, die eine Befriedigung „vorbereitet" hat. Folglich kann der Insolvenzverwalter die Angebotsankündigung analog §§ 131, 129 InsO anfechten.

III. Die Entbehrlichkeit der Rücknahme

1. Nichtigkeit

a. Die „Nichtigkeit" geschäftsähnlicher Handlungen

Die Problematik, ob geschäftsähnliche Handlungen „nichtig" sein können, wird in Literatur und Rechtsprechung nur sehr zurückhaltend behandelt.

aa. Der Nichtigkeitsgrund analog § 134 und § 138 BGB

Die Möglichkeit einer analogen Anwendung von § 134 BGB auf andere Rechtshandlungen als Rechtsgeschäfte hängt nach Ansicht der Literatur von der Strukturverwandtschaft zwischen Rechtshandlung und Rechtsgeschäft ab und sei jeweils im Einzelfall zu prüfen.[938]

---

934 *Kirchhof* in: MünchKomm-InsO, § 129 Rn. 169.

935 BT-Drucks. 14/7034, S. 39 (Zu § 10 WpÜG-RegE).

936 *Bewilogua*, Der Aktionär – Spielball der Wertpapieraufsicht? (Dissertation), S. 68.

937 *Kirchhof* in: MünchKomm-InsO, § 130 Rn. 13.

938 *Mayer-Maly/Armbrüster* in: MünchKomm-BGB, § 134 Rn. 24.

§ 138 BGB sei in der Regel auf geschäftsähnliche Handlungen nicht entsprechend anwendbar.[939] Weil sich der Maßstab für die Sittenwidrigkeit nach rechtlichen Wertungen bestimmt, könne eine gesetzlich angeordnete Rechtsfolge nicht gegen die guten Sitten verstoßen.[940] Nicht ausgeschlossen sei aber eine Umstandssittenwidrigkeit, wenn die Umstände der geschäftsähnlichen Handlung einen Verstoß gegen § 138 BGB (analog) darstellen.[941]

Weiterführende Hinweise finden sich interessanterweise im Arbeitsrecht, und zwar in Bezug auf die Abmahnung. Die Abmahnung ist der Ausdruck der Missbilligung eines Verhaltens des Arbeitnehmers unter Androhung der Kündigung des Arbeitsverhältnisses, sofern das Verhalten nicht geändert wird.[942] Aufgrund des ultima-ratio-Prinzips ist eine verhaltensbedingte ordentliche Kündigung grundsätzlich nur dann wirksam, wenn zuvor eine Abmahnung ergangen ist.[943] Die Abmahnung ist zwar keine Willenserklärung, wegen ihrer vorbereitenden Wirkung hinsichtlich der Kündigung aber nach herrschender Ansicht eine geschäftsähnliche Handlung, auf die die Vorschriften über Willenserklärungen entsprechende Anwendung finden.[944] Ebenso wie die Kündigung, kann die Abmahnung nach Meinung des Bundesarbeitsgerichts wegen Sittenwidrigkeit gem. § 138 BGB von vornherein unwirksam sein.[945]

bb. Der Nichtigkeitsgrund analog § 125 Satz 1 BGB

Auch der Nichtigkeitsgrund aus § 125 Satz 1 BGB gilt grundsätzlich entsprechend für geschäftsähnliche Handlungen,[946] die Unterschiede zu Willenserklärungen sind insoweit ohne Bedeutung.[947] Ob im Einzelfall die Nichtigkeitsfolge analog § 125 Satz 1 BGB gilt, ist der jeweiligen Formvorschrift, gegebenenfalls durch Auslegung, zu entnehmen.[948]

b. Die „Nichtigkeit“ der Angebotsankündigung

aa. Bestandsaufnahme

(1) Meinungsstand

In der Literatur zum WpÜG findet sich keine Stellungnahme, die sich mit der Problematik der Nichtigkeit der Angebotsankündigung auseinandersetzt. Er-

[939] *Medicus*, BGB AT, Rn. 198.
[940] *Ulrici*, NJW 2003, S. 2053, 2056.
[941] Vgl. *Ulrici*, NJW 2003, S. 2053, 2056.
[942] *Linck* in: Schaub, Arbeitsrechts-Handbuch, § 61 Rn. 28.
[943] *Linck* in: Schaub, Arbeitsrechts-Handbuch, § 61 Rn. 47; *Hromadka/Maschmann*, Arbeitsrecht Bd. 1, § 6 Rn. 157.
[944] *Hromadka/Maschmann*, Arbeitsrecht Bd. 1, § 6 Rn. 158; *Linck* in: Schaub, Arbeitsrechts-Handbuch, § 61 Rn. 31; *Kleinebrink* in: Kasseler Handbuch Arbeitsrecht Bd. 2, 6.2 Rn. 135.
[945] BAG 2 AZR 726/93 (28.04.1994); ebenso *Kleinebrink* in: Kasseler Handbuch Arbeitsrecht Bd. 2, 6.2 Rn. 135.
[946] *Ulrici*, NJW 2003, S. 2053, 2055; *Köhler*, AcP 182 (1982), S. 126, 150 f.
[947] *Ulrici*, NJW 2003, S. 2053, 2055.
[948] Vgl. *Köhler*, AcP 182 (1982), S. 126, 151.

wähnung findet lediglich das Problem der Geschäftsunfähigkeit des Bieters. Weil ein Geschäftsunfähiger kein wirksames Angebot unterbreiten kann, sei es zwecklos, wenn dieser eine Angebotsunterlage bei der BaFin einreichen müsste.[949] Daher müsse der geschäftsunfähige Bieter seine Entscheidung, ein Angebot zu unterbreiten, zurücknehmen können.[950]

(2) Stellungnahme und eigener Ansatz

Nach der hier vertretenen Auffassung spricht grundsätzlich nichts dagegen, die Vorschriften über Rechtsgeschäfte, und damit auch die Vorschriften über die Nichtigkeit von Willenserklärungen, auf geschäftsähnliche Handlungen entsprechend anzuwenden. Wie vorstehend dargelegt, werden von der juristischen Literatur und teilweise auch der höchstrichterlichen Rechtsprechung jedenfalls die §§ 134, 138 und 125 Satz 1 BGB im Einzelfall auf geschäftsähnliche Handlungen für anwendbar gehalten.

Gründe, die gegen eine entsprechende Anwendung der Nichtigkeitsvorschriften auf die Angebotsankündigung sprechen würden, sind nicht ersichtlich. Im Prinzip führt daher auch der Nichtigkeitsgrund aus §§ 104, 105 BGB – Geschäftsunfähigkeit des Bieters – zur Unwirksamkeit der Angebotsankündigung. Entgegen der Ansicht *Thaeters*[951] kann der Bieter die Angebotsankündigung also nicht zurücknehmen, denn aufgrund der Nichtigkeit erübrigt sich eine Rücknahme. Übrigens: der Grund für die Nichtigkeit der Angebotsankündigung ist nicht darin zu suchen, dass aufgrund der Geschäftsunfähigkeit auch das spätere Angebot selbst nichtig wäre. Das entscheidende Kriterium ist allein, dass bereits durch die Angebotsankündigung Rechtswirkungen ausgelöst werden, die dem Geschäftsunfähigen nicht zugemutet werden können.

Der Nichtigkeitsgrund entsprechend §§ 104, 105 BGB dürfte allerdings, ebenso wie § 138 BGB, in der Praxis keine Bedeutung erlangen. Die praktisch bedeutsamen Normen sind die §§ 134 und 125 Satz 1 BGB, auf die im Folgenden noch näher einzugehen sein wird.

bb. Die Nichtigkeitsgründe im Einzelnen

(1) Nichtigkeit gem. § 134 BGB analog

Die Angebotsankündigung wird in § 10 WpÜG geregelt. In dieser Vorschrift finden sich allerdings keine Verbots-, sondern lediglich Gebotsnormen. So hat der Bieter etwa die Angebotsunterlage gem. § 10 Abs. 2 WpÜG vor ihrer Veröffentlichung den Geschäftsführungen der Börsen sowie der BaFin zuzuleiten. Aus dieser Vorschrift lässt sich nicht umgekehrt ein zur Nichtigkeit der Ange-

---

[949] Vgl. *Thaeter* in: Thaeter/Brandi, Teil 2, Rn. 71.

[950] *Thaeter* in: Thaeter/Brandi, Teil 2, Rn. 71. Dieselben Überlegungen sollen nach dieser Ansicht auch für Willensmängel aufgrund von Irrtum oder Täuschung gelten. Siehe zur Anfechtung der Angebotsankündigung wegen Irrtums oder Täuschung ausführlich oben, 3. Teil § 2 II. 2. b.

[951] Siehe die vorstehende Fußnote.

botsankündigung führendes Verbot ableiten, wenn der Bieter die dort vorgeschriebene Zuleitung nicht vornimmt. § 10 Abs. 2 WpÜG enthält Gebote, die sich auf ein *formelles* Procedere beziehen. § 134 BGB hingegen richtet sich nur gegen solche Rechtsgeschäfte bzw. rechtsgeschäftsähnliche Handlungen, deren *Inhalt* von einem Satz des positiven Rechts abgelehnt wird.[952]

Als Verbotsgesetze kommen vor allem diejenigen Normen in Frage, die bereits für das Angebot selbst in Betracht gezogen wurden,[953] und daher *erst recht* für die Angebotsankündigung gelten müssen. Nach der hier vertretenen Ansicht verstößt eine Angebotsankündigung gegen § 18 Abs. 1 WpÜG analog, wenn sie von Bedingungen abhängt, deren Eintritt der Bieter ausschließlich selbst herbeiführen kann.[954] Eine derartige Angebotsankündigung ist unwirksam.

Andere Verbotsvorschriften, die für das Angebot gelten, passen für die Angebotsankündigung hingegen nicht. Für die §§ 15, 26 WpÜG wurde dies bereits dargelegt.[955] Auch die Vorschriften in § 11 Abs. 2 WpÜG (Fehlen der nach dieser Vorschrift erforderlichen Angaben in der Angebotsunterlage), § 16 WpÜG (Formulierung einer unzulässigen Annahmefrist), § 31 WpÜG iVm. §§ 3 ff. WpÜG-AngVO (unangemessene Gegenleistung) und § 32 WpÜG (unzulässiges Teilangebot bei Übernahmen) gelten für die Angebotsankündigung eindeutig nicht. Derartige Angaben braucht die Angebotsankündigung noch nicht zu enthalten.[956] Zwar steht es dem Bieter frei, bereits in der Angebotsankündigung beispielsweise darauf hinzuweisen, dass es sich bei dem Angebot um ein Teilangebot handeln wird oder dass das Angebot eine bestimmte Bedingung enthalten wird. Bedeutet das angekündigte Teilangebot oder die angekündigte Bedingung einen Verstoß gegen § 32 bzw. § 18 Abs. 1 WpÜG, so führt das zwar später zur Nichtigkeit des Angebots, hat aber nicht die Unwirksamkeit bereits der Angebotsankündigung zur Folge. Für eine Nichtigkeit der Angebotsankündigung besteht kein Bedürfnis, denn der Bieter ist selbstverständlich nicht verpflichtet, ein mit einer unwirksamen Potestativbedingung angekündigtes Angebot später auch tatsächlich mit dieser Potestativbedingung zu veröffentlichen. Im Gegenteil: § 18 Abs. 1 WpÜG verbietet dies ja gerade.

(2) Nichtigkeit gem. § 125 Satz 1 BGB analog

Gem. § 10 Abs. 2 Satz 1 Nr. 3 WpÜG hat der Bieter die Angebotsankündigung vor deren Veröffentlichung der BaFin zuzuleiten, und zwar „in schriftlicher Form", § 45 WpÜG. Bei der Zuleitung an die BaFin handelt es sich allerdings lediglich um einen „internen" Vorgang. Wie bereits weiter oben dargestellt, bedarf es für die Wirksamkeit der Angebotsankündigung des Zugangs. Dieser liegt erst dann vor, wenn die Angebotsankündigung in den Publizitätsmedien, wie sie

---

[952] Vgl. *Mayer-Maly/Armbrüster* in: MünchKomm-BGB, § 134 Rn. 1.
[953] Siehe oben, 3. Teil § 1 III. 1. a.
[954] Siehe oben, 3. Teil § 2 II. 2. e. cc.
[955] Siehe oben, 3. Teil § 2 II. 2. e. dd.
[956] Vgl. BT-Drucks. 14/7034, S. 39 (Zu § 10 Absatz 1 WpÜG-RegE).

in § 10 Abs. 3 WpÜG genannt sind, veröffentlicht worden ist.[957] Der eigentliche Adressat der Angebotsankündigung ist nicht die BaFin. Die Adressaten sind die Aktionäre der Zielgesellschaft, deren Organe sowie alle sonstigen betroffenen Marktteilnehmer.

Gem. § 10 Abs. 3 Satz 1 WpÜG ist die Angebotsankündigung durch Bekanntgabe im Internet sowie über ein weit verbreitetes, elektronisch betriebenes Informationsverbreitungssystem zu veröffentlichen, und zwar in deutscher Sprache. Eine Unterzeichnung durch den Bieter ist nicht erforderlich, auch nicht in Form einer qualifizierten elektronischen Signatur. Anders als bei der Angebotsunterlage, verlangt das Gesetz für die Angebotsankündigung also nicht Schriftform im Sinne von § 126 Satz 1 BGB. § 10 Abs. 3 Satz 1 WpÜG verlangt vom Bieter lediglich eine virtuelle Verbreitung der Information. Die elektronische Form im Sinne des § 126a Abs. 1 BGB ist damit nicht gemeint, denn dabei handelt es sich um einen Unterfall der Schriftform.[958] Die virtuelle Verbreitung über elektronische Medien setzt aber zumindest eine textliche Darstellung voraus. Außerdem ist nach Sinn und Zweck der Angebotsankündigung erforderlich, dass sich die Person des Bieters aus ihr ergibt. Schließlich muss auch der Abschluss der Erklärung erkennbar gemacht werden, damit deren Empfänger wissen, an welcher Stelle die für sie relevante Information endet. Mit anderen Worten: das Gesetz schreibt für die Angebotsankündigung Textform im Sinne von § 126b BGB vor. Für die Einhaltung der Textform genügt die Wiedergabe in einem elektronischen Dokument.[959] Der Abschluss der Erklärung kann beispielsweise durch eine Datumsangabe oder in sonstiger Weise kenntlich gemacht werden.[960] In der Praxis der Angebotsankündigung geschieht dies regelmäßig durch die namentliche Nennung des Bieters, Zusätze wie „Der Vorstand“ sowie eine genaue Datumsangabe.[961] Für die Abschlussfunktion bei der Textform ist dies vollkommen ausreichend.

Gem. § 125 Satz 1 BGB ist eine Erklärung, die nicht der gesetzlichen Form entspricht, unwirksam. Nach der hier vertretenen Auffassung sind die für Willenserklärungen geltenden Vorschriften grundsätzlich entsprechend auf geschäftsähnliche Handlungen anwendbar. Eine Analogie verbietet sich allerdings dann, wenn die Unterschiede geschäftsähnlicher Handlungen gegenüber Willenserklärungen ausnahmsweise eine unterschiedliche Behandlung gebieten.[962] Bei der Angebotsankündigung ist folgendes zu bedenken: wendet man die §§ 126b, 125 Satz 1 BGB entsprechend auf die Angebotsankündigung an, dann würde die Nichtigkeitsfolge bereits dadurch ausgelöst, dass der Bieter etwa keine deutliche Hervorhebung des Textendes herbeiführt. Die Angebotsankündi-

---

[957] Siehe oben, 3. Teil § 2 II. 2. a.

[958] *Palandt/Heinrichs*, § 126a Rn. 1.

[959] *Palandt/Heinrichs*, § 126b Rn. 3; *Larenz/Wolf*, § 27 Rn. 51.

[960] Vgl. *Palandt/Heinrichs*, § 126b Rn. 5; *Larenz/Wolf*, § 27 Rn. 51.

[961] So etwa bei der Angebotsankündigung der net.IPO Aktiengesellschaft vom 09.12.2005, abrufbar unter http://www.delta-beteiligungen.de/.

[962] Siehe oben, 3. Teil § 2 II. 1. b. aa.

gung wäre unwirksam, obwohl der Bieter die Information über die bevorstehende Angebotsabgabe, wenn auch im Sinne der Textform nicht deutlich genug, „in die Welt gesetzt“ hat.

Auf der anderen Seite gilt das aber auch dann, wenn der Bieter die Angebotsankündigung nur in einem der in § 10 Abs. 3 Satz 1 WpÜG genannten Publikationsmedien, beispielsweise dem Internet, veröffentlicht hat. Nach der hier vertretenen Auffassung gilt die Angebotsankündigung dann noch nicht als zugegangen, obwohl ein großer Teil des Verkehrs die Erklärung über das Internet bereits wahrnehmen konnte. Das hat folgenden Grund: der Gesetzgeber hat den Bieter bewusst verpflichtet, die Angebotsankündigung nicht nur im Internet, sondern auch über ein elektronisches Informationsverbreitungssystem zu veröffentlichen. Der Gesetzgeber ging offenbar davon aus, dass nur auf diesem Wege sichergestellt ist, dass genügend „Adressaten“ die Erklärung mit ihren Sinnesorganen wahrnehmen können. Das gleiche trifft aber auch auf eine Angebotsankündigung zu, die nicht der Textform genügt. Eine Erklärung, die der Textform – beispielsweise mangels erkennbaren Textabschlusses – nicht entspricht, wird von Teilen des Verkehrs missverstanden. Insoweit ist zu bedenken, dass die Textform gem. § 126b BGB ein absolutes Mindestmaß an Voraussetzungen erfordert, die man an eine Form überhaupt stellen kann. Der Abschlussfunktion wird, wie gezeigt, bereits durch einfachste Maßnahmen entsprochen. In der Praxis düfte der Fall einer Angebotsankündigung, die keinen brauchbaren Abschluss erkennen lässt, kaum eintreten. Aus diesen Gründen ist es gerechtfertigt, wenn eine Angebotsankündigung, die noch nicht einmal dem Textformerfordernis entspricht, unwirksam ist. Freilich entbindet eine unwirksame Angebotsankündigung den Bieter nicht von seiner Pflicht, gem. § 10 WpÜG eine erneute, wirksame Angebotsankündigung zu veröffentlichen, was dann wiederum die Pflicht zur Angebotsabgabe auslöst. Verstößt der Bieter gegen diese Pflicht, dann kann die BaFin gegen sein pflichtwidriges Verhalten auf der Grundlage der allgemeinen Ermächtigungsnorm gem. § 4 Abs. 1 Satz 3 WpÜG einschreiten. Außerdem macht sich der Bieter gem. § 60 Abs. 1 Nr. 1a WpÜG bußgeldpflichtig, wenn er die Veröffentlichung gem. § 10 Abs. 1 Satz 1 WpÜG „nicht“ oder „nicht in der vorgeschriebenen Weise“ vornimmt.

(3) Keine Nichtigkeit entsprechend § 15 Abs. 3 WpÜG

Eine Kompetenz der BaFin zur Untersagung der Angebotsankündigung auf der Grundlage von § 15 WpÜG existiert nicht, und lässt sich auch nicht im Wege einer Analogie begründen. Eine Nichtigkeit der Angebotsankündigung entsprechend § 15 Abs. 3 WpÜG scheidet damit aus.

cc. Geltendmachen der Nichtigkeit

Wie auch beim nichtigen Angebot,[963] hat der Bieter die Bereichsöffentlichkeit durch eine Mitteilung analog § 12 Abs. 3 Nr. 3 WpÜG über die Nichtigkeit der Angebotsankündigung in Kenntnis zu setzen.

dd. Die Folgen der Nichtigkeit

Die Unwirksamkeit der Angebotsankündigung führt zunächst dazu, dass die Verpflichtung des Bieters gem. § 14 Abs. 2 Satz 1 WpÜG entfällt, eine Angebotsunterlage zu veröffentlichen. Er ist jedoch verpflichtet, den Nichtigkeitsgrund zu beseitigen, sofern ihm dies tatsächlich und rechtlich möglich ist. Die Pflicht des Bieters, eine wirksame Angebotsankündigung im Sinne von § 10 WpÜG zu veröffentlichen, bleibt also bestehen. Unter den Voraussetzungen des § 60 Abs. 1 Nr. 1a WpÜG macht sich der Bieter bußgeldpflichtig, wenn er insoweit gegen seine Pflichten verstößt.

2. Unmöglichkeit

Die Angebotsankündigung begründet die Pflicht des Bieters, eine Angebotsunterlage zu veröffentlichen. Wird dem Bieter die Erfüllung dieser Pflicht unmöglich, dann ist er entsprechend § 275 Abs. 1 BGB von seiner „Leistungspflicht" befreit. Das Prinzip, dass etwas definitiv Unmögliches kein sinnvoller Leistungsgegenstand mehr sein kann,[964] muss auch für geschäftsähnliche Handlungen gelten. Der Fall, dass der Bieter weder tatsächlich noch rechtlich in der Lage ist, ein wirksames Angebot abzugeben, dürfte in der Praxis allerdings selten vorkommen.

Interessanter ist der Fall, dass der Bieter zwar zur Angebotsabgabe imstande ist, aber bereits absehbar ist, dass die Erfüllung der durch das Angebot begründeten Leistungspflichten unmöglich sein wird, weil die Leistung bereits zum jetzigen Zeitpunkt nicht erbracht werden könnte. Wenn schon zum aktuellen Zeitpunkt feststeht, dass das spätere Angebot auf eine anfänglich unmögliche Leistung gerichtet sein würde, so entfällt die Pflicht zur Angebotsabgabe. Es wäre nicht sinnvoll, wenn der Bieter gezwungen wäre, eine auf eine unmögliche Leistung gerichtete Willenserklärung abzugeben. Insoweit gilt das gleiche wie beim Vorvertrag. Wird nach Abschluss eines Vorvertrags die definitive Leistung objektiv oder subjektiv unmöglich, so wird der Schuldner von seiner Leistungspflicht gem. § 275 Abs. 1 BGB frei, und zwar sowohl von seiner Verpflichtung, den Hauptvertrag abzuschließen, als auch von seiner definitiven Leistungspflicht.[965] Die um das Angebot „geprellten" Aktionäre der Zielgesellschaft sind gegebenenfalls auf Schadensersatzansprüche gegen den Bieter verwiesen.

---

[963] Dazu oben, 3. Teil § 1 III. 1. b.

[964] Vgl. *Esser/Schmidt*, Schuldrecht AT, Bd. 1, Teilbd. 2, S. 5.

[965] So ausdrücklich *Henrich*, Vorvertrag, S. 205.

Auch hier gilt, dass der Bieter die Bereichsöffentlichkeit durch eine Mitteilung analog § 12 Abs. 3 Nr. 3 WpÜG über die Unmöglichkeit zu informieren hat.

IV. Zwischenergebnis

Wenn der Bieter die Entscheidung gefällt hat, ein öffentliches Angebot auf die Wertpapiere einer Zielgesellschaft abzugeben, so ist er verpflichtet, dies unverzüglich gegenüber der Öffentlichkeit mitzuteilen. Vom Vorliegen einer derartigen Entscheidung ist auszugehen, sofern sich die Absicht des Bieters zur Angebotsabgabe derart verdichtet hat, dass gerade auch unter wirtschaftlichen Gesichtspunkten ein Abrücken von den Plänen nicht mehr ernstlich in Betracht kommt. Weil sich an die öffentliche Angebotsankündigung gesetzliche Rechtsfolgen knüpfen, stellt diese Erklärung eine geschäftsähnliche Handlung dar. Es gelten daher die für Willenserklärungen bestimmten Vorschriften in entsprechender Anwendung. Die Rücknahme der Angebotsankündigung erfolgt grundsätzlich in entprechender Weise wie auch die Rücknahme des Angebots selbst, wobei im Einzelfall die spezifischen Besonderheiten, die sich aus der Rechtsnatur der Angebotsankündigung ergeben, in Rechnung zu stellen sind.

4. Teil: Zusammenfassung der wesentlichen Ergebnisse

Der Bieter, der ein öffentliches Erwerbs- oder Übernahmeangebot abzugeben beabsichtigt, ist gut beraten, sich die Konsequenzen zu vergegenwärtigen, die mit einer solchen Entscheidung einhergehen. Denn sobald sich die Entscheidung zur Angebotsabgabe in ausreichender Art und Weise verfestigt hat, wird eine regelrechte „Kettenreaktion" ausgelöst. Der Bieter ist dann nämlich verpflichtet, seine Entscheidung unverzüglich öffentlich mitzuteilen (§ 10 Abs. 1 WpÜG). Hat er diese Mitteilung vorgenommen, so ist er verpflichtet, der BaFin innerhalb von vier Wochen eine Angebotsunterlage zu übermitteln, die er unverzüglich veröffentlichen muss, sobald ihm die BaFin die Veröffentlichung gestattet hat (§§ 14 Abs. 1 Satz 1, Abs. 2 Satz 1 WpÜG). Der Bieter kann daher im Einzelfall ein erhebliches Interesse an einem Abbruch des Angebotsverfahrens haben.

Die vom Bieter zu veröffentlichende Angebotsunterlage ist die Verkörperung des Angebots, das einen Antrag im Rechtssinne (§ 145 BGB) darstellt. Dies ergibt sich aus dem Wortlaut des Gesetzes, darüber hinaus aber auch aus dem systematischen Regelungszusammenhang. Gem. § 17 WpÜG ist die *invitatio ad offerendum* nämlich gerade nicht vom Angebotsbegriff umfasst. Auch die Tatsache, dass sich das Angebot im Sinne des WpÜG auf den Abschluss von Kauf- oder Tauschverträgen richtet (vgl. § 2 Abs. 1 WpÜG), spricht für die Qualifizierung des öffentlichen Angebots als bürgerlich-rechtlichen Antrag. Zwar kommt in dem speziellen Fall des Aktientauschs, der im Wege einer Kapitalerhöhung gegen Sacheinlagen erfolgt, kein Tauschvertrag im Sinne des BGB zustande. Aber die dabei relevanten Zeichnungsverträge werden ebenfalls durch übereinstimmende Willenserklärungen im Sinne der §§ 145 ff. BGB abgeschlossen. Für Abgabe und Zugang des öffentlichen Angebots gelten daher die allgemeinen Grundsätze. Der Bieter kann das Angebot demzufolge gem. § 130 Abs. 1 Satz 2 BGB widerrufen, wenn die Zeitpunkte der Abgabe und des Zugangs auseinanderfallen. Dabei ist allerdings zu beachten, dass der Bieter gem. § 14 Abs. 2 Satz 1 WpÜG grundsätzlich zur Angebotsabgabe verpflichtet ist, und zwar „unverzüglich" nach Gestattung der Angebotsunterlage durch die BaFin. Ein Widerruf des Angebots vor dessen Zugang ist dem Bieter daher nur für den Fall anzuraten, dass er Unrichtigkeiten in der Angebotsunterlage bemerkt. Verhindert der Bieter den Zugang einer fehlerhaften oder unvollständigen Angebotsunterlage, so liegt darin kein Verstoß gegen die Pflicht zur „unverzüglichen" Veröffentlichung. Allerdings hat der Bieter den jeweiligen Fehler unverzüglich zu beseitigen und die Veröffentlichung der Angebotsunterlage dann unverzüglich nachzuholen.

Weil es sich beim öffentlichen Angebot um einen Antrag im Rechtssinne handelt, hat der Bieter die grundsätzliche Möglichkeit, sich für die Rücknahme des Antrags der dafür vorgesehenen, zivilrechlichen Instrumente zu bedienen. Damit sind insbesondere die Anfechtung wegen Irrtums oder arglistiger Täuschung und der Rücktritt wegen einer Störung der Geschäftsgrundlage, darüber hinaus aber auch andere Rücknahmemöglichkeiten wie beispielsweise der Rücktritt wegen einer mangelhaften Gegenleistung gemeint. Die Tatsache, dass gem. § 18 Abs. 1 WpÜG Potestativbedingungen unzulässig sind, führt nicht zu einer anderen Bewertung. Denn der Zweck dieser Vorschrift besteht darin, dem Bieter die Möglichkeit zu nehmen, sich „nach eigenem Gutdünken“ vom Angebot zu lösen. Letzteres kann der Bieter mittels der hier erörterten Rücknahmemöglichkeiten aber gerade nicht, weil dafür spezielle Voraussetzungen erfüllt sein müssen, die der Bieter nicht ausschließlich selbst kontrollieren kann. Er ist daher auch nicht verpflichtet, nach erfolgter Rücknahme unverzüglich ein neues, „korrigiertes“ Angebot zu veröffentlichen.

Will sich der Bieter eine endgültige Bindung an das Angebot vorbehalten, so kann er die Wirksamkeit des Angebots von einer Bedingung gem. § 158 BGB abhängig machen. Dabei muss er allerdings die Vorschrift in § 18 Abs. 1 WpÜG beachten, wonach Bedingungen, deren Eintritt der Bieter ausschließlich selbst herbeiführen kann, grundsätzlich unzulässig sind. Dieses Verbot gilt auch für Umgehungsgeschäfte, also beispielsweise für solche Bedingungen, deren Ausfall der Bieter (etwa durch Nichtvornahme einer erforderlichen Mitwirkungshandlung) ausschließlich selbst herbeiführen kann.

Erstrebt der Bieter den Ausstieg aus dem Angebotsverfahren, so ist ihm zu raten, den Ausstieg zu einem möglichst frühen Zeitpunkt vorzunehmen, am besten schon im Vorfeld der Angebotsabgabe. Zwar stellt bereits die Ankündigung des Angebots den „Startschuss“ für die Eröffnung des Angebotsverfahrens dar. Jedoch handelt es sich bei der Angebotsankündigung der Rechtsnatur nach um eine geschäftsähnliche Handlung, was bedeutet, dass grundsätzlich die für Willenserklärungen geltenen Vorschriften entsprechende Anwendung finden. Die Angebotsankündigung kann daher vor ihrem Zugang wirksam widerrufen werden. Der rechtzeitige Widerruf führt dazu, dass sich zu keinem Zeitpunkt ein schutzwürdiges Vertrauen in die Umsetzung der Entscheidung zur Angebotsabgabe entwickeln kann. Die Folge ist, dass es nicht zur Eröffnung des Angebotsverfahrens kommt.

Grundsätzlich kann sich der Bieter analog auch der sonstigen Lösungsmöglichkeiten bedienen, die das allgemeine Zivilrecht bereithält. Beispielsweise hat der Bieter die Möglichkeit, die Wirksamkeit der Angebotsankündigung von einer Bedingung abhängig zu machen. Darüber hinaus kann er die Angebotsankündigung anfechten oder von einem einschlägigen Rücktrittsrecht Gebrauch machen, sofern im Einzelfall die entsprechenden Voraussetzungen dafür gegeben sind.

Besondere Situationen stellen die Nichtigkeit des Angebots und die Unmöglichkeit der Leistung im Sinne von § 275 Abs. 1 BGB dar. Aufgrund der sich aus §§ 11 Abs. 1 Satz 3, 12 Abs. 3 Nr. 3 WpÜG ergebenden Berichtigungs- und Aktualisierungspflicht des Bieters ist ein Nichtigkeitsgrund grundsätzlich zu beseitigen, sofern dies dem Bieter rechtlich und tatsächlich möglich ist. Allerdings ist diese Pflicht zeitlich durch die Annahmefrist (§ 16 WpÜG) begrenzt. Zu einer Beendigung des Angebotsverfahrens führt die Nichtigkeit nur dann, wenn dem Bieter die Beseitigung des Nichtigkeitsgrundes unmöglich ist. Zur Beendigung des Angebotsverfahrens führt außerdem die Unmöglichkeit oder das Unvermögen des Bieters zur Erbringung der von ihm geschuldeten Gegenleistung gem. § 275 Abs. 1 BGB. Entsprechendes gilt bei der Angebotsankündigung.

Die hier gewonnenen Ergebnisse gelten grundsätzlich für alle Angebotsarten gleichermaßen, d.h. für Übernahmeangebote ebenso wie für einfache Erwerbsangebote (einschließlich Teilangebote). Ausnahmen sind jedoch für Pflichtangebote im Sinne von § 35 WpÜG zu machen. Ein Plichtangebot soll es allen Wertpapierinhabern der Zielgesellschaft gleichermaßen ermöglichen, ihre stimmberechtigten Papiere einem Bieter zu veräußern, der bereits vor der Angebotsabgabe die Kontrolle über die Zielgesellschaft erlangt hat. Aus diesem Grunde sind die Lösungsmöglichkeiten des Bieters bei Pflichtangeboten noch stärker eingeschränkt als bei herkömmlichen (Übernahme-)Angeboten. Gem. § 39 WpÜG kann ein Pflichtangebot nicht von einer Bedingung abhängig gemacht werden. Auch die Anfechtung und der Rücktritt scheiden im Regelfall aus. Ausnahmsweise kann dem Bieter beispielsweise ein Rücktrittsrecht wegen Störung der Geschäftsgrundlage zustehen, wenn die Interessen der Wertpapierinhaber der Zielgesellschaft an der Angebotsabgabe weniger schutzwürdig sind als die Interessen des Bieters zur Lösung vom Angebot. Der Widerruf, der dem Bieter die Möglichkeit zur Korrektur von Unvollständigkeiten und Fehlern in der Angebotsunterlage ermöglicht, ist dagegen grundsätzlich zulässig. Außerdem befreien den Bieter die Unmöglichkeit oder das Unvermögen zur Leistung von der Leistungspflicht.

Die Untersuchungen haben gezeigt, dass eine Rücknahme des Angebots oder der Angebotsankündigung im Einzelfall zwar grundsätzlich möglich ist, aber letztlich doch stets an enge Voraussetzungen gebunden ist. Der Bieter sollte daher stets „auf der Hut" sein, wenn die Entscheidung reift, ein Erwerbs- oder Übernahmeangebot abzugeben. Eine derartige Entscheidung gilt als endgültig getroffen, wenn sich die Absicht des Bieters zur Angebotsabgabe soweit verdichtet hat, dass gerade auch unter wirtschaftlichen Gesichtspunkten ein Abrücken von den Plänen nicht mehr ernstlich in Betracht kommt. Sobald der Entscheidungsprozess des Bieters dieses Stadium erreicht hat, ist er verpflichtet, die Entscheidung gem. § 10 Abs. 1 WpÜG öffentlich anzukündigen; das Angebotsverfahren ist dann eröffnet. Der Bieter sollte daher zu jedem Zeitpunkt die volle Kontrolle über seinen Entscheidungsprozess innehaben und diesen Prozess mit der gebotenen Sorgfalt durchführen. Mittels des Widerrufs kann der Bieter fehlerhafte Unterlagen korrigieren, wird aber letztlich nicht von der Veröffentlichungspflicht befreit. Äußerungen, die auf Willensmängeln beruhen, kann er anfechten. Unvorhersehbare Störungen der Geschäftsgrundlage berechtigen ihn zum Rücktritt. Will sich der Bieter aber von vornherein gegen den Eintritt oder Ausfall bestimmter Ereignisse absichern, dann sollte er von seinem Recht Gebrauch machen und sowohl die Angebotsankündigung als auch das Angebot von wohl durchdachten Bedingungen abhängig machen.

Literaturverzeichnis

A

Archner, Gernot, Das Wertpapiererwerbs- und Übernahmegesetz (WpÜG) aus Sicht der Investmentbranche, ZfgK 18/2001, S. 999 ff.

Assmann, Heinz-Dieter, Neuemissionen von Wertpapieren über Internet, S. 15 ff., in: Festschrift für Rolf A. Schütze zum 65. Geburtstag, München, 1999

Assmann, Heinz-Dieter / Bozenhardt, Friedrich, Übernahmeangebote als Regelungsproblem zwischen gesellschaftsrechtlichen Normen und zivilrechtlich begründeten Verhaltensgeboten, in: Assmann, Heinz-Dieter / Basaldua, Nathalie / Bozenhardt, Friedrich / Peltzer, Martin, Übernahmeangebote, ZGR Sonderheft Nr. 9, Berlin u.a., 1990, S. 1 ff.

Assmann, Heinz-Dieter / Lenz, Jürgen / Ritz, Corinna, Verkaufsprospektgesetz, Kommentar, Köln, 2001

Assmann, Heinz-Dieter / Pötzsch, Thorsten / Schneider, Uwe H., Wertpapiererwerbs- und Übernahmegesetz, Kommentar, Köln, 2005

Assmann, Heinz-Dieter / Schneider, Uwe H., Wertpapierhandelsgesetz, Kommentar, Köln, 4. Aufl., 2006

B

Baum, Harald, „Öffentlichkeit“ eines Erwerbsangebots als Anwendugsvoraussetzung des Übernahmerechts – Eine rechtsvergleichende Analyse, AG 2003, S. 144 ff.

Baums, Theodor / Thoma, Georg F., Kommentar zum Wertpapiererwerbs- und Übernahmegesetz, Loseblatt, Köln, Stand: Mai 2004

Bechtold, Rainer, Kartellgesetz – Gesetz gegen Wettbewerbsbeschränkungen, Kommentar, 3. Aufl., München, 2002

Beisel, Wilhelm / Klumpp, Hans-Hermann, Der Unternehmenskauf: Gesamtdarstellung der zivil- und steuerrechtlichen Vorgänge einschließlich gesellschafts-, arbeits- und kartellrechtlicher Fragen bei der Übertragung eines Unternehmens, München, 2003

Berding, Benjamin, Subjektiv öffentliche Rechte Dritter im WpÜG – Rechtsschutz gegen die Gestattung einer evident mangelhaften Angebotsunterlage, Der Konzern 2004, S. 771 ff.

Berger, Klaus Peter / Filgut, Esther, Material-Adverse-Change-Klauseln in Wertpapiererwerbs- und Übernahmeangeboten, WM 2005, S. 253 ff.

Bewilogua, Robert, Der Aktionär – Spielball der Wertpapieraufsicht? Wirkung und Unwirksamkeit des § 4 Abs. 2 WpÜG, Dissertation, Berlin, 2005

Boos, Karl-Heinz, Kreditwesengesetz: Kommentar zu KWG und Ausführungsvorschriften, München, 2000

Brox, Hans, Allgemeiner Teil des BGB, 28. Aufl., Köln u.a., 2004

Brox, Hans / Walker, Wolf-Dietrich, Besonderes Schuldrecht, 31. Aufl., München, 2006

Büdenbender, Ulrich, Grundlagen der Gewährleistung beim Unternehmenskauf, S. 5 ff., in: Unternehmenskauf und Schuldrechtsmodernisierung, Fachtagung der Bayer-Stiftung für Deutsches und Internationales Arbeits- und Wirtschaftsrecht am 6. und 7. Juni 2002, Schriftenreihe der Bayer-Stiftung für deutsches und internationales Arbeits- und Wirtschaftsrecht, Band 9, München, 2003

Busch, Torsten, Bedingungen in Übernahmeangeboten, AG 2002, S. 145 ff.

C

Canaris, Claus-Wilhelm, Die Vertrauenshaftung im deutschen Privatrecht, München, 1971

D

Deutsch, Andreas, Widerruf und Anfechtung bei Internetauktionen, WM 2005, S. 777 ff.

Diekmann, Hans / Merkner, Andreas, Die praktische Anwendung des WpÜG auf öffentliche Angebote zum Erwerb eigener Aktien, ZIP 2004, S. 836 ff.

Dietl, Clara-Erika / Lorenz, Egon, Wörterbuch für Recht, Wirtschaft und Politik mit erläuternden und rechtsvergleichenden Kommentaren, Teil 1: Englisch-

Deutsch einschließlich der Besonderheiten des amerikanischen Sprachgebrauchs, 6. Aufl., München, 2000

Dietz, Fabian, Aktien als Akquisitionswährung – Unter besonderer Berücksichtigung der Kapitalaufbringung und des Aktionärsschutzes, Dissertation, 1. Aufl., Baden-Baden, 2004

Druschel, Christoph, Die Verwaltungsaktbefugnis, Dissertation, Berlin, 1999

E

Ehricke, Ulrich / Ekkenga, Jens / Oechsler, Jürgen, Wertpapiererwerbs- und Übernahmegesetz: Kommentar, München, 2003

Eidenmüller, Horst, Rechtskauf und Unternehmenskauf, ZGS 2002, S. 290 ff.

Ekkenga, Jens, Änderungs- und Ergänzungsvorschläge zum Regierungsentwurf eines neuen Wertpapierprospektgesetzes, BB 2005, S. 561 ff.

Ekkenga, Jens / Hofschroer, Josef, Das Wertpapiererwerbs- und Übernahmegesetz (Teil I), DStR 2002, S. 724 ff.

Ellers, Holger, Die Zurechung von Gesellschafterwissen an die GmbH – insbesondere beim gutgläubigen Erwerb eines Sacheinlagegegenstands, GmbHR 2004, S. 934 ff.

Emmerich, Volker / Habersack, Mathias, Aktien- und GmbH-Konzernrecht, 2. Aufl., München, 2001

Enneccerus, Ludwig / Nipperdey, Hans Carl, Lehrbuch des Bürgerlichen Rechts, Band 1, Allgemeiner Teil des Bürgerlichen Rechts, Halbband 2: Entstehung, Untergang und Veränderung der Rechte, Ansprüche und Einreden, Ausübung und Sicherung der Rechte, 15. Aufl., Tübingen, 1960

Esser, Josef / Schmidt, Eike, Schuldrecht: ein Lehrbuch, Band 1, Allgemeiner Teil, Teilband 2: Durchführungshindernisse und Vertragshaftung, Schadensausgleich und Mehrseitigkeit beim Schuldverhältnis, 8. Aufl., Heidelberg, 2000

F

Fischer, Christiane, Der Verwaltungsakt als staatsrechtlich determinierte Handlungsform, Dissertation, Bonn, 2002

Fleischer, Holger, Konkurrenzangebote und Due Diligence, ZIP 2002, S. 651 ff.

Fleischer, Holger, Zum Begriff des öffentlichen Angebots im Wertpapiererwerbs- und Übernahmegesetz, ZIP 2001, S. 1653 ff.

Fleischer, Holger, Die Haftung des Verkäufers von Gesellschaftsanteilen – Deutsche Probleme und französische Lösungen, WM 1998, S. 849 ff.

Flume, Werner, Eigenschaftsirrtum und Kauf, Münster, 1948

Flume, Werner, Allgemeiner Teil des bürgerlichen Rechts, Band 2: Das Rechtsgeschäft, 4. Aufl., Berlin u.a., 1992

Frankfurter Kommentar zum Wertpapiererwerbs- und Übernahmegesetz, Frankfurt am Main, 2. Aufl., 2005

G

García Mateos, Miguel A., Das neue Recht der Namensaktie – Bestandsaufnahme, Analyse und Kritik, Dissertation, Frankfurt am Main u.a., 2005

Geibel, Stephan / Süßmann, Rainer, Wertpapiererwerbs- und Übernahmegesetz, Kommentar, München, 2002

Geßler, Ernst, Einberufung und ungeschriebene Hauptversammlungszuständigkeiten, S. 771 ff., in: Festschrift für Walter Stimpel zum 68. Geburtstag am 29. November 1985, Berlin u.a., 1985

Geßler, Ernst / Hefermehl, Wolfgang / Eckardt, Ulrich / Kropff, Bruno, Aktiengesetz, Kommentar, Band 4, §§ 179-240, München, 1994

Geßler, Ernst / Hefermehl, Wolfgang / Eckardt, Ulrich / Kropff, Bruno, Aktiengesetz, Kommentar, Band 4, §§ 241-290, München, 1986

Großkommentar Aktiengesetz, 1. Band: Einleitung, §§ 1-53, 4. Aufl., Berlin u.a., 2004

Großkommentar Aktiengesetz, 14. Lieferung: §§ 118-120, 4. Aufl., Berlin u.a., 1999

Großkommentar Aktiengesetz, 5. Lieferung: §§ 179-191, 4. Aufl., Berlin u.a., 1994

Großkommentar Aktiengesetz, 18. Lieferung: §§ 192-206, 4. Aufl., Berlin u.a., 2001

Großkommentar Aktiengesetz, 6. Lieferung: §§ 241-255, 4. Aufl., Berlin u.a., 1996

H

Haarmann, Wilhelm / Riehmer, Klaus / Schüppen, Matthias, Öffentliche Übernahmeangebote, Kommentar zum Wertpapiererwerbs- und Übernahmegesetz, Heidelberg, 2002

Handbuch der AG, mit KGaA, Gesellschaftsrecht – Steuerrecht – Börsengang, München, 2004

Handkommentar (NOMOS), Bürgerliches Gesetzbuch, 4. Aufl., Baden-Baden, 2005

Happ, Wilhelm, Aktienrecht, Handbuch – Mustertexte – Kommentar, 2. Aufl., München, 2004

Hartung, Manfred M. A., Wissenszurechnung beim Unternehmenskauf, NZG 1999, S. 524 ff.

Hasselbach, Kai / Wirtz, Johannes, Die Verwendung von MAC-Klauseln in Angeboten nach dem WpÜG, BB 2005, S. 842 ff.

Helmis, Sven, Regulierung von Unternehmensübernahmen – Ein zusammenfassender Vergleich des Übernahmerechts Deutschlands, Großbritanniens, der USA sowie der gescheiterten EU-Übernahmerichtlinie, IMA-Arbeitsbericht Nr. 04/01 (Juni 2001)

Henrich, Dieter, Vorvertrag, Optionsvertrag, Vorrechtsvertrag – Eine dogmatisch-systematische Untersuchung der vertraglichen Bindungen vor und zu einem Vertragsschluß, Berlin u.a., 1965

Historisch-kritischer Kommentar zum BGB, Band 1, Allgemeiner Teil, §§ 1-240, Tübingen, 2003

Hölters, Wolfgang, Handbuch des Unternehmens- und Beteiligungskaufs, 5. Aufl., Köln, 2002

Holzborn, Timo / Israel, Alexander, Einflüsse wettbewerbsrechtlicher Regelungen auf das Übernahmerecht, BKR 2002, S. 982 ff.

Hootz, Christian (Hrsg.), Gesetz gegen Wettbewerbsbeschränkungen und Europäisches Kartellrecht – Gemeinschaftskommentar, Zusammenschlußkontrolle §§ 35-43 GWB, 5. Aufl., Köln u.a., 2. Lieferung 2000

Hopt, Klaus J., Grundsatz- und Praxisprobleme nach dem Wertpapiererwerbs- und Übernahmegesetz, ZHR 166 (2002), S. 383 ff.

Hopt, Klaus J. / Mülbert, Peter O. / Kumpan, Christoph, Reformbedarf im Übernahmerecht, AG 2005, S. 109 ff.

Hromadka, Wolfgang / Maschmann, Frank, Arbeitsrecht Band 1: Individualarbeitsrecht, 2. Aufl., Berlin u.a., 2002

Huber, Peter / Löber, Werner, Übernahmegesetz: Kommentar, Wien, 1999

Hübner, Ulrich, Vertragsschluß und Probleme des Internationalen Privatrechts beim E-Commerce, ZVersWiss 2001, S. 351 ff.

Hüffer, Uwe, Aktiengesetz, Kommentar, 7. Aufl., München, 2006

I

Ihrig, Hans-Christoph, Rechtsschutz Drittbetroffener im Übernahmerecht, ZHR 167 (2003), S. 315 ff.

Immenga, Ulrich / Mestmäcker, Ernst-Joachim, GWB – Gesetz gegen Wettbewerbsbeschränkungen, Kommentar zum Kartellgesetz, 3. Aufl., München, 2001

J

Jarass, Hans D. / Pieroth, Bodo, Grundgesetz für die Bundesrepublik Deutschland, Kommentar, 7. Aufl., München, 2004

Joussen, Jacob, Abgabe und Zugang von Willenserklärungen unter Einschaltung einer Hilfsperson, Jura 2003, S. 577 ff.

K

Kasseler Handbuch zum Arbeitsrecht, Band 2, Besondere Arbeitsverhältnisse u.a., 2. Aufl., Neuwied u.a., 2000

Kellermann, Markus, Problemfelder des Anfechtungsrechts, JA 2004, S. 405 ff.

Kley, Martin, Sachkapitalerhöhung bei der Aktiengesellschaft: Einbringungsvertrag und Zeichnung der neuen Aktien – Notwendigkeit und Formerfordernisse, RNotZ 2003, S. 17 ff.

Knöfler, Kathrin, Rechtliche Auswirkungen der Due Diligence bei Unternehmensakquisitionen, Dissertation, Frankfurt am Main u.a., 2001

Köhler, Helmut, BGB Allgemeiner Teil, Ein Studienbuch, 27. Aufl., München, 2003

Köhler, Helmut, Die Problematik automatisierter Rechtsvorgänge, insbesondere von Willenserklärungen, AcP 182 (1982), S. 126 ff.

Kölner Kommentar zum Aktiengesetz, Band 1, §§ 1-75 AktG, 2. Aufl., Köln u.a., 1988

Kölner Kommentar zum Aktiengesetz, Band 5/1, §§ 179-240 AktG, 2. Aufl., Köln u.a., 1994

Kölner Kommentar zum Wertpapiererwerbs- und Übernahmegesetz, Köln u.a., 2003

Kösters, Friedrich, Letter of Intent – Erscheinungsformen und Gestaltungshinweise, NZG 1999, S. 623 ff.

Kropholler, Jan, Bürgerliches Gesetzbuch – Studienkommentar, 9. Aufl., München, 2006

Kübler, Friedrich, Gesellschaftsrecht: die privatrechtlichen Ordnungsstrukturen und Regelungsprobleme von Verbänden und Unternehmen – ein Lehrbuch, 5. Aufl., Heidelberg, 1998

L

Larenz, Karl / Canaris, Claus-Wilhelm, Methodenlehre der Rechtswissenschaft, 3. Aufl., Berlin u.a., 1995

Larenz, Karl / Wolf, Manfred, Allgemeiner Teil des bürgerlichen Rechts, 9. Aufl., München, 2004

Lenz, Jürgen / Kopp-Colomb, Wolf von, Wertpapierverkaufsprospekte - Rechtliche Grundlagen, praktische Hinweise und Mustertexte, Frankfurt am Main, 2001

Liebscher, Thomas, Das Übernahmeverfahren nach dem neuen Übernahmegesetz, ZIP 2001, S. 853 ff.

Lorenz, Stephan, Rücktritt, Minderung und Schadensersatz wegen Sachmängeln im neuen Kaufrecht: Was hat der Verkäufer zu vertreten?, NJW 2002, S. 2497 ff.

Lutter, Marcus, Gescheiterte Kapitalerhöhungen, S. 207 ff., in: Gesellschaftsrecht und Unternehmensrecht, Festschrift für Wolfgang Schilling zum 65. Geburtstag am 5. Juni 1973, Berlin u.a., 1973

Lutter, Marcus, Der Letter of Intent: zur rechtlichen Bedeutung von Absichtserklärungen, 3. Aufl., Köln, 1998

Lutter, Marcus / Leinekugel, Rolf, Kompetenzen von Hauptversammlung und Gesellschafterversammlung beim Verkauf von Unternehmensteilen, ZIP 1998, S. 225 ff.

Lutter, Marcus / Leinekugel, Rolf, Der Ermächtigungsbeschluss der Hauptversammlung zu grundlegenden Strukturmaßnahmen – zulässige Kompetenzübertragung oder unzulässige Selbstentmachtung?, ZIP 1998, S. 805 ff.

M

Manigk, Alfred, Willenserklärung und Willensgeschäft – ihr Begriff und ihre Behandlung nach Bürgerlichem Gesetzbuch, Ein System der juristischen Handlungen, Berlin, 1907

Maul, Silja, Gesellschaftsrechtliche Entwicklungen in Europa – Bruch mit deutschen Traditionen?, BB-Special Nr. 9 (2005), S. 2 ff.

Medicus, Dieter, Allgemeiner Teil des BGB, 9. Aufl., Heidelberg, 2006

Medicus, Dieter, § 349 BGB: Kurzkommentar zu BGH, Urt. v. 21.3.1986, EWiR 1986, S. 759 f.

Mehrings, Josef, Vertragsabschluß im Internet, Eine neue Herausforderung für das „alte" BGB, MMR 1998, S. 30 ff.

Möllers, Thomas M. J., Das Verhältnis der Haftung wegen sittenwidriger Schädigung zum gesellschaftsrechtlichen Kapitalerhaltungsgrundsatz – EM.TV und Comroad, BB 2005, S. 1637 ff.

Mössle, Klaus, Leistungsstörungen beim Unternehmenskauf – neue Tendenzen, BB 1983, S. 2146 ff.

Motive zu dem Entwurfe eines Bürgerlichen Gesetzbuches für das Deutsche Reich, Band 1, Allgemeiner Theil, 2. Aufl., Berlin, 1896

Mülbert, Peter O., Aktiengesellschaft, Unternehmensgruppe und Kapitalmarkt: die Aktionärsrechte bei Bildung und Umbildung einer Unternehmensgruppe zwischen Verbands- und Anlegerschutzrecht, 2. Aufl., München, 1996

Mühle, Sabine, Das Wertpapiererwerbs- und Übernahmegesetz im Schnittfeld zwischen Gesellschafts- und Kapitalmarktrecht unter besonderer Berücksichtigung des ökonomischen Rahmenbezugs, Dissertation, Baden-Baden, 2002

Müller, Gerd, Zur Haftung des Verkäufers von GmbH-Anteilen für falsche Auskünfte über den Wert des Unternehmens, ZIP 2000, S. 817 ff.

Müller, Klaus J., Due-Diligence-Prüfung ist keine Pflicht, FAZ vom 21. Januar 2004 (Nr. 17), S. 23

Münchener Kommentar zum Aktiengesetz, Band 1, §§ 1-53, 2. Aufl., München, 2000

Münchener Kommentar zum Aktiengesetz, Band 2, §§ 53a-75, 2. Aufl., München, 2003

Münchener Kommentar zum Aktiengesetz, Band 3, §§ 76-117, 2. Aufl., München, 2004

Münchener Kommentar zum Aktiengesetz, Band 6, §§ 179-221, 2. Aufl., München, 2005

Münchener Kommentar zum Aktiengesetz, Band 7, §§ 222-277, 2. Aufl., München, 2001

Münchener Kommentar zum Aktiengesetz, Band 9/1, WpÜG, 2. Aufl., München, 2004

Münchener Kommentar zum Bürgerlichen Gesetzbuch, Band 1, Allgemeiner Teil, §§ 1-240, 4. Aufl., München 2001

Münchener Kommentar zum Bürgerlichen Gesetzbuch, Band 2, Schuldrecht - Allgemeiner Teil, §§ 241-432, 4. Aufl., München 2001

Münchener Kommentar zum Bürgerlichen Gesetzbuch, Band 2a, Schuldrecht - Allgemeiner Teil, §§ 241-432, 4. Aufl., München 2003

Münchener Kommentar zum Bürgerlichen Gesetzbuch, Band 3, Schuldrecht - Besonderer Teil I, §§ 433-610, 4. Aufl., München 2004

Münchener Kommentar zum Bürgerlichen Gesetzbuch, Band 4, Schuldrecht - Besonderer Teil II, §§ 611-704, 4. Aufl., München 2005

Münchener Kommentar zum Bürgerlichen Gesetzbuch, Band 5, Schuldrecht - Besonderer Teil III, §§ 705-853, 4. Aufl., München 2004

Münchener Kommentar zum Bürgerlichen Gesetzbuch, Band 6, Sachenrecht, §§ 854-1296, 3. Aufl., München 1997

Münchener Kommentar zur Insolvenzordnung, Band 1, §§ 1-102, München, 2001

Münchener Kommentar zur Insolvenzordnung, Band 2, §§ 103-269, München, 2002

Mugdan, Benno, Die gesamten Materialien zum Bürgerlichen Gesetzbuch für das Deutsche Reich, herausgegeben und bearbeitet, Band 1, Einführungsgesetz und Allgemeiner Teil, Aalen, 1979 (Neudruck der Ausgabe Berlin 1899)

N

Nicklisch, Fritz, Bindung an das Angebot bei Verstößen gegen das Baupreisrecht? – Ein Beitrag zur Anpassung des Preisrechts an die derzeitige Markt- und Wettbewerbssituation, BB 1973, S. 53 ff.

Nussbaum, Konrad von, Die Aktiengesellschaft als Zielgesellschaft eines Übernahmeangebots - Vorgaben nach AktG und WpÜG für das Verhalten von Vorstand und Aufsichtsrat während einer Übernahmeauseinandersetzung und für Vorratsbeschlüsse der Hauptversammlung, Dissertation, Baden-Baden, 2003

O

Oechsler, Jürgen, Rechtsgeschäftliche Anwendungsprobleme bei öffentlichen Übernahmeangeboten, ZIP 2003, S. 1330 ff.

Oechsler, Jürgen, Der ReE zum Wertpapiererwerbs- und Übernahmegesetz – Regelungsbedarf auf der Zielgeraden!, NZG 2001, S. 817 ff.

P

Palandt, Otto, Bürgerliches Gesetzbuch, Kommentar, 65. Aufl., München, 2006

Pape, Gerhard / Uhlenbruck, Wilhelm, Insolvenzrecht, Schriftenreihe der Neuen Juristischen Wochenschrift, Band 67, München, 2002

Pieroth, Bodo / Schlink, Bernhard, Grundrechte, 22. Aufl., Heidelberg, 2006

Pieroth, Bodo / Schlink, Bernhard / Kniesel, Michael, Polizei- und Ordnungsrecht, München, 2002

R

Reischl, Klaus, Grundfälle zum neuen Schuldrecht, 4. Teil: Neuerungen im Kauf- und Werkvertragsrecht, JuS 2003, S. 1076 ff.

Renner, Wolfgang, Holzmüller-Kompetenz der Hauptversammlung beim Erwerb einer Unternehmensbeteiligung?, NZG 2002, S. 1091 ff.

Röhricht, Volker, Von Rechtswissenschaft und Rechtsprechung, ZGR 1999, S. 445 ff.

S

Santelmann, Matthias, Notwendige Mindesterwerbsschwellen bei Übernahmeangeboten – Wann ist ein Übernahmeangebot ein Übernahmeangebot?, AG 2002, S. 497 ff.

Schaub, Günter / Koch, Ulrich / Linck, Rüdiger, Arbeitsrechts-Handbuch: Systematische Darstellung und Nachschlagewerk für die Praxis, 10. Aufl., München, 2002

Schleyer, Rolf, Die unwirksame Kapitalerhöhung, AG 1957, S. 145 ff.

Schmidt, Detlev, Die Wirkung des Widerrufs einer empfangsbedürftigen Willenserklärung nach § 130 I 2 BGB, Jura 1993, S. 345 ff.

Schmidt, Rudolf, Die Falschlieferung beim Kauf, NJW 1962, S. 710 ff.

Seibt, Christoph H. / Heiser, Kristian J., Analyse des Übernahmerichtlinie-Umsetzungsgesetzes (Regierungsentwurf), AG 2006, S. 301 ff.

Semler, Johannes / Volhard, Rüdiger, Arbeitshandbuch für Unternehmensübernahmen, Band 1: Unternehmensübernahme / Vorbereitung – Durchführung – Folgen / Ausgewählte Drittländer, München, 2001

Semler, Johannes / Volhard, Rüdiger, Arbeitshandbuch für Unternehmensübernahmen, Band 2: Das neue Übernahmerecht, München, 2003

Semler, Johannes / Volhard, Rüdiger, Arbeitshandbuch für die Hauptversammlung, 1. Aufl., München, 1999

Simon, Björn, Zur Herleitung zivilrechtlicher Ansprüche aus §§ 35 und 38 WpÜG, NZG 2005, S. 541 ff.

Simon, Stefan, Entwicklungen im WpÜG, Der Konzern 2006, S. 12 ff.

Soergel, Hans Theodor, Bürgerliches Gesetzbuch mit Einführungsgesetz und Nebengesetzen, Band 2, Allgemeiner Teil 2, §§ 104-240, Kommentar, 13. Aufl., Stuttgart u.a., Stand: März 1999

Soergel, Hans Theodor, Bürgerliches Gesetzbuch mit Einführungsgesetz und Nebengesetzen, Band 2, Schuldrecht 1, §§ 241-432, Kommentar, 12. Aufl., Stuttgart u.a., Stand: Juli 1990

Staudinger, Julius von, Kommentar zum Bürgerlichen Gesetzbuch, Buch 1, Allgemeiner Teil, §§ 90-133, Berlin, Bearb. 2004

Staudinger, Julius von, Kommentar zum Bürgerlichen Gesetzbuch, Buch 1, Allgemeiner Teil, §§ 134-163, Berlin, Bearb. 2003

Staudinger, Julius von, Kommentar zum Bürgerlichen Gesetzbuch, Buch 2, Recht der Schuldverhältnisse, Einleitung zu §§ 241 ff; §§ 241-243, Berlin, Bearb. 1995

Staudinger, Julius von, Kommentar zum Bürgerlichen Gesetzbuch, Buch 2, Recht der Schuldverhältnisse, §§ 433-534, Berlin, Bearb. 1995

Steinmeyer, Roland / Häger, Michael, Kommentar zum Wertpapiererwerbs- und Übernahmegesetz mit Erläuterungen zum Minderheitenausschluss nach §§ 327 ff. AktG, Berlin, 2002

Stöcker, Mathias, Widerruf oder Rücktritt von Angebotsankündigungen, NZG 2003, S. 993 ff.

T

Tempel, Otto, Die Bevollmächtigung bei der Anmeldung von Ersatzansprüchen im Reiserecht – Zur Vernachlässigung des Verbraucherschutzes in Reisesachen, NJW 2001, S. 1905 ff.

Thaeter, Ralf / Brandi, Tim Oliver, Öffentliche Übernahmen – Recht und Praxis der Übernahme börsennotierter Unternehmen, München, 2003

Thöl, Heinrich, Das Handelsrecht, Band 1, 3. Aufl., Göttingen, 1854

U

Ulrici, Bernhard, Geschäftsähnliche Handlungen, NJW 2003, S. 2053 ff.

W

Wasmuth, Johannes, Wider das Dogma vom Vorrang der Sachmängelhaftung gegenüber der Anfechtung wegen Eigenschaftsirrtums, S. 1083 ff., in: Festschrift für Henning Piper, München, 1996

Wiedemann, Herbert, Gesellschaftsrecht - Ein Lehrbuch des Unternehmens- und Verbandsrechts, Band 1: Grundlagen, München, 1980

Winter, Martin / Harbarth, Stephan, Verhaltenspflichten von Vorstand und Aufsichtsrat der Zielgesellschaft bei feindlichen Übernahmeangeboten nach dem WpÜG, ZIP 2002, S. 1 ff.

Würdinger, Hans, Aktienrecht - Eine systematische Darstellung, Karlsruhe, 1959

Z

Zschocke, Christian O. / Schuster, Stephan, Bad Homburger Handbuch zum Übernahmerecht, Heidelberg, 2003

Schriftenreihe zum Gesellschafts- und Kapitalmarktrecht

Herausgegeben von Lutz Michalski,
Axel Jäger und Klaus-Rudolf Wagner

Band 1 Volker Schulenburg: Bankenhaftung bei geschlossenen Immobilienfonds. Zugleich eine Untersuchung der Wissenszurechnung im Konzern. 2002.

Band 2 Jan Wittenberg: Der Bestandsschutz von Arbeitsverhältnissen im Umwandlungsrecht. 2002.

Band 3 Christian A. Eichner: Management-Buy-Out-Gestaltungen beim Konzern-Spin-Off. Unter besonderer Berücksichtigung der Unternehmenssteuerreform. 2002.

Band 4 Thomas Wunsch: Tracking Stocks - Geschäftsbereichsbezogene Gewinnbeteiligungen bei Aktiengesellschaften. Eine systematische gesellschafts- und steuerrechtliche Betrachtung. 2002.

Band 5 Jan Blumentritt: Die privatrechtlich organisierte Börse. Ein Beitrag zur Diskussion um die Neuordnung des Börsenwesens. 2003.

Band 6 Michael Grüner: Die Beendigung von Gewinnabführungs- und Beherrschungsverträgen. 2003.

Band 7 Holger Pittroff: Die Zurechnung von Stimmrechten gemäß § 30 WpÜG. 2004.

Band 8 Wolfgang Höhn: Ausgewählte Probleme bei Lock-up Agreements. 2004.

Band 9 Gunter Reiff: Gesellschaftsrechtliche Aspekte des regulären Delistings. 2004.

Band 10 Christoph Radke: Die Entsprechenserklärung zum Deutschen Corporate Governance Kodex nach § 161 AktG. Grundlagen und Haftungsfragen. 2004.

Band 11 Gordon Geiser: Gesellschaftsorganisation und Gesellschaftsinnenrecht virtueller Unternehmen. 2004.

Band 12 Gero F. Pfeiffer: Die Kommanditgesellschaft auf Aktien als Beteiligte eines Beherrschungsvertrags und einer Eingliederung. Ein Beitrag zum Konzernrecht einer hybriden Rechtsform. 2005.

Band 13 Markus Rasner: Die Pflichten der Zielgesellschaft bei unfreundlichen Übernahmeangeboten nach dem neuen deutschen WpÜG. Unter besonderer Berücksichtigung europäischer und US-amerikanischer Übernahmeregelungen sowie der Konzeption des Gemeinsamen Entwurfs einer EU-Übernahmerichtlinie. 2005.

Band 14 Julia Kraft: Die Europäisierung der deutschen Mitbestimmung durch das SE-Beteiligungsgesetz. Eine europa- und verfassungsrechtliche Analyse der Richtlinienumsetzung 2001/86/EG zur Ergänzung des Statuts der Europäischen Gesellschaft hinsichtlich der Beteiligung der Arbeitnehmer. 2005.

Band 15 Tobias A. Heinrich: Kapitalmarktrechtliche Transparenzbestimmungen und die Offenlegung von Beteiligungsverhältnissen. Eine rechtsvergleichende Untersuchung des europäischen, deutschen, englischen und US-amerikanischen Rechts. 2006.

Band 16 Hendrik Mielke: Die Rechtsstellung der Verfahrensbeteiligten im gesellschaftsrechtlichen Spruchverfahren. 2006.

Band 17 Florian Mahler: Rechtsgeschäftliche Verfügungen über sonder- und sammelverwahrte Wertpapiere des Kapitalmarktes. 2006.

Band 18 Ines Tauscher: Der Anwendungsbereich der §§ 293a–293g Abs. 1, 2 S. 1, Abs. 3 AktG. In einstufigen vertraglichen Unternehmensverbindungen. 2007.

Band 19 Wolfgang Böh: Die Aufklärungspflicht einer Bank bei der Finanzierung einer Beteiligung an einem geschlossenen Immobilienfonds. 2007.

Band 20 Angela Koch: Die Abkehr von der „bilanziellen Betrachtungsweise“ und ihre Auswirkungen auf die Existenzvernichtungshaftung. 2007.

Band 21 Markus Käppler: Die Rücknahme von Erwerbs- und Übernahmeangeboten nach dem WpÜG. 2008.

www.peterlang.de

www.ingramcontent.com/pod-product-compliance
Ingram Content Group UK Ltd.
Pitfield, Milton Keynes, MK11 3LW, UK
UKHW020207061026
15588UKWH00016B/95

9 783631 575987